rowohlt
BERLIN

D1942955

Titanic
DAS ENDGÜLTIGE SATIREBUCH

Peter Knorr, Jahrgang 1939, ist Mitbegründer der TITANIC. Gemeinsam mit Bernd Eilert und Robert Gernhardt schrieb er die Gags für Otto Waalkes, viele hundert Funk- und Fernsehstunden und mit Hans Traxler «Birne – Das Buch zum Kanzler».

Oliver Maria Schmitt, Jahrgang 1966, war Chefredakteur der TITANIC (1995–2000), ist Mitglied der TitanicBoyGroup und legte 2001 mit «Die schärfsten Kritiker der Elche» eine Geschichte der Neuen Frankfurter Schule vor. 2009 erhielt er den Henri-Nannen-Preis.

Martin Sonneborn, Jahrgang 1965, war Chefredakteur der TITANIC (2000–2005) und brillierte mit medienwirksamen Aktionen: Er bestach FIFA-Bosse und gründete die «PARTEI» zur endgültigen Teilung Deutschlands.

Mark-Stefan Tietze, Jahrgang 1966, ist Redakteur der TITANIC, Starkstromgitarrist und war lange Vorsitzender des Landesverbandes NRW der «PARTEI». Zuletzt gab er heraus: «Vom Fachmann für Kenner. Lebenshilfe von TITANIC» (2005).

Hans Zippert, Jahrgang 1957, war Chefredakteur der TITANIC (1990–1995), erhielt 2007 und 2011 den Henri-Nannen-Preis und veröffentlichte zahlreiche Bücher, zuletzt «Aus dem Leben eines plötzlichen Herztoten».

Das Erstbeste aus 30 Jahren

Rowohlt • Berlin

Herausgegeben von

Peter Knorr

Oliver Maria Schmitt

Martin Sonneborn

Mark-Stefan Tietze

und

Hans Zippert

JA, LECK MICH DOCH AM ARSCH! IS DAS NICH MEINE ALTE BENIMM-LEHRERIN?
Matthias Sodtke

Verehrte Leser!

Egal,
woran Sie glauben,
was Sie gut finden,
wem Sie vertrauen
oder wen Sie bewundern –

wir sind dagegen!
(Und das seit 1979)

In Liebe,
Ihre TITANIC

F.W. Bernstein

Großmacht Wachtel?

Schaut euch nur die Wachtel an!
Trippelt aus dem dunklen Tann;
tut grad so, als sei sie wer.
Wachtel Wachtel täuscht sich sehr.

Wär sie hunderttausend Russen
hätt den Vatikan zerschussen
und vom Papst befreit – ja dann:
Wachtel Wachtel Dschingis Khan!

Doch die Wachtel ist nur friedlich
rundlich und unendlich niedlich;
sie erweckt nur Sympathie.
Großmacht Wachtel wird sie nie!

Waechter
Das stille Blatt

1979–1988

Wir nannten ihn *Birne*

Gründerzeitsatire für *zwei* Deutschlands

Ein gutes Jahrzehnt ist vergangen seit der Revolte von '68. Die Restauration triumphiert. Das Land ächzt unter einer sozialliberalen Koalition und diese unter ihrem Kanzler Helmut Schmidt (vorm. Schnauze). Nullwachstum und Resignation. Doch jetzt wird Geschichte gemacht.

Es geht voran. Obwohl es überhaupt nicht danach aussieht: Auf ihrem langen Marsch sind die eifrigsten Außerparlamentarischen längst im Sumpf der Institutionen steckengeblieben. Eiskalter Krieg und lauwarme Proteste. Null Bock, no Future. Berufsverbote, Nachrüstung, Nato-Doppelbeschluß, Kriegsangst, Terrorismus und die übliche Novembergrippe schlagen der geteilten Nation mächtig aufs Gemüt.

Doch es geschehen noch Zeichen und Wunder: Knapp 68 (!) Jahre nach ihrem eisbergbedingten Verschwinden im Atlantik taucht im November 1979 die TITANIC auf. In Gestalt eines – von den vielen Schwarzweißseiten mal abgesehen – durchgehend farbigen Satiremagazins! Da ist sie, achtern voraus! Kein Land in Sicht, jede Menge Scheißberge, und dennoch geht und geht sie nicht unter – bis auf den heutigen Tag.

Schlagartig herrscht im nachherbstlichen Deutschland (West) ein rastloses Kommen und Gehen: Bundespräsident Karl Carstens (vorm. SA & NSDAP) geht zu Fuß durchs halbe Land und als einziger «Wanderpräsident» in die Geschichte der Bundesrepublik ein. Der Papst kommt zu seinen Schäfchen nach Deutschland und auf dem TITANIC-Titel angeblich sogar in ihnen. Skandal? Die Anklage wird wegen nie im Leben beweisbarer Doppeldeutigkeit fallengelassen.

Seit November 1979 schippert die TITANIC mit Volldampf gegen alles und jeden, gegen die Grenzen von 1949 und die Grenzen des guten Geschmacks. Von der ersten Ausgabe an leitet der Startcartoon

C 4352 E
Titanic
Das endgültige Satiremagazin
Dezember 1980
Nr. 12/80
DM 4,-
sfr. 4,- öS 30
Hungerproblem gelöst
einfach mehr spachteln
++MEHR TOLLE HUNGERWITZE IM HEFT++ME
E HUNG

Titanic
Birne muß Kanzler bleiben!

Titanic
DAS ENDGÜLTIGE SATIREMAGAZIN
Keine Panik in Bonn:
ERSATZBIRNE
will Kanzler
werden!
Johannes Rau (SPD)

Titanic
Das endgültige Satiremagazin
November 1980
Nr. 11/80
DM 4,-
C 4352
Ich komme
Der Papst kommt
Hurra

Titanic
DAS ENDGÜLTIGE SATIREMAGAZIN
C 4352 E
Mai 1987
Nr. 5
DM 5,-
Ich komme schon wieder
Der Papst kommt schon wieder

Titanic
Das endgültige Satiremagazin
Oktober 1980
Nr. 10/80
DM 4,-
Na endlich!
Die Weiber werden wieder normal!
13 überzeugende Beweise!

Furchtbar!
Frau Feigbaum, sie sind nicht nur Lyrikerin, sondern auch Jüdin, nicht wahr..?
Äh...ja...
Das ist furchtbar... da haben sie sicher eine Menge erleiden müssen durch den Terror der Nazis...
Nein.
Nein... wir sollten mal, 74 mit der Schule, auf Klassenfahrt... aber da bin ich vorher krank geworden...
Das ist furchtbar...
Waren sie denn wenigstens mal in Bergen-Belsen?
Aber Jüdin sind sie schon..?
Ja!!
Das ist furchtbar..!
Wem sagen sie das..?

Da hast a Watsch'n, weilst den Krieg verlorn hast, du Saubua!
So war der 8. Mai 1945!

Titanic
DAS ENDGÜLTIGE SATIREMAGAZIN
C 4352 E
Januar 1985
Nr. 1
DM 4,50
Zum 1. Mal im Bild:
Die Nazi-Methoden der Grünen
Ich bin die dümmste Nuß im Reiche weil ich Grün mit Braun vergleiche!

Kähler. Saalfeld. Pfarr
Ko-Li-Bri
Beilage für Kollagen, Lithographien und Brikettzeichnungen
HALLO, JUNGGESELLEN:
So bleibt der Aschenbecher

Titanic
DAS ENDGÜLTIGE SATIREMAGAZIN
Ach du Scheiße!
Herz! Nieren! Galle! Leber! Milz! Magen! Lunge!

die allmonatliche Kollisionsfahrt gegen übermächtige Gegner ein; berichten die «Briefe an die Leser», unnachahmlich illustriert von Hilke Raddatz, vom Arg und Übel da draußen in der Welt; rückt Walter Boehlich, der legendäre ehemalige Suhrkamp-Cheflektor, in seinen nicht minder legendären Leitartikeln die Möbel zurecht; verreißt und lobt der Groß-Humorkritiker Hans Mentz alles, wie es ihm gefällt; versorgt «Ko-Li-Bri» die Leser mit Nonsens an der Grenze zum Schiefsinn. Ein Blick auf die «Sieben peinlichsten Persönlichkeiten» rundet es ab: das monatliche Vademekum für Drehtabakraucher, Entenfahrer und Schnapstrinker. Und das alles für schlappe vier Mark! Dem Gegenwert von 1,3333 vollen Zigarettenpackungen! Getreu seinem eigenen Grundsatz «Nur der Dümmste und Unfähigste wird Chef» kämpft sich Lionel van der Meulen auf den Chefredakteurssessel vor und legt diktatorisch fest, dieses Qualifikationsmerkmal bis zum endgültigen Untergang des Blattes beizubehalten. Henry Kissinger kommt zur Frankfurter Buchmesse 1979 und geht beglückt in den Ruhestand: mit dem TITANIC-Ergänzungsband seiner Memoiren. O-Ton-Lob: «I couldn't have done any better!»

Hitler kommt wieder stark ins Gerede. Der *Stern* veröffentlicht seine Tagebücher, TITANIC sein Poesiealbum. Riesenlacher für beide! Aber alle Versuche, sich der Ästhetik des Faschismus oben ohne Grips zu nähern, gehen – von Fassbinder bis Zadek – tittenfrei daneben. Nicht zu überbieten an Geschmack und Losigkeit bleibt dagegen «Geil Hitler», unsere endgültige Faschismusrevue zum endgültigen Diktator.

Trotz waffenstarrender Supermächte: Der Friede bleibt, die Stimmung steigt, die Auflage auch, und doch droht eine rabenschwarze Zeit. Helmut Kohl will Kanzler werden. Und dank der Hilfe von TITANIC wird er's sogar. WIR nannten ihn BIRNE! Und alle anderen später auch. Eckhard Henscheid nimmt die Ermittlungsarbeit auf und hinterlässt jede Menge «Erledigte Fälle», darunter Hans Dieter Hüsch, Reich-Ranicki und Bad Homburg. Richard Kähler behält den Rest der Welt im Auge und berichtet darüber in «Teddy's Trends». Friedensbewegt und auf selbstgestrickten Socken machen sich die Grünen auf ihren langen Weg an die Macht. Restlos verwirrte Politiker der Altparteien werfen ihnen «SS-Methoden» vor. Zu Recht! TITANIC liefert die Beweise.

Der Wahnsinn ist groß, die Redaktion dagegen eher klein. Robert Gernhardt übernimmt für einen Monat, Bernd Eilert immerhin ein Jahr lang die Verantwortung für den Inhalt. Anschließend dürfen auch Richard Kähler und Hans Werner Saalfeld die Heftfüllung überwachen. 1985 unterbindet Jörg Metes ihr Treiben, wird Chefredakteur und Chronist sämtlicher alkoholbedingter Unfälle von CSU-Politikern und startet eine aufsehenerregende Anzeigenkampagane für «echtes Geld».

Dem im Amte festgeschraubten Schwergewichtskanzler ist mit einer Kinderbuchfigur wie «Birne» bald nicht mehr beizukommen. Schon bemüht sich die Junge Union um die Rechte. Schon wirkt affirmativ, was ätzend begann. Nur Franz Josef Strauß vermag noch ein wenig zu bollarisieren, doch für eine echte Männerfreundschaft ist es zu spät.

Kohls Metamorphose von der Birne zum wandelnden Fürstenzelt, vom problemophonen Aussitzklops zum freischwebenden deutsch-deutschen Fesselballon wird von TITANIC konsequent gefördert.

Die Russen dagegen werden von Wodka auf Glasnost umgeschult, und das große Tremenszittern läßt nicht lange auf sich warten im roten Riesenreich. Ein geheimnisvolles Generalsekretärssterben setzt ein. Erst Andropow, dann Tschernenko,

Das allerallererste Heft

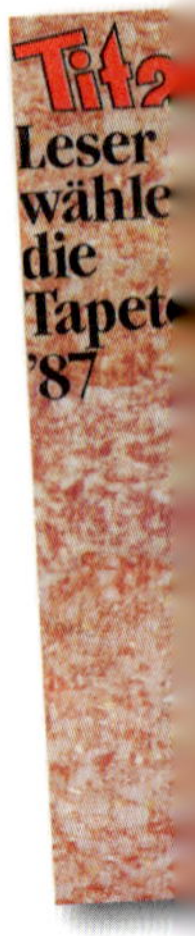

und schließlich schockt TITANIC mit der Todkrankmeldung des vergleichsweise blutjungen Gorbatschow. Die erste Moskauer Ausgabe der *Bild*-Zeitung folgt. Der Rest ist Geschichte.

Aber: Der Papst kommt schon wieder! Für TITANIC die einmalige Gelegenheit, ein bewährtes Titelblatt fast unverändert ein zweites Mal zu zeigen. Und noch eine Sensation: Erstmals druckt eine deutsche Zeitschrift die Werke von Walter Moers und Gary Larson. Welche? TITANIC!

Wegen Geldmangelerscheinungen wird Ende 1987 Altverleger Gerhard Sondermann von der Redaktion entlassen. Mit viel Mühe gelingt es, die Zeitschrift und auch Sondermanns nicht mehr ganz so guten Namen aus der Konkursmasse herauszuhalten. Der wird nämlich als Titel für eine neue Rubrik gebraucht. Simone Borowiak, erste und einzige Redakteurin, schreibt die Texte, Bernd Pfarr verleiht Sondermann Gestalt und Obsessionen und erfindet die olympische Disziplin des Negerschrubbens. Möglicherweise inspiriert durch diese Bilder, legt sich wenig später Uwe Barschel in eine Badewanne. Richtig ins Zeug legt sich dagegen der neue TITANIC-Verleger Erik Weihönig, ein Mann, der sein wahres Gesicht hinter einer Bartflechte versteckt. Dank seiner Initiative schafft TITANIC den technischen Anschluß ans 20. Jahrhundert, in der Redaktion steht jetzt ein Faxgerät, und Birgit Staniewski erhält eine elektrische Kugelkopfschreibmaschine.

Die neue Modekrankheit der achtziger Jahre heißt AIDS, Alice Schwarzer schafft die Pornographie ab, und Werner Höfer wird als Nazi-Kollaborateur entlarvt. Die 68er-Generation feiert ihr zwanzigjähriges Betriebsnudeljubiläum, TITANIC feiert mit und setzt sich für die sofortige Freilassung des am längsten inhaftierten politschen Gefangenen ein. Im Rahmen einer großangelegten, fast zweistündigen Aktion unterschreiben Hunderte von Bürger unseren Aufruf «Freiheit für Rudi Dutschke». Daß der Mann schon einige Jahre tot war, hatten wir in unserer Begeisterung übersehen.

Im Mai 1988 überzeugt TITANIC die Bewohner der kleinen Eifel-Gemeinde Monreal davon, daß ihr Dorf Schauplatz einer dreizehnteiligen Heimatserie in der ARD werden soll. Der Bürgermeister ist begeistert und will den ganzen Ort für uns umgestalten, doch leider müssen wir ihm absagen, weil wir gar nichts vom Film verstehen, sondern nur von Satire. Im Herbst kommt es dann zum absoluten Tiefpunkt in der Heftgeschichte: Chefredakteur Bernd Fritz wird komplett wahnsinnig und behauptet live vor 20 Millionen Zuschauern in der Sendung «Wetten, daß ...?», er könne die Farbe von Buntstiften an deren Geschmack erkennen. Peinlich! Das geht nämlich gar nicht. Er blamiert sich, uns und Thomas Gottschalk bis auf die Knochen. Danach ist es aus. Zuerst mit den Robben, dann mit Franz Josef Strauß und dann mit 1988.

Titanic
Das endgültige Satiremagazin
Mehr über
Karl Carstens
im Heft
Besondere Beilage:
Ein Plakat
von
F. K. Waechter
Titanic
AUSLÄNDER
REIN!
Titanic
Das endgültige Satiremagazin
Das interessiert doch jeden:
Wer wird Breschnews Nachfolger?
Titanic
DAS ENDGÜLTIGE SATIREMAGAZIN
DER
MACHT
DIE
GEFÜHLE
Titanic
DAS ENDGÜLTIGE SATIREMAGAZIN
Titanic
DAS ENDGÜLTIGE SATIREMAGAZIN
„Die schärfsten Kritiker der Elche waren früher selber welche!"
Das Ende der Selbstzensur
Nach 25 Jahren öffnet die Neue Frankfurter Schule ihre Giftschränke.
100
km/h
Tempo 100

BIG BROTHER is watching You!

Chlodwig Poth

Titanic

Das endgültige Satiremagazin
April 1980
Nr. 4/80
DM 4,–
sfr. 4,– öS 30

Wissenschaftlich erwiesen:

Frauen können keine Quadrate zeichnen!

Robert Gernhardt

Das Quadrat und die Frauen

Es berichtete:

```
epz 180 191280 apr 80 vvvg
lrf 112 ab
dpa (rg)

wissenschaftler des instituts fuer grundlagenforschung
in muenchen haben in reihenversuchen mit weiblichen
testpersonen herausgefunden, dass frauen keine quadrate
zeichnen koennen. eine erklaerung fuer diese bisher
unbekannte tatsache ...

-------
```

Es kommentierte:

Frankfurter Rundschau

Frauen, hört man, können keine Quadrate zeichnen. Ja und? Anstatt – wie es geschehen ist, schadenfroh auf diese Nachricht zu reagieren, sollten wir Männer uns doch lieber fragen, wohin wir es mit unserer Fähigkeit, Quadrate zu zeichnen, eigentlich gebracht haben. Haben wir diese uns allen anvertraute Erde nicht in den Jahrtausenden, in denen ihre Geschicke vom Patriarchat gelenkt wurden, nicht an den Rand des Abgrunds geführt? Ist es nicht fünf vor zwölf? Strotzt der Erdball nicht von den schrecklichsten Vernichtungswaffen, die ohne die allerdings männliche Erfindung des Quadrats wohl kaum in dieser Perfektion hätten entwickelt werden können? Freilich – auch ein Straßburger Münster, ein Dürer, eine Hochrenaissance, alles erwiesenermaßen „Männer"-Leistungen – auch wenn diese Erkenntnis militanten Feministinnen nicht schmecken mag –, basieren auf dem Vermögen des Mannes . . .

Pflasterstrand
Stadtzeitung für Frankfurt

. . . in unserer Männergruppe jedenfalls hat die Nachricht, daß Frauen keine Quadrate zeichnen können, erst echt irritierend gewirkt. Dann aber hat Werner den Vorschlag gemacht, wir alle sollten doch mal angstfrei unsere geometrische Sozialisation einbringen, und da ist uns in sehr intensiven Gruppengesprächen klargeworden, wie sehr . . .

DIE WELT
UNABHÄNGIGE TAGESZEITUNG FÜR DEUTSCHLAND

Der Wunschglaube nicht nur der Neurotiker und Chaotiker der linken Szene, sondern auch mancher sich „liberal" gebender Kreise, man könne die natürlich gewachsenen Unterschiede zwischen den Geschlechtern so einfach leugnen, hat durch die Wissenschaftler des Instituts für Grundlagenforschung eine nur auf den ersten Blick amüsante Relativierung erfahren. Denn hinter der überraschenden Feststellung, daß Frauen keine Quadrate zeichnen können, steckt mehr als eine nur marginale Korrektur jener Weltverbesserungsutopien, die in den späten 60er Jahren ihren Ausgang nahmen und auf geradem Wege in den Terrorismus führten. Zu Ende gedacht, bedeutet sie nicht mehr und nicht weniger als eine Bestätigung auch und gerade unserer Wirtschaftsordnung. Sie, die sich von Beginn an mit wachem Instinkt weigerte, unsere Damenwelt dem fruchtlosen Konkurrenzkampf mit den Männern – zumal im gehobenen Management – auszuliefern, darf heute von sich behaupten, die Zeichen der Natur . . .

Brigitte
Das Magazin für Frauen

. . . lassen wir also den Männern ihre Quadrate, und schauen wir uns die Frühjahrsmode auf S. 144-155 an. Kein Zweifel: Die Mode wird wieder normaler. Was wir in diesem Heft zeigen, wird sicher allen Frauen Appetit machen, denen die Trends des letzten Jahres zu schwer im Magen lagen. Was Brigitte anläßlich . . .

UZ

Während die bürgerliche Presse also wieder einmal in gewohnter Unverbindlichkeit die Tatsache verzeichnet, daß Frauen keine Quadrate zeichnen können, bleibt das „Warum" wohlweislich ausgespart. Wer hat denn die Frauen jahrtausendelang in die drei Ks – Kirche, Küche, Klappsarg – verbannt? Wer hat ihnen jahrhundertelang den Zutritt zu den Volkshochschulen verwehrt? In seinem gleichnamigen Drama läßt Goethe, auch er ein Mann, den Faust gleich Theologie, Juristerei und Medizin studieren, während das gleichnamige Gretchen weder saubere Reime artikulieren („Ach neige du Schmerzensreiche") geschweige denn Quadrate zeichnen kann.
Und hat sich daran etwas bis zu dem heutigen Tage geändert? Kann man denn von der unterbezahlten Fließbandarbeiterin, die nach getaner Arbeit ihre

Familie zu bekochen hat, verlangen, daß sie sich anschließend noch hinsetzt und eine so schwierige Wissenschaft wie das Quadratezeichnen studiert? Fortschrittliche Frauen freilich wissen, daß sie nur im Bündnis mit den Massen eines Tages die Voraussetzungen dafür schaffen können, daß sie auch in der BRD Quadrate zeichnen lernen, etwas, was für die Frauen der Sowjetunion bereits heute . . .

Bild

Kompliment, meine Damen! Zwei Nachrichten. Zwei Welten.
Da haben Wissenschaftler herausbekommen, daß Frauen keine Quadrate zeichnen können. Typisch Mann.
Da hat Schwester Theresa den Friedensnobelpreis dafür bekommen, daß sie viele Jahre lang Inderkinder bemuttert hat. Typisch Frau.
Wir meinen: Forschung ist gut. Ohne Forschung kein Fortschritt. Liebe ist besser. Ohne Liebe kein Leben. Frauen kennen es noch, das Geheimnis, wie man Liebe gibt. Das ist wichtiger als alle Quadrate der Welt. Danke, Schwester Theresa!

DER SPIEGEL

DAS DEUTSCHE NACHRICHTEN-MAGAZIN

„Na denn Prostata!" hatte sie anläßlich des Bundespresseballes noch im Kreise schwofender Chauvinisten gescherzt, doch zwei Stunden später kehrte die alberne Alice (35) wieder die schwierige Schwarzer (37) hervor: „Unfug!" Stein des Anstoßes: die ärgerliche Erkenntnis des Instituts für Grundlagenforschung, daß Frauen keine Quadrate zeichnen können. Ereiferte sich die hochgemute Herausgeberin des eher engstirnigen Emanzenblattes: „Können sie doch!"
Freilich dürfte es der schwadronierenden „Schwanz-ab"-Schwarzer diesmal schwerfallen, die Erkenntnisse des Instituts allein durch verbale Kraftakte zu widerlegen. Stützen sie sich doch auf Untersuchungsmethoden, die kratzbürstiger Krittelei wenig Handhabe liefern: Ein repräsentativer Querschnitt von drei Frauen wurde – unabhängig voneinander – in einen schalltoten, lichtlosen Raum geführt und . . .

DIE ZEIT

. . . in das fruchtlose Lamento all jener einzustimmen, die da mit Erwin Morgennatz meinen, „daß nicht sein kann, was nicht sein darf". Wäre es nicht sinnvoller, die Erkenntnis des Instituts für Grundlagenforschung nicht als Cannae, sondern als Rubikon des Feminismus zu werten? Eines, mit Montesquieu zu reden, „wohlverstandenen" Feminismus, der über den „astra" nicht vergißt, wie viele „asperas" der Mann im Laufe leidvoller Jahrtausende zu durchqueren hatte, bis er Quadrate zeichnen konnte?
Soviel zumindest scheint festzustehen: Eine Frauenbewegung, die, entgegen wissenschaftlich gesicherten Fakten, weiterhin dem Prinzip des schieren Volutarismus huldigt, wird seine Anhängerinnen früher oder später in ein Valmy hineinführen, das sich als äußerst zweischneidige Medaille entpuppen könnte. Zumal in einer Welt, in der nur Realitätstüchtigkeit und Augenmaß eine Gewähr dafür bieten, daß dem über uns schwebenden „Hi Roschima" nicht ein schreckliches „Hi salta" folgt, welches dann freilich die Unterschiede zwischen Männern und Frauen in einer Weise nivellieren dürfte, die auch hartgesottenen Suffragetten . . .

Titanic

Liebe Leserinnen,
„Frauen können keine Quadrate zeichnen", behauptet die Schnarchsackpresse im trauten Verein mit dem Institut für Grundlagenforschung, und unsere Gewährsfrau Gaby erzählt uns, daß viele Frauen darüber oh so traurig seien. Unser Rat: Nicht weinen, Mädels! Ist doch gelogen! Frauen können nämlich sehr schöne Quadrate zeichnen, wenn sie sich nur etwas Mühe geben. Zumindest kann das unsere Textredakteurin Evamarie Czernatzke:

Foto: Dörte Nielsen

Also Kopf hoch, Schwestern! Alles klar?
Eure Titanic

Nikolaus Jungwirth

Ia Russen-Fopper

Ein wirkungsvolles Mittel der Zivilverteidigung

1968 besetzten die Russen Prag, 1979 Kabul. Werden 1980 sowjetische Panzer Frankfurt, Reutlingen oder Lüneburg okkupieren? Diese Möglichkeit wird selbst von führenden Politikern nicht mehr völlig ausgeschlossen. Für diesen Fall sind Verteidigungsmaßnahmen notwendig, die die besondere psychologische Struktur des Gegners berücksichtigen. Der Russe ist im Grunde seines Wesens ein einfältiger, aber herzensguter Mensch. Er ist der einfache, kinderliebe und sangesfreudige Muschik geblieben, der er schon in der Zarenzeit gewesen ist. Sein Unterscheidungsvermögen ist nicht sehr stark entwickelt. Es ist deshalb relativ einfach, ihm einen Bären aufzubinden. Nutzen Sie diese Eigenschaften geschickt aus, indem Sie die abgebildeten Attrappen ausschneiden und gemäß den beigefügten Anweisungen einsetzen.

Wodka ist das Lieblingsgetränk des Russen. Er nimmt ihn häufig und meist in größeren Mengen zu sich. Eine mit dieser Attrappe versehene Sprudelflasche wird deshalb im Ernstfall die gesamte Aufmerksamkeit des Russen auf sich ziehen. Er wird mit diesem wertlosen Gegenstand vorliebnehmen und Ihre tatsächlichen Preziosen vergessen.

Laschen umknicken und an der Sprudelflasche befestigen

Mit diesem Fopper können Sie folgende, sehr heikle Situation spielend meistern: Ein Russe nähert sich Ihrer Gattin in der Absicht, diese zu vergewaltigen. Sie haben Ihre Frau aber vorsorglich mit diesem Sowjetstern versehen. Sie brauchen nun lediglich auf die Attrappe zu zeigen und dem Russen laut und deutlich zuzurufen: „Nix gutt! Frau sein Kommissar!“ Daraufhin wird der Russe eine Ehrenbezeigung machen und schleunigst das Weite suchen.

Armbanduhren gelten für den Russen als Inbegriff westlicher Technik und Zivilisation. Es stellt die Krönung seines Lebens dar, wenn er mehrere davon erbeuten und gleichzeitig am Arm tragen kann. Übertölpeln Sie den Russen, indem Sie diese Attrappe am Handgelenk tragen. Er wird Ihnen die Papieruhr entreißen, derweil Sie Ihre kostbare Armbanduhr sicher in der Hosentasche mit sich führen.

Bei aller Unberechenbarkeit, die dem Wesen des Russen eigen ist, steht doch eines fest: Er ist kinderlieb. Falls Sie kinderlos sind, schneiden Sie also dieses Gesicht aus und maskieren Sie damit Ihre Katze, Ihr Streifenhörnchen oder ein anderes Kleintier. Der Russe wird es für ein Kind halten und in einer sentimentalen Anwandlung von jeglichen Untaten gegen Sie und Ihren Haushalt ablassen.

Ein praktisches Beispiel für die durchschlagende Wirkungsweise des Russen-Foppers

1. Sie sitzen mit Ihrer Familie gemütlich beim Fernsehen. Um vor eventuellen Störungen durch einen Russen sicher zu sein, haben Sie vorsorglich einen Russen-Fopper aufgestellt.

2. Ein Russe betritt das Wohnzimmer. Sein Blick wird sofort von der Wodkaflaschen-Attrappe angezogen. Sie können deshalb völlig unbesorgt das heitere Fernsehprogramm weiterverfolgen.

3. Impulsiv, wie es seinem Wesen entspricht, reißt der Russe den Fopper (den er in seiner Einfalt für den über alles geliebten Wodka hält) an sich und vergißt darüber sämtliche Wertgegenstände.

4. Der Russe verläßt eilends das Wohnzimmer, ohne daß eine ernsthafte Störung zu beklagen wäre, und ohne daß Ihnen durch den ungebetenen Gast nennenswerter Schaden entstanden ist.

Graphik: Horst Baerenz

Peter Knorr/Hans Traxler

Hier stimmt doch was nicht!

Die Nazi-Methoden der Grünen:

Dreist im Ansatz und lästig in der Wiederholung, versuchen prominente CDU/CSU-Politiker die Grünen in die Nähe der Nazis zu rücken: „SS-Methoden", „Faschismusähnliche Gestalten", „Politik, wie es diejenige der Nazis war!" Versteht das jemand? Ist hier vielleicht der Wunsch der Vater des erstaunlichen Gedankens? – Mit faschismusähnlichen Gestalten ließe sich womöglich besser koalieren – oder wird da tatsächlich auf abschreckende Wirkung spekuliert? So oder so – die Sache haut nicht hin. Es fehlt der Sinn und jeglicher Beweis.

TITANIC veröffentlicht deshalb Nazi-Dokumente, die diesen Mangel beheben. Aber Vorsicht: Autor und Zeichner haben mal wieder hauchzart manipuliert.

Heute morgen haben
deutsche Männer damit begonnen,
die deutschen Reichsautobahnen abzutragen!

Laßt mich durch, der Führer braucht sein Müsli!
Das brauchen wir alle, mein Kind.

Als Minimalforderung der autonomen Frauengruppe Elze-Süd sieht unser Strategiepapier vor, daß sich die Männer beim Pinkeln hinsetzen müssen, o Führer!
Sieht es das vor? Gut, dann ist das Vorsehung!

Und dieser ganze Bereich wird zur Atomwaffenfreien Zone erklärt, sonst kracht's! Ist das klar, Herr Hitler?
Das kann man aber auch etwas netter sagen.

Abgemacht, Franco! Ihre Männer säubern den Strand von Lanzarote, damit unsere Wohngemeinschaften dort einwandfrei Urlaub machen können.
Und sag ihm, er soll die Legalisierung von Dope nicht vergessen, Adolf.

Der Bau der Startbahn-West dien
eindeutig militärischen Zwecken
Ich werde ihn deshalb
mit allen Mitteln verhindern!
Endlich mal einer, der weiß, wo's langgeht!

Ich habe Herrn Churchill ein Ultimatum gestellt: wenn die Verklappung in der Nordsee nicht sofort aufhö wird ab 5 Uhr zurückgeschissen.
Unser Mann, der da.

Die sind ja schlimmer als die Nazis.
Sorry, mein Führer, aber das Rotationsprinzip schreibt nun mal vor, daß sie nach zwei Jahren zurücktreten müssen.
Ende

Morgen beginn die Ferien in Nordrhein-Westfalen, dann wirds voll hier
Jaja unsere Alpen: Majästetisch, irre majästetisch!
Warum gibbs hier eihntlich keene Gemsen mehr?
Wern die Senner alle uffgefressen ham
Diese Weite! Das macht Gott keiner nach

Das Alpenhassblatt
von Chlodwig Poth
Knödel so klein wie Taubeneier, was sag ich, wie Hagelkörner!
Heut is Heimatabend bei Mc Donald. Caroline Reiber jodelt
Wir fahrn ja sonst immer anne See, aber wo da jezz dauernd die toten Robben angeschwemmt wern, igittigitt

Peter Knorr

Und jedem *Anfang*

Die TITANIC-Gründungsbesatzung (v. l. n. r.): Nikolaus Jungwirth, Paul Taussig, Lionel van der Meulen, Marie Marcks, Hilke Raddatz, Elsemarie Maletzke, Robert Gernhardt, Chlodwig Poth, Peter Knorr, Bernd Eilert; kniend: F.K. Waechter, Eckhard Henscheid

wohnt ein *fauler* Zauber inne

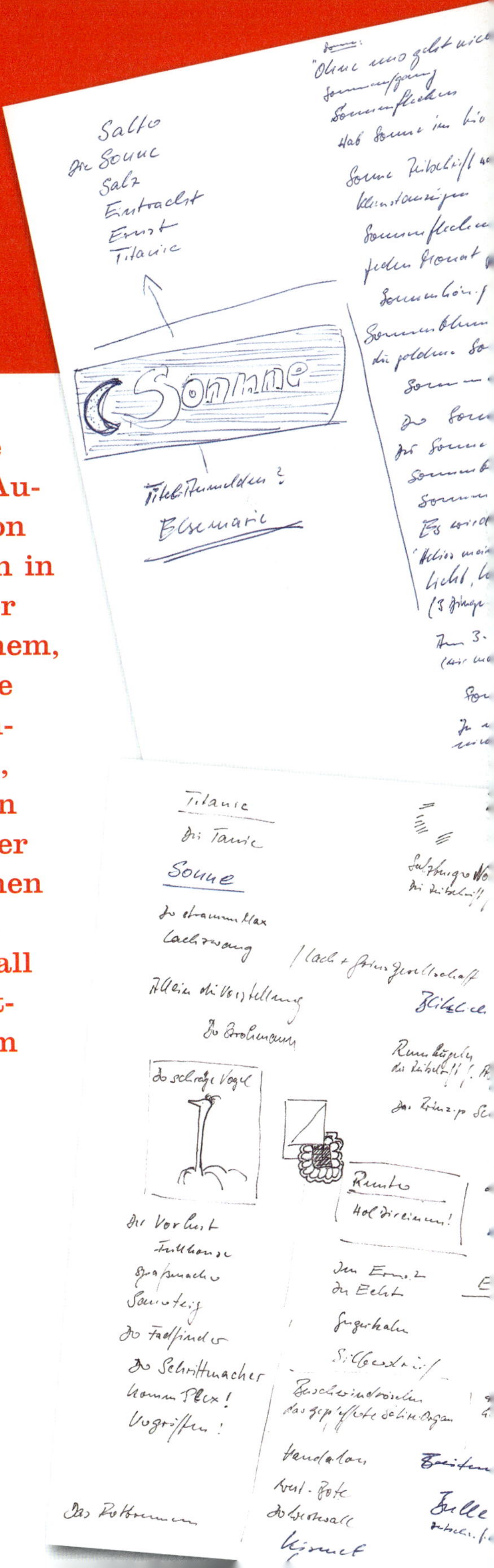

Als wir TITANIC starteten, wurde ich gerade vierzig, war seit acht Jahren freischaffender Autor und befand mich inmitten einer Gruppe von ebenso freischaffenden Zeichnern und Autoren in Frankfurt, mir allesamt von Person, Charakter und Vermögen – künstlerischem und satirischem, versteht sich – wohlbekannt und als ehemalige Mitarbeiter von *Pardon* recht kollegial befreundet. Es war nämlich so: Die Zeitschrift *Pardon*, 1962 gegründet, befand sich nach einem guten Jahrzehnt verdienstvollen Satireschaffens (Aber hallo! Gesellschaftspolitische Aufmisch-Aktionen im glorreichen 68er-Schwung!) nun leider im Zustand des Siechtums. Jedenfalls sahen das all diejenigen so, die dort bereits längere Zeit mitgearbeitet und sich inzwischen einer nach dem anderen davongemacht hatten.

Es war ja nicht mehr zum Aushalten gewesen! Autoritäre Strukturen in antiautoritären Zeiten. Läppisch servile Servicebeiträge statt knallhart komischer Satire. Und schließlich – Chlodwig Poth hat es in seinem Roman «Die Vereinigung von Körper und Geist mit Richards Hilfe» fabelhaft beschrieben – auch noch der tiefe Fall des allmächtigen Ein-Mann-Besitzers und Chefredakteurs aus den lichten Höhen rational aufklärerischer Satire in die Schleimgruben esoterischer Weltsicht. Da durfte dieser nicht hoffen, von all den klugen Köpfen weiterhin begleitet zu werden.

Die GEK- bzw. die KEG-Gruppe: Knorr, Eilert, Gernhardt

Als dann auch Waechters hutlüpfendes Signet-Teufelchen wegen seiner «negativen Aura» (hohoho!) aus dem *Pardon*-Titel verschwand, war allerdings des Teufels Großmutter rechtzeitig zur Stelle. Unter ebendieser «Sehnsuchtsvokabel» (E. Henscheid), dem Code-Wort *Großmutter* nämlich, war das Projekt einer eigenen, selbstbestimmten Satirezeitschrift schon seit längerem erwogen, besprochen und schließlich geplant worden. Von Robert Gernhardt, Eckhard Henscheid, Chlodwig Poth, Hans Traxler, F. K. Waechter, F. W. Bernstein, Wilhelm Genazino, Bernd Eilert, Kurt Halbritter (anfangs), Elsemarie Maletzke, Paul Taussig, Hilke Raddatz, Marie Marcks, Nikolaus Jungwirth, Lionel van der Meulen und mir.

Mit Gernhardt und Eilert war ich in anderen Arbeitszusammenhängen längst intensiv liiert. Wir drei unterhielten seit Jahren eine fast ständig besetzte Autorenwerkstatt, d. h., wir schrieben gemeinsam. Für Zeitschriften, Funk, Fernsehen und Bühne und außerdem alles für Otto Waalkes. Gernhardt: «Unser Sechser im Lotto war Otto.» Otto: «Mein Überraschungs-Ei, das waren die drei.»

Sie schrieben gemeinsam? Wie hat man sich das vorzustellen? fragen Sie, Leser, jetzt dazwischen. Antwort: Gar nicht. So was kann man sich nicht vorstellen. Jedenfalls waren wir die schnellste, einfallsreichste und genialste Autorentruppe westlich von Laramie (siehe bitte auch Seite 44: «Abenteuer Leidartikel»). Andere Gruppen gab es schließlich nicht, zumal auf dem Gebiet von Komik, Ironie und schieferer Bedeutung. Das sollte sich nach der Gründung von TITANIC allerdings nachhaltig ändern: Da kooperierte praktisch jeder mit jedem. Mit den Zeichnern Traxler und Poth

Redaktionskonferenz 1980

bewohnte ich zuvor schon wochen- und wochenendweise mit Kind und Kegel eine heruntergekommene, vor dem endgültigen Verfall zu bewahrende 25-Zimmer-Jugendstilvilla. In echt und im Taunus!

Und genau dort ist TITANIC entstanden. Zumindest der Name. Im August 1979 beschlossen wir in einer Art Vollversammlung startbereiter ehemaliger *Pardon*-Leute, unser zukünftiges Blatt *Die Sonne* zu nennen.

Mein handschriftliches Protokoll der titelsuchenden und schließlich -gebenden Konferenz mit anschließenden Jubel- und Geburtstagsgesängen im Rahmen eines Intensiv-Umtrunks ist noch erhalten. Daß mein SVLTO-Schriftentwurf später bei Wagenbach noch mal erfunden wurde, hat mich sehr gefreut. Es befreit mich vom Genie-Vorwurf. Auf die Idee, das A auf den Kopf zu stellen, kann offenbar jeder kommen. Nicht aber, wie bei F. K. Waechter, darauf, daß *Buschwindröschen – das Organ für gepfefferte Satire* ein seriöser Titelvorschlag sein könnte. Auch Eckhard Henscheid sah schließlich ein, daß sein Favorit *Einfalt Frankfurt* eventuell zu selbstreflexiv wäre. So also kam es schließlich zur *Sonne*. Wir hatten uns bereits an Rubriknamen wie «Sonnenflecken», «Sonnenbrille» oder «Sonne Scheiße» und ähnlichem berauscht.

Und nun brecht los, ihr Jubelchöre, ihr Fanfaren, erschallt! Der Titel war nämlich Gott sei Dank schon vergeben. Urheberrechtlich geschützt! Und deshalb griffen wir zur zweiten Wahl: TITANIC. Nun erst fiel es uns wie Schuppen von den Ohren: Was für ein glorreicher Name! Welch ein Beutungsumfeld! Welch mythenschwere Sink-Symbolik! Und um noch einen draufzusetzen, erfanden wir schließlich in charismatischer Selbstenthusiasmierung die unwiderstehliche Unterzeile «Das endgültige Satiremagazin». Konnte jetzt noch etwas schiefgehen?

Aber gewiß.

Eilert gegen den Rest der Redaktion

Noch gab es zum Beispiel keine Redaktionsräume. Wir planten und schrieben bei mir zu Hause, meist in der geräumigen Küche. Oder, so schildert es Henscheids Tagebuch von damals: «Morgen-Konferenz auf dem spätsommerlichen Balkon Peter Knorrs. Bernd Eilert, Wilhelm Genazino und ich wollen eine Schlußseite ‹Die zehn peinlichsten Persönlichkeiten des Monats› fabrizieren. Chlodwig Poth erscheint und bringt seine fertigen ‹Thekengespräche› mit ... Die von Zeichner F. K. Waechter perfektionierte Titel-Lösung einer TITANIC-assoziativ schrägen – aber programmatisch aufsteigenden! – Zeile obsiegt. Solche Gruppenentscheidungen sind extrem kompliziert – aber sie ziehen fast immer eine kleine Erleichterungs-Euphorie nach sich.»

Sonst noch Probleme?

Ja, diese: Ein Periodikum auf dem Zeitschriftenmarkt unterscheidet sich von anderen Kunstwerken durch sein garantiert wiederkehrendes, ebenso zuverlässiges wie regelmäßiges Erscheinen. Vorausgesetzt, es verkauft sich überhaupt. Auch ist es kein Kunstwerk. Obwohl fast ausschließlich Künstler daran mitarbeiten. Jedenfalls bei TITANIC. Und genau da lagen von Anfang an Gefahr und größte Sorge. Wir wußten zwar von *Pardon* sehr gut, wie man eine Zeitschrift macht. Ein jeder verstand sein

Handwerk, so mancher brillierte im Zeichnen wie im Schreiben auf bemerkenswertem Niveau und gab dank Talent und frechster Gesinnung zu Hoffnung auf ein paar durchaus gelungene TITANIC-Ausgaben Anlaß. Auch existierte dankenswerterweise ein zunächst mal zahlungsfähiger Verleger ebenso wie ein kleine, effiziente Redaktion samt Chefredakteur (Lionel van der Meulen) und Layout. Sogar Papier stand reichlich zur Verfügung und eine Druckerei bereit. Selbst ein Vertrieb schien in der Lage, das Druckwerk in einer Auflage von hunderttausend Stück hinaus ins Land zu karren. Ja, was denn noch alles? fragst du Leser jetzt zu Recht wieder dazwischen. Kann das dann nicht endlich mal losgehen?

Nun, die wesentliche, die Periodikumsfrage an sich mußte ja noch geklärt werden: Wie lange kann das gutgehen? Wie lange und warum überhaupt bleibt eine Künstlergruppe zusammen? Die acht Herren der Neuen Frankfurter Schule waren eine solche erfolgversprechende Gruppe. Aber da brauchten ja nur ein paar kleine charakterliche Mängel wie Argwohn, Neid, Individual-Eitelkeit, Egogebolze, Konkurrenzblähgebärden, Bosheit, Mordlust oder ähnlich läßliche Künstlereigenheiten zur Unzeit aufzutreten – und schon käme grobkörniger Sand ins Projektgetriebe. Ein Projekt, das aber ganz sicher nur mit sehr guten, sehr vereinten und sehr belastbaren Kräften über längere Zeit zu stemmen wäre. Sorgen über Sorgen!

Glücklicherweise nicht bei mir. Denn soviel war von Anfang an klar: Nur wenn sich die in meinen Augen fürs Vorhaben entscheidenden, höchstqualifizierten Männer des Zeichen- wie des Schreibstiftes mit einer wirklich großen Summe Geldes an der Firma beteiligten – einer Summe, die sie auf jeden Fall würden wiederhaben wollen, für die sie sich krummlegen, kaputtarbeiten, charakterlich zusammenreißen und im übrigen die Fahne der Solidarität mit schöner Geste hochhalten würden –, dann wäre es zu schaffen.

Und es gelang! Die damals absolute Wahnsinnssumme von 50 000 Mark wurde von jedem der fünf Gründer und Herausgeber Gernhardt, Knorr, Poth, Traxler und Waechter herbeigeschafft und investiert. Das bedeutete – ganz anders als bei *Pardon*: Wir hatten die Sperrminorität und damit das Recht, den Chefredakteur zu bestimmen, die Rechte am Titel und ein Redaktionsstatut, mit dem man heute keinen Verleger mehr hinter dem Tresor hervorlocken könnte. Damals schon.

«Sondermann war ein verrücktes Huhn, glaube ich», befand Robert Gernhardt, denn so – Gerhard Sondermann – hieß unser erster Verleger. Vergelt's Gott! Richtiges Geld haben weder er noch wir fünf an der Firma beteiligten Gesellschafter je verdient. Manche haben sogar nach zehn Jahren die Hoffnung nicht aufgegeben, sie bekämen ihren Einsatz zurück, andere nie. Aber nun leben von uns fünfen nur noch Hans Traxler (80! Glückwunsch!) und ich, und wir beide haben uns mittlerweile klaglos aus dem Unternehmen zurückgezogen. Nicht ein einziges Mal in all den Jahren haben wir unsere Krisen und finanziellen Kalamitäten öffentlich gemacht oder unsere Leser um Hilfe bzw. Abos angebettelt. Tazächlich, Leser! Wir waren zu stolz.

Zur Frankfurter Buchmesse im Oktober 1979 jedenfalls lag in einer Auflage von 100 000 die erste TITANIC-Ausgabe vor, verkaufte sich prächtig, hatte ein bundesweit donnerndes Presseecho, und wir konnten gar nicht aufhören, den neuesten Randy-Newman-Hit zu trällern: «Oh, it's lonely at the top!»

Eine Leserbriefe-Rubrik sollte es im neuen Blatt nicht geben, statt dessen – die Idee stammte von Nikolaus Jungwirth, dem Layouter der ersten Stunde – «Briefe an die Leser». Und dies waren unsere ersten beiden, sinnstiftenden Gründer-Briefe:

Liebe Genossen vom KBW,

Ihr wollt zu Recht wissen, wo wir politisch stehen, wessen Interessen wir vertreten und warum wir diese Zeitschrift machen. Genossen, es ist so: Leise plätschert der Reibach. Wir sitzen an seinen Ufern und greifen den Kies ab. Wir angeln nach der großen Maus. Warten, daß die Riesenkohle vorbei schwimmt. Und damit das Einsacken nicht zur entfremdeten Arbeit wird, vertreiben wir uns die Zeit mit Ideologie-Kritik und ästhetischer Kommunikation. Alles klar?

Küßchen, Eure Titanic

Liebe Freunde im Unternehmer-Verband,

Ihr wollt zu Recht wissen, wo wir politisch stehen, wessen Interessen wir vertreten und warum wir diese Zeitschrift machen. Freunde, es ist so: Nieder mit der Macht des Kapitals! Mit den Waffen der Satire die Multis bekämpfen! Den kritischen Intellekt als Faustpfand gegen Imperialismus undsoweiter einsetzen! Böse, oh so böse sein!

Bis die Tage, Eure Titanic

«TITANIC taucht was!» war der Slogan auf der Buchmesse 1979. Und dabei ist es geblieben. Anderthalb Jahre später, am 29. Juli 1981, heirateten der britische Thronfolger Prinz Charles und Lady Diana Spencer in der Londoner St. Paul's Cathedral. Am gleichen Tag wurde in München Leo Fischer geboren. Heute lebt Lady Di bereits seit zehn Jahren nicht mehr, und Prinz Charles sitzt noch immer nicht auf dem Thron. Aber Leo Fischer ist Chefredakteur von TITANIC, einer der jüngsten aller Zeiten. Da können Sie, Leser, mal sehen, wie die Zeit vergeht. Beziehungsweise nicht.

All meinen TITANIC-Freunden aber rufe ich zu: Mit dem Ruhm der Alten und der Ruhmsucht der Jungen werden wir es weit, noch sehr weit bringen!

EIN HERZ FÜR KINDER

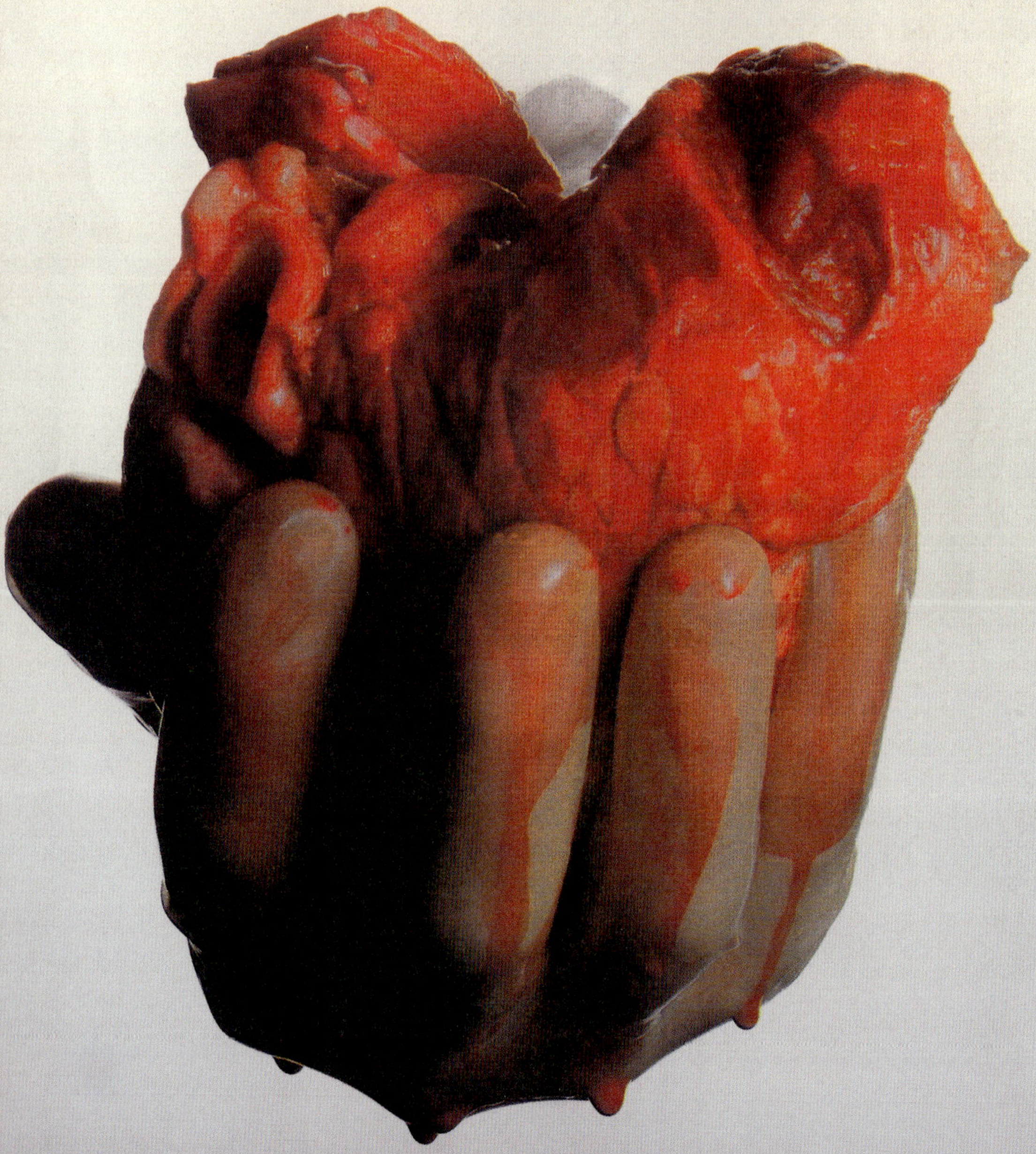

Idee: Hilke Raddatz, Foto: Georg Gottbrath

EILT

Eilert / Gernhardt / Knorr

"GEIL HITLER"

Entwurf zu einer Anti-Faschismus-Revue

Ausstattung: Hans Traxler
Gestaltung: Hanno Rink

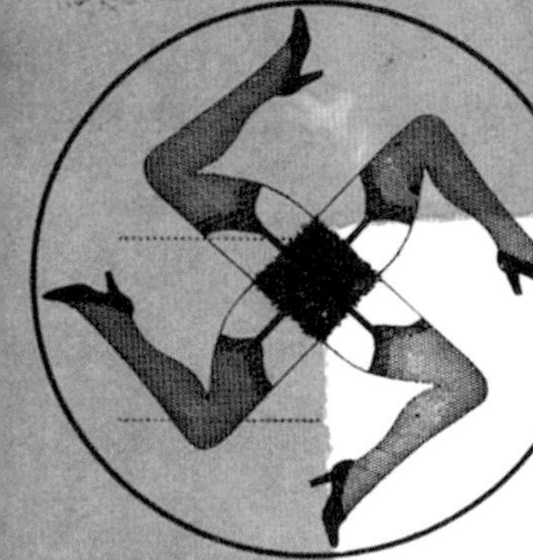

An alle Staats- und Stadttheater, Fernsehanstalten, Filmförderungsgremien, Abschreibungsgesellschaften, Tournee-Agenturen, private Kapitalanleger, kurz:

AN ALLE, DIE NOCH ETWAS FÜR DIE KULTUR ÜBRIG HABEN – GELD WOHLGEMERKT!

LIEBE GELDHABER UND INVESTOREN!

Sicher ist auch Ihnen aufgefallen, daß in unserem Lande in letzter Zeit der Widerstand gegen den Nationalsozialismus kräftig angezogen hat und nach wie vor stark im Kommen ist. Dieser Boom könnte auch für Sie von finanziellem oder Image-wirksamem Interesse sein. Gestatten Sie uns deshalb, Ihnen das folgende Angebot zu machen:

→ **Unser Projekt:** Eine Bühnen-, respektive Film-Revue, die den deutschen Faschismus mit unterhaltsamen Mitteln kritisch aufarbeitet. Sie basiert auf Eugen Kogons anerkanntem Standardwerk und Steady-seller „Der SS-Staat". Arbeitstitel der Revue: „Geil Hitler!"

→ **Mögliche Einwände gegen das Projekt:** So etwas ähnliches gibt es schon. Peter Zadek und Jérôme Savary haben für 1,8 Millionen Hans Falladas Roman „Jeder stirbt für sich allein" zur Revue erhoben. Rainer Werner Faßbinder hat Lale Andersens Roman „Der Himmel hat viele Farben" unter dem Titel „Lili Marleen" für 10 Millionen Mark melodramatisiert. Beide Produkte gehen überdies von der gleichen Voraussetzung aus wie wir. Savary: „Die Nazi-Show muß dreckig und gemein sein, die Leute sollen Spaß haben und im selben Moment erschrecken" – d. h. daß es ebenso kassenträchtig wie moralisch befriedigend ist, sämtliche Oberflächenreize des III. Reiches hemmungslos abzugreifen und sich damit als kunstsinniger Antifaschist zu profilieren.

→ **Widerlegung dieser doofen Einwände:** Wer, bitte schön, sind Zadek, Savary und Faßbinder? Die stricken doch auch nur weiter, was Visconti, Pasolini oder Liliana Cavani vorgehäkelt haben! Außerdem: Wo waren sie denn? Mister Zadek hielt es für richtig, Deutschland ausgerechnet 1933 zu verlassen, genau zu einer Zeit, in der das deutsche Volk ernsthaft damit begann, sich über die ästhetischen Grundlagen für solche Revuen Gedanken zu machen. Oder Monsieur Savary? Schon sein Name stellt ihn stark in die französische Ecke, wo es bekanntlich nie zu einem einigermaßen revuefähigen Faschismus gekommen ist. Und Jungfilmer Faßbinder? Der war damals noch gar nicht auf der Welt! Jahrgang 45! Typisch! Abwarten, bis der Krieg vorbei ist, dann rauskommen und die Nazi-Zeit verscheißern! Und solche Leute wollen uns vormachen, „wie erregend und erschreckend zugleich" der Faschismus angeblich gewesen sei. Wenn es denn wirklich „geschmacklos", „gemein", „amüsant", „witzig", „makaber", „entlarvend", „schön, toll und wunderbar" sein soll, dann sind wir bei Gott nicht auf Emigranten, Ausländer und Zu-spät-Geborene angewiesen. Wir haben doch uns! Wir machen das schon. Und zwar etwas billiger und garantiert viel geschmackloser. Wir lassen nämlich aber auch keinen der alten Reize aus, und die neuen schon gar nicht. Jeder aktuelle Bezug wird mitgenommen und das Ganze zu einer Mischung verwurstet, die das kleinbürgerliche Publikum zu beklommenem Wiehern und das großbürgerliche Feuilleton zu brillanter Bedenklichkeit hinreißen wird!

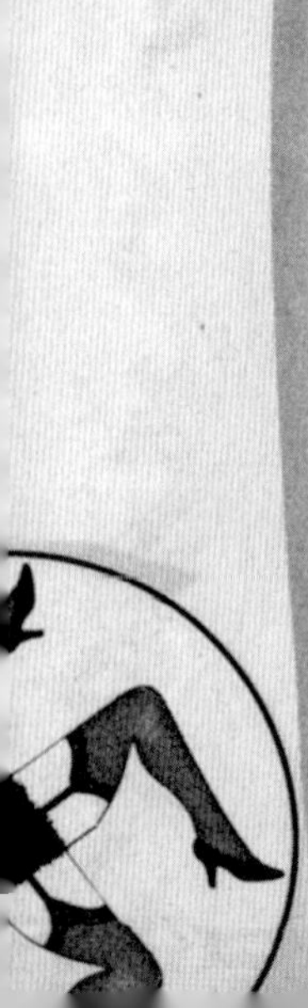

REVUE-ENTWURF ANBEI! REALISATIONSHONORAR NACH ABSPRACHE.

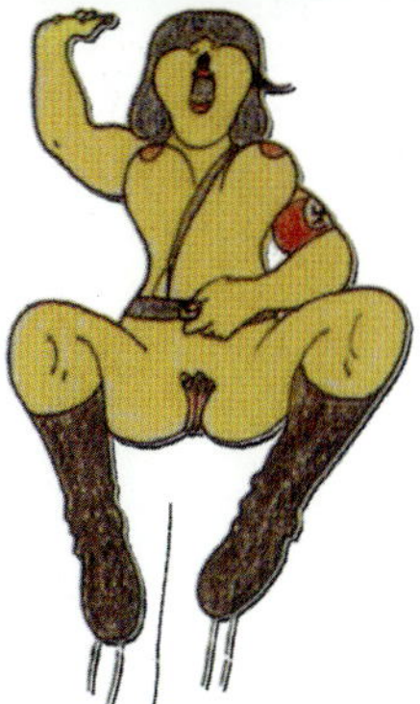

1. Bild
Im Boudoir der Eva Braun

Der Conférencier (Boy Gobert als Eugen Kogon verkleidet) tritt auf.
Er öffnet das Buch „Der SS-Staat" auf Seite 279 und liest

CONFÉRENCIER: „Je länger der Krieg dauerte und je ungünstiger er sich für die Nationalsozialisten entwickelte, desto chaotischer wurde die Lage für die SS. Diesem Gang der Dinge half die alliierte Luftwaffe durch Bombenangriffe auf Rüstungsbetriebe der SS nach. Die großen Konzentrationslager wie Sachsenhausen, Dachau, Buchenwald, Auschwitz wurden 1944 samt und sonders schwer mitgenommen – nicht die Stacheldrahtbereiche, aber gründlich die herumgelagerten Industrieanlagen . . ."

DUETT: Jetzt gehn wir ins KZ,
da wird es rasend nett –
wir fassen alle Wachen
an ihre Schmusesachen!
Sieg, Sieg, Fried, Fried, Karl-Heinz –
uns ist das alles eins.
Denn wenn die Kerle „Heil" schrein,
dann werd'n wir herrlich geil sein.

Anmerkung: In solchen scheinbar unendlich harmlosen Couplets knüpfen wir bewußt an tradierte Unterhaltungsmuster des bürgerlichen Theaters an, um es mit seinen eigenen Mitteln ad absurdum zu führen. Und genauso raffiniert machen wir es dann auch mit dem Faschismus.

Der Conférencier tritt vor den Vorhang und liest aus dem „SS-Staat".

CONFÉRENCIER: „Es gab nur verschwindend wenig Schutzhäftlinge, die vor ihrer Einlieferung in ein Konzentrationslager Kenntnis von dem hatten, was sie erwartete. Der Transport konnte zwölf Stunden oder zwölf Tage und mehr dauern. Er war immer eine Qual. In Personenwagen der Reichsbahn mußte man bis zu 36 Stunden mit den Augen ins Licht gerichtet sitzen. Erschöpft kam man schließlich im Bestimmungsbahnhof an."

Auch Adolf Hitler macht sich Sorgen um die KZs. Außerdem muß er unbedingt mal wieder raus aus Berlin. So verbindet er das Angenehme mit dem Nützlichen und schaut unangemeldet bei Eva Braun vorbei, um sie zu einer kleinen Spritztour durch die umliegenden Lager einzuladen. Adolf trägt Motor-Rocker-Kluft, Eva zieht sich gerade an – oder aus – jedenfalls hat sie nur Strapse am Leib.

EVA: Ach Adolf, ich weiß gar nicht, was ich anziehen soll?!
ADOLF (lüstern): Zieh doch das kleine Gestreifte an!
EVA: Hach! Den KZ-Fummel?
ADOLF (noch lüsterner): Ja! Das tittenfreie mit dem Judenstern in Schamhöhe!
EVA: Meinst du wirklich, daß ich so in ein KZ gehen kann?
ADOLF (stolz): Klar! Mit mir immer! Ich bin doch der Führer!

Während Adolf das Motorrad mit Beiwagen startet, eine 1500 Kamikaze mit Beiwagen, ein Geschenk des Tenno, singt er mit Eva folgendes:

2. Bild

An der Rampe des Lagers. Gerade winkt Lagerkommandant Höss einen Zug ein. SS-Schergen in Lederstiefeln und schwarz-weiß-roten Strapsen stecken sich nach Punkerart überdimensionale Buttons an die bloße Haut. Aufdruck: „Völkermord – ja bitte!" An einem Fallschirm schwebt Rudolf Hess vom Schnürboden herab.

HESS: Heil! Ich will nach London und vergaß den Weg.
HÖSS: Wir vergasen hier keine Wege, sondern Juden.

Ein Kalauer, gewiß. Jedoch einer, der das Lachen in jähes Erschrecken umschlagen läßt. Zum Beispiel darüber, wie untrennbar Faschismus und Wortspiel verfilzt sind. „Kann man nach Ausch noch Witze machen?" – spätestens hier wird diese Frage Adornos zum zentralen Problem unserer Revue.

Die Zugtüren werden brutal geöffnet. Ausgemergelte Juden fallen heraus. Ihre rassische Andersartigkeit wird dadurch belegt, daß sie – undeutsch, undeutsch! – keine Strapse tragen. Sie beginnen stolpernd zu steppen und singen im

CHOR: ᛋ, ᛋ, und ᛋ
ᛋ ist ein harter Schluᛋᛋ
daᛋᛋ, daᛋᛋ, daᛋᛋ und daᛋᛋ
daᛋᛋ ich inᛋ Lager muᛋᛋ

Damit zeigen wir auf unterhaltsame Weise, daß auch Faschismus und Volkslied doch irgendwie ziemlich heillos miteinander verquast sind, jedenfalls in unserer Revue.

Der KZ-Arzt Dr. Mengele – unter dem weißen Kittel nackt, bis auf Äskulap-Strapse – tritt an die Rampe und signalisiert Selektionsbereitschaft.

MENGELE: Schluß jetzt mit dem Gedrängele,
gestatten, Dr. Mengele.
Ich habe studiert in Berlin
und möchte hier nun pervertieren das Ethos der Medizin!

Bewußt holprig gehaltene Verse. Sie machen deutlich, daß der Ästhetik des Schreckens nur mit einer schrecklichen Ästhetik begegnet werden kann.

Doch bevor das Publikum Zeit findet, so richtig zu erschrecken, hält ein neuer Zug quietschend – nein, nein, nicht die Bremsen, die Insassen quietschen – an der Rampe. Bald wird auch das Publikum vor Vergnügen quietschen, denn . . .

LAGERKOMMANDANT HÖSS: Himmel, Arsch und Zwirn! Was sehen meine eiskalten Augen! Welch Glanz in meinem schlichten KZ! Die Wehrsportgruppe Doofmann persönlich!
WEHRSPORTGRUPPENFÜHRER DOOFMANN: Melde jehorsamst, Operation „Paris by night" erfolgreich abjeschlossen.
LAGERKOMMANDANT HÖSS: Parole?

WEHRSPORTGRUPPE DOOFMANN (formiert sich zu einem Hakenkreuz und singt das Crazy-Horse-Wessel-Lied):

Die Schwänze hoch
die Ärsche fest geschlossen
SA petschiert
mit ruhig festem Schritt.
Kameraden, die ihr Sperma schon verschossen,
marschiern verklebt in unsren Reihen mit.

Hier wird – eher zwischen den Zeilen – auf die beruhigende Affinität angespielt, die zwischen Klebrigkeit und Faschismusrezeption besteht. Zumindest auf unseren Bühnen. – Tja, Aufklärung!

LAGERKOMMANDANT HÖSS: Kameraden, so wie ich Euch kenne, habt Ihr Eurem alten Hössi-Matz nicht nur dieses astreine Schweineliedchen, sondern doch sicher auch neues Menschenmaterial für die unvorstellbare Vernichtungsmaschinerie des totalitären Regimes, der vorzustehen ich die Ehre habe, mitgebracht? Naaa?

Jovialität, Kameraderie, Infantilismus, Technokratentum und Faschismus – ooh, da könnten wir Ihnen ein Ohr von abschwatzen. Aber jetzt wird's ja leider gerade spannend:

Die Türen des eingelaufenen D-Zuges mit der Aufschrift „Gare d'Austerlitz – Gare d'Auschwitz" – (jaja, meine Herrn, jedes Detail muß stimmen!) – werden aufgerissen, und heraus purzeln 120 barärschige Adolf Hitlers in schicker Lederkluft, die damit beginnen, den Bahnsteig auf das Ornamentalste zu defäkieren.

Meint natürlich: kunstvoll zuscheißen. Denn die Zusammenhänge zwischen Analität, Pedanterie und Kunst und voll und zu und scheißen und Faschismus . . . aber weiter im Text. Wer sind denn diese ganzen Hitlers?

120 HITLERS: Wir sind undertswansisch Transvestite, die gerade im Cabaret Schwuläng-Rouge eine petite Anti-Itler-Revue einstudierten, als diese errlische Kerls, diese wunderschöne, blöde, blonde Bestien einmarschierten. Nietzsche olala! Wagner onana! Itler onanie! O nimm misch Götterdämmerung, mein Erz gerät in Ämmerung!

Das läßt sich die Wehrsportgruppe Doofmann nicht zweimal sagen. Knarrend öffnen sich ihre herrlichen Hosentüren, und kleine Freiheitsstatuen fahren heraus.

Das kryptofaschistische Potential gerade in den USA: Keine Bange, es wird nichts ausgelassen. Im Gegenteil, jetzt wird's erst richtig ausgelassen:

Schritt für Schritt entwickelt sich nun ein hinreißendes Tohuwabohu: Tohu und Wabohu, die beiden sudanesischen Zwillinge, sind im Auftrag ihres Bwana Rommel auf der Suche nach Sahara Leander als . . . o Gott, jetzt haben wir uns in unsere geplante Rommel-Revue verirrt; Verzeihung. Kommt alles noch. Aber jetzt ist Auschwitz angesagt. Also: mächtiges Durcheinander. Wehrsportgruppe Doofmann illuminiert genitale Freiheitsstatuen, ritterkreuztragende SS-Rowdies rammeln rittlings rassige Revue-Rocker, die Juden singen unter Stabführung von Heß „Ich weiß, es wird einmal ein Wunder geschehen" und „Davon geht die Welt nicht unter". Dr. Mengele veranstaltet ein Gesundheitsquiz: „Riechen Sie mal! Handelt es sich bei diesem Gas um Zyklon A, B oder C?" Lagerkommandant Höss versucht vergeblich die Aufmerksamkeit auf Conférencier Gobert zu lenken, der doch gerade so etwas Wichtiges vorzulesen hat:

CONFÉRENCIER: „Ich muß betonen, daß es unmöglich ist, einen auch nur einigermaßen erschöpfenden Bericht der jüdischen Massentragödien zu geben."

Aber dieser Satz geht unter, denn mit quietschenden Bremsen hält an der Rampe – nein, nicht schon wieder ein Zug, sondern – ein Feuerstuhl mit Seitenwagen, dem wer entsteigt? Richtig! Der erholungsbedürftige Adolf Hitler im Freizeit-Lederlook mit seiner Eva Braun, in ihrer brustfreien Häftlingsjacke.

Übrigens: Wenn Sie meinen, in einer aufklärerischen Anti-Nazismus-Revue müßten viel mehr freie Brüste zu sehen sein, dann können Sie gern die ganze SS von Frauen darstellen lassen. Darauf kommt es ja nun auch nicht mehr an. Und der Zusammenhang zwischen Titten und Töten . . . ein bißchen Phantasie, Männer!

Und nun geschieht das Unglaubliche! Adolf Hitler – unser aller Führer, meine Herren! – wird von seinen überforderten Schergen für einen weiteren Pariser Transvestiten gehalten und hopsgenommen. Die glauben ihm einfach nicht. Genauso wenig wie Eva Braun, die trotz ihrer grunddeutschen Strapse als Jüdin ebenfalls interniert wird.

GROSSER CHOR: Wir werden's weiter probieren
solange noch ein Vorhang fällt!
Denn heute gehört uns Deutschland
und morgen das ganze Geld!

VORHANG! PAUSE!

Soweit der 1. Teil. Geil, gell?

Wir wissen natürlich, wie's weitergeht – aber bevor wir keine Kohle gesehen haben, verehrte Geldgeber, verraten wir nur Stichworte: Zunächst mal kommt reichlich Folklore. Verfolgte aus aller Herren Länder bieten orgiastische Tänze und perverses Brauchtum ihrer Heimat. Wobei wir uns bewußt nicht auf historisch belegte Minderheiten (Zigeuner, Homosexuelle, Wasserpolacken, Intellektuelle und den unvermeidlichen Bibelforscher: „Tschuldigung, hat vielleicht jemand meine Bibel gesehen?") beschränken, sondern wie zum Beweis, daß politische Verfolgung durchaus kein Privileg der Nazis war, treten bei uns außerdem jede Menge Neger, Indianer, Pygmäen, Bauchschlucker, Feuertänzer, Seilredner und sogar, last but not least, blutjunge Asiatinnen auf, und zwar gleich rudelweise! („Bumsbomber Bangkok–Berlin mit tausend taufrischen Gummigeishas und ein paar Thaigespielinnen an Bord bittet um Landeerlaubnis auf Rampe 7" – und was dann im Camp abgeht, das wird sich doch wohl jeder halbwegs fundierte Faschismusexeget lebhaft vorstellen können, oder?) Ja, und dann das Finale! Adolf Hitler hat sich dank seiner dämonischen Führerqualitäten (die ja selbst von ausländischsten Faschismus-Experten nie bestritten worden sind!) und seiner geradezu diabolischen Tanzkraft (hier haben wir die Fakten durch ein wenig Fiction zur Faction veredelt; realiter war Adolf Hitler ein eher mäßiger Tänzer) blitzkriegartig eine leitende Position innerhalb der Lagerhierarchie erobert – genau gesagt: er leitet den ganzen Laden. Und unter seiner Ägide und dank unserer Einfallsfülle entfaltet der späte Faschismus noch einmal all seinen betörenden, verführerischen und doch so gefährlichen Glamour. Alles könnte so schön sein – wenn wir uns nicht aus paritätischen Gründen gezwungen sähen, nun noch die weniger spektakuläre Seite des Nationalsozialismus zu Wort kommen zu lassen: den Widerstand. Aber keine Bange, wir haben auch hier das Unterhaltsamste zusammengetrieben, was die zeitgenössische Bewegung hergibt. Angekündigt von Herolden ohne Unterleib, wird ein riesiger Phallus (Zeppelinsymbol, wa!) eingeflogen. Ihm entspringt das alibisexuelle Traumpaar Peter Zadek und Rainer Werner Faßbinder. Und sie haben ein kleines Attentat vor. Aufgebracht tritt ihnen Adolf Hitler in den Weg, der wohl erkennt, daß diese beiden Herren all das bedrohen wollen, was er in zwölfjähriger nimmermüder Zwangsherrschaft aufgebaut hat. Doch zum Allerletzten entschlossen, schleudern ihm die zwei Widerstandskünstler ihre mitgebrachten Sprengsätze entgegen! Dem Faßbinder seiner lautet:
„Das wäre schon mein Traum, einen deutschen Film zu machen, der so schön und so toll und so wunderbar ist wie ein Hollywood-Film, und der trotzdem systemkritisch sein könnte."

Hitler zeigt sogleich Wirkung:
„Weh mir!" ruft er aus. „So willst du also wirklich kaum 35 Jahre, nachdem mein Unrechtssystem zusammengebrochen ist, dasselbe einer Kritik unterziehen, die so schön und toll und wunderbar ist wie ein Hollywood-Film? Ach, mit einem so verbissenen Widerstand habe ich einfach nicht mehr gerechnet – da werde ich mich wohl besser gleich erschießen."
Er zieht eine Pistole.
„Halt, mein Führer!" fährt ihm da Zadek in dieselbe. „Ich hab' hier auch noch meinen Sprengsatz. Er lautet:
„Ich will in meiner Revue ‚Jeder stirbt für sich allein' sehen, was es mit den leicht dahergesagten Sätzen auf sich hat: Ihr hättet mal was gegen den Nazismus machen sollen. Hätte man denn was machen können? Oder dürfen? Ging das überhaupt?"
Hitler ist tief bewegt: „Oh, da sprechen Sie ein Problem an, dessen ich mir stets und schmerzlich bewußt war. Aber was hätte ich denn machen sollen? 's war doch Krieg, und die ganzen Juden mußte ich auch noch vernichten – da konnte ich mich einfach nicht genug um die ästhetische Weiterentwicklung meiner Bewegung kümmern. Dabei hatte ich tolle Pläne: Die gesamte SS wollte ich mit Strapsen ausrüsten, die SA zu Transvestiten umschulen lassen, von einer Mulatten-Gestapo träumte ich ... aber ich hab es zeitlich einfach nicht geschafft.
Herr Zadek, übernehmen Sie! Für mich ist es zu spät ..."
Er setzt die Pistole an – und wieder ab. „Übrigens, das mit dem Widerstand ist auch 'ne gute Frage: Durfte man? Oder durfte man nicht? Unter uns: Man durfte nicht! Ich hatte es nämlich persönlich verboten."
Er setzt die Pistole wieder an.
„Aber falls Sie der Frage trotzdem in Revueform nachgehen möchten – vergessen Sie bloß nicht die nackten Ärsche ... und die Titten, mir zuliebe! Aber jetzt muß ich wirklich ..."
Er legt den Finger an den Abzug.
„Ach, können Sie nicht einem alten Mann einen letzten obszönen Wunsch erfüllen? Natürlich streng im Rahmen ihrer kritischen Vergangenheitsüberwältigung? Ja!? Also ... ich als Neger, versteh'n Sie – das wäre doch das Schärfste! Das fände ich echt geil! Heil!"
Er drückt ab. Und erschießt Zadek.

Schluß.

Frühlingsgedanken

Er:

Das fänden Sie wohl
nicht so gut,
wenn ich eben mal
kurz in Ihr
Mineralwasser
kotzen würde, wie?

Sie:

(denkt) Ideen hat
der Mann!
Aber er formuliert
brillant,
das muß man
ihm lassen.

Sie sind jung und wollen nicht verstanden werden. Wir verstehen sie trotzdem. Sie sind jung und wollen nicht wissen, was sie tun. Wir sagen es ihnen trotzdem. Sie sind jung und alle gleich. Wir unterscheiden sie trotzdem.

JUGEND

Eilert/Kähler/Saalfeld/Waalkes

Ihre Lieblingslokale heißen wie ihre Lieblingsstars: „Casablanca". „Cabaret". „Ben Hur". Ihre Musik bewegt sich von allein – sie nicht. „Tanz den Otto Lambsdorff". Sie sagen, was sie denken. Und sie denken nur an sich.

NEW WAVE

Ö

33

…sein – alt aussehen.
…gungen im
…stand

…S

Sie sind, was sie essen. Kernig. Ohne Shit läuft nichts. Lieblingsfarbe: Grün.

SANYASSINS

Sie suchen Sinn u… finden sich schön. Ihre Götter heißen Bhagwan, Krishna, Zamfir, Pan. Ihr Kama heißt Sutra. Sie glauben, was sie nicht wissen. Auf unser Mitleid können sie verzichten. Andere sind jung. Sie sind Jünger.

…OCKER

Ohne ihr Motorrad sind sie Fußgänger. Ohne Sprit läuft nichts. Lieblingsfarbe: Blau.

TOOTSIES

Sie kennen kein Geschlecht. Und das finden sie gut. Völlig losgelöst. Exakt neutral. Problemlose Einerbeziehung. Menschen, die man auch im Dunkeln riecht.

CHIPS

Ihre Welt ist rechteckig und piept. Menschen am Kabel. Leben aus der Steckdose. Glück auf der Datenbank. Computerkinder – sie haben noch nie eine Kuh gesehen.

PUNKS

Sie ziehen sich aus, um das Fürchten zu lehren. Ohne Sicherheitsnadel hält nichts. Lieblingsfarbe: Bunt.

Eilert, Gernhardt, Knorr

ABENTEUER LEID-ARTIKEL

3 Männer an den Grenzen menschlicher Schreibfähigkeit

Die Welt, in der wir leben, ist arm an Abenteuern. Wer sie bestehen will, muß sie suchen. Der eine findet das Abenteuer, indem er ohne Sauerstoffgerät auf den Mount Everest steigt, der andere, indem er ohne Außenbordmotor über den Atlantik paddelt. Aber welche Abenteuer bleiben uns Schreibern? Welcher Herausforderung können wir uns stellen? Nun, es gibt sie, die letzte Grenze der Artikeldrechselei, die noch überschritten werden kann: Einen Text zu schreiben ohne jegliches Thema, ohne Gedanken, ohne Aspekt, ohne Absicht und ohne Sinn und Ziel, und das über die unvorstellbare Distanz von zwei Spalten. Wir haben es gewagt!

☐ Die Bedingungen für unser Unternehmen waren miserabel. Nur ein einziger Kugelschreiber. Gewaltige Temperatur-Unterschiede; draußen null Grad, drinnen sage und schreibe 22. An Rechtschreibung war nicht zu denken; wir hatten auf Lampen verzichtet und uns vorgenommen, den Artikel bei bloßem Tageslicht zu schreiben. Wir, das sind Bobby Gernhardt, Piddi Knorr und Reinhold Eilert. Nicht zu vergessen: unser treuer Sherpa Ginseng, der uns die Radiergummis nachträgt. (Das war eine Auflage des Journalisten-Verbandes, der sich sonst geweigert hätte, die Verantwortung für unsere tollkühne Expedition zu übernehmen.)

So. Der erste Absatz ist geschafft! Bobby ist so unvorsichtig, auf die bisher zurückgelegte Strecke zurückzuschauen. Ihm wird sofort schlecht. „Nur nicht umschauen", hatte ihn noch der erfahrene Reinhold gewarnt, „sonst schaffen wir es nie!" Aber weiter geht's. Weit vor uns glauben wir das Ausrufezeichen zu erkennen, das das zweite Basislager markiert. Dort hoffen wir einige Notgedanken zu finden, die frühere Expeditionen zurückgelassen haben. Doch die Enttäuschung ist riesengroß. Statt des erhofften Ausrufezeichens ragt aus dem Wortschotter lediglich ein windschiefes Semikolon; und von den ersehnten Notgedanken sind nur kümmerliche Fragmente übriggeblieben. Streunende freie Schriftsteller haben die Vorräte angefressen und gefleddert. Uns bleiben nur noch Fetzen: „Wer kein Geld hat, soll nicht...", „Eine schöne Frau ist wie ein Ma..." „Hier!" schreit Piddi plötzlich, „ich hab was gefunden!" Tatsächlich hält er einen vollständig erhaltenen Gedanken in Händen: „Ich denke, also bin ich." Aber schade, der Gedanke ist alt und steinhart. An ein Weiterdenken ist nicht zu denken. Also weiterschreiben!

Langsam begreifen wir, worauf wir uns eingelassen haben. Ein unmenschliches Unternehmen! Eine Tour der Leiden! Kein Tier würde das durchhalten. Nur nicht hinsetzen, nur nicht einschlafen jetzt! Das wäre das Ende des Artikels. Ein unmenschliches Unternehmen! O mein Gott – wir haben im Kreise geschrieben. Wortblind stolpern wir weiter. Die Gedankenleere um uns läßt uns erschauern. Gibt es noch einen Ausweg? Gibt es ein Ziel? Wenigstens einen kleinen Aspekt? „Laß uns doch einfach was gegen die Zigeuner schreiben", schlägt Piddi vor. Die Strapazen haben seine Sinne verwirrt. „Zieht ohne mich weiter", sagt er, „laßt mich hier liegen." „Oh nein! Das könnte dir so passen!" kreischt Bobby, „wer soll denn dann den Artikel gegen die Zigeuner zu Ende schreiben!" Er ist offensichtlich auch wahnsinnig geworden.

Nur Reinhold behält die Übersicht. Der Starke. Er, der schon ganze Romane ohne einen einzigen eigenen Gedanken bewältigt hat. Er, der jeden Morgen zur Abhärtung auf Zuruf finanzpolitische Essays improvisiert. Er weiß, was er seinen beiden Kumpels schuldig ist; denn sie waren es, die ihn damals aus der Glosse gezogen haben. „Ruht euch ein wenig aus", sagt er, „ich übernehme die nächsten zwei Sätze." Und er formuliert drauflos: In diesen Tagen beginnt die Lohnrunde 1980. Wieder soll die IG Metall die Bresche in den Rubikon schlagen, um den Pyrrhussieg aus dem Feuer des Hornberger Schießens in eine Kanonade von Valmy zu ... Das reicht! Die Gefährten sind hellwach. In panischem Schrecken stolpern sie vorwärts. Keine Sekunde zu früh.. Denn in diesem Augenblick rauscht donnernd ein gewaltiger Wortschwall an ihnen vorbei. – Ein unvorsichtiger, streunender Autor, der in Zipfelnähe nach Einfällen bohrte, hat ihn ausgelöst. Der Schock sitzt. Wo? Schief, schlägt einer vor. Doch die anderen sind zu müde, um zu protestieren. Hier, in den eisigen Höhen des Hochintellekts. Ist die Luft so dünn. Daß jedes Wort. Eine Anstrengung. Ist. An. Ganze. Sätze. Ist. Nicht. Zu. Denken...

Anmerkung der Redaktion: *Als der Rettungshubschrauber des Journalisten-Verbandes die drei erstarrten Abenteurer barg, befanden sie sich nur noch 44 Zeilen vom Artikelende entfernt. Dieses Foto hielt Reinhold in Händen. Es war offenbar als eiserne Reserve für den Notfall gedacht. Falls die Worte versagten, sollte dies Bild die restlichen Zeilen füllen. Im Andenken an unsere mutigen Kameraden, die zur Zeit in der Redaktions-Sauna aufgetaut werden, veröffentlichen wir es. Auf der Rückseite fand sich die prophetische Inschrift:*
„Wenn dieses Kissen runterfällt,
dann stehen wir am Dach der Welt."

Unglaublich!

BONN RETTET DEN WALD!

Feuchtfröhliche Antworten auf brennende Fragen von Eilert/Gernhardt/Knorr

DIE ASYLANT

Zehntausende von fremden Menschen strömen in den letzten Jahren verstärkt in unsere Bundesrepublik. Was wollen diese Leute von uns und bei uns, und was können wir tun, um ihren Aufenthalt so kurz wie möglich zu gestalten?

Sind wir nicht im Grunde auch Asylanten?

Ja, wir alle sind es. Wir sind nur zu Gast auf dieser Erde, wo der HERR uns zeitweiliges Asyl gewährt in seiner Güte. Doch diese göttliche Ordnung wird nun gestört: Pakistani, Inder, Ceylonesen, Eriträer, Vietnamesen, Chilenen, Koreaner strömen asylheischend in unser Land. Und wenn der schon erwähnte HERR das gewollt hätte, so würde er sie doch gleich in der Bundesrepublik angesiedelt haben. Das hat er aber nicht.

Warum wollen diese Menschen ausgerechnet zu uns?

Nur weil wir uns die „freie" Welt nennen. Da sieht man, was ein einziges unbedachtes Wort für Schaden anrichten kann. Wir hätten uns doch auch die „nicht für alle freie" Welt nennen können.
Zumal der Begriff es ohnehin viel besser trifft.

Was haben die Asylanten also hier zu suchen?

Nun, der Asylant trachtet zunächst und vor allem, durch die Maschen in unser soziales Netz zu schlüpfen. Nicht übertriebenes Mißtrauen läßt uns das vermuten – nein, den besten Beweis hat der Asylant doch mit seinem Kommen selbst geliefert. Denn unser liberales Asylrecht, auf das wir stolz sind, gibt es nun seit mehr als 30 Jahren. Doch niemand schritt durch das Tor, welches die Väter unseres Grundgesetzes damals so weit aufstießen. Im Gegenteil: Der Asylant saß in der gemütlichen Hütte im malerischen Heimatslum und wartete zu. Aber jetzt, da wir es uns durch die liebevolle Aufbauarbeit dreier Jahrzehnte eben ein wenig nett eingerichtet haben in unserer Bundesrepublik, jetzt ist er plötzlich massenhaft da. Das gibt uns zu denken.

Was ist so ein Asylant überhaupt für ein Mensch?

Der Asylant ist einer, der ganz ohne Einladung in unser Land kommt. Damit tut er etwas, das eigentlich dem zahlungskräftigen Touristen vorbehalten ist. Und er tut mehr, als jeder Tourist sich trauen würde: Er beginnt hier zu arbeiten. Er versucht es zumindest.

EN KOMMEN

Zeichnung: Hilke Raddatz

Wird der Asylant damit zum Gastarbeiter?

Nein, denn den gewöhnlichen Gastarbeiter haben ja wir selbst ins Land geholt. Führende Vertreter unserer Wirtschaft haben sich persönlich auf den Balkan bemüht und sich dort die stämmigsten Türken ausgesucht. Den gewöhnlichen Gastarbeiter hat also die reine Geldgier zu uns getrieben. Das verstehen wir und billigen es auch, denn diese Haltung ist leicht zu verachten. Jemand, der seine Heimat und seine ganze Kultur – sowenig das im Einzelfall auch sein mag – im Stich läßt nur schnöden Geldes wegen – und das ist auch nicht mal soviel –, darf doch wohl als moralisch minderwertig gelten.

Was aber treibt den Asylanten?

Die Beweggründe des Asylanten sind dunkel, wie zumeist auch er selbst. Viel ist von politischer Verfolgung die Rede. Was das bedeuten soll in jenen Ländern, aus denen er flieht, weiß so genau keiner. Sind es nicht eigentlich nur Stammesfehden und familiäre Zwistigkeiten? Dort unten wird doch schnell einmal das Kriegsbeil ausgegraben, nur weil etwa des Nachbarn Lieblingshuhn gekränkt wurde, worauf der Nachbar – aufbrausend, wie er von Natur aus ist – aufbraust und allsogleich dem Nächstbesten hinterherrennt. Und schon fühlt sich der Asylant verfolgt.

Gibt es denn überhaupt so etwas wie Politik in jenen Ländern?

Gewiß. Wenn man unter Politik versteht, daß seltsame Herren mit merkwürdigen Kopfbedeckungen und unaussprechlichen Namen sich gegenseitig das Recht bestreiten, sich in Regierungspalästen breit zu machen.

Aber warum flieht er dann überhaupt, der Asylant?

Das ist es ja eben. Er schafft es nicht, sich sein Sälchen im Regierungspalast zu sichern. Also sind es gerade die Unfähigsten, die Schlappschwänze und Hasenfüße, die zu uns kommen. Durchaus gebildete Menschen, daheim für die höchsten Ämter bestimmt, die nun hier bei uns Hamburger backen müssen. Man stelle sich den umgekehrten Fall vor: Helmut Kohl, der in Bombay eine winzige öltriefende Pizzeria betreiben müßte. Er wäre doch heillos überfordert, der arme Mann.

Aber ist der Asylant nicht auch noch schön?

Eben! Das macht die Sache doch noch schlimmer für uns. Wer kann denn ruhigen Gewissens mit ansehen, wie feingliedrige Pakistani unter schweren Zeitungspacken fast zusammenbrechen? Wem blutet nicht das Herz, wenn hochgewachsene, schmalschädelige Nubier, die mit dem trockenen Glanz ihrer Haut alle wie frischgewaschene Prinzen aussehen, plötzlich die letzte Drecksarbeit machen müssen? Wir leiden doppelt unter der Schönheit des Asylanten: moralisch und ästhetisch. Wir wollen ihm helfen - aber wie sollen wir?

Ist der Asylant wirklich nur hilfsbedürftig?

Nein, der Asylant ist auch sehr raffiniert. Er scheut nicht davor zurück, gegen unsere ästhetischen Bedenken deutsche Gerichte in Anspruch zu nehmen. Nicht nur, daß unsere deutschen Mitbürger damit im Austragen eigener Rechtshändel schwer behindert werden, nein, das dauert auch! Bis zu seiner endgültigen Heimreise - warum immer gleich von „Abschiebung" sprechen? Wir schieben ihn doch nicht bis Pakistan, wie kämen wir denn dazu? Nein, er soll fliegen, doch der von ihm eingeschlagene Rechtsweg verzögert das um mehr als 18 Monate!

Was fangen wir bloß mit ihm an in der Zwischenzeit?

Wir müssen zumindest dafür sorgen, daß er sich bei uns wie zu Hause fühlt. Und das gewiß nicht, indem wir ihn in zivilisatorischen Annehmlichkeiten ersticken und ihm so einen Kulturschock versetzen, der ihn auf Dauer entwurzeln könnte. Nein, wir dürfen den Asylanten auf gar keinen Fall seinen gewohnten Lebensbedingungen entreißen, sondern müssen ihm die Möglichkeit geben, unter seinesgleichen zu bleiben. „Lager" ist freilich ein häßliches Wort, und wir haben damit in der Vergangenheit auch nicht eben die besten Erfahrungen gemacht - „Slum" ist ein viel schöneres Wort und viel leichter zu verwirklichen. Die Voraussetzungen sind schließlich gegeben: Viel zu viele Menschen auf viel zu wenig Raum unter katastrophalen sanitären Bedingungen.

Wer dächte da nicht an die Türkenviertel unserer Großstädte?

Natürlich wird das anfangs gewisse Schwierigkeiten mit den Ureinwohnern geben - aber damit soll der Asylant gefälligst allein fertig werden. Wir können uns nicht um alles kümmern.

Ist es aber nicht gut und schön, wenn sich zwei Kulturen begegnen?

Sowieso. Das kann sogar sehr fruchtbar sein. Und unsere westliche Kultur hat der östlichen doch verschiedenes zu verdanken: die Currywurst, um mit einem ganz naheliegenden Beispiel zu beginnen, und ... die Currywurst, wie gesagt, oder ... die Currywurst jedenfalls. Wobei die Wurst im Grunde noch von uns stammt - aber wir wollen da nicht kleinlich sein: die Currywurst also.

Aber gibt es in der gesamten Menschheitsgeschichte auch nur ein Beispiel dafür, daß sich eine Kultur dadurch weiterentwickelt hätte, daß sie sich in das soziale Netz einer anderen lümmelt?

Nein, nein. Und wollen wir denn wirklich mit ansehen, wie solch ein sehniger Asylantenkörper sich im gemachten Bett unserer Sozialleistungen suhlt und Fett ansetzt und träge wird und immer träger? Wie soll er denn dann zu Hause noch seinen Verfolgern entkommen? Ach was, der Asylant muß fit bleiben.

Wer kann dem Asylanten dabei behilflich sein?

Unsere Ausländerbehörden können das natürlich. Und zwar ganz einfach, indem sie dem Asylanten nicht paradiesische Zustände vorgaukeln, die dann bei ihm zu Hause zerplatzen wie die Seifenblasen. Darum ist es so wichtig, daß unsere Beamten auf gar keinen Fall zu freundlich und zuvorkommend sind - aber wem sagen wir das.

Können wir nun das ganze Problem unseren Behörden überlassen?

O nein, denn wir leben in einer Demokratie, und das bedeutet, daß jeder von uns die Pflicht hat, sich darüber Gedanken zu machen, wie er an seinem Platze mithelfen kann, den Asylanten abzuhärten, auf daß die Enttäuschung der Heimkehr nicht zu schwer werde. Schwer genug wird sie bestimmt. Es fällt nicht einmal leicht, daran zu denken - aber es muß sein.

Doch wie verhalten wir uns in diesem scheußlichen Konflikt zwischen berechtigtem Mitleid und wohlverstandener Abgrenzung?

Wir verhalten uns richtig.
Der Wirt, der den Asylanten seines Lokals verweist, tut das, um ihn vor der Versuchung zu bewahren, durch Alkoholgenuß seine Götter zu beleidigen.
Der Verkäufer, der den Asylanten nicht bedient, tut das, um ihm nicht auch noch das letzte Geld aus der Tasche zu ziehen.
Und der Passant schließlich, der den Asylanten vom Bürgersteig schubst, wird wohl auch seine guten Gründe haben, das zu tun.

Hat das am Ende doch etwas mit Fremdenfeindlichkeit zu tun?

Ach wo. Mit Fremdenfeindlichkeit kann das gar nichts zu tun haben. Denn wenn wir Deutschen irgendwelche Fremden wirklich hassen, dann sieht das aber ganz anders aus. Das haben wir ja wohl hinreichend bewiesen.

„Also ich find'diese Ausländer süß!
Wenn sie nur nicht so arbeitslos wären!"

F. W. Bernstein

Brösel:
WERNER
MA WIEDER TOTAL ZU
BÖLKSTOFF IS SCHON WIEDER ALLE
WERNER, DU BIST DRAN, SACH MA BESCHEID!
BESCHEID
HASS BESCHEID GESACHT?
KLAR MANN!
DAUERT GANZ SCHÖN LANGE!
HE WIRT HAS' DICH TOTGEZÄPFT, ODER WAS?
WAS WÜNSCHEN DIE HERREN?
ICH DENK DU HAS' BESCHEID GESACHT?
KLAR MANN
NA ALSO MACH HIN MANN!

Kähler, Saalfeld, Pfarr

Ko-Li-Bri

Beilage gegen Kopfschmerzen, Liebeskummer und Brickeln im Arsch

Männer sprechen über ihre Schwänze

Zu Heiner Dorlamms Film „Zeig herunter am Gelben Stein, Fluß“

Gigantonomie im Vorspann

Wenn Robert Altmann einen Film „Drei Frauen“ nennt, in Wahrheit aber viel mehr Weiber (und sogar etliche Männer!) auftreten läßt, dann darf der deutsche Zuschauer das getrost Lüge, Betrug oder gar Sünde nennen, denn Altmann hat längst nicht mehr genug Taler, um einen Verleumdungs-Prozeß mit unsicherem Ausgang anzustrengen. Wenn dagegen Heiner Dorlamm einem Lichtspiel den Titel „Geile Titten“ gibt, man die letztgenannten aber auf der Leinwand erfolglos mit der berühmten Stecknadel suchen muß, dann herrscht zwar ein entsetzliches Durcheinander im Kino, doch niemand käme auf die Idee, Dorlamm vor Gericht zu zerren. Ohnehin hat ja die deutsche Richterschaft schon lange nichts mehr mit Dorlamm am Hut.

Dafür aber die Freunde laufender Bilder. Und dies gerade jetzt um so mehr, als Dorlamms neuester Film natürlich nicht „Geile Titten“ heißt, sondern „Zeig hinunter am Gelben Stein, Fluß.“

Der aus den Tiefen des anglosächsischen Wortschatzes inspirierte Titel täuscht allerdings. Eingeschworene Western-Liebhaber werden kaum auf ihre Kosten kommen. Ebensowenig wie eingefleischte Cineasten übrigens. Denn Dorlamm hat diesmal auf alle medienimmanenten Effekte wie Licht und Schatten, Farbe und Ton, Bauten und Hauptdarsteller verzichtet und sich statt dessen ganz auf seinen Fachmann für Spezialeffekte verlassen: Tatsächlich hat der in Lothringen geborene Heinzi Gülch für diesen Film den mit Abstand größten, zerklüftetsten und vereistesten gelben Stein geschaffen, der je auf Zelluloid geballt wurde. Aber auch Gülch scheiterte an Dorlamms Drehbuch-Wunsch nach einem „Fluß, der schön zeigen kann, und zwar immer von oben nach unten.“

Diese unstillbare, unerfüllbare Gigantonomie Dorlamms, mit der er seine Technikerschau in „Der Zahnarzt von Stalin“ an den Rand der Verzweiflung getrieben hatte, bewirkte zweierlei: Den Partner des gelben Steins spielt in der nun vorliegenden Fassung der Waren-Makler Herbert Fluß aus 2000 Hamburg 76 (Schürbekerstraße 5), und was dem Werk den Titel gab, ist eigentlich nur in einer ganz kurzen Einstellung während des Vorspanns zu sehen.

Freilich kommt der Regisseur im weiteren Verlauf der Handlung doch noch einmal auf Fluß und Stein zurück. Und zwar in der Szene, wo der kleine Terrierhund Toby, der ausgesetzt worden war, mit seiner Nase nach Hause zurückgefunden hat und nun, unter dem geöffneten Wohnzimmerfenster des Bungalows, mitanhören muß, wie Herrchen und Frauchen munter miteinander plaudern. Von Toby kein Wort! Wohl aber Bemerkungen über den Diamantenring der Dame des Hauses und ein verstopftes Rohr unter dem Spülbekken in der Küche.

Das dürfte symbolisch gemeint sein und beweist doch ein weiteres Mal, daß einem Heiner Dorlamm selbst das verzwickteste Filmthema einfach nicht aus den Händen gleiten kann. Drei Kochlöffel, vier Eulen und eine Mütze!

io.

„Könn' wir, Heinzi?“ – „Wir können, Heiner.“ – „Auf die Plätze! Fertig! Dreh!“ Dorlamm gibt ‚Film frei‘. . .

Urlaubstraum

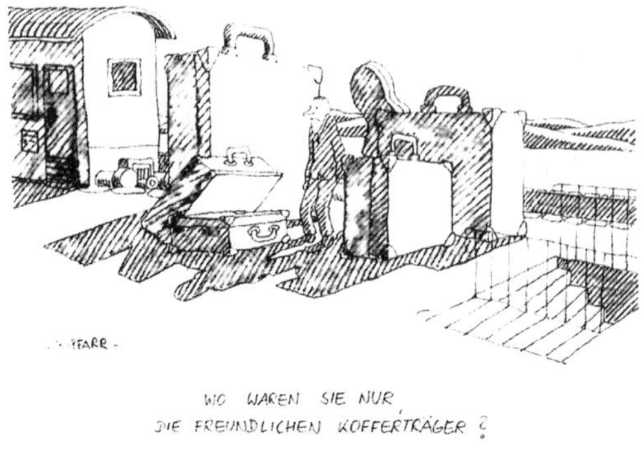

Knobeln leicht gemacht – Lösung wird gleich mitgeliefert:

Alle mal herraten!

Weihnachtszeit – Rätselzeit. Da ist man doch froh, wenn einem mal ein oder zwei Rätsel gestellt werden, nicht zu leicht, nicht zu schwer. Gerade richtig eben . . . Genug geredet – wir wollen jetzt raten.

★

Also: Welche geflügelten Worte werden gewissermaßen durch folgende zwei Fotos dargestellt?

Richtig. *Über den eigenen Schatten* springen ist richtig.

War ja auch leicht. Aber jetzt kommt der Hammer: Was soll das Foto hier bedeuten?

Falsch. Richtig ist *Auf der Autobahn nachts um halb eins.* Hätten Sie nie rausbekommen. Sie doch nicht. *hws.*

Am Nebentisch belauscht

Wenn es im Winter am kältesten ist, so daß lange Eiszapfen von den Regenrinnen hängen und die Passanten alle rote Nasen und blaugefrorene Hände haben, gehe ich besonders gern in die „Bierstube Mader“, wo eiskalte Bierzapfer hinter dem Tresen hängen und die Gäste alle rote Augen und blaue Birnen haben. Trotz der frühen Morgenstunde bin ich auch heute wieder nicht der Erste und dränge mich entschlossen unter die dicht an dicht stehenden Quartalssäufer aus Eimsbüttel und den angeschlossenen Trinkerheimen, die sich gegenseitig an den Mantelaufschlägen festhalten, damit sie nicht zuguterletzt doch noch umkippen und oben alles wieder rausläuft . . .

– Wär ja man auch schade drum, oder? . . .
– Kannssu laut sagen!
– WÄR JA MAN AUCH SCHADE DRUM, ODER?
– He, Rainer, wo bleibt mein Bier?
– Schon unterwegs, du Sack.
– Sach noch einmal ‚Sack‘ zu mir! . . .
– Sack.
– Danke, Rainer, bisn Kumpel.
– Machten Rüdiger eigentlich?
– Nur Scheiß.
– Auf Rüdiger is eben Verlaß . . .
– Äi, da is ja Klaus! Wie gehts?
– Wie solls gehen? Kann gar nicht genug klagen . . .
– Das hört man gern.
– Frank, mir wird übel – hier rüsseln ja wieder lauter Studenten 'rum!
– Ham wohl hitzefrei gekricht.
– Du hass ja schon ganz dicke Augen!
– Die solltest Du mal aus meiner Richtung sehn!
– Geht das?
– Wer kommt mit mir Pinkeln?
– Kanns noch nich alleine?
– Wer hatte hier vier Kokoslikör bestellt?
– Na endlich!!! Wurde aber auch Zeit, Mann, ich wart ja schon 'ne Ewigkeit!
– Kokoslikör is alle.
– Du, Rainer, denks noch an mein Bier?
– Denken ja.
– Habt ihr schon gehört, daß ...
– Ham wir.
– Aber daß ...
– Auch.
– Letzte Bestellung!
– Noch acht Bier!
– Mir auch acht!
– Und eins macht hundert!

. . . aber es wurden natürlich noch eins-, zweihundert Bierchen mehr und wenn Rainer uns nicht irgendwann in den Arsch verraten hätte, daß morgen schließlich auch eine Nacht ist, dann wäre ganz bestimmt noch ein wenig dort liegengeblieben

Ihr Jean (vom Nebentisch)

r.k.

Nix wie Ärger:

Im Männer-Erholungsheim

Leute, machen wir uns doch nichts vor: für ne Stange Zigaretten und 'n paar Kästen Bier braucht die doch niemals vier Stunden!
Also, wie siehts aus – hat vielleicht noch jemand 'ne Freundin?

Kolibri-Nachruf

Nach 68 Jahren WG-Erfahrung: Albert S. Lünebest ist nicht mehr

Die Nachricht vom Tode Albert Schlafmütze Lünebests, dem Erfinder der modernen Wohngemeinschaft, ist kaum kalt geworden, da wärmt man auch schon uralte Geschichten um ihn wieder auf. Lesen Sie also bevor wieder alles Kult wird . . .

Albert Staubfänger Lünebest, der Erfinder der modernen Wohngemeinschaft, ist nicht mehr.

Babsie (54), ein Mitglied seiner 174. und nun wohl endgültig letzten WG, fand ihn sanft über den Monatsabwasch entschlafen.

„Naja, das ist ihm schon immer schwer ans Herz gegangen, wenn er irgendwo den Dreck wegräumen mußte, ganz besonders seinen eigenen.“

Dreck hatte er schon immer viel gemacht. Deshalb entschloß sich Albert Sockenhaufen Lünebest wohl auch 1903, seine Eltern hatten ihn gerade im Alter von 32 Jahren vor die Tür gesetzt, wer sollte ihm denn jetzt in Zukunft das Schuhbändchen zumachen . . . *r.k.*

(wird noch ganz lange fortgesetzt)

Aus der Redaktion

„Ja! Ja! Jetzt kann ich ihn schon deutlich erkennen! . . . Ja, er wird immer deutlicher! . . . Gut sieht er aus . . .“ Wie gebannt starrt Sven Schick, unser PR-Mann, in seine Schreibmaschine, und wenn wir jetzt irgendetwas ganz bestimmt nicht machen dürfen, dann ihn stören!

Er hat nämlich gerade psychedelischen Kontakt mit dem typischen Kolibri-Leser aufgenommen, und da sind wir natürlich aasig gespannt, was er uns von ihm berichten kann.

„Was macht er denn gerade, unser Kolibri-Leser?“ flüstert Roselberg aufgeregt.

„Oh, ich sehe ihn jetzt, als würde er mir gegenübersitzen . . . Ja, er hält krampfhaft eine aufgeschlagene ‚Titanic‘ in den Händen . . . Das hab' ich mir gedacht! Er liest natürlich gerade seine Kolibri! . . . Ja, und zwar genaue diese Zeile . . . wie hypnotisiert folgt er jetzt j e d e m e i n z e l n e n B u c h s t a b e n . . .“

Zufrieden schauen wir uns an: Genau so hatten wir uns den typischen Kolibri-Leser auch vorgestellt: zu jedem Jux bereit, selbst wenn's auf die eigene Kappe geht! Weiter so, Leser!

4. 12. Fräulein Eulein (17), unsere neue Telefonabnehmerin („Es hat geklingelt, Fräulein Eulein!“ – „Na und?“), hat das Angebot von Verlagsleiter Adler, direkt nach der Probewoche in die vorgezogene Rente zu gehen, nach kurzem Grübeln angenommen.

„Aber nur bei doppeltem Gehaltsausgleich, versteht sich! – Tscha Jungs, ich werde Euch fehlen, das weiß ich jetzt schon. Darauf nehmen wir doch noch einen, oder?“

Und ein letztes Mal stehen wir nach einer herrlichen Woche um die Buddel Schluck vereinigt, dann torkelt sie über den Flur davon – einer gewissen Zukunft entgegen.

„So jung kommen wir nie wieder zusammen!“ ruft ihr Dart-Direktor Nullinger, ein Mann im fortgeschrittenen Alter, noch hinterher, dann wenden wir uns seufzend wieder den aktuellen Problemen zu: „Glück und Glas, wie leicht geht das kaputt – Eine nachdenkliche Betrachtung über zerbrechliche Worte, die mit einem ‚g‘ anfangen ...“

24. 12. Die Kolibri-Redaktion feiert Weihnachten. Still. Gefaßt. Besinnlich. Einem so seelenvollen Anlaß wie dem heiligen Abend voll angemessen.

Das weiß auch der Weihnachtsmann, der vor ein paar Minuten eingetroffen ist, zu würdigen. Groß und hochaufgerichtet steht er neben dem Tannenbaum, und den Sack, in dem er für jeden von uns 1 Mio mitgebracht hat, hat er sich lässig über die Schulter geworfen.

„Meine Damen und Herren, ich bin kein großer Redner ... Frohe Weihnachten! Prost!“

Und es wurde noch ein wunderschöner Abend.

r.k.

Extrabreit

Brösel

Zu unserem Titelbild: . . . und manche zeigen ihn sogar!

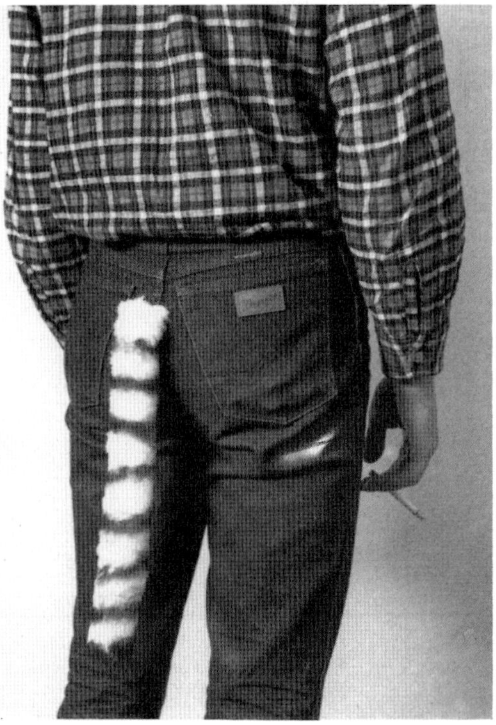

Aus unserem Vorlesungsverzeichnis

„Stellt Euch keiner vor, geht's hin!“ – Was will uns dieses Motto sagen?

(Lingwistik, Poseminar III)

Saustall Bad Homb

Die Stadt Bad Homburg v.d.H. ragt als Höhepunkt der gegenwärtigen deutschen Städteniedertracht gleich wie die gleichsam verlotterte Offenbarung der allgemeinen landesüblichen Verdüsterung, Verrohung und Verwahrlosung zugleich. Intellektualgemeinheit und Infernalverrottung reichen in Bad Homburg einander die Hand zum tödlichen Bündnis schwerster Verstörung im Kainszeichen verruchter Integralinfamie. Lärmende Widernatürlichkeit geht einher mit verheerender Irritation, Stumpf- und Starrsinn paaren sich mit Heimtücke und größter Verschlamptheit. Wenn man die Gemeinheit dieser Stadt und der sie bevölkernden Einwohner und Bewohner mit beider Fürchterlichkeit und Verderbnis vermißt und verrechnet, so kommen wir sofort und unwiderruflich in den kompletten Schwachsinn, in die absolute Geistesschwäche und ins vollkommene Verbrechen.

Die Stadt Bad Homburg vor der Höhe, nämlich widerlich vor den Höhen des Taunus sich wälzend, prangt und strotzt noch vor den artverwandten Kronberg, Königstein und Oberursel als der unumstrittene Zentralkern im Umkreis der sie umgärenden Niedergangsapparaturen und Katastrophengesinnungen. Wer je die Gemeinheit, ja Gemeinheitssucht der Bürger und sogenannten Bürger erlebt und erduldet hat, der wird nicht länger der Kopfeinsicht sich verschließen können, daß die kriminelle Geschichte und die kriminogene und vertragsbrüchige Gegenwart dieser ruinösen und dabei noch hinterhältigen Stadt vollkommen obszöne, perfide, ja perverse sind.

Bei dieser Stadt handelt es sich in Wahrheit um eine verbrecherische und um eine hundertprozentige vernichtungswillige, um ein rauchendes Niederlagenzentrum der höchsten Art. Die Menschenvernichtungsgier ist hier die eklatanteste. Bestechlichkeit und Bestechungswilligkeit der Einwohner, und zwar aller Einwohner, der Stadt sind die äußersten. Blutsaugerisch egelhafte und nicht weniger ekelhafte Übelgesinnung des bankrotten Großbürgertums geht mit der des rattenhaften Kleinbürgertums unweigerlich einher und reißt in der Folge auch noch ein schwerst vertrübtes und mißbildetes Proletenwesen rasselnd in seine gewissenlos dampfenden Schlünde und Schründe, in welchen aber eine so brutal wie wütend operierende und gleichzeitig heruntergewirtschaftete Geschäfts- und Millionärs-, ja Milliardärswelt von unverantwortlichem Steinreichtum das große Sagen und Kommandieren hat. Zahn um Zahn, Biß um Biß. Diesen furchtbaren Geldmaschinen aber gehorcht und pariert rund um einen seit alters her christlichdemokratischen Oberbürgermeister ein unglaublich verheuchelter und vertrags- wie gesetzesbrüchiger Stadtobmännerrat, untergebracht in einem ebenso gemütsmeuchelnden wie edelsteinprangenden Hause. Die Schwärze dieses sogenannten Magistrates ist die finsterste. Ihr gemäß ist der unter unwürdigsten Konditionen vor einigen Jahren erfolgte Neubau des wahrzeichenhaften und städtischen Kurhauses zugunsten betuchter und gottloser Kranker: eine völlig und vollkommen lächerliche Architekteninfamie im Stile der korruptesten sogenannten Postmoderne, welche sich auch in den dort widerlich leerstehenden und ungenützten und mit Verbrauchermüll vollgepfropften Läden bewahrheitet, die wiederum auf das Vulgärste sich ergänzen mit einer sogenannten Einkaufspassage „Alter Bahnhof", eines fünf Jahre lang gähnenden Baulochs der nutzlosesten Zumutung, im Volksmund „Elefantenklo" genannt. Vollgestopft ist der gesamte verheuchelte Stadtbereich ferner mit Millionen von Shops und Boutiquen, deren meist gemütskranke Betreiberinnen alle eintretenden Kundinnen mit dem bekannten und sogenannten „Homburg-Blick" unter die Lupe nehmen, nämlich vom Scheitel bis zur meist tatsächlich unschönen Sohle. Kaum besser ist es mit den Metzgereien, in denen tödlich aufgemachte und mörderisch geschminkte Blon-

urg v.d.H.

dinen, in der Regel zurückgebliebene Metzgerstöchter, sich dafür schämen, Metzgerinnen geworden zu sein anstatt Schmuckverkäuferinnen – und die ausgerechnet eben dafür den Kunden mit brutalen Blikken zur Verantwortung ziehen.

Die Jugend dieser Stadt, die auch wie eine große und vernebelnde Metastase an Verschleppungen und Verschluderungen scheint, ist insgesamt politisch unzurechnungsfähig und sozial regressiv bis debil. Sowie gleichzeitig ständig vom Selbstmord bedroht; Gott sei Dank. Kinderbankerten und sonstige infernalische Rotzlöffel, meist hals- und kopflose Ungeheuer der rohesten Unerträglichkeit, müssen spätestens mit 14 Jahren ständig in irgendwelche Tennis- und Klavier- und Reitstunden. Sogenannte Mütter fahren sie auf ihren Pfiff überall hin. Mit 18 schaffen sie es dann im jederzeit offenen VW-Sportcabrio selbst. Neuerdings kommt auch Squash hinzu, es ist wahrlich widernatürlich. Ein jeder der jugendlichen Sauköpfe besitzt mindestens ein Pferd sowie fünf Tennisschläger, wie Pilzer berichtet. Vier von fünfen eifern Boris Becker nach. Es ist ganz grauenhaft und hochgemein.

Die Bestechlichkeit und Bestechungswilligkeit innerhalb der Gangstereien des Wirtschaftslebens dieser die Bürger narrenden und korruptionistischen Stadt ist die höchste und gleichzeitig treuloseste. Stadtväter und Stadträte halten heruntergekommene Architekten auf das betörendste bei Laune und umgekehrt. Der Niedergang jeglicher Scham ist das bindende Gesetz. Wo ein Homburger, da ein Verbrechen. Wo immer rund um den Bonner Staatssekretär Möllemann oder den Frankfurter Bankier Graf von Galen eine Unlauterkeit und finanzielle Untat zum Vorschein kommt: Immer ist ein Bad Homburger Geldverwerter oder nichtsnutziger Millionär mit von der schlimmen Partie. Widergesetzlichkeit aber im Umgang mit Hab und Gut führt zu jenen Vertrübungen der Hirne, welche nur mit schweren Hirnverwühlungen mehr zu bezeichnen sind.

Dazu gesellt sich viel Energie für Mindergeist und Niedersinn nebst Gewissenlosigkeit en masse und sowieso.

Gipfelpunkt der Stadtniedertracht aber ist das Anfang 1983 Gott sei Dank abgebrannte, leider Gottes aber noch im gleichen Jahr von den Verantwortlichen vollkommen unverantwortlich wieder errichtete und dabei noch scheußlicher gewordene sogenannte Taunusthermal- und Saunabad. Hier ist in japanisch-chinoiserieverblendeter Stilverrottung alles gleich speiübel und pottwiderwärtig. Nur vollkommen verkommene und enthemmt abgebrühte Menschen vermögen auch nur die schaurige Eingangspforte zu durchschreiten. Trotzdem besingt ausgerechnet der heruntergekommene und völlig irrgehende Frankfurter Dichter Horst Krüger das Bad lauthals im Stadtprospekt. Und kriegt dafür noch Geld. O Scham und Schande, und fehlgewickelte Toren aus Frankfurt, Offenbach, Groß-Gerau und Rüdesheim, ja Rüdesheim, kommen dort auch noch täglich und sogar freiwillig angereist. Der Saustall ist der perfekteste. Wer diese Heimsuchungen je gesehen hat, der verliert sofort Treu und Glauben. Das Grauenwürgendste an der Stadt und am Thermalbad aber sind die Bräunungsstudios zugunsten einer gewissenlosen vermeintlichen Schönheit und der korruptionistischen sozialen Geltung der Gebräunten. In Badehose wird im Kino, nackert am Grill erschienen. Ah pfui der Unkeuschheit, der ausgeschamten! Kein Buch ist weit und breit zu spähen, keine Zeitung. Nur Fernseh ist zu sehen. Und Musik, die dudelt.

Kaum war das erste Thermalbad abgebrannt (prima), schon nahmen Mord und Selbstmord zu (klasse). Jetzt geht es wieder etwas.

Trotzdem gilt heute mehr denn je: Die Emulsion von Unrat in diesem Thermalbad und der Stadt insgesamt ist wie eine exemplarische Explosion von extraordinärer Exorbitanz.

Eine Stadt, die an der Höhe liegt, kann leider nicht verborgen bleiben. Auch Denker, Dichter, Künstler reisten, fehlgeleitet und genarrt, immer wieder mal Bad Homburg an – und wurden hundertprozentig dafür gestraft. Das erste, was F. M. Dostojewski nach der Ankunft in Homburg seiner Frau Anna mitteilt, ist logisch dies: „Offensichtlich sind es Gauner" (17.5.67). Denn sofort hatte man ihn im Hotel Victoria betrogen. Am 20.5.: „Alles ist so stumpfsinnig, dumm und niedrig (...) alle diese Homburger Deutschen mit ihren Frauen. Gedränge, stickige Luft. Geschubse, Grobheit. Ach, wie niederträchtig!" Was Wunder, daß Dostojewski bereits am 29.4.71 an Anja schreibt: „Nur möglichst schnell nach Rußland! Schluß mit dem verfluchten Ausland!"

Und schon um 1750 rafft der Dichter Friedrich Karl Kasimir von Creuz (1724–70), der sein Leben vollständig in Homburg verbracht hat, sehr zu Recht zusammen: „In diesem Totental was bleibt uns? Ach, der Aschen dunkler Rest!"

Ähnlich erging es Oscar Wilde und Hölderlin, als sie sich mit der verruchten Stadt einließen. Diese aber gestaltete im Gedenken an den Dichter das armselige Haus, in dem Hölderlin einst logiert, in einen Boutiquenkomplex um und verleiht seither im Einvernehmen mit Marcel Reich-Ranicki den Hölderlinpreis an Sarah Kirsch und Hermann Burger.

Kurz, und um mit Pelzer zu reden: Es ist allesaberauchalles das Widermenschlichste und Aberrattenhafteste in dieser saudummen Geschmeiß- und Gesocks- und Geschwörlstadt. Die auch eine afterböse ist...

Bei des Himmels ehernem Dache, bei dem Blitz, der herniederfährt, ich aber sage Euch: Noch infamer, noch tausendprozentig infernalkatastrophaler als Hölderlinschmutz und Thermendreck ist ein satanischer Vorgang der allerhöchsten Art und dergestalt, daß die Stadt vor kurzem eine Veranstaltung namens „Die längste Tafel der Welt" durchzog – erklärtermaßen zu dem Ende, dadurch ins Guiness-Buch der Rekorde einzudringen. Fluch und Verdammnis! Höll und Tod! Sii maledetto and go to Hell at all!

Die städtische Gemütsverfassung, wie Wobser nachweist, ist die völlig lausige, tagein tagaus schwärend schwelend durch diese gammelig verrammelte Stadt der Geistesschwäche und der Herzenstorheit, kenntlich gemacht durch jene Rolls Royce und Mercedes 500, mit denen wie gepanzert aufgedonnerte Eheschnallen die Stadt verpestend noch zum Wursteinkaufen wuchten, ihr Diebesgut abermals kreisen zu lassen. Alles ist hier sehr zum Weinen, Wimmern. Wie nichts Gutes dumpft das Leben hin. Alles ist hier voll des Teufels.

Nur die Enten in dem Kurpark nicht. Wie sie schlingen, wie sie betteln. Wie sie watscheln, wie sie wackeln. Die gefallen mir. Gottes Auge ruht auf ihnen. □

Zeichnung: Hans Traxler

„Ach, wir beide kommen eigentlich prima miteinander aus, wenn nur Sie da oben weniger Schwierigkeiten machen würde."

„Ich aß Hitlers Hündchen"

Ein irgendwie doch erstaunliches Bekenntnis – aufgezeichnet von Bernd Eilert, Robert Gernhardt und Peter Knorr

Eigentlich hatte es eine ganz normale Eßreportage werden sollen. Doch dann wurde es etwas ganz, ganz anderes: die Begegnung mit einem Menschen, der unser gesamtes bisheriges Geschichtsbild in Frage stellte.
Eigentlich hatten wir uns auch geschworen, nie wieder einen Bericht mit derart unseriösen, anreißerischen Sätzen zu beginnen. Aber leider kam auch das ganz anders. Doch immer hübsch der Reihe nach: erst die Fakten, dann die Lügen.
Wir waren also für „Bessers Brechjournal" ins Elsaß gefahren, um den „Chien d'Or" in Harpsheim zu testen. Den Parnaß der Hundeküche! Wir hatten ihn von Hundefreunden rühmen hören, konnten uns freilich nur wenig darunter vorstellen. Aber auch in diesem Fall galt die alte Feinschmecker-Regel: nach Tische ist man klüger. Hervorragend die in Vinaigrette eingelegte Schäferhundzunge! Unver-

„Ich aß Hitlers Hündchen"

gleichbar das „Filet de Dobermann au Mostriche"! Ein Gedicht der lauwarme Salat mit einem süß-sauren Haschee aus coupierten Basset-Öhrchen! Ganz und gar makellos das Sorbet aus geeister Hundepisse mit Quetsch übergossen und unterm Tisch flambiert, das legendäre „Pipi à la Foxl"! Dagegen fiel das „Musse au Pudle" leider ein wenig ab; eine Idee weniger mousse und etwas mehr Pudle hätten da Wunder gewirkt. Doch beim abschließenden Hundekuchen konnten wir dem Wirt, der nun mit den geschmackvoll durchbrochenen, silbernen Kotzkübelchen zu uns an den Tisch trat, in ehrlicher Überzeugung sagen: superb!

Aber er wirkte seltsam abwesend; wie in Gedanken – dabei waren wir doch in Harpsheim. Doch auch das schien uns nicht mehr so sicher. Ding-dong, ding-dong, halb drei, schrie die alte Kuckucksuhr, als der greise Wirt plötzlich etwas sehr Merkwürdiges sagte: „Jetzt hassen Sie mich sicher, Sie sind doch Deutsche, oder?" Wie kam er darauf? Wir mochten ihn und seine Küche. Sagten das auch. Aber was sagte er? „Ich bin an allem schuld", sagte er, und „jetzt ist es ja heraus. Alle Welt weiß es nun. Und im Grunde bin ich erleichtert. 65 Jahre lang habe ich mit der Schuld gelebt. Ich war ein blutjunger Mensch damals. Es war Krieg. 1. Weltkrieg, Sie verstehen, zum 2. reichte es noch nicht; wir waren ja noch so jung!" – Was redete er da? Aber er fuhr fort: „Ihr seht in mir den Verworfensten aller Sterblichen! Aber was sollte ich denn damals anderes machen? Mein Vater war gestorben, ich hatte das Lokal gerade übernommen, und für den kommenden Mittwoch hatte sich der Inspecteur des Guide Michelin angesagt. Die deutschen Truppen hatten alles weggefressen – o diese Deutschen! Ich liebe sie, Göthe, Bach, Ölderlin, wenn sie bloß nicht soviel fressen würden!" Der Wirt schien verwirrt, doch er redete weiter. „Drei Sterne hatte mein Vater mir und dem Lokal hinterlassen, und die galt es zu verteidigen. Aber womit? Mit einer Speisekammer, der ausgerechnet das fehlte, was seit jeher das Renommee unseres Hauses ausgemacht hatte: le chien!? Was also tun? Die erbarmungslos näherrückende Front hatte mich von den Hundefarmen der Dordogne und den Pekinesenbänken der Normandie abgeschnitten, und so . . . seine Stimme erstarb zu einem kaum überhörbaren Flüstern, „so habe ich dann das getan, was solch unsägliches Leid über die Völker der Erde gebracht hat. Ich stahl Foxl."

Fooxl!

War das alles? War der weinerliche Greis an unseren Tisch getreten, nur um uns das zu sagen, daß er in seiner Jugend einen Hund gestohlen hatte? Uns, den gesuchtesten Hundefängern westlich von Bad Orb? Uns, denen es zu verdanken ist, daß der Kölner Dom heute so gut wie hundefrei ist?

„Verstehen Sie doch!" nun schrie er fast, „Foxl war nicht irgendein Hund! Er war Hitlers Hund!" Und wie zum Beweis zog er die Nummer 12/1980 des SPIEGEL aus der Suppe. „Hier: Adolf Hitlers Monologe im Führerhauptquartier, Folge 2. So hören Sie doch: ‚Meinen Foxl, ich hab ihn oft studiert . . . Ich habe ihn so gern gehabt! Niemand durfte mich anrühren, da ist er rabiat geworden. Nur mir hat er gefolgt . . . Meine Kameraden haben mir gesagt, er hat auf niemanden reagiert, bis ich wieder dagewesen bin. Wenn ich nur in seine Nähe gekommen bin, hat er mich schon erkannt, das war dann ein Geschrei! . . . Ach, daß sie mir den geklaut haben! Wir treten in Harpsheim an, auf einmal fehlt der Hund . . . Dieser Schweinehund, der ihn mir genommen hat, weiß gar nicht, was er mir angetan hat.'"

Der Wirt starrte uns an. Wir starrten zurück. Das Tischtuch starrte vor Hundekuchenkrümeln. „Begreifen Sie doch! Dieser Schweinehund war ich! Aber konnte ich denn wissen, daß dieser Hitler ein so nachtragender Mensch war, daß er nur wegen dieses Hundes nicht ruhte, bis er der mächtigste Mann in Deutschland war, um endlich ganz Europa nach Foxl absuchen lassen zu können? Und mit welchen Methoden! Mon dieux! Deutsche Hundefänger vom Nordkap bis Tobruk, deutsche Hundesuchtrupps zu Wasser, zu Lande und in der Luft. Verstehen Sie jetzt? Der ganze 2. Weltkrieg – alles meine Schuld! Furchtbar! Aber, meine Herren, das Furchtbarste kommt ja noch . . ." Wir zuckten gepflegt zusammen. Was sollte denn nun noch kommen? Gab's noch etwas Schlimmeres als den 2. Weltkrieg? Doch der entfesselte Greis hatte recht: „Ich hatte beschlossen, dem Guide-Michelin-Prüfer einen „chien bastard surprise" vorzusetzen. Ein ganz einfaches Rezept. Das Fleisch muß mindestens 24 Stunden vorher in einer Salbei-Marinade köcheln, und es ist entscheidend, den Garpunkt zu treffen. Ich schaue also gegen Mitternacht noch einmal nach dem Braten, da passiert es! Meine Tat ist mir noch heute unfaßbar. Welcher Teufel ritt mich? Es muß der Hunger gewesen sein, die Gier schied ja wohl aus, ich hatte vorher ausgezeichnet gespeist. Aber was soll ich Ihnen sagen: eine halbe Stunde später war Foxl weg! ‚Foxl, wo bist du?' rief ich entgeistert in die leere Terrine. ‚Hast ihn ja selber weggeputzt', scholl es mir wie ein Echo zurück. Tolle Terrine das! Die ging mir später auch noch kaputt – aber lassen wir das . . ." Er stöhnte auf, wir stöhnten ab, und da brach es aus ihm heraus – ein Glück, daß die Kübelchen noch nicht abserviert waren –: „Drei Sterne verloren, Krieg verloren, Foxl weg, Terrine kaputt – und ich bin an allem schuld! Wissen Sie, manchmal, wenn ich keinen Schlaf finden kann, dann schlägt mein Gewissen. Und wie ich dann zurückschlage, das sollten Sie mal erleben: links eine rein, und wenn es das Maul aufmacht, gleich rechts noch eine nach! Aber es ist nicht totzukriegen. Es meldet sich immer wieder, immer wieder, Merde!"

Kaum hatte der greise Wirt diesen Namen ausgerufen, als seine, wie man sich ja wohl vorstellen kann, noch viel greisere Mutter aus der Küche trat. „Na? Hast du den fremden Herrschaften wieder die Ohren vollgeschwatzt?" fragte sie mit gespielter Strenge, „nun reicht's aber. Wissen Sie, er übertreibt manchmal ein bißchen." Wir zahlten und gingen. Nachdenklich. Mit einem aparten Stich ins Grüblerische. Durften wir das eben Gehörte glauben? Sollten wir es gar veröffentlichen? Natürlich.

Im Interesse eines neuen, vollständigen und objektiven Hitler-Bildes ist es endlich an der Zeit, nicht nur von seinen Verbrechen, sondern vor allem von seinen Hundchen, Kätzchen, Muschis, Mizis, Fiffis und sonstigen Schnurrpfeifereien zu berichten. Mehr davon! Mehr von Hitlers Tischgesprächen, Nachtischgesprächen, Bettgeflüster, Schmalfilmen, Foto- und Poesiealben. Mehr davon. Alles.

Alles, damit wir diesen erstaunlichen Mann endlich in seiner hinreißenden Vielfältigkeit kennen- und schätzen lernen. Obwohl, die Sache mit den Juden war natürlich so doch nicht ganz in Ordnung.

War es wirklich so?

Das Foxl-Syndrom. Oder: Ein Bekenntnis und seine Folgen für die Deutung einer ungewöhnlichen Ära.

1915: Als die Welt noch in Ordnung war. Adolf Hitler (r.) und sein treuer Hund Foxl.

1924: Adolf Hitler kann seinen treuen Freund Foxl nicht vergessen.

1933: Einmütig erklärt sich das deutsche Volk bereit, Adolf Hitler bei der Suche nach seinem treuen Hund Foxl zu helfen.

1939: Adolf Hitler dehnt die Suche nach Foxl auf ganz Europa aus. „Die einen gehen links, die anderen rechts. Und wer den Foxl gefunden hat, hupt dreimal!“

Woran wir glauben.
Echtes Geld. Sein ist die Kraft. Und die Herrlichkeit. In allen guten Banken und Sparkassen.

Der Riese.
Seine Kaufkraft macht ihn so ergiebig.
Echtes Geld. Dann geht das Zahlen wie von selbst. In allen guten Banken und Sparkassen.

Ihr Kind braucht mehr als Liebe.
Echtes Geld bringt Sonne in die Kindheit. In allen guten Banken und Sparkassen.

Über Geld spricht man nicht.
Man hat es.
Echtes Geld. Für Geschäfte wirklich aller Art. In allen guten Banken und Sparkassen.

MIT GELD WÄRE DAS NICHT PASSIERT.
Echtes Geld. Weil's flüssig hält. In allen guten Banken und Sparkassen.

„Gratuliere, Inspektor!
Damit dürfte die unselige Anschlagserie
wohl ein Ende gefunden haben!"

Bernd Pfarr

Die Wahrheit über den Rentenbetrug

Eine eigentlich sehr mutige Abrechnung von Eilert, Gernhardt, Knorr

Von einem Komplott soll hier geredet werden, von einer sinistren Verschwörung, von einem Riesenbetrug. Die Drahtzieher und Nutznießer sind die Alten, die Opfer sind wir.

Wir – das sind die Tätigen. Die Frauen und Männer in der Mitte des Lebens. Diejenigen, die es klaglos und fraglos geschehen lassen, wie von ihrem hart erarbeiteten Geld immer größere Beträge weggekassiert werden – Sozialabgaben nennt sich das dann, Beiträge zur Alterssicherung, Rentenvorauszahlung. Schöne Worte, die der Zahlende dahingehend auslegen muß, er sichere mit diesen Zahlungen sein eigenes Alter, seine eigene Rente. Tut er aber nicht, das geraubte Geld fließt auf direktem Wege in fremde Taschen. Rentner und Pensionäre kassieren. Mit welchem Recht eigentlich?

Nun, sie hätten ja selber mal gearbeitet und eingezahlt, jetzt stehe es ihnen zu, mit gutem Gewissen die Früchte ihrer Leistungen zu genießen. Doch was haben diese Alten eigentlich geleistet?

Betrachten wir den Lebenslauf eines durchschnittlichen Achtzigjährigen. Die Kindheit vertändelt er als begeisterter Hurra-Patriot, kaum vierzehnjährig, trägt er schon dazu bei, den Ersten Weltkrieg auszulösen; die Ferne lockt, wiederholt versucht er, Paris zu erreichen, wozu es jedoch franzosenhalber nicht kommt. Nach 1918 ist erstmal Schluß mit dem Reisen, nun könnte unser Schlachtenbummler arbeiten, doch er tut es nicht. Vorwände gibt es ja genug, mal ist die Arbeitslosigkeit schuld, mal muß er eine Inflation anzetteln, nach 33 geht die ganze Zeit bei Aufmärschen drauf, und nach 39 sind wieder Reisen angesagt. Wobei es diesmal allerdings nicht unter Nordkap und El Alamein abgeht. 45 steht unser Ferntourist schließlich vor einem Trümmerhaufen und der Frage, wie es nun weitergehen soll. Siedendheiß fällt ihm ein, daß er ja noch nichts für seine Alterssicherung getan hat. Zusammen mit Millionen Gleichgesinnten geht er daran, jenes Lügennetz zu weben, in dessen Maschen wir Tätigen heute zappeln.

Erstmal setzt er uns in die Welt – irgendwer muß ihm ja dereinst seine Rente erarbeiten. Dann erzieht er uns im Glauben daran, daß man Vater und Mutter zwar stets ehren und ernähren, ihnen aber nie widersprechen dürfe. Dann, als ihm der Kinderkrach im Hause zuviel wird, geht er kurzfristig einer aushäusigen Tätigkeit nach – später wird er diesen Eskapismus als „Arbeit" bezeichnen, wobei er wohlweislich unterschlägt, daß er ganz einfach einen Riesendusel hatte. Fiel sein Werkeln doch in die Zeit des Wirtschaftswunders, in eine Zeit also, in der man – da nichts da war – ganze Fabriken aus dem Nichts stampfen konnte. Vor allem aber holt unser exemplarischer Alter zum großen Coup aus. Und er sorgt dafür, daß sein Bubenstück völlig legal über die Bühne des von ihm beherrschten Bundestages geht. „Generationenvertrag" heißt das Zauberwort, mit dem er uns – im Kindesalter! – ungefragt und ungestraft an die Kette legt, „Bruttolohnbezogene dynamische Rente" lautet der verschleiernde Fachausdruck. Im Klartext aber meint das alles: Ihr schafft an und reicht uns Geld rüber, das wir, wie wir's brauchen, auf den Kopf hauen können.

So um 1965 hat es der clevere Greis geschafft. Er läßt sich in den Ruhestand versetzen, um fortan von Mallorca oder Gran Canaria aus darüber zu wachen, daß wir nur recht fleißig arbeiten und ja recht pünktlich zahlen. Einmal noch, 1968, müssen er und seinesgleichen kurzfristig wieder aktiv werden. Mit

Jugend heute: Vertragspartner von morgen?

Bestürzung sehen sie, wie einige von uns drauf und dran sind, den Generationenschwindel zu durchschauen und den Eintritt in die Tretmühle der selbstentfremdeten, spätkapitalistischen quak quak quak Leistungsgesellschaft zu verweigern. Flugs graben unsere Alten ein paar vertrauenerweckende Greise aus, Ho ho ho Tschi Minh, Marcuse, Adorno – unter ihrer Führung verkommt die sogenannte Jugendrevolte zur schieren Seniorenverherrlichung. Krönender Abschluß der Gehirnwäsche aber ist die Empfehlung, den langen Marsch durch die Institutionen anzutreten. Meint natürlich „Maloche, maloche" – und wir fielen scharenweise

Gleitender Pensionär: Andere auf den langen Marsch . . .

. . . durch die Institutionen geschickt: **Rollender Teenager**

„Hinfällige“ Alte: Mal kurz nach Kenia rüber.

Das süße Leben: Sie schlecken vor nichts zurück.

Bruttolohnbezogene dynamische Altersrente: Kohle zum Zocken.

Die Wahrheit über den Renten-betrug

darauf rein. Seither herrscht wieder Ruhe im Land, seither lassen die Alten immer schamloser die Maske fallen.

Hatten sie nicht jahrtausendelang ihren Unterhaltsanspruch mit ihrer Hinfälligkeit begründet? Hatten sie nicht diese angeblich altersbedingte Schwäche ebensolange sauber vorzutäuschen gewußt - von dem merkwürdigen Umstand einmal abgesehen, daß Greise in gut dotierten Machtpositionen (Papst, Kaiser, Kanzler, Industriekapitän) stets erstaunlich kregel und durch nichts zur Amtsaufgabe zu bewegen waren? Doch kaum hatten sie den Generationenvertrag unter Dach und Fach - ein seltsamer Vertrag, der dem einen Partner nur Rechte und dem anderen nur Pflichten zuschanzt! -, waren die Alten wie ausgewechselt.

Auf einmal entpuppten sich die angeblich hilfsbedürftigen Zausel als rein unverwüstliche Senioren, die uns joggend, feiernd und reisend vormachten, daß gerade sie zu allem fähig sind - vom Silberhaar-Sex bis zum goldenen Sportabzeichen.

Schlimmer noch: Die vor dem Schandvertrag an den Tag gelegte - natürlich geheuchelte! - Bescheidenheit der Alten ist, da es nicht mehr darum geht, einen Platz auf der Ofenbank und ein warmes Süppchen zu ergaunern, ostentativem Egoismus und blankem Zynismus gewichen. Egoismus: Wo sind sie denn, die Alten, wenn einer von uns mal ihre Hilfe braucht! „Du - ich kann Tine nicht vom Kindergarten abholen, wir von der Seniorentanzgruppe haben doch unser Foto-Weekend in Kenia!“ Blanker Zynismus: Was phantasieren sie daher, wenn wir sie danach fragen, welche Vorteile dieser saubere Generationenvertrag eigentlich uns Tätigen bringe? Sie versichern uns scheinheilig, daß er dereinst für die heutige Jugend in gleicher Weise verbindlich sein werde wie jetzt für uns. Daß also auch uns ein sorgloser Lebensabend - genug! Ein einziger Blick auf die Jugend von heute macht klar: Von denen würde keiner von uns, der seine sieben

Senioren in der BRD: Alles unter Kontrolle!

Betrügergeneration: Immer am Ruder.

Betrogene Generation: Immer am Schaffen.

Zwetschgen beisammen hat, auch nur eine gebrauchte Sicherheitsnadel kaufen. Und die sollen seriöse und verläßliche Partner der Zukunft für uns sein? Die körnerkauenden Aussteiger? Die verkaschmirten Popper? Die verschnarchten Punker? Und unsere flotten Alten unterstützen diese unsoliden Tendenzen noch! Sie, die uns mittels der autoritären Erziehung zu willfährigen Werkzeugen ihrer Versorgungswut deformierten, hängen bei den Enkeln plötzlich den liberalen Max raus, lassen sich von den habgierigen Kleinen für Süßigkeiten und knatternden Tand feiern, die sie ihnen von unserem Geld gekauft haben. Finden nichts dabei, mit der Mini-Mischpoke zum Zangenangriff gegen uns anzutreten: In den Städten wuchern Jugendhäuser *und* Seniorenheime, die Bundesbahn verteilt Juniorentrips *und* Seniorenpässe, die Stadien verschenken Kinder- *und* Rentnerermäßigungen – für uns gibt es lediglich überheizte Hochöfen, zugige Bürohochhäuser und volle Preise. Immer schön nach dem Motto: Wer hart arbeitet, soll wenigstens viel zahlen. Aber in den Restaurants – da wenigstens achtet und liebt man uns doch wohl noch? Nichts da! Die unheilige Allianz wird mit Kindertellern *und* Greisenschälchen hofiert, während unsereiner mal wieder die dicken Steaks wegschaffen muß. Und alle vier Jahre gipfelt die Häme in den Olympischen Spielen: Alte Funktionäre rufen da die Jugend der Welt – wir, die wir das Ganze finanzieren, müssen uns den ganzen Mist dann auch noch vorm Fernseher anschauen. Natürlich: Das alles ist nicht von gestern auf heute entstanden. Das hat Tradition. Erst einen Dreißigjährigen kreuzigen und dann auf diesem Umstand eine Religion gründen, bei der das Oberhaupt als einzige Qualifikation vorzuweisen braucht, daß er die Sechzig überschritten hat – so sieht's doch aus. Und so darf's nicht bleiben. Wir jedenfalls kündigen den Generationenvertrag und fordern alle Tätigen dazu auf, es uns gleichzutun.

Unser Zeichner Paul Päng meint:

Mit Humor geht alles besser – auch das Ausländervergraulen

Vier von fünf Bürgern der Bundesrepublik sind laut Allensbach der Meinung, daß bei uns zu viele Ausländer wohnen.
Ihr Kanzler ist der gleichen Auffassung: „Es war ein Fehler, so viele Ausländer ins Land zu lassen."
Das Bundeskabinett handelte: Einstimmig beschloß es Empfehlungen an die Bundesländer, die den weiteren Zuzug von Familienangehörigen der hier bereits lebenden Ausländer drosseln sollen.
Der Bundesbürger jedoch beschränkt sich darauf herumzumaulen, anstatt selber etwas gegen die unerwünschten Mitbürger zu tun. Dabei könnte auch er ihnen zu verstehen geben, daß unsere Wirtschaft sie nicht mehr in dem Maße braucht wie bisher.
Nicht mit ausländerfeindlichen Parolen oder Taten – die heben wir uns mal lieber für später auf –, nein, mit der Waffe des Humors sollte jeder von uns dort gegen die Ausländerflut ankämpfen, wo er mit ihr konfrontiert wird.
Wie das gemacht wird, zeigt Paul Päng.

„Können Sie mir mal fünf Mark leihen, schöne Frau? Sie haben doch heut' die Pumphosen an!"

„Jawohl, Herr Bimbo, wir haben eine Arbeit für Sie – als Schwarzfahrer!"

„Sagen Sie mal, wie kommen Sie eigentlich dazu, uns unseren Müll wegzunehmen?"

„Na? Mal wieder Rupfi-Rupfi macht?"

„Jawohl! Hört endlich auf zu hetzen, ihr Ausländer!"

„Kümmeltürken, wo man hinguckt Kümmeltürken – langsam komme ich mir hier vor wie in Istanbul!" – „Wir sind hier in Istanbul, Karl-Heinz!"

Stoff-Toto für
sich jeweils entschieden. Jetzt sollen Sie herausfinden, auf welchen Stoff die Wahl des Modeschöpfers gefallen ist. Bedenken Sie dabei, daß schon die Auswahl der Stoffe zweckentsprechend sein muß. Keine Frau wird in einem Taftkleid eine Reise antreten oder in Organdywolken gehüllt ins Büro ge-
1. Welches dieser Kostüme gefällt Ihnen am besten?
2. Aus welchem Stoff würden Sie dieses Kostüm arbeiten?
Ihre Lösung unserer Preisaufgabe müßte also folgende Angaben enthalten:
1. das gesuchte Kennwort
2. die Ziffer des von Ihnen
Unter den Einsendern, die das richtige Kennwort gefunden haben, werden die Gewinner unserer Preise unter Aufsicht eines Notars ausgelost. Jeder Teilnehmer unterwirft sich den Bedingungen.
Die Votze ist kein Grammophon, sie spielt auch keine Lieder, sie ist nur ein Erholungsheim für steifgeword'ne Glieder
Und das in Anwesenh. einer Dame!
HAAR TABAC
dry
HAAR TABAC
das individuelle Haarwasser
HAARTABAC ist ein individuelles Haarwasser – bestimmt für die persönliche Pflege des Haares. HAARTABAC fördert die natürliche Durchblutung der Kopfhaut und hemmt hierdurch Haarausfall, Schuppenbildung und Kopfjucken. Regelmäßige Massage mit HAARTABAC gibt Ihnen das gewünschte Resultat: gesundes, lebendiges und glänzendes Haar.
HAARTABAC wirkt erfrischend und anregend. Die individuelle Duftnote akzentuiert das Gefühl, vollendet gepflegt zu sein.
HAARTABAC in der dosierenden Flasche DM 3,80 · DM 6,40
Mäurer + Wirtz Stolberg im Rheinland

F. K. Waechter

Peter Knorr und Hans Traxler

Birnes Ende

Eine traumhaft deutsche Revolution

Höchste Zeit zu verschwinden: Birne macht Urlaub am Wolfgangsee.

Zunächst war nur ein Grummeln im Lande gewesen. Hätte Birne da bereits etwas ahnen müssen? Er ahnte nichts, trotz schärfster Ahnversuche. Woher diese Anzeichen von Mißmut und Unzufriedenheit? Hatte er nicht jedem in seinem Volke, sogar den Nörglern und den Arbeitslosen, einen funkelnagelneuen Personalausweis versprochen? Was wollten sie noch? Eine com-

puterlesbare Nase vielleicht?! Da gibt man und gibt, und was ist der Dank? Gegrummel! Er, Baby Dick, der legitime Erbe Adenauers, hatte einen ziemlichen Zorn auf die Leute. „Ihr sollt mich lieben, ihr Schweine“, schrie er durchs geschlossene Fenster hinaus, „und nicht gegen mich grummeln!“ Aber es grummelte weiter. Dabei hatten sie doch saubere Arbeit geleistet, Birne und seine Gang! Okay, Hinky, der Wirtschaftsgraf, hatte seinen Hut nehmen müssen wegen angeblicher Bestechlichkeit im Amt. Aber wo denn sonst als im Amt! dachte Birne. Als ob es irgendeinen Sinn machte, jemanden ohne Amt zu bestechen. Versteh’ einer diese Justiz! Und er selbst: angezeigt wegen uneidlicher Falschaussage! Hätte er sie vielleicht eidlich machen sollen, die Falschaussage?! Da hätten sie sich doch erst recht gegiftet. Und was sollte daran falsch sein, das viele schöne Geld auf ein Nummernkonto in der Holsteinischen Schweiz zu überweisen? Was gab es da schon wieder zu lachen? Jetzt ein paar seiner schwarzen Tonton Macoutes und dieser Schreiherr von Schily wäre standrechtlich weg vom Fenster. Aber die Softsäcke vom RCDS lungerten wahrscheinlich wieder in irgendeiner evangelischen Akademie herum und diskutierten die ethischen Dimensionen der moralischen Abrüstung. Es war zum Davonlaufen. Aber wohin!

„Laß’ uns incognito Urlaub machen“, unterbrach an dieser Stelle das glockenhelle Stimmchen von Hauptfrau Hannelore den astreinen Gedankengang Don Birnes. „Wo?!“ polterte der sofort los. „In Kognito? Kommt überhaupt nicht in Frage! Wir machen Urlaub am Wolfgangsee. Und zwar möglichst unerkannt. Basta!“

Sollten sie ihn doch verehren, ihn anbeten und ihm die Füße küssen.

Sogar eine rituelle Fußwaschung nahm er arglos hin.

Das war eine ganz, ganz prima Idee. Echt. Am Wolfgangsee wurde Birne sofort von jedermann erkannt; die devoten Dörfler dienerten und buckelten, daß es eine Freude war. Und Birne huschte ein wollüstiges Gänsehäutchen nach dem anderen über den Rücken. Sollten sie ihn doch verehren, ihn anbeten, ihm die Füße küssen, ihn… Wie? Tatsächlich? Ein rituelles Fußbad zur Begrüßung? Na, also wissen Sie! „Doch“, sagt man ihm, „das ist hier Sitte. Da gehn sie rein, die Füße, bitte“. Und er, der dicke Doldi, macht es gerne mit. Ja, merkt er denn nichts? Gekauftes Gesindel spielt dem Herrscher etwas vor. Heichler und Möörder im Dienst einer bösen Macht. Man trachtet Birne nach dem Leben. Das Syndikat will Rache nehmen. Rituelles Fußbad, ausgerechnet in Zement! Wenn der Schmadder hart wird, bist du verloren, Baby Dick! Es grinst der Feind. Zwei Füße zucken in Zement. Doch da klingelt das Telefon, Frank Elstner ist dran und lädt den Regierungschef für Samstagabend in seine Show ein. Enttäuscht räumen die Meuchler fürs erste ihr Zementkübelchen beiseite, und trunken vor Glück reist Birne zurück. Er in „Wetten, daß“! Da winkt ihm Popularität, winkt Ansehn, Image, Ruhm und womöglich noch ein hübsches Honorar.

Der Abend naht. In Deutschland gehn die Fernsehapparate an, und freudig mampft das Volk Salzletten. Wenn sie nur wüßten! Aber es geht prima los: Ein Kandidat behauptet, er könne aus zehn Meter Höhe auf einen rostigen Nagel springen, ohne daß sich das Ding verbiegt. Das klappt. Andere zeigen, wie man verschiedene Seifen schon am Geschmack unterscheiden kann. Bewundernswert. Ein 1A Fernsehabend scheint zu laufen. Doch dann kommt Birne. „Ich wette“, kräht er froh, „daß im Verlaufe dieser Sendung mindestens zehn Menschen auf die Bühne kommen, die an meine politische und persönliche Integrität glauben“. – Das Fernsehvolk hält kurz den Atem an; und Elstner, routiniert doch unbedacht, sagt „topp, die Wette gilt“. Es wird das Ende einer braven Laufbahn sein. Die Zeit vergeht – von Zeugen, Jüngern, Freunden keine Spur. Und Elstner überzieht. Von weither kabelt Heiner Geißler: „Helmut, halte durch, ich komme.“ (Indes, er kommt nicht, was auch die Gefährtin auf dem fernen Lager stark mißbilligt.)

Sein Auftritt in „Wetten, daß?“ dagegen verlief nicht ganz wie erhofft.

Und dann geht’s los: In Flensburg rebelliert ein Altersheim. Der Funke springt, der Alten Wut rast schäumend übers Land. Zehn Stunden läuft die Sendung nun schon länger als geplant. In Elze rotten sich Trupps marodierender Gebührenzahler mit Banden mordgieriger Kabelanschlußbesitzer zusammen. Doch Birne räumt die Bühne nicht. Das Unausstehliche soll nach bewährtem Muster ausgesessen werden. Und niemand wagt, die Sendung zu beenden. Da! Endlich naht ein Glaubender. Ach so, Juliane Weber. Die Treue Jule trägt einen Koffer tropfnaß von frisch gewaschenem Geld, um

dem geliebten Chef die späte Flucht zu finanzieren. Der weigert sich, und „Wetten, daß“ läuft nun schon in den frühen Morgen. Im Schwarzwald werden derweil öffentlich Birnen verbrannt, in Hessen symbolisch an Bäumen und Laternen aufgehängt. Da meldet sich aus München der schwarze Witwer, die selbsternannte Galionsfigur des deutschen Widerstandes, Idi Alpin Corazon („A Kino derfst nie ohne a Boddigoard besuchen“) Strauß. Er, schon einmal knapp gescheitert als Chef der Zementierfraktion im Syndikat, will’s jetzt aber wirklich wissen. Tückisch bietet er Asyl in Bayern an. Gerade dorthin hatte Birne ihn ja jahrelang verbannt. Deshalb: was dem geliebten König Ludwig recht war, das sollte dieser Birne billig sein.

Nicht einmal die treue Juliane vermochte ihn beim Aussitzen zu stören.

Die bayerische Lösung: Idi Alpin bietet Birne Asyl im Königssee an.

Und kichernd locken die Spießgesellen zum finalen Bad im See.

Jetzt schließlich tickt es auch beim großen Dicken. Der Mann gibt auf. Er durfte alles; nur ungestraft im deutschen Fernsehn 35 Stunden überziehn, das darf er nicht. Das Spiel ist aus. Und endlich auch die Sendung. Elstner fährt direkt in die Psychatrie und Birne zur Botschaft der Vereinten Staaten. „Einmal Asyl 1. Klasse bitte", verlangt er dort am Schalter. Der Pförtner weiß Bescheid. Mit der Begründung „Wir sind dankbar dafür, daß sein Ausscheiden aus dem Amt friedlich verlief und charakterisiert war von der Würde und Stärke, die seine vielen Regierungsjahre kennzeichneten", wird er meistbietend unter den befreundeten Nationen versteigert. Die Nachfrage freilich tendiert gegen Null. Das Fluchtflugzeug kreist mehrfach um die Erde. Bis schließlich über Tonga – sei's auf Befehl des Präsidenten, sei's aus purem Überdruß – der Flüchtling auf die Gastfreundschaft der Air-Force abrupt verzichten muß. Kometenhaft rauscht unser Mann aus Oggersheim nun durch die Nacht, auf daß den Tongolesen eine alte Weissagung in Erfüllung gehe:

Bis er schließlich doch um Asyl bitten mußte.

„Euch wird dereinst eine weiße Birne vom Himmel fallen. Kommt sie unten an als Matsch, war die Weissagung ein Quatsch. Sieht man von Matsch dagegen wenig, wird die Birne Euer König.“ Solche bekloppten Weissagungen gibt es natürlich nur auf abgelegenen, kleinen Inseln. Und man weiß auch nicht, wie die Sache tatsächlich ausgegangen ist.

Als allerdings keine sechs Wochen später der König von Tonga zu einem Staatsbesuch in die Bundesrepublik kam, hätte man Genaueres erfahren können. Nur war dort, zur Feier der ersten deutschen Revolution, von den neuen Kräften unter der beinharten Leitung des schwarzen Witwers eine tausendjährige General-Amnäsie ausgerufen worden. Und all die kleinen historischen Ärgerlichkeiten von Hitler und Holocaust bis zur Birne in Bonn waren endlich ein für allemal vergessen. An ihre Stelle trat eine traumhaft schöne Geschichte.

Beim späteren Staatsbesuch des Königs von Tonga fiel niemandem etwas auf.

Achim Greser

Auf dem Parkplatz vor dem Blindenheim war die Hölle los.

F.K. Waechter: Meine Reisen

April 74, Mallorca

Okt. 74, Sardinien

Mai 75, Teneriffa

Juli 76, Sotschi

Dez. 76, Sri Lanka

Mai 77, Rhodos

März 78, Kenya

Nov. 78, Algarve

März 79, Djerba

Sept. 79, Lanzerote

Januar 8o, Gambia

März 83, Korfu

Eckhard Henscheid

Geheimnisse der Aktfotografie

oder: Im Zentrum der Post-Sexualität

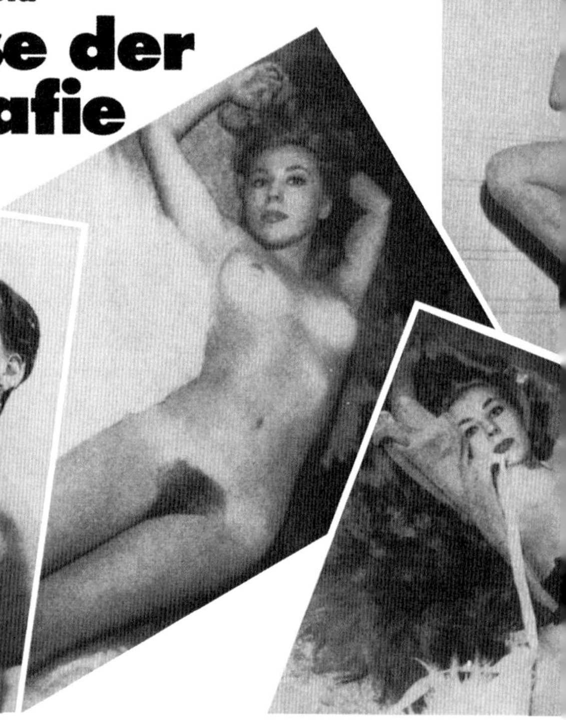

Die Sexwelle ist lang vorbei; da beißt die Maus keinen Faden ab. Aber noch immer lassen sich sogar immer mehr Frauen nackt fotografieren – immer mehr Fotografen finden sich, welche sie knipsen – und ganz offenbar gibt es auch immer mehr Menschen, die sich das auch noch anschauen, denen das gefällt, ja die das anscheinend sogar erregend finden.

Die Gründe für das Fortwähren, ja Anschwellen der doch eigentlich längst überzeitigen Aktfotografie? Nun, es sind ihrer viele; und ziemlich verwickelte; aller Wahrscheinlichkeit nach diese da:

1. Wenn ich schon am FKK-Strand oder in der Peep-Show dauernd nackt herumlaufe, denkt das Modell, dann hat es ja doch auch keinen Sinn, wenn ich in einer Illustrierten oder in einem Buch nicht nackt herumlaufe.

2. Für Geld mache ich alles, denkt der Fotograf; vor allem, wenn dabei noch Schönes (Kunst) herauskommt. Die Stringenz dieses Gedankens findet das Modell so stringent, daß es auch alles macht.

3. Der Betrachter und Beobachter der Aktfotografie freut sich, daß die Sexwelle zwar Gott sei Dank längst vorbei ist, daß aber trotzdem alles immer weitergeht; schon auch wegen der Arbeitsplatzsicherung (Konjunktur).

4. Das Aktgirl meint, der Betrachter meine, es habe nichts, aber auch gar nichts anzuziehen. Diese Chimäre bzw. Vortäuschung hinsichtlich des Betrachters ist für beide schon erregend; um wieviel mehr oder weniger erst die Ausführung dieses Gedankens.

4a. Das Girl meint, der Betrachter meine, es habe nichts, aber auch schon gar nichts anzuziehen und lasse sich deshalb für Geld nackt fotografieren, damit es (von dem Geld) später was zum Anziehen habe. Weil nun gerade das der Betrachter am wenigsten will, ist es in dieser Variante gleich noch erregender.

5. Der Betrachter meint das (daß das Girl nichts anzuziehen habe) u. U. gar nicht, sondern findet es ungeheuer symptomatisch und bescheuert, daß das Modell das meint. Das ist das Erregende.

6. Der Fotograf ist der Auffassung, indem er das Modell (Girl) bewogen hat, sich ganz nackt (nackert) auszuziehen, habe er schon viel erreicht. Das erregt ihn. In Wirklichkeit hat das Modell fast 100prozentig damit gerechnet, daß es darauf hinausläuft, und sich darauf sogar gefreut. Der Betrachter ahnt beides und stellt sich hocherregt vor, wie sich die beiden wechselseitig austricksen.

7. Das Modell will ein für allemal – und zugleich immer wieder – nachweisen, daß es eine sauber gewaschene schwarze Speckmusch hat. Und mitnichten einen Sack oder dergleichen. Der aufklärerische Impetus ist hier das Erregende, nämlich identisch mit dem erotic drive (Mythos).

8. Der Betrachter meint, das Modell habe ihm via Ausziehen (Nackertsein) irgend etwas mitzuteilen. Daß er die Mitteilung schon kennt, macht gleichzeitig alles leichter. Braucht er nichts mehr dazulernen (konservativ-autoritäre Persönlichkeitsstruktur) und bleibt doch auf dem laufenden.

9. „Fast immer fühlt sich der Mann durch den Respekt vor dem Weibe beengt und entwickelt seine volle Potenz erst, wenn er ein erniedrigtes Sexualobjekt vor sich hat" (Freud, Unbehagen in der Kultur). Nun ist die Frau zwar hier nicht direkt erniedrigt, sondern „Erkenntnis und Interesse" (Habermas) gebieten es, daß sie vielleicht sogar erhöht über dem Mann steht und ihre Titten vorzeigt –: allein, vielleicht ist eben gerade dieses optisch-positionsmäßige Durcheinander das Erregende. Oder Freud hat einfach wieder einmal null Ahnung gehabt.

10. Statt daß ich nur fast alles zeige, denkt das Modell im Stillen, warum soll ich nicht gleich alles zeigen, auch die Didderln und die haarige Speckmusch? Ist doch eh schon all's wurscht. Die Wurschtigkeit (Libertinage, siehe Scheel usw.) des Modells ist jetzt das Erregende für alle.

11. Denn siehe: „Die Lust entspringt aus der Entfremdung" (Adorno/Horkheimer, Dialektik der Aufklärung). Als Schamverlust führt sie, laut

Freud (und wo er recht hat, hat er recht), zwar stracks in den Schwachsinn – aber das ist eben die „Dialektik der Sittlichkeit“ (Habermas, a. a. O.), von der hier schon andauernd die Rede ist.

12. Daß man jetzt alles, aber auch alles sieht (Dudderln, Sack, pardon: Schamlippenspaltenöffnung usw.), das ist zwar vielleicht eo ipso schon fast so erregend, daß es auch schon reicht (reichte). Das ist der Punkt. Der Frage. Indessen: „Man muß sich bis zur Unkenntlichkeit ausziehen“ (B. Hammer) – süßes Glück ist dann der Lohn.

13. Das Modell hat sich nichts gedacht. Der Fotograf (Knipser) hat sich sowieso nichts gedacht (Betriebsblindheit). Beide aber rechnen mit Interessenten für ihre Gedankenlosigkeit. Und bekommen immer recht.

14. Die Frau (Büchs) ist vielleicht etwas zurückgeblieben. Und meint tatsächlich, ihr Fleisch (inklusive Speckmusch und alles) sei mordsmäßig interessant. Der Fotograf kann das Nackerte (Weiber!) schon gar nicht mehr sehen; redet sich aber ein, das sei nun mal sein Ethos oder was, und irgendwas habe sich der Schöpfer auch dabei noch gedacht. Auch diese Spekulation, die ja eine doppelte bis dreifache ist, kann für den Hinschauer notfalls schon erregend sein usw.

15. Die Sexwelle ist zwar vorbei, grübelt der Betrachter – aber „scheißrein!“ denkt er weiter, bevor ich auf alles scheiße, pfeif ich mir halt auch diesen Scheißdreck noch (bzw. noch immer wieder) rein. Mag sein, daß auch diese „resignative Beharrlichkeit“ (H. Rink) schon wieder etwas Erregendes haben tut.

16. „Der Drang zum Sammeln gleichartiger Objekte ist höchstwahrscheinlich genetisch programmiert.“ (K. Lorenz, Der Abbau des Menschlichen)

17. Während der Fotograf nichts denkt (oder höchstens: an Göld), denkt das Modell, jetzt sieht der Betrachter alles, kann mich aber doch nicht pimpern, der Saukopf (Platonische Ersatzprostitution). Aber ich kann ihn ja auch nicht auffistechn, denkt es weiter im Sinne des „Platonischen Masochismus“ (Üttl). Daß das Modell (FRAU) derart schon alles durcheinanderbringt, ist das Betörend-Beseligende bei der Aktfotografie (Carstens). Indem der Betrachter das alles mitdenkt, ist es wiederum ziemlich erregend.

18. „Man nimmt's in' Mund, und es vergeht die Zeit“ (Qualtinger), denkt der Beschauer, steckt sich ein Zigarettl in den Mund und freut sich, daß er, bei gleichbleibender Zeitvergängnis, nichts anderes in den Mund nehmen muß. Das pudelnackerte Modell (Girl) ahnt von nichts. Das ist „erregend, ja bestrickend“ (Kohl).

19. Zwar ist, laut „stern“, die Sexwelle jetzt endgültig vorbei und hat wieder der Liebe Platz gemacht; aber es führt kein Weg dran vorbei (Nannen u.a.), daß auch mit der Liebe ein nackertes Weib immer noch mehr zu tun hat als (mal nur angenommen:) vier kartelnde Rentner. Trotz Kierkegaard und alles. Und außerdem führt eine solchene NACKERTE bei allseits geteilter Freude (Nackerte, Fotomann, Betrachter) pfeilgrad in den Kommunismus. Öha! Hätt'st dös denkt?

20. Wenn der Betrachter (= Sau) in meine haarig-schwarze Speckmusch nicht einmal hineinschauen kann (Mythischer Pandora-Hintergrund usw.), dann hab' ich ja noch weniger von ihm. Von diesem Gedanken vollständig verwirrt (andere nennen's: konsterniert), gibt das Modell (Girl) seinen Gefühlen „endlich freien Lauf“ (Kant), zieht sich nackt (splitterfasernackert) aus und zeigt uns akkurat seine „Gspaßlaberln“ (K. Kraus) sowie seine (haarig-pechschwarze) Speckmusch.

21. „Verweile doch, du bist so schön!“ möcht' man da mit Goethe weinen. Aber schon dreht sich das Modell (Girl) um und zeigt uns seinen Arsch (Orsch). Auch nicht schlecht. □

Waechter SPEZIAL

Friedrich Karl Waechter

wurde am 3. November 1937 in Danzig geboren. Ab 1962 Mitarbeiter des neugegründeten Satiremagazins *Pardon* in Frankfurt, für das er sogleich das berühmte Titel-Teufelchen entwarf. 1979 Mitbegründer von TITANIC, für die er u. a. bis 1992 das monatliche «Stille Blatt» nebst Rückseite zeichnete. Sein Werk umfaßt Cartoonbände («Wahrscheinlich guckt wieder kein Schwein», 1978), Kinderbücher, literarische Bilderbücher für Erwachsene und Kinder, Filmdrehbücher und zahlreiche Theaterstücke. Er wurde mit mehreren Preisen ausgezeichnet. F. K. Waechter starb am 16. September 2005 in Frankfurt.

Waechter
Das stille Blatt
e traurige
Geschichte
von
Gretchen
und
Faust.

Waechter
Die Rückseite
Unzufriedenheit
Zufriedenheit

Waechter
Das stille Blatt
Priesterficker!
Priesterficker!

ARBEITNEHMER
ARBEITGEBER

waechter
Die Rückseite
Affenmus
Das Schönste, was ein Affe werden kann!

F.K. Waechter Das stille Blatt
Objekt Nr. 26
Baumstück und Schwarzwälder Kirschtorte

waechter
Das stille Blatt
Ist das Leben, ist die Welt nicht wie unten dargestellt? links ein Hund, rechts ein Hund, vorn ein klaftertiefer Grund?
Ja, so ist es

waechter
Das stille Blatt
Die Oberbohne liebt auch Dich!

Waechter
Die Rückseite
Zu den Weibern

Waechter
Das stille Blatt
Waechter

Waechter
Das stille Blatt
Adele zeigt ihren Brüsten
die Männer.

Gerd Seyfried
Nulleinsvier, bitte kommen!

PIEP!

11

FETZ!
MENSCH SCHULZE, WO STECKST DU DENN!

12

STAMPF!

13

WAS IST DENN MIT IHREM FUNK-GERÄT PASSIERT?
ANARCHISTEN.
WACHHABENDER
G. Seyfried

14

Oliver Maria Schmitt

TITANIC – ein *Heftchen*

Was aber genau ist eigentlich die TITANIC, wo kommt sie her? Da gehen die Meinungen stark auseinander. Sie sei «das endgültige Satiremagazin», sagen die, die sie machen, das «Flaggschiff des deutschen Humors» die, die darüber lachen (*FAZ* et al.), andere wiederum finden, sie sei ein «widerliches Pamphlet» (Bischof Dyba) beziehungsweise «eine Humor-Institution» (*Frankfurter Rundschau*). Doch zuallererst ist die TITANIC vor allem: ein Heftchen. Ein immer noch ziemlich handgemachtes Periodikum, das von Leuten betrieben wird, die oft nur das eine gelernt haben: das Heftchenmachen.

Das Zusammenstoppeln und Inumlaufbringen einzelner oder mehrerer komisch bedruckter Seiten ist ja schlechterdings die natürliche Verbreitungsform von Satire, spätestens seit der 1848er-Revolution, als in vielen deutschen Städten plötzlich Unmengen witziger Blättchen durch die Lüfte wirbelten, Schmäh- und Spottschriften entstanden, Pasquillen und gezeichnete Invektiven, echte und wirkliche Flugschriften zirkulierten, die nicht umsonst *Fliegende Blätter* hießen oder *Kladderadatsch* (lautmalerisch für die schöne Bescherung, die man hat, wenn etwas herunterfällt und zu Scherben zerspringt) – all das verfaßt und verteilt von Menschen, die ihren Unmut, ihre Wut, ihre Lust am Schmähen und Veralbern möglichst schnell und direkt (und vor dem Eingreifen des Zensors) loswerden wollten. Das hat in den Kreisen der Neuen Frankfurter Schule sogar Tradition, schon 1947 gab Chlodwig Poth als Siebzehnjähriger in Berlin sein eigenes Heftchen heraus: *Der Igel* – mit der schönen Unterzeile «sticht nach allen Seiten».

In den sechziger Jahren des vorigen Jahrhunderts waren aus fliegenden Blättern hektographierte Untergrundmagazine und Szenepostillen geworden, die in den Siebzigern um selbstgeklebte Punk-Fanzines mit ausgeschnittenen Buchstaben, um alternative Stadtzeitschriften mit «Szenetips» bereichert wurden. Und

von *Heftchen*machern

natürlich um kleine, autonome Witzblättchen. Hochglanz und Fadenbindung will zu Satire wohl nicht so recht passen.

Im Jahr 1997 wurde Robert Gernhardt in einem Zeitschrifteninterview gefragt, woher denn heutzutage der Satirikernachwuchs komme. Freilich wußte er die Antwort: «Die interessanten Sachen passieren immer noch, wie eh und je, in kleinen Kreisen. Seinerzeit etwa um das *Dreck-Magazin* in Bielefeld und *Mark & Bein* in Hamburg, heute um *Unser Huhn* in Tübingen und *Luke & Trooke* in Münster. Da sind Zeichner und Schreiber, die zunächst nichts weiter haben als einen starken Ausdruckswillen, Obsessionen und Idiosynkrasien, die sie nicht anders loswerden können als in diesen kleinen Blättern. Wenn sie kontinuierlich arbeiten, kommen sie in den TITANIC-Umkreis und veröffentlichen dort.»

Etwa damals, im Juli 1978 – die *Pardon* lebte so gerade noch –, da taten sich in Hamburg zwei Menschen zusammen, die ein bißchen was von Fotografie verstanden, ein wenig herumstudiert hatten und nun auch mal was Eigenes machen wollten. Richard Kähler und Hans Saalfeld gründeten *Mark&Bein. Das Magazin jenseits von Gut & Böse*, nutzten sich weidlich selbst als Fotomodelle für Covermotive, schoben sich wechselseitig den Posten des Chefredakteurs zu und

brachten ihr Blättchen von einer Sechshunderter-Auflage im Format A5 bis auf zweitausend verkaufte Hefte im richtigen Zeitschriftenformat. Die letzte und neunte Ausgabe erschien im Juli 1980, danach noch ein Sammelband bei Zweitausendeins, dann wurden die beiden nebst ihren Mitarbeitern Bernd Pfarr, Michael Gutmann und Hans Kantereit nach und nach von der TITANIC übernommen, wo sie zunächst die Nonsensbeilage *Kolibri* unter ihre Herrschaft brachten; die *Mark&Bein*-Zeichner Rolf Boyke und Volker Reiche indes gingen zu *Zomix*, zu *Hörzu* und anderen Spaßblättern. Daß sich Kantereit, Saalfeld und Kähler Jahre später wieder nach Hamburg zurückzogen, um im Auftrag des Semmel-Verlachs das Witzblatt *Kowalski* zu gründen, die «TITANIC für Mopedfahrer» (Fanny Müller), ist eine ganz andere Geschichte.

Im selben Jahr, da in Frankfurt die TITANIC gegründet wurde, erschien im glücklichen Bielefeld die erste Ausgabe des *Dreck-Magazins*, das bereits in der ersten Ausgabe das Attribut «legendär» im Titel trug. Es erschien so «vierteljährlich wie möglich», und die Kernredaktion um Hans Zippert, Fritz Tietz, Harald Lippert, Rüdiger Stanko und Christian Y. Schmidt brachte es mit ihrem Motto «Fiktiver Journalismus weltweit im Dienst der Leser» auf diese Weise bis Mitte der Achtziger auf fünfzehn Ausgaben und konnte die verkaufte Auflage von 120 auf 3000 Exemplare steigern. Auf Buchmessen wurden Tausende Sonder-*Drecks* kostenlos verteilt, und nach einem Interview, das Lippert und Schmidt mit Eckhard Henscheid im Bielefelder «Bunker Ulmenwall» geführt hatten, wurden die *Dreck*-Redakteure ab Mitte der Achtziger zunächst freie Mitarbeiter der TITANIC und später, bis auf Stanko, dort auch allesamt Redakteure; und, im Falle Zipperts, sogar Chefredakteur.

Den größten Publikumserfolg des *Dreck-Magazins* sieht Christian Y. Schmidt in einem «bereits 1984 von Fritz Tietz geschriebenen Artikel, in dem erstmals über die Doktorarbeit ‹Penisverletzungen bei Masturbation mit Staubsaugern› des Urologen Michael A. Theimuras berichtet wurde. Als der Artikel 1985 auf einer Bildschirmtextseite des Chaos Computer Clubs auftauchte, führte das zur Klage der Staubsaugerfirma Vorwerk und einem größeren Medienecho für die bahnbrechende Forschungsarbeit und das *Dreck-Magazin*.» Im Jahr 2004 entdeckte dann der Brainpool-

Mitarbeiter Martin Keß die Doktorarbeit wieder und ließ sie – äußerst erfolgreich – von seiner späteren Gattin Charlotte Roche und Christoph Maria Herbst im Rahmen von «Penislesungen» durch ausverkaufte Säle geistern.

Etwa zur gleichen Zeit erschien im damals noch sorgsam geteilten Berlin ein Blättchen mit dem schönen Namen *Ich und mein Staubsauger.* Was im September 1986 mit einer Auflage von 200 Exemplaren zum Preis von einer Mark begann, endete 25 Ausgaben später im Oktober 88 als respektables Zwei-Mark-Heft mit einer Auflage von tausend Stück. Die Herausgeber Trevor und Anne Wilson hatten eine schöne Auswahl junger und noch unbekannter Zeichner und Schreiber um sich geschart, hatten viele spaßige Geschichten in Umlauf gebracht, aber irgendwann wurde es zuviel. Im letzten Editorial teilen die Herausgeber mit: «Anne und ich haben angefangen, als wir keinen Pfennig Geld und viel Zeit hatten. Heutzutage habe ich einen gutbezahlten Job, und wir haben wenig Zeit [...] Der ständige monatliche Streß (schreiben, montieren, tippen, heften, ausliefern, versenden und Finanzen etc.) strapazieren unsere Nerven viel zuviel.» Das war das Ende. Einige Ausgaben des *Staubsaugers* waren auch in der TITANIC-Redaktion gelandet, wo sich Hans Zippert vor allem an den Texten eines jungen Musikers und Kolumnisten delektierte – der Mann hieß Max Goldt und machte nach Einstellung des Berliner Blättchens dann einfach woanders weiter.

Jahre später saßen im schwäbischen Studentenstädtchen Tübingen drei Frühsemester zusammen und forschten nach einer Möglichkeit, Wort und Bild, Polemik und Parodie, Zeichnung und Dichtung in Umlauf zu bringen, ohne daß ihnen jemand hineinredete. Clemens Kieser, Bernd Kasparak und der Schreiber dieser Zeilen klebten Computerausdrucke mit Prittstift zusammen, verzierten alles mit dickem und dünnem Filzer und nannten «Das populäre Pasquill für proleptische Positionen» kurzerhand *Unser Huhn*, welches nach dem Auflagenstart im Januar 1991 mit 200 Heften im A5-Format immerhin acht Ausgaben erlebte. Der Titel blieb, die Unterzeile wechselte jeweils («Die flagrante Flugschrift für frische Frivolitäten» bzw. «Das elitäre Elaborat für ältere Eleven»), die Auflage stieg bis zur Einstellung des Blattes im Sommer 1994 auf eintausend – doch auch danach war noch lange nicht Schluß. Ein Best-of-Band erschien, und der aus der Redaktionsarbeit entstandene «Stammtisch Unser Huhn» ist bis heute in Tübingen aktiv, nimmt an Bundespräsidentenwahlen («MUT – Möllemann Unterstützerkreis Tübingen») sowie an Bürgermeisterwahlen aktiv teil und erfreut sich auch sonst noch bester Gesundheit.

Einen Hauch länger lebte das Magazin *Luke & Trooke*, das von 1995 bis 1998 im westfälischen Münster erschien und auf insgesamt neun Ausgaben kam, von denen jeweils gut und gerne zweitausend Stück zum Preis von zwei Mark fuffzich abgesetzt wurden. Herausgegeben wurde das auffällig schön gestaltete A4-Heftchen von einer vielköpfigen Redaktion, der unter anderen Holm Friebe und Martin Baaske (später Zentrale Intelligenz Agentur), Mark-Stefan Tietze (später TITANIC), Corinna Stegemann (später *taz*), Jens Friebe (später Musik) und einige andere Herrschaften angehörten. Stephan Rürup, später TITANIC-Hauszeichner, steuerte früh und regelmäßig Cartoons bei. Auch hier wechselte die Unterzeile von Heft zu Heft (»Eine Palette voller Facetten» bzw. «Das große Sexmagazin für junge Leute» oder «Der Tanz auf einem mit einer hauchdünnen Eisschicht überzogenen Vulkan«), und von Beginn an hatten die Macher ein klar definiertes Marktsegment im Auge: «Die Leserschaft rekrutiert sich aus der unverbauten Kunst- und Politlandschaft, dem Studentenmilieu, Bonn und Moskau. Ein bunter Haufen Scheiße, der den Hang zum etwas Abseitigen verspürt, sich gerne an Hölderlin erbaut und auch schon mal einen über den Durst trinkt.»

Eine viel kleinere Redaktion hingegen leistete sich das Jenenser Humorblättchen *Heinz – Unterhaltungsmagazin für die schweigende Mehrheit*, das von 1993 bis 2001 nur einmal jährlich und rund vierzig Seiten stark erschien. Häufiger und dicker ging es einfach nicht, da das Blatt praktisch komplett alleine von Bernd Zeller als Texter, Zeichner und Chefredakteur in Personalunion gemacht wurde. Nebenher stand er der «Harald Schmidt Show» als «Quotenossi» und Gagautor zur Verfügung, bis er später, nach kurzen Gastspielen bei TITANIC und *Eulenspiegel*, den mutigen Versuch startete, die untergegangene *Pardon* ebenfalls praktisch im Alleingang wieder an die Kioske zu bringen – was für kurze Zeit tatsächlich gelang.

Doch nicht alle Blättchen gingen ein. Noch immer erscheint – und das schon seit über zwanzig (!) Jahren – das Punk- und Satire-Untergrundorgan *Der kosmische Penis* (bezeichnenderweise in Schweinfurt), und noch immer erscheint in Wuppertal, so unverdrossen wie seit der Gründung im Jahre 1984, die Stadtzeitschrift *iTalien*, eines der längstlebenden nichtkommerziellen Witzblättchen der Republik. Verantwortet von Chefredakteur Uwe Becker und seinem Gehilfen Jorgo Schäfer, wird das durch Anzeigen finanzierte Gratismagazin mit einer Auflage von 10 000 Exemplaren von Cartoonisten und Zeichnern wie Rattelschneck, Papan, Greser&Lenz, Eugen Egner und dem Wuppertaler Vordenker RME Streuf mit Material versorgt. Anfangs war *iTalien* als reines Terminblättchen gedacht, nach und nach bekam jedoch die Satirefraktion Oberwasser und baute das Blatt immer weiter zu einer Cartoonzeitschrift mit Programmbeilage um. Als 1985 mit dem Titel «Böll tot – Springer tot – 1:1» auf die kurz hintereinander hingeschiedenen Herrschaften aufmerksam gemacht wurde, war das Entsetzen groß, und städtische Organe verlangten von den Inserenten Anzeigenboykott. Weil diese sich jedoch bis zum heutigen Tag weigern, erscheint das Wuppertaler Witzblatt noch immer so regelmäßig wie möglich.

Andere, noch ungedruckte und nicht erdachte Blätter werden folgen, werden irgendwo irgendwann neu erscheinen – und dann auch wieder eingehen. So will es das ewige Heftchengesetz. Denn, das wußte nämlich abermals Robert Gernhardt, «dann machen sie kleine Bücher und sind irgendwann bei Rowohlt. Ihre ganz privaten Obsessionen und Späße werden verstanden, finden ein großes Publikum, und vielleicht kommt dann ein Eichinger und sagt, wir können einen Film draus machen.»

Nichts gegen Ohren,
Herr Genscher – aber
Satteltaschen gehören
ans Fahrrad.

Blick in die Heimat

Eckhard Henscheid

Gestern in den Morgenstunden brach in Schmidtstadt ein Hund zusammen. Wer Angaben machen kann, soll sich beim Amt melden.

*

Das diesmalige deutsch-amerikanische Freundschaftsfest auf dem Truppenübungsplatz Schwenderöd findet dieses Jahr schon jetzt noch mehr Anklang als seit anno Tobak. Selbst bei Metzgereien und Sparkassen liegen neben der Glücksspirale und Aktion Sorgenkind viele Teilnahmegutscheine (Bon) aus. Mit von der Partie ist diesmal auch die „berühmtberüchtigte" Gast- und Patenbrauerei Ernhüll sowie wie immer Bundestagsvizepräsident R. Stücklen, der guter Dinge ist, bis dahin soweit wieder auf dem Damm zu sein, daß er das Psychiatrische Krankenhaus Bonn-Bretzdorf rechtzeitig wieder verlassen kann (Krebsvorsorge). Auch die Oberkrainer und das Schmalzlerduo Hias und Ted Hierstetter haben, wie uns Stücklen fernmündlich bestätigte, fest zugesagt. Programm: ab 10.-- Uhr nonstop.

*

Die Polizei nimmt neuderdings an, daß es sich bei dem Nürnberger, der neulich bei Tabernackel „untenherum" auffällig wurde, um einen Amerikaner (Ohio) handelt. Er wird, wenn gefaßt, sich wegen allerlei zu verantworten haben, der Mann aus „Reagan-Land".

*

Im Morgengrauen wurden jetzt von zwei Gastarbeitern zwei Rehe bei Feucht totgefahren. Zeugen bitte melden. Aber Achtung! Die Polizei ist umgezogen. Jetzt: Tel. 3339.

Das ledige Rockerpärchen aus dem Ruhrgebiet, das vorgestern in einem Lokal zwischen Hilpoltstein und Roth die Zeche prellte (Schaden: ca. 45.-- DM), war schon längst „über alle Winde verweht", als es jetzt in Nördlingen (Tankstelle Metz jun.) doch noch sein verdientes Schicksal ereilte. Das dortige THW war wieder mal auf Draht. Gesamtschaden: Gut 380.-- DM.

*

Zum Rauschausschlafen legte ein Rentner sich dieser Tage um die Mittagsstunden auf die alte Mauer bei der Toreinfahrt neben der Renault-Werkstatt. Erst neulich waren drei Rentner aus Pfriemheim in Erscheinung getreten, sie hatten der Polizei den Vogel gezeigt. Das wird garantiert ein Nachspiel für die vier haben.

*

Einer der berüchtigtsten „Ganoven" des hiesigen Hersbrucker Umlands ist der alte Gölling „Michel". Wenn er mit seinem Kumpel Gerhard „Landrat" Loos zusammenkommt, ist eigentlich immer was los. Die diesjährige Bergkirchweih von Eschenbach (Pegnitz) findet heuer in der Mehrzweckhalle oder, je nach Petrus, im Garten hinten statt. Eintritt durch die Bank (auch Jugendliche) inklusive 5.-- DM.

*

Im Legendenschatz gelten sie als die Schlaumeier. Aber immer mehr Igel werden jetzt wieder in diesen Sommerwochen von Pkw überrascht und meistens überrollt. Für Nachkommende ist es oft kein schöner „Anblick". Hoffentlich fährt da kein konsternierter Automobilist gegen den neuen Starkstrommast an der B 284 ...

Bei der neulichen Generalstabsbesprechung zum heurigen Volkssportlauf rund um die zwei Baggersees bei Sunzenricht (Abzweigung Weizenfeld) kam es zu einer Sensation, als die Pächterin Schorl Annemie (vormals: Marianne Zahnweh) Kreisrat NN kürzlich den Vogel zeigte. Obwohl der Letztgenanntere auf eine Anzeige wohlweislich verzichtete, hat er trotzdem mit einem Lokalverbot zu rechnen, der „Kreisrat". Man kennt ja solche Fälle.

*

Ein Mann mit Schlapphut und ein kleiner weißer Hund wanderten unlängst froh zum Städtele hinaus. Ihre Touring-Reise fand aber schon auf der Höhe von Altigelheim ihr verdutztes Ende. Die Polizei ging den beiden harmlosen Zeitgenossen wieder mal nicht auf den Leim. Fazit: Zechbetrug in Höhe von 13,50 DM. Außerdem soll ein Bierkrügel dabei verschwunden sein. Eine Leibesvisitation an Herr und Hund brachte aber vorerst nichts zutage.

*

Treue zahlt sich aus. Für 42 Fanta-Treuetaler gibt es jetzt im Supermarkt und am Tobisch-Kiosk in Pleinfeld 5.-- DM in bar. Treuetaler sammeln und „reich werden", heißt die passende Parole. Und dazu: Fanta, weil's Spaß macht und schmeckt! Auch bei der Commerzbank kann man die Unterlagen zum Sammeln erhalten. Fanta gibt es jetzt auch in den Geschmacksnoten Apfel, Zitrone, Orange und kalorienarm. Denn auch der größten Treue kann eine Abwechslung nicht schaden. Die Treue ist also doch nicht wie bei Goethe steht ein leerer Wahn!

* * *

Nach der Tour de France: Dopingkontrollen jetzt schon bei der Einschulung!

Bilder an die Leser

BRIEFKÖPFE VON HILKE RADDATZ

WHO'S WHO?

Fidel Castro, Herta Däubler-Gmelin, Elisabeth II., Rainer Werner Fassbinder, Peter Handke, Adolf Hitler, Walter Jens/M. R.-Ranicki, Franz Kafka, Willy Millowitsch, Gerd Müller, Jack Nicholson, Prince Charles, Ronald Reagan, Lea Rosh, Alice Schwarzer, Bernhard Vogel, Herbert Wehner

Ich war eine

TITANIC: FRANKFURT
Informations-Zentrum Weißblech e.V., Kasernenstraße 36, 4000 Düsseldorf 1 · IZW Mitgliedswerke: AG der Dillinger Hüttenwerke, Hoesch Stahl AG, Otto Wolff AG/Rasselstein AG.

Dose.

INRI
Der Magnet holt die leeren Weißblechdosen aus dem Müll, damit wieder was Neues aus ihnen wird. Zum Beispiel dieser komische Heilige, bekannter als die Beatles.
Weißblechdosen sind jesusmäßig umweltfreundlich.
WEISSBLECH RECYCLING

BERUF: SAMENSPENDER

HANDWERK MIT GOLDENEM BODEN

Seit der Diskussion über Leih- und Mietmütter sind auch die Samenspender ins Gerede gekommen. Man lächelt über sie, obwohl sie unzählige Ehen retten, indem sie kinderlosen Ehepaaren zum langersehnten Nachwuchs verhelfen: Was soll daran lächerlich sein? Und außerdem: Wer – außer den Samenspendern – kann denn noch von sich sagen, im Beruf auch wirklich tiefe Befriedigung zu finden? – Wer hat denn schon das Glück, für sein liebstes Hobby auch noch gut bezahlt zu werden? Und wo noch bitte befinden sich die Produktionsmittel so sehr in Arbeiterhand wie bei den Samenspendern? – Na? Lacht jetzt noch jemand? – Na also. Drum: Samenspender – ein schöner Beruf mit Zukunft.

men Tankstellen: Gute
ndorte garantieren hohe
nsätze
Wie lange brauchen Sie für Zwillinge?
NACHWUCHS SHOP
3 Minuten WARTEZEIT!
ÄRZTL. GESUND-HEITSZEUGNIS
INTELLIGENZ-QUOTIENT....189
Selbst-
edienung!
GELD EINWERFEN
ENN GRÜNES LICHT LEUCHTET
150,-
BITTE SAMENRINNE SAUBER HALTEN!
GESCHÄFTS-LEITUNG KEIN ZUTRITT!
REKLAMATIONEN
Der ideale Nebenjob für alle, die sich etwas dazuverdienen wollen
ie Top-Leute in der Branche
assen längst andere für
ich arbeiten und packen
elber nur mehr zu, wenn sie
ust und Laune haben.
s.: Der Markt ist noch
nge nicht gesättigt.
Samen Zeisig
Samen Zeisig
Samen Zeisig
MÖSEN
OFF ON
OFF ON
OFF ON

DER FALL

Darf man solche Bilder veröffentlichen? Diese, das Ethos des kritischen Journalisten aufwühlende Grundfrage – von STERN-Journalisten wieder und wieder in herzzerreißenden Selbstvorwürfen eindrucksvoll zu Papier gebracht – ist noch allemal mit einem schlichten „Ja klar, was denn sonst!“ beantwortet worden. So auch bei Barschel.

Wer aber hätte noch vor wenigen Wochen gedacht, daß ausgerechnet wir, Titanic, vor der noch viel schwerwiegenderen Frage stehen würden: Darf man s o l c h e Bilder veröffentlichen? Na, Sie doch schon mal gar nicht und noch nicht einmal wir.

Aber es gibt Momente im Leben eines Journalisten, in denen ihm die Seele zu einem Eiszapfen gerinnt, Wahnsinn die Nackenhaare sträubt, über Nacht das Haar ergraut und der Todesatem absoluten Sinnverlustes ihn anweht. Also so ein Moment war's nicht gerade; aber doch ziemlich übel. Denn Tatsache ist: auch wir haben Fotos! Und wir schämen uns dafür!

Es war alles da: das Wasser, die Leiche, die Reporter. Einfaches Umdrehen hätte genügt. Aber das sind sie:

Die Grenzen des Sensationsjournalismus.

Das Zimmer 317 im Genfer Hotel Beau-Rivage. Im Barschelbett vergnügen sich Titanic-Mitarbeiter nichtsahnend mit seichter Sartrelektüre, scharfen Scharaden und billigem Beaujolais. Ein Moment von doppelter Tragik. Hätten sie geahnt, daß im Badezimmer nebenan die politische Leiche des Jahrzehnts liegt – sie wären womöglich vor Schreck selbst tot umgefallen. Menschliches Versagen oder bodenlose Dummheit? Wahrscheinlich beides.

Wenige Minuten später schossen Sternreporter die Fotos des Jahres.

Der STERN hat seine Bilder veröffentlicht. Sie waren peinlich und obszön. Unsere aber sind hochnotpeinlich und oberobszön. Und dennoch! Die Öffentlichkeit hat ein Recht, auch die Erscheinungsformen eines *wirklich* miserablen Journalismus kennenzulernen. Und der kam so:

Unsere Redakteure für Reisen und Ehehygiene befanden sich in Genf, um dort ein Seminar für angewandten Gewissensjournalismus zu besuchen.

Aufgrund eines elegant inszenierten Spesenbetrugs bezogen sie am 7. Oktober ein Hotelzimmer in der Nobelherberge „Beau-Rivage". Kaum drei Tage später, am Abend des 10. Oktober, kam es zu kleinen Auseinandersetzungen.

Frau Borowiak wollte im Zimmer in Ruhe laut lesen, Herr Lippert gemächlich trinken und randalieren. Ihr heftiger Disput wurde jedoch durch unangenehme Geräusche im Nachbarzimmer gestört. Dort ging ein scheinbar krankhaft nervöser Dauertelephonierer ständig auf und ab. In einem regelmäßigen Rhythmus gab er Jammerlaute von sich und nach Mitternacht wurde mehrmals Badewasser eingelassen.

Am nächsten Morgen fanden unsere Redakteure immer noch keine Ruhe für ihre obligatorische Auseinandersetzung. Ständig bollerten mysteriöse Besucher an die Tür des Nachbarzimmers. Gegen Mittag hatten Frau Borowiak und Herr Lippert die Schnauze voll. Sie begaben sich in das Zimmer 317, um nach dem Rechten zu sehen. Ihnen bot sich ein erschütternder Anblick. Überall lagen Papierfetzen herum, leere Tablettenhülsen ließen auf eine Pharmaorgie schließen.

Da der Zimmernachbar nicht auffindbar war, schafften sie erst einmal Ordnung und Herr Lippert konfiszierte eine herrenlose Flasche Beaujolais. Spontan driftete die Stimmung ins Bacchantische ab, und nachdem der zufällig mitgebrachte Sartre ausgelesen sowie die Weinflasche zum drittenmal leergetrunken war, machten unsere Redakteure authentische Erinnerungsfotos per Selbstauslöser. In ihrem jugendlichen Überschwang übersahen sie die Anwesenheit ihres unfreiwilligen Gastgebers, der sich allerdings auch sehr zurückhielt.

Schließlich begaben sich unsere Redakteure wieder in ihr Zimmer. Frau Borowiak tauschte noch das zerlesene Sartrebuch gegen die leeren Tablettenhülsen und das Badeentchen aus, von denen sie sich ungeahnte Einblicke in das Wesen der Ichthyologie versprach. Herr Lippert nahm die Flasche Beaujolais in sein Gewahrsam, um sie sich ein viertes Mal zu Gemüte zu führen.

Einige Tage später schlugen die Fotoveröffentlichungen des STERN wie eine Bombe ein. Knappe vier Wochen später fanden sich im Schreibtisch der Redakteurin gnadenhalber, Borowiak, dann diese Bilder. Wir können uns gar nicht sagen, wie peinlich sie uns sind. □

Borowiak/Lippert

MEIN TRAUM: MIT ZWEI MÄNNERN IN DER WANNE!
REISER

Da lacht der Führ

Das finden Deutsche neuerdings komisch: sich hochsensibel mit den Juden im 3. Reich zu vergleichen. „Die Hetzkampagnen gegen mich erinnern mich an die Personenverfolgungen in den schlimmsten NS-Zeiten. Ich kann jetzt nachempfinden, was die von der Kristallnacht Betroffenen mitmachen mußten", klagt der empfindsame Fußballtrainer Coordes vom VfB Stuttgart. Der Neusser Bürgermeister Herrmann Thywissen (CDU) ging noch einen Schritt weiter: Er verglich die Kritik an antisemitischen Äußerungen seines Korschenbroicher Amtskollegen Graf von Spee („… man müßte ein paar reiche Juden totschlagen …") gar gleich mit der Verfolgung der Juden im 3. Reich.

Den bringen Sie wohl nach Auschwitz, was?

Wir Raucher sind doch die Juden unter den Trinkern!
Pst!

Setzen, sechs!
Jawoll, mein Führer!

KZ-Schergin! KZ-Schergin!
Aber Lörchen!
Pit Päng 87

Aus dem Reich der Marktforschung

Der Leib des

St. Marinus-Kirche, Rott am Inn.
De Klingelbeudel stellt sich
zur Wahl. Wir beobachteten
besonders fromme Gläubige
und fragten:

Dann probieren Sie mal diese
drei Leiber des Herrn hier, di
sind alle nicht frisch vom Kre

lerrn im Test

Waechter
Das stille Blatt

„Nicht so schräg, Schlampe, mein Schnaps rutscht."

Die gesamtdeutschen Zementhersteller

Der Deutsche Literaturbetrieb stellt ein:

Seit drei Jahren unbesetzt ist der angesehenste Posten, welcher im deutschen Sprachraum überhaupt zu vergeben ist, das

Gewissen der Nation

Erfüllen Sie diese Voraussetzungen?
Sie sind ein Schriftsteller nicht unter 40 in fiskalisch und moralisch einwandfreien emotionalen, sozialen, finanziellen und intellektuellen Verhältnissen.
Sie haben bereits eine Reihe metaphernreicher, jedoch leichtverständlicher Romane verfaßt, in denen die jeweils aktuelle emotionale, soziale, finanzielle und intellektuelle Verfassung des deutschen Volkes, speziell die seiner ökonomischen und politischen Führungsschicht, beklagt wird.
Sie haben trotz überdurchschnittlicher Auflagen und gut dotierter Preise Ihre Lebensführung in emotionaler, sozialer, finanzieller und intellektueller Hinsicht nicht verändert.
Sie waren und sind bereit, die Arbeit für die Verbesserung der emotionalen, sozialen, finanziellen und intellektuellen Lage des Ihnen anvertrauten Volkes nicht nur am Schreibtisch, sondern auch im Außendienst (Podiumsdiskussionen, Verbandsarbeit, Demonstrationen, Sitzblockaden u. ä.) zu leisten.
Sie haben Erfahrung im selbständigen Abfassen, vor allem aber Unterschreiben von emotional, sozial, finanziell und intellektuell aufrüttelnden Aufrufen:
Dann bewerben Sie sich!
Wir bieten Ihnen die Aussicht auf weiterhin hohe Auflagen, noch besser dotierte Preise, die ungeteilte Aufmerksamkeit der Medien und die ganz spezielle emotionale, soziale, finanzielle und intellektuelle Zuwendung der nachdenklichen Kreise dieses unseres Volkes.

Nur todernst gemeinte Angebote an:

Verband
Deutscher Schriftsteller,
7000 Stuttgart, Postlagernd.

Wegen Erreichung der Altersgrenze und Überschreitung der Lärmschwelle des bisherigen Amtsinhabers fehlt unserem literarischen Leben leider schon bald ein

Literaturpapst

Wenn Sie felsenfest daran glauben, daß alles, was Sie nicht verstehen, unverständlich ist.
Wenn Sie davon überzeugt sind, daß Sie nicht nur ex-cathedra, sondern auch im Fernsehen unfehlbar sind.
Wenn Sie darüber hinaus sowieso jede Kanzel entern, sofern Sie darauf die Rezensentensau rauslassen und die Rezensionssilberlinge einsacken können.
Wenn Sie von der Gewißheit durchdrungen sind, daß immer dann, wenn sich zwei im Namen der Literatur versammeln, wenigstens einer der beiden Sie selber sein müßten.
Wenn Sie der deutschen Sprache mächtig sind und den deutschen Sprachraum in Wort und Bild beherrschen wollen –
Dann senden Sie Ihre Bewerbungsunterlagen bitte keinesfalls an:

DR. KAISER c/o Süddeutsche Zeitung, 8000 München, Stichwort Papst.

Ziehen Sie die deutsche Sprache durch den Zettelkasten, daß die Heide weint? Dann sind Sie unser Mann. Gesucht wird ein

Top-Außenseiter

der der deutschen Literatur eigenverantwortlich als Wert-, Form- und Sprachzertrümmerer neue Wege weist.

Neben einer ausgeprägten Nichtintegrationsfähigkeit erwarten wir von Ihnen, daß Sie das folgende Anforderungsprofil abdecken:

- Absolut glaubwürdige Isolations- und Askesebereitschaft bei überdurchschnittlicher Lobunabhängigkeit
- Konsequente Befähigung, die Anforderungen des Marktes und die Verführungen der Medien flächendeckend zu ignorieren
- Amtlicher Nachweis eines exklusiven Spektrums origineller Manien, Macken und Schrullen wahlweise Laster, Perversionen und Obsessionen.

Als Gegenleistung erhalten Sie bei uns zu Lebzeiten

- Kein Geld
- Keine Anerkennung
- Jede Menge Hohn, Spott und Gelächter und eine unkomfortable Bruchbude in abgelegener Gegend nach eigener Wahl, sowie nach Ihrem Ableben
- schnellstmögliche Erhebung in den Klassikerstand
- eine schöne historisch-kritische Gesamtausgabe und
- einen gut dotierten, nach Ihnen benannten Preis für Außenseiterliteratur.

Sollte Sie diese Herausforderung reizen, so setzen Sie sich bitte unverzüglich mit unserem

Herrn Reemtsma

c/o Haffmans Verlag, 8057 Zürich, Postfach, in Verbindung.

Wegen Überlastung unseres Ersten zornigen jungen Mannes suchen wir schnellstmöglich einen

Zweiten zornigen jungen Mann

für Provokation der Öffentlichkeit, gezielte Denkanstöße bei den gebildeten Ständen und zur Belebung des Feuilletons.

Vom Bewerber erwarten wir, daß er die Schnitt- und Schimpfmuster unseres Herrn Rainald Goetz kreativ ergänzt,
daß er in enger Zusammenarbeit mit ihm neue, ungeahnte Beleidigungs- und Verstörungspotentiale erschließt,
daß er imstande ist, gezielte Affronts und kleinere Skandale im Rahmen von Lesungen oder vergleichbaren literarischen Anlässen selbständig und unzufriedenstellend abzuwikkeln, und
daß er über eine eigene, unverwechselbare Schreibe verfügt.

Dafür bieten wir ein nettes Betriebsklima, überdurchschnittliche Zuwendung seitens der meinungsbildenden Kräfte und bei Frühinvalidität oder vorzeitigem Erreichen der Altersgrenze einen ruhigen Posten im Innendienst. Nähere Einzelheiten bei

„Deutscher Literaturfonds"

6100 Darmstadt, Stichwort „Scheiß-Job".

Einziger Danziger Dichter von Weltrang sucht nach längerem Aufenthalt in Indisch-Elend auf diesem leider noch sehr ungewöhnlichen Wege endlich mal wieder garantiert echtes

LOB

Nur ernstgemeinte Hymnen resp. Hudeleien in ausschließlich auflagenstärksten, seriösesten deutschsprachigsten Blättern werden zum

DANK

mit einer wertvollen, handsignierten Pfuschzeichnung belohnt.

Bis zu

DM 3000,–

Nebenverdienst durch steuerfreie Literaturpreise. Schmales oder fehlendes literarisches Werk kein Hinderungsgrund. Senden Sie eine Schutzgebühr von DM 30,– an Reiner Kunze, Am Sonnenhang 8, 8391 Obernzell 1, und Sie erhalten postwendend die hochinteressante Broschüre „Methode Kunze" mit 1000 ganz legalen Tips zum Thema.

Wir suchen Leute, die gern schreiben!

Fordern Sie Informationsmaterial an bei Suhrkamp Verlag, 6000 Frankfurt/Main, oder sprechen Sie direkt mit unserem Herrn Unseld unter 0 69 / 55 28 67.

suhrkamp

Hohe Belohnung

für die Nennung eines namhaften Dichters aus dem süddeutschen Raum, mit dem ich mich fiktional verbrüdern kann. Nachdem ich mich an **Lenau, Hölderlin, Mörike** *und* **Waiblinger** *rangehängt habe, stehe ich momentan ganz schön auf dem Schlauch. Wer hilft mir? Hinweise, mögl. mit Ganzbild und biogr. Daten, an:*

Peter **Härtling**, *Finkenweg 1, 6082 Mörfelden-Walldorf*

Gernhardt/Eilert/Knorr

Hilke Raddatz

Unser Muttstück

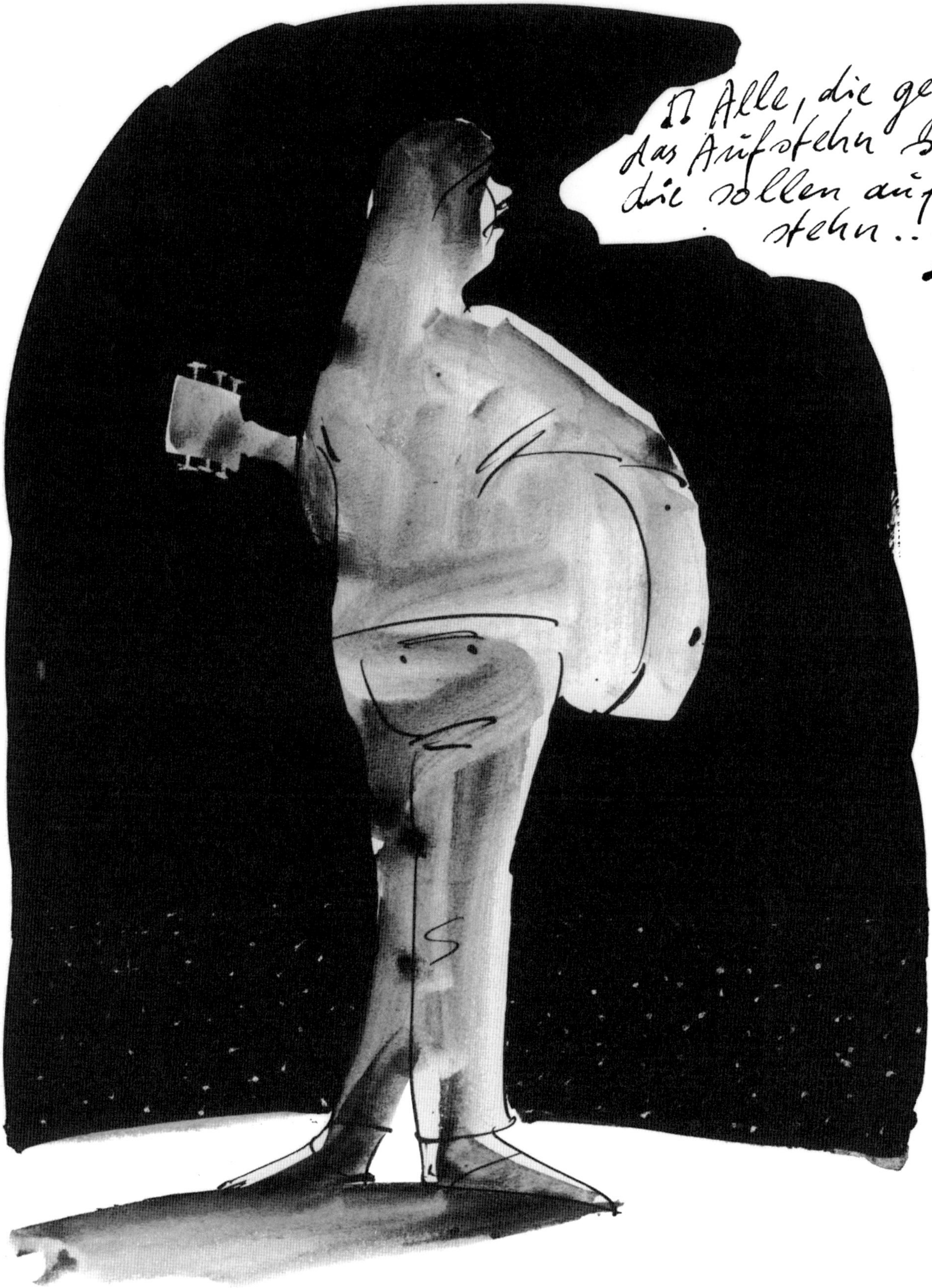

Robert Gernhardt

Bernd Fritz

Wie man WETTKÖNIG wird

Eigentlich ist es ganz einfach, als König der Buntstiftlutscher kann ich das ja verraten: Das einzige, worauf neben Originalität und Spaßträchtigkeit der Wette geachtet werden muß, ist deren prinzipielle Unmöglichkeit. Handelsübliche wasserlösliche Buntstifte ein und derselben Marke am Geschmack voneinander zu unterscheiden ist nicht nur prinzipiell, sondern auch faktisch unmöglich. Solche Stifte schmecken alle gleich, und zwar nach Tonmehl und Öl, den Trägermaterialien des Farbstoffs. Das merkte denn auch Thomas Gottschalk, als er in der «Wetten, daß…?»-Sendung vom 3. September 1988 an einigen Stiften leckte und feststellte: «Schmeckt nach Stift.»

Keine Hürde stellte im Vorfeld der sogenannte «ZDF-Test» dar. Er fand damals in den Räumen des Senders in Mainz statt und war etwa so streng wie die Lehrer einer integrierten Gesamtschule. Gleichwohl konnte eine gründliche Vorbereitung nicht schaden. Denn sechsunddreißig Buntstiftfarben auch nur optisch auseinanderzuhalten ist schon schwierig genug; selbst dann, wenn man zum Test den eigenen Kasten mitbringen darf. Das ZDF ist eine öffentlich-rechtliche Anstalt und von daher der öffentlichen Kontrolle ihres Finanzgebarens unterworfen. Die Anschaffung eines neuen, keiner Manipulation zugänglichen Buntstiftkastens des gleichen Herstellers durch die «Wetten, daß...?»-Redaktion ist nicht zu befürchten, wie mein Gedächtnisprotokoll beweist:

Buntstift-Lutscher droht Gefängnis

Wer an Buntstiften knabbert, an dem beißt sich die Staatsanwaltschaft fest. Bernd Fritz, „Lutsch-König" in „Wetten, daß ...?" (unser Foto zeigt ihn während der Sendung) und Trampeltier auf Kalauer-Pfaden im Satire-Magazin „Titanic", hat's am Sonntag selbst eingeräumt. „Der Frankfurter Staatsanwalt will mich wegen Blasphemie ins Gefängnis bringen", verkündete er als einer der ZDF-„Menschen '88". Oberstaatsanwalt Jochen Schroers formulierte es amtlich einwandfreier: „Wir ermitteln unter dem Verdacht der Beschimpfung des religiösen Bekenntnisses." Seine in „Wetten, daß ...?" gezeigte Geschmacklosigkeit soll Fritz auch in einer „Titanic"-Ausgabe unter Beweis gestellt haben – in einer Werbespot-Bildgeschichte ließ er eine „fromme Dame" als Leib Christi getarnte „Prälatenhostien" für die „kleine Andacht zwischendurch" verspeisen. Dem Scherzbold drohen bis zu drei Jahre Haft. la

Mainz, ZDF-Straße 1, Zimmer 238. Ich klopfe. Es öffnet die Assistentin. Die Redakteurin sitzt auf ihrem Schreibtisch. Nach einem Gespräch über Gott und die Welt der Buntstifte öffnet die Redakteurin den Kasten und erschrickt: «Auf den Stiften stehen ja gar keine Farbnamen! Wie soll ich Sie denn da testen?» Wir einigen uns darauf, daß ich sage, an welcher Stelle im Kasten der geschmeckte Stift jeweils liegt. Also zum Beispiel das zweite Gelb von links, das Rot ganz rechts und so fort. «Gut, dann wollen wir mal zum Test kommen!» sagt die Redakteurin energisch, wird aber im nächsten Moment kleinlaut: «Jetzt habe ich gar nichts, womit ich Ihnen die Augen verbinden kann!?»

«Haben Sie nicht ein Geschirrhandtuch?»

Die Assistentin findet tatsächlich eines. Ich falte es längs zusammen und lege es mir wie eine Binde um Augen und Kopf. Leider ist es zu kurz und läßt sich nicht zusammenknoten. Was nun? Mir fällt ein, daß zum Inventar eines Büros Klebestreifen gehören. Die Damen atmen auf, und die Assistentin klebt einen Streifen auf das Handtuch: Es hält. Ich rücke die improvisierte Binde noch ein wenig zurecht, will heißen, schiebe sie so weit hoch, daß ich nicht nur das halbe Zimmer samt der halben Redakteurin sehe, sondern vor allem den geöffneten Kasten in ganzer bunter Breite vor Augen habe.

Mit dem Bestehen des Tests, bei dem man es, um keinen Argwohn zu erregen, bei einer Trefferquote von achtzig Prozent beläßt, ist man nun zwar in der Sendung, aber noch nicht Wettkönig. Dort muß man die behauptete Fähigkeit leider noch einmal unter Beweis stellen, und zwar möglichst fehlerfrei. Glücklicherweise wird für die Show eine bequem sitzende Skibrille angeschafft sowie ein neuer Kasten mit Buntstiften, auf denen die Farbnamen gut lesbar aufgedruckt sind. Und man braucht auch nicht (Tonmehl-Vergiftung!) an allen sechsunddreißig Stiften zu lecken: Hat man sieben, acht Farben fehlerfrei abgelesen, sind der Moderator, das Publikum und zwanzig Millionen Fernsehzuschauer derart aus dem Häuschen, daß über den Ausgang der Wahl zum Wettkönig kein Zweifel möglich ist.

Nun muß man nur noch bei dem Gequatsche, das vor laufender Kamera auf die Wette folgt, sei-

AZ modernes leben

Mit Zaubertrick Gottschalk getäuscht

Falsche Buntstift-Wette empört die Fernseh-Zuschauer

Es war der Höhepunkt der ersten „Wetten,daß...?"-Sendung nach der Sommerpause. Vor den staunenden Augen von 17,9 Millionen Zuschauern lutschte ein Mann mit einer undurchsichtigen Brille auf der Nase genüßlich hintereinander an sieben Buntstiften und erschmeckte deren Farbe. Die Wette wurde gewonnen, das Publikum in der Stuttgarter Hanns-Martin-Schleyer-Halle klatschte begeistert. Doch dann kam die Ernüchterung. Auf die Frage von Thomas Gottschalk „Wie kommt man denn dazu, wie geht das denn?", grinste der Kandidat vielsagend den Showmaster an: „Ich weiß es nicht, ich habe keine Ahnung." Der Chefredakteur der Frankfurter Satirezeitschrift „Titanic" Bernd Fritz hatte Thomas Gottschalk, sein Team und Millionen Fernsehzuschauer reingelegt.

Samstagabend 21.18 Uhr. Nach einem Interview mit dem Münchner Schauspieler Jürgen Prochnow kündigte Thomas Gottschalk die dritte Wette an: „Jetzt kommt ein Thomas, der behauptet, Buntstifte nur am Geschmack zu erkennen. Ich interviewe ihn ihn erst nach der Wette, um seine Mundflora nicht durcheinanderzubringen. Die muß fürs Schmecken ganz in Ordnung sein."

Die Aufgabe: Von 36 Buntstiften sieben an ihrem Geschmack erkennen. Was Gottschalk nicht wußte: Ein Grafiker aus Deisenhofen bei München hatte sich eine Verlade ausgedacht.

Thomas Rautenberg wollte eigentlich nur testen, ob das ZDF auch auf völlig absurde Wetten hereinfallen würde. Zusammen mit einem Freund kam er auf den Bleistift-Geschmackstest. Er bot die Wette an. Als die Mainzer Fernsehmacher begeistert auf den Vorschlag reagierten, bekam der 28jährige jedoch kalte Füße und setzte sich mit dem Satire-Magazin „Titanic" in Verbindung: „Es war doch nur ein reiner Jux und als satirischer Spaß gedacht." Die Redaktion von der Titanic griff Thomas Rautenbergs Vorschlag begeistert auf und perfektionierte ihn. Chefredakteur Bernd Fritz studierte mit einem Zauberer den Buntstift-Trick ein. Mühelos kam er so auch durch die Kontrollen des Show-Teams.

„Wir haben zwei Tests gemacht. Bei einem war ich allein mit ihm in einem Zimmer. Die Augen waren mit einem Handtuch verbunden", erzählt Holm Dressler, der zuständige Redakteur der Sendung. „Bei Tests hatte der Mann bestanden. Er hatte gar keine Möglichkeiten, Hilfe von außen zu bekommen. Auch die Bleistifte wurden von uns gestellt. Vielleicht hat er es doch geschafft, unter der Brille auf die Stifte zu schielen." Tatsächlich setzte Titanic-Mann Bernd Fritz unmittelbar vor der Wette nochmals die undurchsichtige Brille ab und rückte sie zurecht.

Den Zaubertrick will das Blatt erst am 30. September verraten, wenn die Titanic mit dem Titel „Ich war der Lecker" erscheint.

Gottschalk und sein Team nehmen die Verlade auf die leichte Schulter. ZDF-Unterhaltungschef Wolfgang Penk meinte, die Sache sei zwar eigentlich zum Schmunzeln, trotzdem mache er sich wegen der Zuschauerreaktionen Sorgen. 200 Anrufer hatten auf die Titanic-Aktion empört reagiert. Einige stellten die Frage: „Wurde schon früher geschummelt?" Dazu Wolfgang Penk: „Wir lassen uns die Show durch solchen Schabernack nicht kaputtmachen. Die lockere Atmosphäre wird auf jeden Fall beibehalten." Auch in Zukunft wird das Team keine strengeren Maßstäbe bei der Auswahl der Kandidaten anlegen: „Wir können von Kandidaten doch kein polizeiliches Führungszeugnis verlangen."

Die Wahrheit: Bernd Fritz, der angebliche Farbstift-Gourmet, klärt einen verwirrten Thomas Gottschalk und Millionen TV-Zuschauer auf. Fotos:set/amw nen Mund halten. Dann geht es mit fünftausend Mark Wettkönig-Preisgeld nach Hause, und alle sind glücklich: der Moderator, weil er der Welt eine Wahnsinnswette präsentiert hat, die Welt, weil sie eine Wahnsinnssendung gesehen hat, und die «Wetten, daß...?»-Redaktion, weil sie einen Wahnsinnswettkandidaten entdeckt hat.

Deckt man indessen, wie ich, die Lackmeierei auf, bekommt man nicht nur keinen Pfennig, sondern läuft auch Gefahr, letztlich selbst der Gelackmeierte zu sein. Dieses Fazit zog 1998, zehn Jahre nach der Katastrophe und ebenfalls vor laufender Fernsehkamera, der damalige ZDF-Unterhaltungschef Axel Beyer. Und wie recht der Mann hatte! Keine zwei Jahre nach dem Buntstift-Coup, der TITANIC zum Allzeit-Auflagenrekord verhalf, drängten mich meine vor Neid aus allen Nähten platzenden Kollegen aus der Redaktion und überließen mich meinem Schicksal als erfolgreicher Übersetzer (Jean-Marc Reiser) und *Spiegel*-Autor.

Danach saß ich fünf Jahre in der Redaktion des *FAZ-Magazins* ab und konnte anschließend als Freigänger für die *FAZ*-Ressorts Politik, Wirtschaft und Feuilleton über mein Vergehen nachdenken; besonders auf den zahlreichen, elend langen Flugreisen, die mich für das *FAZ*-Reiseblatt in entlegene Winkel der Erde (Borneo, New York, Südafrika, Kalifornien, Kuba et al.) und öde Luxushotels verschlugen. Damit nicht genug, bekam der *Feinschmecker* von meinen vermeintlichen Fähigkeiten als «Superschmecker» Wind, verurteilte mich zur «Pflaume des Monats» und machte mich durch skrupellosen Arbeitseinsatz an der Degustationsfront zum Alkoholiker. Gottlob wurde dem Versuch, meine Sucht mit vierteljährlich für den Weingourmet zu verfassenden autobiographischen Bekenntnissen aus meinem Heimatwinzerdorf Gau-Wackenheim aufzuarbeiten, durch die Einstellung des nichtsnutzigen Magazins ein Ende bereitet. Die Tage bis zu meiner auf Betreiben des ZDF stark gekürzten Rente (3800 Euro ab November 2010), friste ich nun – unter ständigen Wein-, Edelbrand- und Trüffelhalluzinationen – als machtloser Mitherausgeber der satirischen Dreckschleuder TITANIC und als trauriger, an einer Stopfleber leidender Pausenclown im Frankfurter Museum für Komische Kunst.

Zum Schluß noch ein persönliches Wort an Gottschalk: Lieber Thomas, verzeih! Hätt' ich all das gewußt, ich hätte dir und mir die *Bild*- resp. Beyerhetze («Gottschalk reingelegt!» resp. «Fritz gelackmeiert!») erspart, hätte damals in der Sendung von meinem Wahnsinnsgeschmacksorgan und ähnlichem Schwachsinn erzählt und wäre dann einfach Wettkönig geworden. Aber ich war nicht mehr jung (43) und brauchte kein Geld.

Ganz Deutschland lacht über „Wetten, daß...?"

Gottschalk reingelegt

Siegeszeichen: Buntstift-Mann Bernd Fritz (32)

4. September 1988
Druck in Neu-Isenburg
35. Jahr Nr. 36
1,60 DM
C 2026 C

Bild

Von BÄRBEL KÖNECKE und WOLFGANG WINDEL

Wetten, daß Thomas Gottschalk (38) von seiner gestrigen „Wetten, daß ...?"-Show noch lange träumen wird? Ganz Deutschland lacht über ihn und das ZDF – weil sich ein Schlitzohr als Wettkandidat einschleichen konnte: Der „Buntstift-Mann" Bernd Fritz. Er erkannte die Farben von 7 Buntstiften (mit verbundenen Auge[n]) nur am Geschmack. Dachten alle – bis Titanic-Redak[teur] Fritz sagte: „Ehrlich gesagt. Herr Gottwald, äh, He[rr] Gottschalk, ich kann's nicht! Thommy war reingeleg[t] worden. Wie sich der Buntstift-Mann durch die Kandida[ten]tests mogeln konnte, lesen Sie auf Seite 10.

Griechenpremier mit Geliebter in Klinik –

Eine orthographisch leider ziemlich vergeigte Geschichte
"Legasnicker, Legasnicker," riefen die bösen Jungs unt Medchen der Klasse 4b wieder einmal, als Harald an die Thafel mußte.
Hunt
"Ihr Kackapipiarschsecke!" schrih Harald zurück. "Eines Tages werde ich es äuch zeigen!"
Hunt
Unt er ging hinaus in die weite Weld.
Er war noch nicht lange gegangen, da trahf er einen alten Mann, dem erzählte er sein Leit.
"Oh, ich war auch einmal Lenasticker, for fielen Jahren!" sagte der alte Mann. "Und heute kann ich das Wort "Fotosüntese" mit geschlossenen Augen in den Schneh pinkeln!"
Das wollte Harald auch können unt er fragte den Mann, wo er das gelernt hatte.
"In Schina", sagte der, "bei den legenderen Rechtschreibmönschen vom Liang-Schang-Po!"
"Ach in Schina, das ist fiel zu weit", sagte Harald unt ving an zu weinen.
Da hatte der alte Mann Mitleit, denn er war in Wirklichkeit ein wandernder Rechtschreibmönsch unt hatte den schwartzen Gürtel (achter Dahn!) in Rechtschreibunk!

Die nägsten Monate waren für Harald kein Zuckershlecken. Der Mönsch kannte kein Pardong!
Klatsch!
Hunt
Aber schon nach vünf Monaten war Harald ein Meister der Rechtschreibunk!
Danach ging er zurük in seine Schule. Er tat zuerst so, als wäre alles wie früer, aber er wartete nur darauf, das die Pause kam.
unt-
Unt dann pinkelte er mit verbundenen Augen das Wort "Fotosüntese" in den Schneh (es war gerade Winter).
Daraufhin wurde Harald fon seiner ganzen Schulklasse unter Lopgesang durch die Stadt getragen…
… bis zum Haus seiner Eltern, wo seine Mutter herfortrat und mit Trehnen in den Augen sprach:
RUMMS!
Machst du auch Hausaufgaben oder träumst du bloß wieder?!
Äh… selpsverständlich Hausaufgahben…
W. MOERS

"Ich vögel gern!"

R3. Verblüffende Gefühle im Stiel
unserer Zeit.

Der Bundesverkehrsminister: Vögeln gefährdet Ihre Nachtruhe und kann zum Orgasmus führen.

SONDERMANN

wird alt

Senioren haben bisher noch jede Kulturnation in die Scheiße geritten. Wer brachte das römische Imperium zu Fall? Die alten Römer. Von wem hört man nichts mehr und sieht bloß noch erbarmungswürdige Ruinen? Von den alten Griechen. Schauen wir nur in die Geschichtsbücher. Was wurde denn aus all den überalteten, von Greisen regierten Gesellschaften? Byzanz: Nix mehr los. Sumer: In keinem Atlas mehr geführt. Assyr: Am Ende. Babylon: Dito. Aber warum in die Ferne schweifen? Sieh, das Greise liegt so nah: Wer hat denn die junge Weimarer Republik zerstört? Unsere Opas und Omas. Wer war denn Hitler? Ein alter Adolf. Und da heißt es immer „Ehret das Alter!". Das ist leicht gesagt: Ehret das Abstrakte. Die pickelharte Realität trägt Gebiß, Perücke und ist altersstarrsinnig. Jawohl. Der schmerzensreiche Ausruf: „Alter, Dein Name ist Starrsinn!" hat was. Wann immer es zu einem größeren Stau in

der Fußgängerzone kommt, hat ein Senior die Hand im Spiel. Wo immer sich eine wild gestikulierende Schlange vor einem Brezelhäuschen bildet, ist ein Senior der Rädelsführer. Wo sonst werden Minderjährige mit Spazierknütteln vom Sitz geschlagen, wenn nicht in einem Altenbus? Wo sonst liegt die CDU-Wählerquote bei 99 %, wenn nicht in einem Altenheim? Wer kuckt denn immer Papst? Und urbi et orbi? Wer findet Robert Lembke toll? Wer kippt in Kaufhäusern um? Wer löst denn alle Kreuzworträtsel? Wer läuft gegen Laternenpfähle? Wer küßt denn wehrlose Säuglinge und Babys tot? Na, wer denn wohl?
Bestimmt nicht
Ihre Redaktion
Sondermann

Redaktion Sondermann:
Simone Borowiak (18)
Achim Greser (20)
Bernd Pfarr (2)

Ein Tag mit Rößke

Immer wieder sieht man im Fernseher Alte. Sogar in Spielfilmen mischen sie mit, selbst dann, wenn man sie beim Treppensteigen doubeln muß.

Mal philosopieren sie mit milder Lebensfreude und wehmütig-wandermüde aus dem Ohrensessel heraus („Mein Eidam konnte gar vortrefflich die Baßgeige spielen"), mal sind sie von eichhörnchenartigem Liebreiz.

Das ist Geschichtsklitterung.

Die Wahrheit sieht anders aus.

Die Wahrheit trägt den Namen Rößke.

6 Uhr 45 Zügig betrete ich die Bahnhofshalle, erreiche den Schalter, und vor diesem steht bereits Rößke. Mein Zug geht in zehn Minuten. Wann Rößkes Zug geht, weiß er noch nicht. Auch nicht, ob er in zwei oder drei Wochen verreisen will. Aber die hinterletzte Anschlußrikscha wird aus dem Kursbuch gewühlt und, keine schlechte Idee, gleich noch der Seniorenpaß ausgestellt. Müßte Rößke zu dieser unchristlichen Stunde nicht im Bett liegen? Warum holt er sich hier, in zugiger Halle und taubenetzter Frühe das Zipperlein, der alte Arsch? Mein Zug ist jedenfalls weg.

7 Uhr Noch eine halbe Stunde bis Frankfurt. Rößke erhebt sich im runkelnden Zug, stellt seine Koffer in den Gang, in einer Kurve stülpt es ihm die Prinz-Heinrich-Mütze vom Haupt, der Seniorenpaß ist plötzlich verschwunden und das Geschrei groß. Alle suchen, Rößke pumpelt und rumpelt von Wand zu Wand, endlich ist er im Mantel und, jaha, da haben wir auch den Seniorenpaß, natürlich haben wir ihn da.

Wissen Sie, was das Schönste beim Altwerden ist, Sondermann? Der Geschlechtstrieb läßt nach! Man kann sich mehr auf seine Arbeit konzentrieren und muß nicht mehr so gräßlichen Pfusch machen wie Sie bei der Aktenbearbeitung in Sachen Lorenz AG!

Foto: VATIKAN
Von rechts nach links: Maria, Josef und Jesus Christus

8 Uhr Ich betrete zügig, in Eile und dynamisch den Supermarkt, erreiche das Drehkreuz, und in diesem Drehkreuz steht Rößke. Und studiert seinen Rentenbescheid. Im Drehkreuz. So ist Rößke. Nun habe ich nichts dagegen, daß er durch meiner Hände Steuern in die Lage versetzt wird, sich zu nähren und zu stärken, damit er mich hernach im Bus anraunzen kann, daß es keine Art hat. Dagegen habe ich wirklich nichts. In 38 Jahren will ich schließlich auch meinen Altersspeck abbekommen. Aber es muß ja nicht im Drehkreuz sein.

10 Uhr 30 Im Wartezimmer von Aug- und Ohrenarzt. Auftritt Rößke. Schwer läßt er sich ins Fauteuil sacken, um im ansonsten totenstillen Wartezimmer mit Hilfe von Pfefferminz und Zahnersatz zu schmatzen und zu schnalzen. Man kann sich glücklich schätzen, wenn er nicht noch die Zugstiefel auszieht und die Mauken hochlagert. Inzwischen erzählt er einem anderen Rößke, daß er seine Kröten festverzinslich auf zwanzig Jahre angelegt hat und sie hernach der Kirche vermachen wird. Man möchte weinen. Rößkes, wollt ihr ewig leben?

12 Uhr An der Ampel. Sobald sie auf Knallrot umschaltet, flutet eine Rößkeschar über die Straße. Und zwar diagonal und langsamst. „Ich gehe nur, wenn ich alles übersehen kann," sagt Rößke. Er übersieht aber, daß er nichts mehr übersieht. Laut kreischen die Bremsen.

18 Uhr 14 Nach des Tages harter Arbeit rasch etwas eingekauft; daheim hungern Mann und Kind. Rößke ist wieder mit dabei. Er macht prinzipiell nochmal zur Hauptverkehrszeit shopping. Wenn es von feierabendlichen Werktätigen wimmelt, ersteht er Haarspray und vollverschweißte Blutwürsteln. Das ist Absicht. Eindeutig. Habe ich lange genug im Supermarkthinterzimmer gewartet, auf daß man mir die Pfandflaschen abnehme, schlängelt sich garantiert und ungeniert Rößke vor. Rößke darf das. Denn er hat schon so viel mitgemacht. Krieg, Währungsreform, Altenclub. Und wenn man lange genug an jedem System kokottenhaft mitgeschustert- und -gezimmert hat, als Bunddeutschesmädel oder Fünfzigerjahreeinzelhandelskaufmann, bekommt man einen Bonus. Und als erster die Flaschen abgenommen. Nur meine aristokratische Erziehung läßt mich von einer Maulschelle absehen.

20 Uhr 15 Fernsehen. Da sitzt Rößke frisch onduliert und mit der Kraft der zwei Herzen bei Heino, johlt und jaunert im „Blauen Bock“ und reißt sich auf harten Studiobänken Splitter ins Trevira. Zum Beispiel Hessenschau. Rößke erwünscht. Der klatscht bei allem. Für hehre humanistische Freuden reicht's nicht. (Zum Beispiel Museum.) Dann Politik. Rößke hat gewählt. Woher die notorische CDU-Wählerei kommt, weiß auch der Gerontologe nicht. Ist es eine Generationsfrage oder schlicht die Alterssülze im Kopf?

23 Uhr Im Traum. Rößke und nochmals Rößke. Er reißt sich nicht zusammen und ändert sich nicht; wir schreiben das Jahr 2000. Immer noch ist die gerontographische Kacke am Dampfen. Rößke wird nicht weise, nicht verklärt-soigniert. 2010. Rößke sitzt bei Heino. 2015. Rößke geht bei Rot. 2020. Rößke kauft Blutwürsteln und wählt CDU. 2026.Ich studiere meinen ersten Rentenbescheid. Im Drehkreuz.

24 Uhr Ich wache schweißgebadet auf und sehe nach, ob noch alle Zähne da sind.

Ein Blick in den Spiegel:

Es ist 87 Jahre,
3 Monate und 12 Tage.

100 Jahre Hilfsbereitschaft – Wir gratulieren den Brüdern Hannemann!

Razzia bei Rößke

Ein Drama

'n Guden! Döffte mir mal Ihrne Wohnung sehn?

Ja, ich verstehe nicht ganz ...

Geschmackspolizei. Routinekontrolle. Ihrne Name?

Rößke. Herr und Frau Norbert Rößke.

Aha. Ja, was hammer denn da! Schorsch, guck' dir des mal an!

Ach du meine grie Soß'! Des is ja ne Schrankwand „Allemannia rustikal“. Net zum fasse. Isch glaab, hier wern mer fündisch.

Un die Kommod erst! Die Kommod! Gelsekeschener Barock!

Des is noch gar nix, Arthur, dreh disch net um, da steht'n Schässelong, also glaabstes, mir wedd ganz übel!

Moine Hänn! Was'n Ekelappärat! Hörnse mal, Hä un Fraa ... Rößke. Norbert Rößke.

Ja, hörnse mal, Nobbätsche, wisse Sie net, daß Sie gescher die Geschmacksnorm verstoße mit Ihrne Krembel? Des Zeusch liecht ja neber aller Norm! Des wedd deuer!

Um Himmels willen, Norbert, so tu doch etwas!

Ganz ruhig, Irmintraut. Das wird sich alles aufklären. Hören Sie, meine Herren, worum geht es eigentlich?

Um Bußgeld. Sie hawwe sisch vergange widä die Einrischtungs- und Ausstattungsnorm 46 Strisch b. Grobe Belästigung des Geschmacks in Tateinheit mit Verstoß gescher des gude Dissein. Im Höchstfall winkt Zwangsentrümpelung, awwer son schwerne Fall sin se net. Zwo, drei Ufflage, dann sin mer quitt.

Was sollen wir tun?

In som Fall als wie dem Ihre, Nobbätsche, tritt § 371 Absatz 10 in Kraft. Sie drehe einfach Ihrne Möbeln mitm Gesischt zur Wand un halde die Fenster grundsätzlisch verdungelt. Abnämme döffese die Schalusien bei vollzogenem Eintritt der Dämmerung, Ausnahme is Vollmond. Da bleibt die Hütte discht. Ansonste: Den Schebbel nach und nach abtransportiere, bei Nacht, versteht sisch, un neues Dissein enoi in die Wohnung. Und noch was: Keine Besuche! Lasse se niemanden in Ihrne Wohnung. Sonst machemer die Hütt' ganz discht, gell?

Jaja, wir werden uns daran halten.

Alsdenn, schöne Daach noch. Mit hörn vonnenanner.

Ja, auf Wiedersehen.

(Auf der Treppe)

Die Ahl bräuscht auch mal widder e neu Perück.

Un seine Socke! Haste seine Socke gesehe? Wie kann 'n Mensch in sone Socke lewe!

Mer waaßes net, mer steckt net drin.

Gottseidank.

(Ab)

OPA, OPA! ERZÄHLST DU UNS EINE GESCHICHTE?
OH, BITTE!
ALSO GUT! ICH ERZÄHLE EUCH ETWAS AUS DER ZEIT, ALS ICH SACHBEARBEITER BEI EINER VERSICHERUNGSAGENTUR WAR. EINES TAGES KAM DER CHEF ZU MIR UND FRAGTE MICH NACH DER AKTE DES VERSICHERUNGSNEHMERS KUNZE, HANS-GEORG. ICH SUCHTE DIE AKTE HERAUS UND BRACHTE SIE IHM.
KURZ DARAUF KAM DER CHEF WIEDER ZU MIR UND SAGTE, DAS WÄRE GAR NICHT DIE AKTE KUNZE, HANS-GEORG, SONDERN DIE AKTE WINKELMANN, ADELE. UND TATSÄCHLICH: ICH HATTE DIE BEIDEN AKTEN EINFACH VER-WECHSELT! IST DAS NICHT KOMISCH?
HURRA, HURRA! OPA KENNT IMMER DIE BESTEN GESCHICHTEN!!
-PFARR-
ENDE

Mit Gernhardt durchs Jahr

1989-1994

Es lebe das Großdeutsche Satirereich Frankfurter Nation

Die endgültige Spaltung als Auftrag

Anfang 1989 gibt es noch zwei Deutschlands, die fein säuberlich durch Stacheldraht und Beton getrennt sind. Das eine heißt BRD – das Bereits Reparierte Deutschland, der andere Teil nennt sich DDR: das Dürftig Reparierte Deutschland. Beide Länder unterscheiden sich hauptsächlich dadurch, daß in der BRD TITANIC verkauft werden darf und in der DDR nicht.

Der Herbst des Jahres erlebt die Geburt des ersten deutschen Superhelden. Sein Name: GENSCHMAN. Sein Auftrag: Gerechtigkeit. Er kämpft gegen schreckliche Gegner wie den WAIGEL, die KRÖTE oder das STOIBER, doch trotz seiner Superkräfte muß er hilflos mit ansehen, wie die schöne Berliner Mauer zerbricht und Millionen von Ossis die BRD leerfressen. Wir würdigen diesen historischen Augenblick mit einem Porträt von Zonen-Gaby, die gerade ihre erste Banane verzehrt. Weil es zu der Zeit selbst in Frankfurt keine Bananen zu kaufen gibt, müssen wir eine Gurke nehmen, was viele Leser anscheinend komisch fanden. Chlodwig Poth läßt sich kurz nach der Mauerzerstörung zum Zonenkönig krönen und diktiert uns ein neues Motto ins Impressum: «Die endgültige Teilung Deutschlands – das ist unser Auftrag».

1990 kauft Helmut Kohl die DDR zu einem völlig überhöhten Preis und wird damit zum ersten deutschen Herrscher seit Hitler, der sein Territorium vergrößern konnte. Die Ostprovinzen erweisen sich als grandioser Fehlkauf, weshalb wir sie Saddam Hussein anbieten, doch die Bundesregierung ist dagegen, und Hussein marschiert in das völlig verwüstete Kuweit ein. Er benutzt Giftgas, wir reagieren sofort und schlagen mit Karl Eduard von Schnitzler zurück, dem geistlichen Oberhaupt der DDR. In seiner Kolumne «Der rote Kanal» kämpft er für die Einführung eines Stalinismus mit unmenschlichem Antlitz. Leider ist ihm sein Wörterbuch des Unmenschen in den Wendewirren abhanden gekommen, und so müssen wir ihn wegen mangelnder Hetzkraft entlassen. Auch Chefredakteur Bernd Fritz muß zurück in die Pfalz gehen, da sein Visum für Hessen abgelaufen ist. Ihn ersetzt Hans Zippert, der als Ostwestfale ein besonderes Augenmerk auf die Ost-West-Problematik hat.

Neben seiner Tätigkeit als Zonenkönig findet Chlodwig Poth auch noch Zeit für eine genaue Kartographierung seines Exil-Wohnorts. Die Ergebnisse drucken wir Monat für

Monat unter dem Titel «Last Exit Sossenheim» ab. Damit er über die Ereignisse in seinem verlorenen Reich auf dem laufenden bleibt, heuern wir einen eingeborenen DDR-Fachmann an und lassen Michael Rudolf regelmäßig «Aus den Kolonien» berichten.

Im September 1991 will Helmut Kohl Friedrich den Großen mit Pauken und Trompeten in Sanssouci beisetzen lassen. Dabei hatte der Monarch extra um eine schlichte Zeremonie gebeten. Wir wollen diese unerträgliche Demonstration neuer großdeutscher Tümelei verhindern und fahren zur Burg Hohenzollern, wo der König gut einbalsamiert ruht. Kaltblütig öffnen wir den Bleisarg, entnehmen den mittlerweile Uralten Fritz und lagern ihn an einem nur uns bekannten Ort zwischen. Kohl versenkt nichtsahnend einen leeren, fritzlosen Sarg, der bis heute nicht nachgefüllt wurde. Natürlich glaubt uns die Geschichte keiner, nicht mal wir selbst.

1992 übernimmt der Saxophonist Bill Clinton die Macht in den USA. Er ernennt haufenweise neue Minister, die in Deutschland natürlich niemand kennt. Um das zu ändern, bitten wir die Amerikaner, sich ihren deutschen Kollegen in Bonn telefonisch vorzustellen. Die Freude ist groß, Verkehrsminister Wissmann glaubt sogar, mit Al Gore zu sprechen, bei dem es sich jedoch nur um einen radebrechenden TITANIC-Mitarbeiter handelt, denn wir haben nicht genug Geld, um uns einen echten amerikanischen Minister zu kaufen.

Ende März 1993 wird TITANIC verboten. Der Grund ist das April-Titelblatt, das den SPD-Politker Björn Engholm und ein gelbes Quietscheentchen in der Badewanne zeigt. Die Darstellung von Sozialdemokraten mit Quietscheentchen in der Badewanne ist aber in Deutschland seit 1945 nicht mehr erlaubt. Das hatte uns niemand gesagt. Die SPD kann sich nicht beruhigen und behauptet sogar, das sei «Schmutz total» – während wir geglaubt hatten, das sei das Aprilheft.

Nachdenklich geworden, versuchen wir herauszufinden, wie wohl totaler Schmutz aussehen könnte, und bilden die Ergebnisse unserer Nachforschungen im Maiheft ab, woraufhin auch dieses Heft verboten wird. Außerdem müssen wir Björn Engholm 40 000 Mark bezahlen, weil er anscheinend genau diese Summe gerade braucht.

Um alles wiedergutzumachen, will der zu allem entschlossene TITANIC-Verleger die «Versöhnungsente Björn» auf den Markt bringen, findet aber keinen Hersteller, der die Ente umsonst produzieren würde. Nachdem Engholm das Geld von TITANIC erhalten hat, muß er sofort zurücktreten. Ein Kanzlerkandidat, der sich von einer Satirezeitschrift finanzieren läßt, ist nicht ernst zu nehmen. Für ihn kommt ein bärtiger Pfälzer (nein, nicht Bernd Fritz!). Die SPD nennt ihn Rudolf Scharping, wir nennen ihn «Ziege» und geben ihm die Hauptrolle in der TITANIC-Zeichentrickserie «Die Roten Strolche». Dort erlebt Ziege mit seinen Freunden, dem Schnabeltier Johannes und Ossibär, die tolpatschigsten Abenteuer. Unter dem Motto «Versucht, Ziege zu wählen!» tritt er sogar gegen den kohlförmigen Oberförster an – und scheitert natürlich kläglich.

Ende 1993 gründet TITANIC das «Komitee für kompetente Demokratie». Ziel der Initiative: Jürgen Möllemann muß Bundespräsident werden. Alexander Kluge, Wolfgang Joop, Ottfried Fischer, Harald Schmidt, Roger Willemsen, der britische Popstar Wreckless Eric und viele andere engagieren sich für die gute Sache. Tausende von Bürgern schließen sich dem Begehren an und tragen sich in Listen ein, kein anderer Kandidat verfügt am Ende über so viele Unterschriften wie Jürgen Möllemann. Gewählt wird aber Roman Herzog. Das hat mit Demokratie natürlich nichts zu tun. Möllemann bringt seine unerwartete Niederlage (er wurde noch nicht mal von seiner Partei nominiert) derartig durcheinander, daß er im Jahre 2003 bei einem Sprung aus dem Flugzeug vergißt, den Fallschirm zu öffnen.

Ende 1994 ergibt eine interne Zählung, daß auf der Hälfte aller Titelblätter seit 1990 Helmut Kohl in irgendeiner Form zu sehen ist. Was steckt hinter diesem blödsinnigen Führerkult? Hans Zippert ist nach fast fünf Jahren im Amt verrückt geworden. Er hält sich für Helmut Kohls Sohn. Sein Ziel: ein Jahr mit zwölf Kohl-Titelbildern. Doch glücklicherweise kann er seine Wahnidee nicht verwirklichen. Drei kräftige Sanitäter tragen den wild um sich schlagenden Bielefelder aus der Redaktion in die geschlossene Abteilung des Landeskrankenhauses. Bis heute hat er den Zwangsumzug nicht bemerkt.

Titanic
Bonjour
Froschfresser!
Da sind wir wieder!

Titanic
DAS ENDGÜLTIGE SATIREMAGAZIN
Queen besorgt:
Was
findet
Lady Di
an diesem Mann?
Rettet den blauen Planeten!
Busenwunder
in Lourdes

Titanic
Natürlich bezahle ich
Ihre Perestroika!
Blödmann!
MOSKAUS
NÜTZLICHSTER
IDIOT!

Titanic
DAS ENDGÜLTIGE SATIREMAGAZIN
Vorschau auf
das nächste Heft
Buddhismus bizarr:
Kohl droht mit
Wiedergeburt!

Titanic
DAS ENDGÜLTIGE SATIREMAGAZIN
Wahnsinn!
Wiedervereinigung!
Was plant der Irre jetzt?

Titanic
DAS ENDGÜLTIGE SATIREMAGAZIN
JUBILÄUMS-
AUSGABE
Kohl
plan
Helmut Kohl
muß Hauptstadt
bleiben

Titanic
DAS ENDGÜLTIGE SATIREMAGAZIN
Dr. Helmut Kohl
Jetzt drehn die Zonis völlig durch:
Dr. KOHL
mit Erde beworfen!

Titanic
Endlich Ruhe in der Zone:
Kohl setzt
Giftgas ein!

Titanic
DAS ENDGÜLTIGE SATIREMAGAZIN
Kohl
Schon
wieder
10 Gramm
leichter
Ist es AIDS?

Titanic
1. Opfer
des Ozonlochs:
Peter Kohl!
Kanzler liebt
ihn trotzdem

Titanic
DAS ENDGÜLTIGE SATIREMAGAZIN
Gott
sei
Dank!
Wiedervereinigung ungültig:
Kohl war gedopt!

Titanic
DAS ENDGÜLTIGE SATIREMAGAZIN
Nach der Wahlschlappe
KOHL bildet
Kabinett um

Titanic
DAS ENDGÜLTIGE SATIREMAGAZIN
Kohl in Sarajevo erschossen
Weltkrieg?
Wer stoppt das Morden?

Titanic
DAS ENDGÜLTIGE SATIREMAGAZIN
10 Jahre
Kampf
Der Kohl
geht weiter

Titanic
DAS ENDGÜLTIGE SATIREMAGAZIN
Die geheimen
Sparpläne von Bonn:
Kohl jetzt auch
Oppositionsführer!

Titanic
DAS ENDGÜLTIGE SATIREMAGAZIN
Vorsicht Falle!
Wer Kohl wählt,
wählt
CDU

Titanic
Nicht vergessen! Am 3. April:
Führers
Geburtstag

Titanic
DAS ENDGÜLTIGE SATIREMAGAZIN
Zu spät, Herr Christo:
Kohl verpackt
den Reichstag!

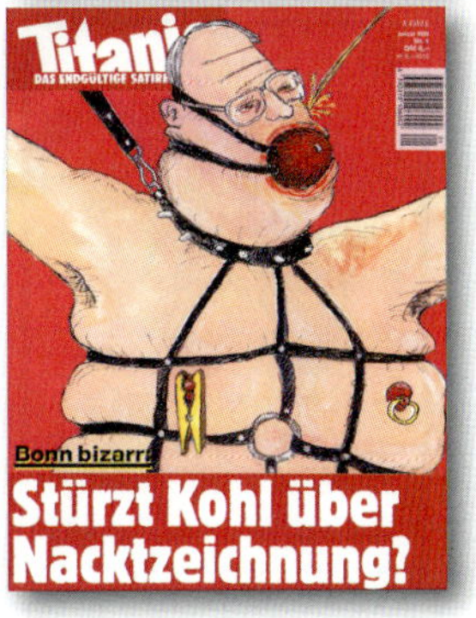
Titanic
Bonn bizarr:
Stürzt Kohl über
Nacktzeichnung?

Titanic
DAS ENDGÜLTIGE SATIREMAGAZIN
Der Wahlkampf!
Die Hitze!
Das Ozon!
Was hatte Kohl
gegen Schäuble?

»Straße frei!«

(Johannes R. Becher)

KONSUM
täglich
frisch

GENSCHMAN
Ich muß sie aufhalten!
Folge 754
gegen die ZONEN-ZOMBIES
Als er noch ein Kind war, mußte er mitansehen, wie seine besten Freunde die Koalition wechselten. Seit damals hat er sein Leben einem Ziel gewidmet: Das Böse zu bekämpfen! Heute ist er ein Mann, vor dem die Kriegstreiber und Vertragsverletzer in aller Welt erzittern.
WESTEN
Ist GENSCHMAN verrückt geworden? So ein Wahnsinnssprung kurz nach seinem Ohrinfarkt. Warum hat er es so eilig? Beruhigt euch, Freunde, GENSCHMAN weiß, was er tut. Wenn er sein Ziel nicht rechtzeitig erreicht, gibt es eine Katastrophe, denn das Böse und seine Legionen sind wieder unterwegs…

Ein kleiner Marktplatz in Köpenick, einem Bezirk von Ost-Berlin, der Hauptstadt der ZONE. Normalerweise ist um diese Tageszeit niemand auf der Straße. Die Bewohner der ZONE müssen den PLAN erfüllen. Normalerweise gibt es auch keine Bananen in der ZONE. Doch heute ist alles anders. Denn der Superverbrecher WAIGEL ist in der Stadt. Und er hat einen teuflischen Plan. Nachdem es ihm in der letzten Folge (siehe TITANIC 9/89) nicht gelungen war, die Ostgrenze zu verschieben, will er jetzt einfach alle Bewohner der Ostgebiete in den Westen locken. Denn hat man erst das Volk, gehört einem auch bald der Raum, spekuliert der schurkische WAIGEL.
Es gibt nur ein Problem. Die ZONE wird nämlich von dem SEKRETÄR regiert. Ein Semihumanoide – eine Maschine mit menschlichem Aussehen. Die Maschine wurde etwa 1949 konstruiert und funktioniert seitdem praktisch reibungslos. Immer, wenn die menschliche Hülle abstirbt, wird sie durch eine neue ersetzt. Der SEKRETÄR sorgt dafür, daß niemand die ZONE verlassen will, denn die ZONE ist das Paradies der Arbeiter und Bauern. Nur eins gibt es in der ZONE nicht: Bananen. Und die hat der WAIGEL. 16 Millionen Bananen, für jeden Bewohner der ZONE eine. Begeistert greifen die ZONEN-Bewohner zu. Schreckensbleich und ratlos beobachtet MÖLLEMAN, GENSCHMANs treuer Helfer, das Treiben des wahnsinnigen Schurken.
Etwa 600 km weiter westlich genießt Hans Dietrich Genscher, nebenberuflich Minister des Äußersten, gerade eine Tasse Kaffee. Babs, Genschers attraktive Frau, kümmert sich um die Arbeitskleidung ihres Mannes. Da bewegt sich etwas am Fenster.

Während MÖLLEMAN seinem Chef Bericht erstattet, ist der WAIGEL längst aus der ZONE verschwunden und ... Ja, was macht er da eigentlich? Der WAIGEL zerschneidet einen Stacheldrahtzaun – ist er jetzt zum Viehdieb geworden? Von wegen – der WAIGEL erwartet Besuch aus der ZONE. Nicht weniger als 16 Millionen Besucher erwartet der Superschurke, und die sollen nicht unnötig aufgehalten werden. Deshalb zerschneidet der WAIGEL den ungarischen-österreichischen Grenzzaun. Doch wie kann der WAIGEL so sicher sein, daß der Besuch auch kommt? Ganz einfach, jeder Bewohner der ZONE hat eine Banane gegessen. Und die Bananen waren vergiftet. Mit »Emigrin«, einer hochwirksamen toxischen Substanz. Wer sie zu sich nimmt, verspürt sofort den Drang, die ZONE zu verlassen und über die CSSR, Ungarn und Österreich in die REPUBLIK zu wandern. »Emigrin« macht außerdem süchtig. Wer von WAIGELS Bananen gegessen hat, will immer wieder welche essen und Bananen gibt es nur in der REPUBLIK. Deshalb ist sich der WAIGEL seiner Sache auch so sicher. Meckernd lacht er in sich hinein. Diesmal wird ihm GENSCHMAN nicht zuvorkommen. Die Erde erzittert bereits unter den Fußtritten der ZONEN-ZOMBIES und die Luft ist erfüllt von ihrem schaurigen Gesang: »BA-NA-NEN, BA-NA-NENNN ... «
Nur noch wenige Sekunden, dann werden sie die Grenze überrennen. Aber was ist das? Ein gelb-blauer Pfeil schießt durch die Luft ... doch nicht etwa? GENSCHMAN! Mit seinen Superohren hat er natürlich die Grenzverletzung des WAIGEL sofort geortet. Und gehandelt. Hilflos und entsetzt muß der WAIGEL mitansehen, wie GENSCHMAN den Grenzwegweiser im letzten Moment herumwirft. Der Treck der ZONEN-ZOMBIES wechselt die Richtung und marschiert weiter Richtung Südosten. Dort wo der CEAUSESCU bereits auf sie wartet. Die REPUBLIK ist wieder einmal gerettet, ihre Bürger werden auch weiterhin genug Bananen zu essen haben.
Danke, GENSCHMAN!

Greser/Schmidt/Zippert

GENSCHMAN-Welle rollt
auf uns zu. Endlich wieder ein
nd, der Spaß macht. TITANIC hat
Euch die schrillsten Gimmicks. Damit bist
u in Deiner Clique der Größte! Und noch was:
ie Girls stehen tierisch drauf. GENSCHMAN schlägt alles.

Der irre GENSCHMAN -Shop

»GENSCHMAN-Kultgegenstände haben einen hohen moralischen Wert und Tragekomfort.« (Babs »GENSCHGIRL« Genscher)

Das sieht der WAIGEL gar nicht gern: **GENSCHMAN Sticker-Set** mit 2 Motiven für **DM 5,90. Best.-Nr. 22**

Für die gute Stube: **GENSCHMAN-Poster-Set.** Zwei Motive, DIN A 1 für **DM 15,90. Best.-Nr. 29**

Der absolute Wahnsinn! Die **Superplatte** zum Superhelden: **SCHEEL plays GENSCHMAN!** Maxidisc! Stereo! Eine Run Records Production. Mit Bela B., Beckmann, Rod Gonzales, Wiggi Droste und members of the TITANIC-Redaktion. Erscheint am 13.10.! Weltweit! Das offizielle GENSCHMAN-Thema zum offiziellen **Preis von DM 10,90. Best.-Nr. 30**

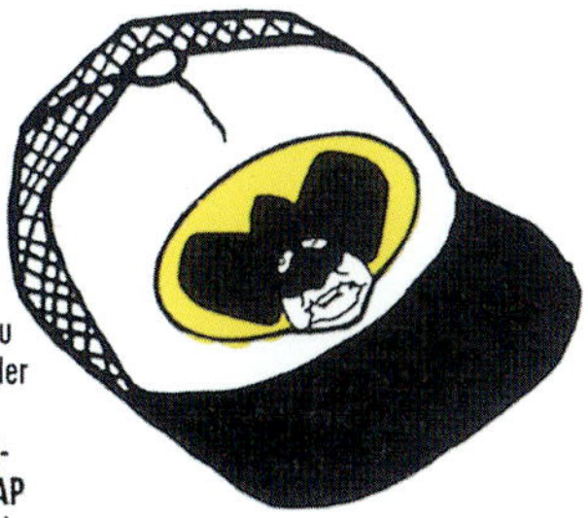

Die nimmst Du nicht mal in der Kirche ab: **GENSCHMAN-BASEBALL-CAP** mit Ohrenmaskenmotiv für **DM 19,90. Best.-Nr. 27**

Ansteckend! Alle sind im GENSCHMAN-Fieber! Auch Du kannst zeigen, daß es Dich erwischt hat: Mit dem **GENSCHMAN-Button.** 2 Motive im Set **für DM 5,90. Best.-Nr. 23**

Mach mit beim Club der Superhelden! Wenn Du die **GENSCHMAN-Anstecknadel** trägst, sieht jeder, daß Du dazugehörst. **Preis: DM 9,90. Best.-Nr. 26**

Das offizielle weiße **GENSCHMAN T-Shirt.** Super Motiv: GENSCHMAN in Action! **Preis: DM 24,90. Best.-Nr. 21**

Das offizielle schwarze **GENSCHMAN T-Shirt.** Schützt Leib und Leben! Gegen die Kräfte des Bösen und für **DM 24,90. Best.-Nr. 20**

GENSCHMAN-Sweat-Shirt. Paßt jedem, will jeder haben für **DM 44,90. Best.-Nr. 24**

Legt das Böse in Schutt und Asche: **GENSCHMAN-Feuerzeug. Preis: DM 2,50. Best.-Nr. 28**

Damit kommst Du überall rein: **GENSCHMAN-Schlüsselanhänger für DM 11,90. Best.-Nr. 25**

Da hilft kein betteln, hilft kein beten:
nur einer rettet den Planeten:
GENSCHMAN!

COUPON

Anzahl	Nummer		Preis/DM

Anzahl	Nummer		Preis/DM
Versandkosten			3,50

Vorname / Name

Straße / Nr.

PLZ / Ort

Datum / Unterschrift

Bestelladresse: TITANIC, Postfach 360440, 1000 Berlin 36 Summe ☐

Und so wird bestellt: Wir liefern nur gegen Vorkasse – keine Nachnahme! Wir berechnen pro Bestellung 3,50 DM Versandkostenanteil, ab 100 DM Bestellwert liefern wir versandkostenfrei. Bitte senden Sie einen Verrechnungsscheck über den gesamten Bestellwert inkl. Versandkostenanteil oder überweisen Sie den Betrag aus das TITANIC-Konto bei dem POSTGIROAMT Berlin, BLZ 100 100 10, Konto-Nr.: 56901-109.

Titanic
DAS ENDGÜLTIGE SATIREMAGAZIN

So entsteht der gute Witz

1. Gekonnt wirft der erfahrene Zeichner die Skizze aufs Blatt. Schon jetzt ist gut zu erkennen, daß es sich um keinen ›ohne Worte‹-Witz handelt.

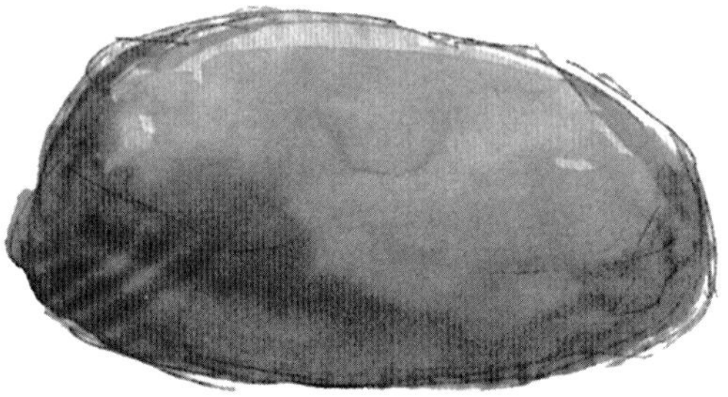

2. Fachmännisch wird der Entwurf mit Hilfe des Pointenkataloges bestückt.

3. Wie man sieht, steht die Pointe dem Entwurf nicht schlecht.

4. Mit Spezialwerkzeugen wird das Personal freigelegt.

5. Der letzte Schliff. Die Figuren sind fast entwickelt. Natürlich tragen sie noch keine Kleider. Störende Gegenstände wie der Kochtopf (Bildmitte) müssen noch entfernt werden. Auch das Porträt des Chefredakteurs, der diese Seite nur unter der Bedingung ins Heft nehmen wollte, ›er oder sein Sohn müßten schon drin vorkommen‹, wird jetzt herausgenommen.

6. Die eingefügte Kristallkugel hat der Zeichnung sehr gut getan. Die Pointe kann sich wunderbar entfalten!

Heribert Lenz

Wieder keine Harpunen, aber Gurke gegen Putenbuch

Aus Onkel Max' Kulturtagebuch

Zuerst will ich etwas gestehen: Ich habe heute nachmittag gelacht, als ich von einem Selbstmord erfuhr, und ich schäme mich deswegen. Ich fühle mich schlecht und schäbig, aber ich will es erklären: Ein Freund eines mir bekannten Ehepaares hat sich entleibt, indem er in *Bad Neuenahr-Ahrweiler* von einer Brücke in das Pfandflaschenlager von *Apollinaris* sprang. Vielleicht war sein Leben so langweilig, daß er wenigstens originell sterben wollte. An sich bin ich ja der applauswürdigen Auffassung, daß man derlei nicht öffentlich breittreten oder gar in Zeitschriften hineinschreiben sollte, und daher will ich flugs das Thema wechseln und in dem heiteren Plauderton, der uns musischen Menschen oft eigen ist, ein wenig über die von mir regelmäßig besuchte DDR berichten. Hier ist nämlich Aufklärung dringend notwendig. Was die Westjugendlichen heute über das sich östlicherseits an die BRD heranschmiegende Staatsphänomen wissen, beschränkt sich meist darauf, daß die Brathähnchen Broiler heißen und daß man vor den Geschäften angeblich immer Schlange stehen muß. Letzteres ist schon mal Unsinn. Schlange gestanden wird nur, wenn es mal plötzlich irgendwo Pfirsiche oder Brokkoli gibt. Da es aber fast nie Brokkoli oder Pfirsiche gibt, sieht man auch fast nie eine Schlange. Außer vor der Buchhandlung am Alexanderplatz. Doch diese Schlange entpuppt sich bei näherer Inspektion schnell als eine aus motzenden West-Touristen bestehende. Sobald ein Westdeutscher nämlich drüben einer sich auch nur ansatzweise abzeichnenden Schlange ansichtig wird, stellt er sich sofort hinten an, um »DDR-Alltag« nachzuvollziehen und um dann daheim damit prahlen zu können, daß er »stundenlang Schlange gestanden« hätte, nur um ein läppisches Buch zu kaufen. Wir Reise-Fachleute nennen so etwas Nörgel-Tourismus und finden, daß der Mindestumtausch für saturierte, herumnölende Schulklassen mit ihren jämmerlichen Lehrern auf mindestens 1000 Mark pro hochnäsiger Nase heraufgesetzt werden sollte. Was die Schlangen anbetrifft, wage ich sogar zu behaupten, daß man im Westen im Durchschnitt länger ansteht als in der DDR. Gestern bei Aldi habe ich zehn Minuten auf einen freien Einkaufswagen gewartet und dann zwanzig Minuten angestanden, um meine Monatsration Möhrensaft zu bezahlen. Da ich gerade bei Getränken bin, muß ich natürlich auch *Rhabarbersaft* erwähnen, der oft das einzig erhältliche DDR-Fruchtsaftgetränk ist. Wir Besucher, gepeinigt von widerlichen Multivitamintrünken und zähflüssigen Granini-Zuckerpampen, sehen darin natürlich eine willkommene exotische Alternative; die Einheimischen dagegen hassen ihn und flüchten sich in den Konsum von Bier, selbstaufgesetzten Schnäpsen und Tonic-Wasser, welches im Gegensatz zu dem unsrigen als Bitterstoff kein Chinin, sondern – hier scherze ich nicht, obwohl musische Herren wie ich das gerne tun, sondern artikuliere die bittere Wahrheit – *Strychnin* enthält. Jawohl, ich muß mich wiederholen: ich uze, ich verulke oder verhohnepipele hier niemanden, es ist wahr und klar wie der Sternenhimmel: Strychnin. Chinin ist zu teuer. Man muß allerdings, so versicherte mir ein junger Ernährungsexperte, binnen zwei Minuten 48 Flaschen Tonic trinken, damit es tödlich wirkt. Doch da würde ich schon eher in das Pfandflaschenlager von Apollinaris springen, oder nein, noch besser: Ich spring zurück zu dem Rhabarber-Thema. Wenn man mal keine Lust auf Rhabarbergeschmack hat, kann man natürlich auch den »Obstlimonadensirup« *Banana* trinken, der, wie der Name nahelegt, kräftigst nach Bananen schmeckt. Da es aber in der DDR fast nie Bananen gibt, darf man sich nicht wundern, wenn auf dem Etikett »hergestellt auf Rhabarberbasis« zu lesen ist. Leider gibt es *Banana*, wie so vieles andere, nur selten. Für den Fall, daß es eines der Produkte, die es eigentlich nicht gibt, plötzlich doch mal gibt, scheint jeder volljährige Bürger der DDR gesetzlich verpflichtet zu sein, einen sogenannten *Nylonbeutel* mit sich zu führen. Diese geradezu verbrecherisch farbenfrohen Tragetaschen, bei uns seit Jahren ausgestorben (das letzte Exemplar wurde wahrscheinlich 1977 bei Woolworth Tauentzien von einer wütenden Ex-DDR-Bürgerin zerfetzt), gehören zweifelsohne zu den prominentesten Gegenständen der DDR-Ikonographie, dicht gefolgt von Rhabarbersaft und diesen sonderbaren Miniaturbüchelchen, die es in jeder Dorfbuchhandlung in speziellen Vitrinen gibt. Die Nylonbeutel, für die es Gott sei dank überhaupt keine urigen Berliner Spitznamen gibt – Sachsen-Samsonite böte sich aber an –, sind auch die einzigen Produkte, die es »im anderen Deutschland« in einer schier unendlichen Formen- und Farbenfülle gibt. Ich saß neulich in der Kleinstadt *Königswusterhausen* auf einer Bank, ca. 500 Beutel zogen an mir vorbei, und ich sah keine zwei gleichen. Den grellsten Beuteln begegnet man in Dresden. Sich an der Farbenpracht des Nylons zu erfreuen, dient hier als Ersatz fürs Westfernsehen. Aufgrund Platzmangels kann hier leider nur eine ganz bescheidene Auswahl vorgestellt werden, doch ich rate jedem zum persönlichen Augenschein. Sich auf einen Marktplatz setzen und »Beutel gucken« – eine herrliche Nachmittagsbeschäftigung. Wir Westberliner können das ja jederzeit tun. Man muß allerdings vorher eine Zollerklärung ausfüllen, in der man z. B. allen Ernstes angeben muß, ob man »Schußwaffen, z. B. Harpunen« dabeihabe. Es ist schon eine abwegige Vorstellung, daß, wenn Tante Elfi aus West-Berlin ihren alten Bruder im anderen Teil der Stadt besuchen will, sie jedesmal schriftlich beteuern muß, daß sie keine Harpunen mit sich führt. Wie gerne würde ich mal »ja« ankreuzen und den Zöllnern stolz erklären, daß ich selbstverständlich Harpunen dabei hätte, da ich ja schließlich Harpunenhändler sei. Aber nein, weit Profaneres trage ich in die Erklärung ein, beim letzten Mal »1 Gurke«. (Bei der Ausreise schrieb ich »1 Putenbuch«, doch dazu später.) Gurken, so hörte ich nämlich, gebe es in der DDR *urst* selten, und sie seien auch *urst* teuer. »Urst« ist sicher eine der spezifischsten und merkwürdigsten DDR-Vokabeln. Sie bedeutet einfach »sehr« und wird vom Jungvolk gern verwendet. Wenn hier etwas »wahnsinnig toll« ist, dann ist es dort »urst schau«. Keiner konnte mich je über die Herkunft dieses Bekräftigungsterminus aufklären, der, je nach Landstrich, *uhst, urst* oder *uast* ausgesprochen wird.

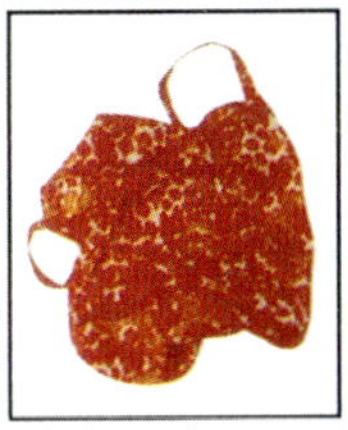

Mit meiner Gurke hatte ich übrigens etwas Pech. Kaum war ich durch die Kontrolle durch, sah ich aus den Nylonbeuteln der Passanten grüne, längliche Gemüseobjekte ragen, die ich unschwer als Gurken identifizieren konnte. Die gäbe es gerade in jeder Kaufhalle, teilte mir mein musischer junger Gastgeber mit, ich hätte lieber Linsen mitbringen sollen. Seit drei Jahren gäbe es in der Republik keine Linsen. Darauf soll man nun kommen. Als hämischen Dank für meine überflüssige West-Gurke bekam ich ein Putenbuch geschenkt. Es heißt »Puten« und ist laut dem Buchrückentext »ein unentbehrlicher Ratgeber für jeden Putenfreund«, und man erfährt aus ihm alles über z. B. die Sehleistung der Pute: »Die Sehleistung der Pute liegt unter der von Huhn, Ente und Gans ... Auch im Nahbereich ist die Pute den anderen Hausgeflügelarten unterlegen, das liegt vor allem an ihrer Unaufmerksamkeit.« Schöne Tabellen sind auch drin: »Spermaparameter für ausgewachsene Puter«. Darüber hinaus sind Puter nicht nur fast blind, sondern haben, im Gegensatz zu Gantern und Enterichen, noch nicht mal einen *Penis*. Mit dieser erschütternden Erkenntnis will ich schließen und all jene putzigen kleinen Wesen grüßen, die hoffentlich einen haben: Rolf, Sebastian, Thomas, Dieter und Dirk und wie ihr alle heißen mögt, und von mir aus auch die, die ja wohl eher den Putern gleichen, nämlich Elke, Birgit, Daniela und Ute, ja, ich will sie alle grüßen, all die drolligen Geschöpfe, deren niedliche Knopfäuglein soeben über meine hastig dahingerotzte kleine Betrachtung geglitten sind. □

Max Goldt

WIE SOLL DAS NEUE DEUTSCHLAND HEISSEN?

	Hauptstadt	Hymne
Deutschland	Berlin	So ein Tag, so wunderschön wie heute
Superdeutschland		Prima leben und sparen
Volksrepublik Deutschland	Moskau	Auferstanden als Ruinen
Germanien		Haut 'se, haut 'se, immer auf die Schnauze
Deutsch-Euroland	Euskirchen	Oi, oi, oi, Europa
Trizonesien	Mainz, Köln, Düsseldorf	Humba, rucki, tätärä
Prickingshof	Riesenportion	Glück auf, Glück auf, der Bauer kommt
Legoland	Lilliput	Wir sind die Wauzis, keiner hat uns lieb
GENSCHWORLD	Bonn	GENSCHMAN
Belgien	de Beukelaer	Onderweks met wijkem Keks

Toll. Die Wiedervereinigung steht vor der Tür. Sogar Gorbi hat nichts mehr dagegen. Aber welchen Namen soll das »neue Land zwischen Rhein und Oder« (Pfarrer Eppelmann) tragen? Heiliges dämliches Reich deutscher Nation? Nicht schlecht, aber zu lang. Damit Sie sich nicht weiter den Kopf zerbrechen müssen, liefert TITANIC gleich zehn Supernamensalternativen, die wir in enger Zusammenarbeit mit der Bundesregierung ausgewählt haben.

Dazu im Set die passende Hauptstadt und sorgfältig abgestimmte Accessoires. Alles, was ein Staat braucht.
Jetzt sind Sie dran. Kreuzen Sie Ihren Namensfavoriten einfach an und schicken Sie diese Doppelseite bis spätestens 18. März 1990 an das Bundeskanzleramt, Adenauerallee 139–141, 5300 Bonn 1, Stichwort »Namenwahl«. Gehen weniger als 10 000 Einsendungen ein, muß die Wiedervereinigung ausfallen. Wäre doch schade, oder?

Fahne	Währung	Regierungsform	Grenzen
Schwarz, Doof, Geld		Stammtisch	nach Osten offen
Grüne Band der Sympathie	Supermark	Quadratisch, praktisch, gut	des guten Geschmacks
Hammer und Michel 	Vitamin B	Korruption	dicht
Metfahne	 Neandertaler	Joch	9 n. Chr.
Euro-Scheck	Eumel	Eurokratie	1992
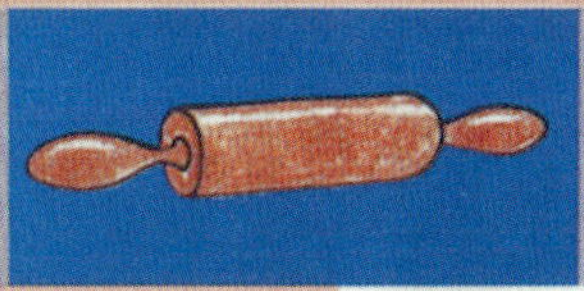	Kamelle	 Elferrat	11. 11. bis Aschermittwoch
Bauer Ewald auf speckigem Grund 	Biodünger	bäuerliche Gastwirtschaft	bis man platzt
	 Fischstäbchen	Kreischokratie	Kinderzimmer
	Ohren	Gerechtigkeitsliga	Galaxis
		Oligarchie der Keksperten	belgisch

Knorr/Schmidt

Knige im Exil

Zonenkönig Chlodwig Poth

Wie verbittert muß ein Mann sein, dem man alles genommen hat, was man einem Mann nur nehmen kann: Mecklenburg, Brandenburg, Sachsen, Thüringen. Den Dresdner Zwinger. Das Schloß Sanssouci. Das Gewandhausorchester.

Doch wer Zonenkönig Chlodwig in seinem Frankfurter 4-Zimmer-Exil besucht, ist sofort verzaubert von der abgeklärten Lebensweisheit und Güte des vertriebenen Monarchen. »Alles verstehen heißt nix verzeihen« – das ist ein Satz, den man wohl 20mal am Nachmittag von dem großen alten Mann der Zone gesagt bekommt. Unfaßbar, dieser ruhige Frohsinn, wenn man die Lebensgeschichte von König Chlodwig kennt.

Der junge Chlodwig der Halbstarke (in direkter Linie verwandt mit König Scheusal von Arabien und der Themsen-Lisel) hatte gemeinsam mit der Roten Armee dem braunen Schrecken ein Ende gesetzt.

Nun schien sich in der Zone alles zu normalisieren. Chlodwig führte Landreformen durch, erhöhte die Milchproduktion, ließ alle Arbeitslosen beseitigen. Er erfand die Supermarktkette HO – eine Abkürzung für ›HOch lebe Köng Chlodwig‹ –, und schon bald mauserte sich das kleine Land zu einer führenden Wirtschaftsmacht. Sehr zum Mißfallen der großen Brudernation, mit der Chlodwig den Poth-Stalin-Pakt zur Sicherung des Friedens geschlossen hatte. Volk und Souverän wiegten sich in Sicherheit.

Doch der 17. Juni '53 brachte die unerwartete Wende. Panzer rollten auf. Schüsse peitschten durch die Straßen. Menschen weinten.

König Chlodwig mußte fliehen.

Es begannen Jahre der Wanderschaft. Mal fand er Unterschlupf bei Seiner Brutalität, dem Schuft von Persien, mal lebte er unter dem Schutz von Graf Saldo dem Bärtigen in der Villa Weihönig. Seit 1967 hat das Nomadentum ein Ende. König Chlodwig lebt nun mit seiner zweiten Frau Jocki, einer geborenen Putzi von Opel-Krause-Poth in Frankfurt.

Ruhig ist sein Leben geworden, fast bürgerlich.

Vorbei die Zeit der prunkvollen Feste, doch noch immer lädt sich König Chlodwig gerne Gäste ein; Exilpolitiker, Exiltänzer, Exilkünstler, Exilschriftsteller, Exilmetzger und Exilbäcker geben sich bei ihm ein Stelldichein, und wenn der Possmann Apfelwein und die Brezel kreist, dann wird heftig diskutiert. Vorbei auch die Zeiten, da ihm Lakaien zur Hand gingen. Heute muß der König selbst im Haushalt mitanpacken, eigenhändig poliert er sein Szepter. Doch zu keiner Zeit läßt er sich fallen, nie ist er hoffnungslos. Der weise Exilmonarch hält sich auf dem neuesten Informationsstand. Er liest täglich die Zeitung, gerne nimmt er ein gutes Buch zur Hand, am liebsten schmökert er in dem einzigen Nachschlagewerk, das er auf seiner Flucht mitnehmen konnte – der dreißigbändige »Was wächst denn da?« von Vitus B. Dröscher ist ihm ein treuer Freund in schweren Stunden geworden. Er leistet sich nur noch ein kostspieliges Hobby – König Chlodwig hatte schon immer ein Faible für schnelle Autos. Oft sitzt er stundenlang mit Königin Jocki im aufgebockten Polo Formel E – dann vergeht ihm die Zeit im Fluge.

Die Ereignisse vom 9. November haben den rüstigen Aristokraten verändert. Sein Gang ist federnd, und eine brodelnde Vorfreude scheint ihn anzufeuern.

Sein Volk hat ihn nicht vergessen. Auf der Leipziger Montagsdemo flatterten Transparente:

Kommt König Chlodwig, bleiben wir!

Kommt er nicht, gehn wir zu ihm!

Als er das im Fernseher sah, weinte er.

Und die Demonstranten riefen:

Der König ist Poth!
Lang lebe der König!

König Chlodwig ist ein großer Pflanzenfreund. Er betreut persönlich die Überreste seiner einstmals berühmten Orangerie.

Ein offenes Haus – bei König Chlodwig wird Gastfreundschaft noch groß geschrieben.

Häuslichkeit ist Trumpf bei dem Exilmonarchenpärchen. Königin Jocki geht gerne Handarbeiten nach, während König Chlodwig Anekdoten aus seinem bewegten Leben erzählt.

Im Haushalt muß der König schon mal mit ran.

Sein Szepter benutzt König Chlodwig täglich. Er hat persönlich den Wartungsdienst übernommen.

Der König hat einen großen Bekanntenkreis; immer wieder wird er telefonisch um Rat gefragt.

Die könglichen Hobbys: schnelle Autos und Entspannung.

Titanic Euer Ehren, Sie erheben Anspruch auf die gesamte DDR. Doch in letzter Zeit sind Zweifel an der Rechtmäßigkeit Ihrer Forderung laut geworden.

Poth Man muß nicht gleich jeden Unsinn glauben, der so geredet wird. Natürlich bin ich der rechtmäßige Besitzer der DDR. Ich habe sie schließlich gegründet, aufgebaut und jahrelang regiert.

Titanic Vielleicht könnten Sie letzten Zweiflern durch Detailkenntnis den Wind aus den Segeln nehmen. Beschreiben Sie doch bitte die Vorgänge vom 17. Juni, als Sie das Land verlassen mußten.

Poth Der 17. Juni? Ich erinnere mich genau. Es muß im Sommer gewesen sein. Ja, es war Sommer, denn ich trug meine leichte Freizeitkrone. Ich lustwandelte ein wenig, und dann entstand plötzlich Unruhe. Erst dachte ich noch bei mir, König Chlodwig, dachte ich, jetzt jubeln sie dir wieder zu. Doch plötzlich schoß es ganz furchtbar. Und ssssst! pfefferte mir so eine verdammte Kalaschnikoff einen Zacken aus der Krone. Da wußte ich – du mußt hier sofort verschwinden. Mit dem Iwan ist nämlich nicht gut Kirschen essen, wenn er mal wütend wird.

Titanic Wie sind Sie über die Grenze gekommen?

Poth Ich ging rasch auf den nächsten Übergang zu. Die Krone zog ich tief ins Gesicht, den Hermelinkragen schlug ich hoch. So konnte ich unerkannt passieren.

Titanic Und Sie hatten nur das bei sich, was Sie noch heute auf dem Leib haben? Konnten Sie keine Dokumente mitnehmen, die Ihren Anspruch untermauern könnten?

Poth Ich konnte wirklich nur so viel mitnehmen, wie meine Domestiken tragen konnten. Aber was die Papiere angeht, die habe ich selbstverständlich. Hier. Der Monarchenschein für die Staatsklassen 1 und 3. Das heißt, ich bin befugt, über Länder mit bis zu 30 Mio. Einwohnern zu herrschen und über Kleinstaaten ab 15 Mio. Dann besitze ich natürlich den Großen Lohnsteuerverzehrbon und meinen jus primä nocte habe ich auch gemacht, übrigens summa cum laude.

Titanic Das sind sehr eindeutige Dokumente.

Poth Sag' ich doch. Können Sie gerne abphotographieren. Damit auch der letzte Drecksrevanchist endlich weiß, wo Poth den Most holt.

Titanic Dann werden Sie wirklich zurückgehen?

Poth Natürlich! Ich habe da noch ein paar Rechnungen offen. Die müssen Reparationen an mich zahlen, daß es kracht! 40 Jahre lang bin ich nur verarscht und gedemütigt worden! Das wird teuer!

Titanic Euer Ehren, wir danken Ihnen für das Gespräch.

Titanic-Interview mit Zonenkönig Chlodwig Poth

»Ich glaube, es war Sommer«

Politicus meint:

F. W. Bernstein

The Far Side Collection

Moses als kleiner Junge

Monster Jobs

Hab' ichs mir doch gedacht, du willst also heute mit deinen Kumpels die Nachbarschaft unsicher machen?«

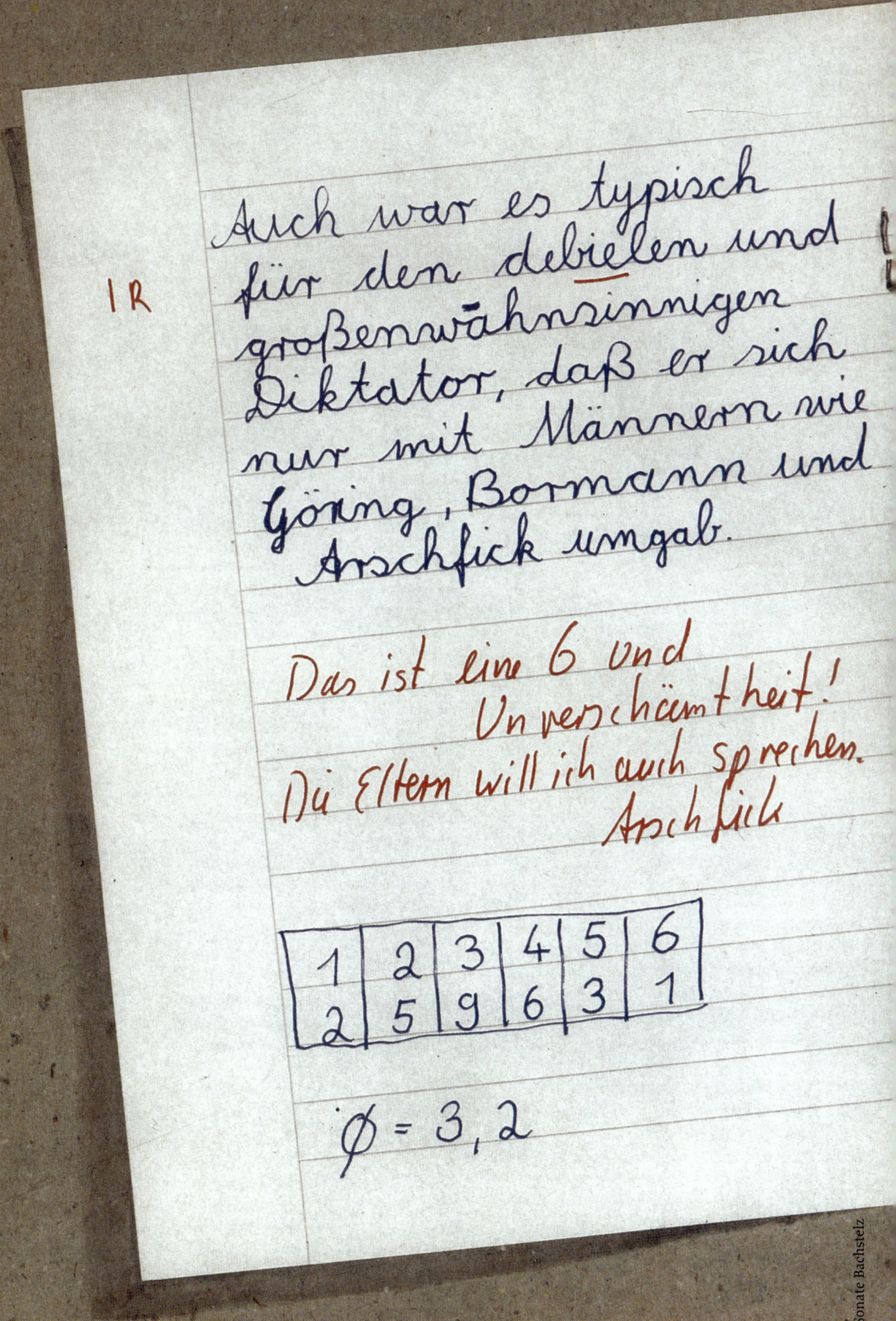

1R Auch war es typisch
für den debielen und
großenwähnsinnigen
Diktator, daß er sich
nur mit Männern wie
Göring, Bormann und
Arschfick umgab.

Das ist eine 6 und
Unverschämtheit!
Die Eltern will ich auch sprechen.
Arschfick

1	2	3	4	5	6
2	5	9	6	3	1

Ø = 3,2

Sonate Bachstelz

Bilder an die Leser

BRIEFKÖPFE VON HILKE RADDATZ

WHO'S WHO?

Heiner Bremer, Wolf Biermann, Roberto Blanco, Walter Boehlich, Sabine Christiansen, Joschka Fischer, Günter Grass, Claudia Nolte, Axel Schulz, Peter Sloterdijk, Jürgen Trittin, Martin Walser

WENN JUSOS LALLEN: CAMPINO, EINE TOTE HOSE

Er ist so lustig. Er ist so komisch. Er ist auch ein bißchen vorlaut und ein bißchen wüst. Er hat so bunte Hosen. Er hat so grelle Haare. Und obendrauf ein Hütchen, ein Honecker-Schrebergärtner-Freizeit-Sommerhütchen. Unter dem Hütchen hat er ein Köpfchen, und darin, manchmal, Gedankengang: *»Ich find alle Opelfahrer gut.«*

So ist Campino, bürgerlich Andreas Frege, Sänger der Toten Hosen: Der aufdringliche Junge mit dem goldenen Herzen für seinesgleichen. Im Grunde ein guter Kerl, Aufschrift: Mache alles mit. Plaudern bei *Tele 5*, Fußball-WM-Kolumnen hinklirren für die *taz*, mitschnacken bei Lea Rosh, und immer ganz der Wohnstubenpunk für alle, die nicht wissen, was Punk war, der etwas rotzlöffelige Schwiegersohn für die aufgeklärte, liberale Familie von heute.

Gern gibt der Alt-78er Bürgersmann Campino den Prolo und Hooligan. Seine stärkste Waffe dabei ist sein bundeswehrspindgeeichter, nach Bierfurz und Männergruppe muffender Humor: *»Ich find', das wichtigste ist, dat dat Mädchen mit den Ohren wackelt.«* Ja, der Rheinländer, ein scharfer Gänger und Witzbolzen. *»Vorliebe für einen derben, aber nicht dümmlichen Humor«*, heißt so was im »Info« zur jüngsten Tote Hosen-LP, aber Campino, der in Interviews immer so gern scherzt und dann doch ganz doll ehrlich wird, rückt den falschen Eindruck gerade und sein Herz auf den rechten Fleck: *»Meine Freundin, das ist so 'ne ganz ruhige. Die redet nicht viel, und damit komme ich klar, bin immer noch richtig verschossen.«*

Fünf Freunde und der Kulturbetrieb: Uffz. Campino und die netten Trottel von der Kompanie

Sein treudeutsches Gemüt entblößt der Abziehbildwilde Campino gern, wenn's ums Sexuelle geht: *»Die Mädels, die mit dir mitgehen wollen, waren am Vorabend mit dem Bassisten einer anderen Band mit – so richtige Band-Schlampen. Und wenn du ein bißchen Selbstwertgefühl hast…«* – nein, sie taugen alle nichts, die Weiber, alles Fotzen außer Mutti, und Öl oder Reifen kann man an denen auch nicht wechseln, nee, nee, da bleib lieber bei der Kompanie, Junge.

Besonders gern, bieder und bräsig aber spricht Campino über das Lieblingsthema aller angejahrten Berufsjugendlichen: Jugendliche. Da kann der Altbierhumorist richtig böse werden, sehr schwer und sehr wichtig: *»Klar, über das Thema Fans und Randale kann jeder klugscheißen. Wir wissen zwar nicht, was der Herr DFB empfiehlt, wir empfehlen: Jetzt zeitgleich eine Hooligan-WM in Rom, im traditionsreichen Kolosseum. Vor der Arena Haut-den-Lukas-Geräte in den Farben aller Länder, die kostenlos benutzt werden dürfen. Mal sehen, für welchen Wettbewerb sich die Medien mehr interessieren!«* Angesichts dieses rundumkompatiblen Sozialarbeitergelalles nimmt es nicht wunder, daß Campino es *»eine großartige Erfahrung«* fand, in Wakkersdorf mit Backpfeifen wie H. Grönemeyer u. ä. auf einer Bühne zu stehen. Den amusikalischen Kumpelrock der singenden Sozialdemokratie spielen die Toten Hosen zwar immerhin (noch) nicht, dafür ist die »Volxmusik« der Punx mit »x« der Volksmusik eines Karl Moik durchaus nicht unähnlich. Senkt man die beats per minute etwas ab, ist es Marschmusik. *»Musikalische Originalität«* nennt das »Info« dergleichen Gewummere.

Was Songtexte und Sozialverantwortlichkeitsgetue angeht, kann es Hosen-Spieß Campino längst mit Kalibern wie Niedecken etc. aufnehmen. Permanent muß er damit kokettieren, daß sich hinter dem Zirkusclown auch ein Ernsthafterjungermann verbirgt. Lange habe er in der Psychiatrie gearbeitet, ächzt der Allgemeinplatzwart vom Rhein, und er habe festgestellt, daß Ärzte und Patienten kaum voneinander zu unterscheiden… – nein, wie er den letzten Kalenderblattspruch noch von sich gibt, als habe er soeben den geistigen Everest erklommen, es ist von rührender Einfalt und doch schwer nur tolerabel. *»Ich bin ein ganz normaler Wichser«*, sagt Kampfsportler Campino, und dieses eine Mal kann man ihm rückhaltlos zustimmen.

Die Toten Hosen begannen als sympathisch-chaotische Säufer; mittlerweile werben sie damit. *»Immer noch der gleiche Sauhaufen«* prahlt das Info in Kommißkoppsprache und bescheinigt der Band, *»großmäulig und mit Vollgas voran«* zu marschieren. Auch die gleichsam tanten- wie angeberhafte Frage »Was werden die Kerle als nächstes anstellen?« paßt gut ins Drehbuch ›Fünf Freunde und der Kulturbetrieb‹.

Man kann mit Geld korrumpiert werden oder mit der Suggestion, man sei ein wichtiger Mensch und hätte wunderwerweißwas zu erzählen. Campino, der gut beraten wäre, außer zum Singen den Mund fest geschlossen zu halten, hat sich die Rolle des Jugendgottesdienstpredigers aufschwatzen lassen und geht ebenso gerne wie ganz in ihr auf. Das kann man schade finden oder auch einfach nur peinlich – durchgehen lassen kann man es nicht. Laute Rockmusik und Betrunkensein sind viel zu existentielle Tröstungen, um sie einem Stupido wie Campino Frege zu überlassen. □

Wiglaf Droste

Keine Anzeige

Krögers Traum vom schönen Leben: Golf geleast. Frau gekauft.

Herr Kröger sitzt ab sofort auf der Sonnenseite des Lebens. Die junge Ehefrau sorgt für exotisches Ambiente und verbreitet selbst an normalen Wochentagen Urlaubsatmosphäre.
„Mehr Lebensqualität", erläutert Herr Kröger, „das ist doch der Wunschtraum von uns allen. Nun, ich habe ihn mir erfüllt. Denn meinen neuen Golf habe ich diesmal geleast. Bei V.A.G. Leasing, Deutschlands größter Auto-Leasing-Gesellschaft. Da zahle ich nicht den vollen Kaufpreis, sondern nur für das, was ich während der Vertragszeit nutze. Durch eine geringe Sonderzahlung, die mit meinem Gebrauchten verrechnet wurde, und niedrige monatliche Leasing-Raten. Nach drei Jahren gebe ich dann den Golf zurück und steige in das neueste Modell. Tja, und von dem Geld, das ich dabei gespart habe, konnte ich mir Ling-Po leisten. Seitdem macht der Feierabend doppelt Spaß."
Klar, denn wenn man clever ist, finden auch die angenehmen Seiten des Lebens nicht nur zur Urlaubssaison statt.
Besuchen Sie eine der 3.300 V.A.G. Partner für Volkswagen und Audi. Damit Sie erfahren, wie gut Sie mit V.A.G. Leasing fahren.

V·A·G **V.A.G. Leasing**
Mit uns können Sie rechnen.

Hans Traxler

Gedenktage, die wir gerne feiern würden

In diesem Monat wäre der Dichter **Günter Grass** 60 Jahre alt geworden. Er kam vor 25 Jahren bei den Recherchen zu seinem dritten Roman „Hundejahre" auf gewaltsame Weise ums Leben. So wurde er der „James Dean der deutschen Literatur" – eine deutsche Kultfigur. Seine Fans können noch heute seine genialischen Erstlinge „Die Blechtrommel" und „Katz und Maus" seitenweise auswendig hersagen. Wer weiß, was ohne dieses frühe Ende aus Grass geworden wäre.

NIE WIEDER SOLCHEN SCHABERNACK
EIN DEMOPROTOKOLL VON E. KAHL
ALS NEULICH IN UNSERER STADT DIE SYNAGOGE BRANNTE,
WAREN WIR ANSTÄNDIGEN BÜRGER SO BETROFFEN, DASS WIR SPONTAN
EINE DEMONSTRATION BILDETEN. EINE GRUPPE HATTE SICH DAVIDSTERNE
ANGEHEFTET, UM DIE SOLIDARITÄT AUF DEN PUNKT ZU BRINGEN
Stop!
DANN TRAT DIE POLIZEI AUF DEN PLAN
DOCH SEHT SELBST
K.Z.
OHNE WORTE

ich protestiere
BEIM APPELL TRAT EINE MUTIGE VOR
Schnauze, du Judensau!
Hilfe!
SIE BEKAM SOFORT IHRE QUITTUNG
DARAUFHIN UNTERNAHM IHR HUND EINEN FLUCHTVERSUCH
Melde gehorsamst, Herr SS, ich bin gar kein Jude
UNSER PASTOR REAGIERTE ALS ERSTER
Tatsächlich. Arier. Das ändert die Sachlage
DEUTSCH
SEINER ENTLASSUNG STAND NICHTS MEHR IM WEGE
Ich bin auch Arier!
Ich auch!
Ruhe!
DA WURDEN DIE ANDEREN AUCH WEICH, UND SIE ZEIGTEN IHRE PÄSSE
K.Z.
DIE GRUPPE VERSPRACH, NIE WIEDER SOLCHEN SCHABERNACK ZU MACHEN, UND DIE FREUNDLICHE SS BRACHTE SIE ZURÜCK IN DIE STADT
MACHT KEIN SCHEISS
DAS FINDEN WIR NICHT WITZIG
BEI DER NÄCHSTEN DEMO WURDE DANN WIEDER AUF DIE BEWÄHRTEN SLOGANS ZURÜCKGEGRIFFEN

Die Superdroge

Das Zauberwort zum Glück: Bovine spongiforme Encephalopathie! Die neue Superdroge bringt jeden auf Trab! Und so wirkt BSE: Erst fühlst du dich wie immer, aber plötzlich kommt der flash. Du mußt unheimlich das Tanzbein schwingen und vergißt alles um dich herum, sogar deinen eigenen Namen! Dabei ist die Droge völlig legal. Die ist so legal, die gibt der Staatsanwalt seiner Familie! Und so kommst du an die BSE ran: Geh einfach zu deinem nächsten Schnitzeldealer, zu einem Steak-House oder in eine Fast-Food-Kette deines Vertrauens. Das Schöne an BSE: Lästiges Spritzen oder Schnupfen ist passé. Die Droge gelangt durch eine Roulade, ein Würstchen oder einen Big Mac in deine Blutbahn. Das geht euch in die Beine! Tanzen bis zum Umfallen! Zucken! Spaß haben! Aber Vorsicht: Treibt es nicht zu toll, sonst kann es nämlich passieren, daß eure Herde, äh, Clique, vom Gesundheitsamt beschlagnahmt und verbrannt wird! Also, solltet ihr nicht so gut drauf sein, wendet euch an euren Haustierarzt.

Tanz Vei

Das wird der tolle Super-Tanz-Sommer! Vergeßt Acid-House! Die neue geile Welle heißt –

Steak-Hous

Tanzen wie die Rinder in England! Kreiseln wie die Schafe in Schottland! Zucken wie Fergie in Buckingham!

Wissenswertes über das Klassevirus!

BSE läßt sich schon lange in den Gehirnen von Rindviechern, Schafen und ähnlichen Zweibeinern nachweisen. Früher war es alleine den ganz Reichen vorbehalten und wurde in Form von Frischzellen eingespritzt. Viele berühmte Prominente haben sich einer Frischzellenkur unterzogen, und ihre Vitalität bis ins hohe Alter und ihr beruflicher Erfolg belegen die Wunderwirkung der Droge. So ist beispielsweise Marika Rökk trotz ihrer sage und schreibe tausend Jahre noch immer in der Lage, zeitgleich zu singen, zu grinsen und die Keulen meterweit zu werfen! Auch Johannes »Jopie« Heesters (99) ist dank Rinder- und Schweinehirn noch heute fähig, die Kuh Rethel (Simone, 4 Liter am Tag) zu decken. Die berühmten Kessler-Kühe halten seit 1945 den Weltrekord im Synchron-Veitstanz. Brigitte Nielsen (die schönste Frau der Welt) läßt sich einmal im Jahr in einer österreichischen Alm-Klinik von einem Öhi total neu mit Frischellen ausstopfen. Bo Derek (die klügste Frau der Welt) besteht inzwischen zu 90% aus reinem Ziegenhirn! Doch inzwischen ist BSE so in den Nahrungsalltag übergegangen, daß auch du dir mit einem knappen Taschengeld den Kick geben kannst!

len
s!

Und das meinen eure Idole zu der neuen Droge:

Liesl Christ, Volksschauspielerin: »Ich esse unheimlich gerne Rinderbraten mit BSE! Dann setze ich mich sofort ans Frehliche Frankfodder Telefon und erzähle Scheiße! Das macht Spaß, weil ich mich nachher nicht mehr dran erinnern kann, was ich nun wieder erzählt habe. Und Kohle bringt's auch.«

Gisela Schlüter, Mimin: »Ich bin circa eine Mio Jahre alt. Aber merkt man mir das etwa an? Na also. Kommt ein Schotte zum Arzt und sagt…« (Rest von der Red. gekürzt)

Prof. August Everding, Gesellschafter: »Ein Rippchen – und die Kiste läuft wieder. Nee, nicht das Bayerische Staatstheater. Was ist das überhaupt?«

Simone Borowiak, Chefredakteurin: »Jeden Tag, bevor ich in meine Redaktion gehen tu, esse ich so zwei bis drei Klopse. Das macht fit für den Tag, und glauben Sie mir, bei so einer Autozeitung muß man schon gelawting klannrotzen!«

Die Perspektiven

Endlich mal eine Droge, von der alle (außer den ewiggestrigen Vegetariern) etwas haben. Jeder kann sie kaufen. Jeder ann gut drauf sein. Dank der gelokerten EG-Gesetze kommt die Droe auch zu uns! Wenn jetzt alle Bürer zusammenhalten und viel, viel chnitzel und Braten essen, werden vir tanzend in die Wiedervereiniung zucken! Keine Miesepeterei ehr, keine Streitereien, weil sowieo jeder alles vergißt! Das Motto es nächsten Jahrtausends könnte uten (crazy, aber wahr): Essen, um u vergessen!

eschlagnahmte Herde kurz vor dem Verbrennen

Pannen bei der Anwendung

Früher kam es – logo – zu Fehleinschätzungen und falscher Dosierung von BSE. Denn die Superdroge kann nur aus den Hirnen von Rindern, Schafen etc. gewonnen werden und nicht, wie man glaubte, aus Fischen, Bohnenstroh oder SPD-Mitgliedern. Darum mußte ja auch die Koalition scheitern, nachdem sich Helmut Schmidt die Gehirne von Leber und Apel hatte spritzen lassen. Böses Erwachen gab es auch für Volker Hauff. Der schönste Bürgermeister der Welt wollte sich den allerletzten Kick mit einer Ampulle Adorno-Hirn geben lassen. Sein Tierarzt irrte sich im Präparat. Seitdem befindet sich in dem alertesten Bürgermeister der Welt das Gehirn Willi Millowitschs, das eigentlich nur zum Entflausen vorgebracht worden war.

Borowiak, Zippert

Hessen nimmt Abschied von Freddie Mercury

Mit fünfundverzisch war schon Schluß.
Des kam vom vielen Koitus.
Der Fred war schwul als wie die Nacht,
drum hat er's auch net lang gemacht.

Dabei konnt' der doch so schön singe!
Was muß er da noch Kerls bespringe!
Wär er net rein in jedes Bett,
könnt' er noch leben, unsän Fred.

Am Samstag fragt man: Fred, wie geht's?
Am Sonntag sagt er: Isch hab' Ehds.
Am Montag kommt er aus dem Haus:
Im Eischensarg. Die Füß' voraus.

Am End' hätt' er noch gern gesunge.
Hätt' er halt net die Jungs besprunge!
Leut'! Sagt Ihr: »Ehds, des krieg' isch nie.«,
dann denkt an Freddie Mercury.

Text: Simone Borowiak, Zeichnung: F. W. Bernstein

Fabelhafte Karriere im Produkt-…

Pfarr SPEZIAL

Bernd Pfarr wurde am 11. November 1958 in Frankfurt geboren. Er war Zeichner, Maler, Texter, Spielzeugautosammler. Inspiriert von Carl Barks und F. K. Waechter, veröffentlichte Pfarr bereits in *Pardon*, bevor er regelmäßiger Mitarbeiter von TITANIC wurde. Er schuf grandiose Figuren wie Helmut & Pit, Dulle, Sondermann und Gott. Mit seinen großformatigen Acrylgemälden stieß er in eine neue Dimension des Komischen vor, in die ihm bis heute niemand folgen konnte. Bernd Pfarr starb am 6. Juli 2004.

„Tierhandlung Müller?
Sie haben mir gesagt, der
Hund sei stubenrein!!“

1.

Bruno hatte sich einen astreinen Trick einfallen lassen, um dem gefürchteten Bärenschinder zu entgehen.

2.

Leider hatte er nicht mit dem Erscheinen des gefürchteten Hasenschinders gerechnet.

Arthur liebte Kreuzworträtsel

Gernot, Pistazien essend,
merkte nicht, dass die Ameisen
wieder heimlich mit Boston telefonierten.

Neue Jobs für Zonis

dpa. In Zusammenarbeit mit den Fremdenverkehrsverbänden und der Mineralölindustrie richtet die Bundesregierung über 3 Mio. neue Stellen ein. Die Arbeitsplätze werden ausschließlich mit Bewerbern aus der ehemaligen DDR besetzt.
Minister Norbert Blüm erklärte dazu: »Deutsche aus den neuen Ländern werden an allen Küsten Europas eingesetzt und sichern mit ihrer Arbeitskraft den unbeschwerten Urlaub ihrer Landsleute.
Ob die ostdeutschen Arbeitnehmer auch als Ölreinigungsbehälter verwendet werden können, wird zur Zeit noch in einem Modellversuch im Persischen Golf überprüft.

G. Haderer/U. Wirth

Kafkas Ges

Als unlängst Franz Kafkas Abiturzeugnis wieder auftauchte, fiel Kennern des Werkes des beliebten Prager Schriftstellers sogleich auf, daß seine damalige Deutschnote in krassem Mißverhältnis zu seiner später zu Recht gerühmten Dichtkunst zu stehen schien.

Religion.....etwas semitisch
Deutsch .....aber man gerade noch so ausreichend
Turnen ......eins rauf (mit Mappe)

Der gerade erst aufgefundene Abituraufsatz des talentierten Primaners läßt diese Note freilich mehr als gerechtfertigt erscheinen.

Drei Themen standen im Jahre 1901 den Altstädter Staatsgymnasiasten zur Auswahl:

1. **»Welche Vorteile erwachsen Österreich aus seiner Weltlage und seinen Bodenverhältnissen?«**

2. **»Welche Nachteile erwachsen Österreich aus seiner Weltlage und seinen Bodenverhältnissen?«**

3. **»Mein kafkaeskestes Ferienerlebnis«**

Kafka entscheidet sich spontan für das dritte Thema, das ja wie für ihn gemacht scheint.

Doch erst die einfühlsamen Korrekturen seines Ordinarius Emil Gschwind geben dem kanaillenhaften Elaborat des Knaben Franz jene gültige Form, die den Dichter Kafka zu einer festen Größe werden läßt, die aus der europäischen Literaturgeschichte praktisch nie mehr wieder wegzudenken ist.

Mein kafkaeskestes Ferienerlebnis

~~Mein Alter hat doch diesen Laden da in der Zel~~
~~gasse: Herrmann Kafka – Galanteriewaren~~
Vor dem Geschäft steht ein Türhüter. Zu
Türhüter kommt ein Mann vom Lande und
um Eintritt in das Geschäft. ~~Irgendwie tickt~~
~~nicht, daß der Eintritt frei ist.~~ Aber der Türh
sagt, daß er ihm jetzt den Eintritt nicht gewä
kann. ~~Der Türhüter ist nämlich ein Scherzkeks~~
~~will den Typ verarschen.~~ Der Mann überlegt u
fragt dann, ob er später eintreten darf. "Es
schon möglich", sagt der Türhüter, "jetzt
nicht."
Da das Tor zum Geschäft offensteht wie i
und der Türhüter beiseite tritt, bückt s
der Mann, um durch das Tor in das In
zu sehen. Als der Türhüter das merkt,
~~er ihm in den Hintern~~, lacht er und sagt: „Wen
dich so lockt, versuche es doch, trotz mein
Verbot hineinzugehen. Merke aber: Ich bin
Und ich bin nur der unterste Türhüter. Von Sa
Saal stehn aber Türhüter, einer mächtig
der andere. Schon den Anblick des dritten
nicht einmal ich mehr ertragen. ~~Und~~
~~Vier..." Weiter kommt der Türhüter nic~~
~~vor Lachen~~! Solche Schwierigkeiten hatt
Mann vom Lande nicht erwartet; das Gesch
doch jedem und immer zugänglich sein
er, aber als er jetzt ~~sieht~~ den Türhüt

überflüssige Schleichwerbung
Gesetz
Gesetz
überflüssig
Könne
überflüssig
werde eintreten dürfen
überflüssig
Gesetz
überflüssig
meines Verbotes
g.
n
er überflüssig
oll Gesetz
ht

seinem Pelzmantel genauer ansieht, seine große Spitznase, den langen, dünnen, schwarzen tartarischen Bart, entschließt er sich, doch lieber zu warten, bis er die Erlaubnis zum Eintritt bekommt. Der Türhüter gibt ihm noch einen Arschtritt und läßt ihn seitwärts von der Tür sich niedersetzen. Dort sitzt er stundenlang.

~~Und um 18 Uhr 30 sagt der Türhüter wie immer: „Feierabend!" und macht ihm den Laden vor der Nase dicht. Also daß dieser Typ jetzt erst geschnallt hat, wie er verarscht worden ist, das war echt mein kafkaeskstes Feiererlebnis: Selten so gelacht!~~

einen Schem[…]
Tage und Jah[…]
nicht Kafkaesk genug!

Mit Bedenken 4 –

Allgemeine Beurteilung: Im Ansatz brauchbar. Der Mittelteil sollte allerdings noch ausgeführt werden (Versuche des Mannes, Abweisungen durch den Türhüter), und der Schluß ist vollkommen verfehlt in Thema und Form (Kafkaesk!!). Mein Vorschlag: Der Türhüter erkennt, daß der Mann schon an seinem Ende ist, und, um sein vergehendes Gehör noch zu erreichen, brüllt er ihn an: „Hier konnte niemand sonst Einlaß erhalten, denn dieser Eingang war nur für dich bestimmt. Ich gehe jetzt und schließe ihn." So ungefähr. Als Titel bieten sich an: Vor dem Gesetz oder Die Legende vom Türhüter.

gez. [illegible]

Bernd Eilert

Unser Spitzenmodell: Jetzt noch sicherer.

Wir haben den Airbag neu erfunden.

▶ Seit über zehn Jahren vertrauen Millionen Menschen auf unser Spitzenmodell. Es gehört längst zum alltäglichen Bild unserer Großstädte, und selbst auf dem Land nimmt man es kaum noch wahr, wenn es mal vorbeifährt (was allerdings nicht gerade selten vorkommt). So sehr haben wir uns daran gewöhnt. Da denkt kaum noch einer daran, daß genau 63 Jahre Entwicklung in diesem Typ stecken. Entwicklung, die sich gelohnt hat, denn seine Leistung ist beachtlich: 1.988.422 km hat er bisher unfallfrei zurückgelegt. Alles mit der ersten Maschine. Durch das enorme Fassungsvermögen seines Tanks kann er über 1000 km ohne Zwischenhalt zurücklegen. Von 0 auf 100 ist er praktisch in weniger als einer Sekunde. Automatisch getrieben, versteht sich! Sein Kofferraum bietet ausreichend Platz für ein 12gängiges Menü, incl. Geschirr, Besteck und Tisch (oder wahlweise 8 kingsize Hartschalenkoffer!).

▶ Kurz: ein idealer Begleiter auf langen Reisen. Für Menschen, die bequem vorwärtskommen und dabei auch etwas erreichen wollen.

▶ Wir von Mercedes betrachten dieses Modell sozusagen als Firmenwagen, als ›Visitenkarte auf Rädern‹.

▶ Daß sich auch die Chinesen sofort für unser Spitzenmodell begeistern konnten, lag sicherlich nicht nur an der getriebegekoppelten Weltzeituhr und den doppelverglasten Scheinwerfern.

▶ Sondern weil es uns gelungen ist, selbst dieses perfekte Modell noch zu verbessern.

▶ Mit dem serienmäßig integrierten Airbag.

Mercedes-Benz

Ihr guter Stern auf allen Straßen.

Mir wurde geholfen

Anzeige

»Am Anfang war es einfach nur Gedankenlosigkeit. Ein Freund rief an, ob ich nicht ein paar tausend Mark verdienen wollte – ich bräuchte nur am Telefon zu sitzen. Richtig Geld verdienen, ohne etwas dafür zu tun, wer hätte sich das nicht gewünscht. Für mich schien jedenfalls ein Märchen wahr zu werden. Was kümmerte es mich, wenn sich andere Menschen ihr Leben ruinierten – schließlich gab ich ihnen nur das, was sie alle haben wollten. Ich hatte die Ware, nach der sie alle verrückt waren, und ich verkaufte sie für teuer Geld. Mitleid? Kannte ich nicht. Ich hatte nur Abscheu und Verachtung für meine Kunden übrig, wegen mir konnten sie ruhig verrecken, wenn sie meine Preise nicht mehr zahlen konnten.

Zuerst waren sie meistens ganz bescheiden, waren nur mit wenig zufrieden. Doch das hielt nicht lange vor. Schon bald brauchten sie mehr. Da war inzwischen auch der Freund oder die Freundin, die versorgt werden mußten, dann kamen Kinder, schließlich sogar die Großeltern – sie wollten immer mehr und mehr. Und ich sollte es ihnen geben, am besten umsonst oder ganz billig. Da waren sie bei mir an den Richtigen geraten.

Heute schäme ich mich vor mir selber, doch damals genoß ich mein verbrecherisches Leben in vollen Zügen, schließlich konnte ich mir alles leisten, was vorher nur ein Traum für mich war, schöne Autos, schnelle Frauen, Quarzuhren – ich ließ es mir an nichts fehlen. Aber meine Ansprüche stiegen ins Maßlose: Ein Auto mit außen beheizbarer Heckscheibe mußte es sein. Um das Geld dafür ranzuschaffen, nahm ich meinen Kunden immer wahnsinnigere Preise ab. Als ich einer Arbeiterin für eine 1½-Zimmer-Wohnung eine Courtage von 12,3 Monatsmieten berechnete, schrie sie plötzlich, ich sei ein gottverdammter Blutsauger. ›In anderen Zeiten wärst du auf die Guillotine gekommen, du Schwein!‹ Ich ließ die Frau von meinen Leibwächtern rauswerfen, doch tief im Innern wußte ich, sie hatte recht. Ja, ich war ein Blutsauger, der mit dem Wohnraum, den alle so nötig brauchten, seine schmutzigen Geschäfte machte. Zynisch und menschenverachtend schaute ich mir die Wohnungen oder Häuser, die ich zu vermitteln hatte, oft gar nicht erst an. Ein, zwei Telefongespräche, her mit der Kohle und dann fort mit Schaden, wie man so sagt. Ich fühlte mich wie ein gemeiner Verbrecher, die Scherze meiner Kollegen ›Na, wie viele hast du heute ausgenommen?‹ erschienen mir schal und geschmacklos. Doch wie sollte ich mein verpfuschtes Leben ändern? Ich wußte ja gar nicht, ob ich überhaupt mit ehrlicher Arbeit mein Geld verdienen konnte, ja, ich wußte noch nicht einmal, was ehrliche Arbeit war.

Da las ich eine Anzeige: ›Nichtmakler in 100 Tagen – Erfolg garantiert‹. Das war es, das war die Rettung. Ich meldete mich sofort an, und tatsächlich, ich wurde geheilt. Heute bin ich wieder ein nützliches Mitglied der menschlichen Gemeinschaft und seit einer Woche Leiter der Frischfleischabteilung im HL einer hessischen Kleinstadt. Ich habe meine Vergangenheit besiegt und wünschte, meine ehemaligen Kollegen würden meinem Beispiel folgen.«

Gemeinsam können wir etwas dagegen tun!

V.i.S.d.P.: Verein ›Für eine Welt ohne Makler‹ – Pro bono contra Makler e.V.

Wenn Sie weitere Informationen wünschen, schreiben Sie an das Bundesfamilienministerium, 5300 Bonn 1, Stichwort »Mit Maklern leben«.

KAMAGURKA

ÄH... FÜR MICH NICHTS, DANKE!

ICH HABE ZWEI NACHRICHTEN. ZUERST DIE GUTE: ES GIBT EINE SPENDERLEBER FÜR SIE!
UND NUN DIE SCHLECHTE...
BUKOWSKI

Das Bimssteinzimmer vorher

Das Bimssteinzimmer nachher

F. W. Bernstein

Das Bimssteinzimmer

Seit Tagen – ach was: Seit Jahren und Aberjahren geistert das Dings, das Bimssteinzimmer durch die Presse – ob's und von wo und wer, und der hat aber und der sagt und dann und dort im Stollensystem in Weimar! Und das Wort ward Bims, und jetzt wissen wir es:

Nachts um fünfe hört Zar Jelzin, wie das Bimssteinzimmer auf 700 Lastwagen angekarrt und im Bunker des Goethehauses eingekellert wird. So!

Wie es dazu kam?

In Höhle sieben im Neandertal pflastert Zar Zack die Wände mit reinem Bims. Er kann die Purzel und Büffel und Pimmel, die seine Söhne draufgekritzelt haben, nicht mehr sehen. Später machte er noch eine Anrichte, siebzehn Sitzekken und mehrere Hocker aus demselben Material. Und schenkte das Ganze dem deutschen Kaiser Franz. So!

Zum Bimsraub kommt es, als die Säke von Höhle achtzehn das Bimssteinzimmer in 17 Kisten packen und mitnehmen. Für ein Bimssteinzimmer kann man schon gut und gern 100 Lewonzen verlangen. Helmut v. Karajan lebt im Nebenzimmer und kriegt den Schluckauf. Soweit erst mal. Jetzt aber:

Die Ärsche von Bad Homburg verschenken das Bimssteinzimmer, um es ihrem Führer zu rauben – halt – umgekehrt. Der Führer hustet ihnen was. Er will den Hölderlin-Preis. Oder ein Staatsbegräbnis. Das Bimssteinzimmer bleibt in – nein, das wird nicht verraten.

Inzwischen ist XY-Zimmermann auf der Suche nach dem Bimssteinzimmer. Aber nur Zar Zimmermann weiß, wo's ist: zweite Tür links.

Wenig später: Bimssteinzimmerkellner Erwin entdeckt das Loch Ness an der

Ein Anfall.

Nordwand von Zimmer 14. Das führt uns weiter.

Christoph Kolumbusbahnhof sucht den Hinweg ins Bimssteinzimmer. Zwerg Zwiebel weist ihn ein und verzaubert seinen Sinn dergestalt, daß er und alle, die sich einen Lacher davon versprechen, künftig statt »Bimssteinzimmer« »Hosenstall« lesen. So!

Weiter: Das Bimssteinzimmer in Bern wird von Zar Arsch für 200 Stutz pro Nacht an Übergangsreisende vermietet.

In Berlin wird derweil von zwei Putzfrauen ein Herrenzimmer entdeckt, weil seine Bewohner dermaßen geraucht haben, also Sie machen sich keine Vorstellung! Unglaublich! Solche Schwaden kamen da raus. Und die ganzen Gardinen! Den Herren wird gekündigt; der Zar und Zimmerwirt meldet Eigenbedarf an und richtet ein Bimssteinzimmer ein.

Auf dem Hoffest zu Mainz, so wird erzählt, läßt Zar Friedrich »Barbarossa« Triefnas 130 Bimssteinzimmer am Spieß braten. Der Dichter Arschloch von der Vogelweide kriegt auch eins ab. Vorher schon aber ziehen die Goten und Karajanen aus dem Bimssteinzimmer aus und gründen mit Erlaubnis des Vermieters den »Völkerwandervogel«.

So; und Rasputin scheißt das Bimssteinzimmer voll und wird von Fürst Jussupow umgebracht. Auf Schloß Duino schreibt Rainer Maria Arschloch im Bimssteinzimmer des Elfenbeinturms seine Nachmittagsgedichte. Arschloch Büchner erhält den Biermannpreis. Bimssteinzimmer geht leer aus. Klaus Kinski wird in seinem Bimssteinzimmer tot aufgefunden. Er hat es nicht überlebt.

Wenn das Bimssteinzimmer erzählen könnte – eine entsetzliche Vorstellung! –, Bimssteinzimmer (prustend vor Glück): »Kennen Sie den? Biermann trifft Bormann. Sagt Bormann: ›Servus Biermann!‹ Sagt Biermann: ›Arschloch!‹« Aus! So!

Inzwischen – wir schreiben das Jahr 1999, haben Sie's? –, inzwischen haben alle Zaren im Umland Bimssteinzimmer. Nur Zar Zeppo sucht seins noch. Es wurde zuletzt in 845 Schließfächern im Bahnhof Zoo gesehen.

Eins aber bleibt bestehen: Das Bimssteinzimmer wird niemals untergehen. Weil: Naziführer Hitler beschließt, das Bimssteinzimmer zu rauben und kurz vor Weltuntergang so zu versteckeln, daß nur eine total verfickte reine Seele es wiederfindet. Biermann oder Helmut v. Karajan kommen in Frage.

Naziführer Hitler wird kurz drauf von seinen Knechten umgebracht. H. v. Karajan wird Bimssteinzimmer. »Mit tausend Freuden.« (H. v. K.)

1961 macht F. W. Bernstein Staatsexamen und zieht bald darauf aus seinem Zimmer in der Habsburgerstraße 7 in Schöneberg aus. So!

Schlußspurt:

In Hoyerswerda wird das Bimssteinzimmer von anderslautenden Elementen gesäubert und eingedeutscht. Deutschland wird auf ewig dreigeteilt – in De, Utschl und And.

Rolf Biermann erhält den Nettoladenverkaufspreis, und das Bimssteinzimmer wird in 137 Kisten dorthin gekarrt, wo es hingehört: zu Möbel-Hübner in die Genthiner Straße. So! □

IM LINIENBUS
GEIL, NE NONNE.
HÄTTEN SIE LUST MIT MIR ZU SCHLAFEN?
WOLLEN SIE WIRKLICH MIT DER NONNE SCHLAFEN?
ABER HALLO.
ICH WÜSSTE WIE SIE DAS BEWERKSTELLIGEN KÖNNTEN!
RAUS DAMIT!
SIE GEHT JEDE NACHT UM ELF BETEN AUF DEM NORDFRIEDHOF. GEHEN SIE AUCH HIN UND VERKLEIDEN SIE SICH ALS GOTT. DANN KANN SIE NICHTS DAGEGEN HABEN.
GENIAL!
NOCH IN DER SELBEN NACHT
TATSACHE, DA IST SIE.
PEACE MEIN SCHÄFCHEN.
OH HERR, SEID IHR ES?
ICH BIN ES, HÄTTEST DU LUST MIT MIR ZU SCHLAFEN?
HMM – WENN IHR WIRKLICH GOTT SEID, IST ES WOHL OK.

Rattelschneck

Keine Anzeige

Bier. Sehr begehrt seit 1516.

FRAGEBOGEN

Eckhard Henscheid

Schriftsteller u.m.a.

Der Fragebogen, den der Schriftsteller Marcel Proust in seinem Leben gleich zweimal ausfüllte, war in den Salons der Vergangenheit ein beliebtes Gesellschaftsspiel. Wir spielen es weiter: heitere und heikle Fragen als Herausforderung an Geist und Witz.

Einerseits graut den FAZ-Magazin-Redakteuren zwar offenkundig selber und nicht unerheblich vor jenen Wichtigkeitsvertretern, Indiebrustwerfern und Bedeutsamkeitskaspern, so da seit einem Dezennium den altproustischen Fragebogen so leidenschaftlich gerne wie leserseits unverzichtbar für die Freitagsbeilage ausfüllen; und man schätzt deshalb sehr die konterkarierenden Stimmen von Schriftstellern, Satirikern und sonstigen Spaßmachern, welche da das betreffende Betroffenheitsgefinstere rund um die ewiggleichen Meistgehaßten der Geschichte (Hitler, Stalin, neuerdings Saddam Hussein – bald, sobald es sich herumgesprochen hat: Lenin) und die entsprechenden Lieblingsheldinnen in der Wirklichkeit (Mutter Teresa, meine Frau, Rosa Benelux o.s.ä.) wenigstens ab und zu etwas aufhellen und mit zwei-drei Funken Witz, Frechheit, Subversion erhellen. Andererseits schleudert eben dieser Fragebogen seine Redakteure dann erst recht in allerlei Gewissens- und Entscheidungskonflikte:

Viermal seit 1983 bat das FAZ-Magazin den Schriftsteller und Titanic-Mitarbeiter Eckhard Henscheid um einen ausgefüllten Fragebogen. Als dieser im September 1990, weich geworden, endlich ausfüllte, war es auch wieder nicht recht recht, und das Hochglanzblatt hat sich erwartungsgemäß nicht drucken trauen dürfen mögen. Aus plausiblen Gründen. Zwar gehört die FAZ zuweilen – neben (eine seltsame Gemeinschaft) ›konkret‹ und ›taz‹ und ›Titanic‹ – durchaus zu jener kleinen Fronde deutscher Preßprodukte, die da dem allgemeinen Gutheits-Laber-Fortschritts-Edelressentiment-Syndrom-Gegackere der Zeit (und eben auch der ›Zeit‹) wenigstens manches Mal und wenigstens halbwegs entschlossen Opposition und Obstruktion entgegenstemmen. Aber im Zweifelsfall dann eben doch nicht.

Nicht so vollständig medial versierte ›Titanic‹-Leser seien dahingehend unterrichtet, daß das bei Henscheid zentral thematisierte und rumorende Pärchen Otl und Inge Aicher-Scholl eines ist, welches u.v.a. in der ›Zeit‹ glatte 1 1/2 Druckseiten lang gesamtregielich und -verantwortliche Dutzende schwerdummdeutsche Großappelle ausgesuchter Vorzeigerüstungsgegner (Drewitz, H.-E. Richter, Rinser, Dr. Alt, Albertz – praktisch die komplette Quatsch-Corona) betreibt.

Eine entschärfte Version erbat das FAZ-Magazin. Dafür aber nun war wiederum dem E. Henscheid sein eigenes Artefakt zu kostbar.

Was ist für Sie das größte Unglück? *Der Tod (durch Erschießen, Erhängen usw.)*

Wo möchten Sie leben? *In Weißrußland oder in Rosenheim.*

Was ist für Sie das vollkommene irdische Glück? *Freiheit (»Freedom«).*

Welche Fehler entschuldigen Sie am ehesten? *Gorbatschows momentane Formkrise.*

Ihre liebsten Romanhelden? *Die Gebrüder Raskolnikoff.*

Ihre Lieblingsgestalt in der Geschichte? *Der alte Raskolnikoff.*

Ihre Lieblingsheldinnen in der Wirklichkeit? *Petra Karin Kelly, Inge Aicher-Scholl.*

Ihre Lieblingsheldinnen in der Dichtung? *Lisa, Lola, Lolita, Aida, Lotte, Montezuma.*

Ihre Lieblingsmaler? *Dürer, Klee, Otl Aicher.*

Ihr Lieblingskomponist? *Mozart, Schostakowitsch, Giselher Klebe, Orff.*

Welche Eigenschaften schätzen Sie bei einem Mann am meisten? *Weiße Weste.*

Welche Eigenschaften schätzen Sie bei einer Frau am meisten? *Rosenlippen.*

Ihre Lieblingstugend? *Weisheit.*

Ihre Lieblingsbeschäftigung? *Rosen züchten (weiße).*

Wer oder was hätten Sie sein mögen? *Inge oder Hans Scholl.*

Ihr Hauptcharakterzug? *Verwegenheit, fast Tapferkeit.*

Was schätzen Sie bei Ihren Freunden am meisten? *Haß auf Hitler (Nazis).*

Ihr größter Fehler? *Feigheit (vor Hitler u. a.).*

Ihr Traum vom Glück? *Otl Aicher heiratet Inge Aicher-Scholl.*

Was wäre für Sie das größte Unglück? *Hitlers (oder Bormanns!) Wiederkunft.*

Was möchten Sie sein? *Bismarck oder (wahlweise) K. Adenauer (oder Mende).*

Ihre Lieblingsfarbe? *Bismarckblau.*

Ihre Lieblingsblume? *Bismarcklilie (oder besser doch: die weiße Rose).*

Ihr Lieblingsvogel? *Bisamadler bzw. Weißmeerscholle.*

Ihr Lieblingsschriftsteller? *Inge Aicher-Scholl.*

Ihr Lieblingslyriker? *Christa Wolf-Ferrari (Cabrio) sowie Rose Ausländer und ihr Gedicht »Weiße Rosen aus Athen«.*

Ihre Helden in der Wirklichkeit? *Inge Aicher-Scholl, Peter Weiß, Rosi Mittermaier.*

Ihre Heldinnen in der Geschichte? *Sophie Scholl u.v.a.*

Ihre Lieblingsnamen? *Inge, Otl, Aicher und Scholl.*

Was verabscheuen Sie am meisten? *Geschwister Hans und Sophie Scholl (»Juwelen-Scholl«).*

Welche geschichtlichen Gestalten verachten Sie am meisten? *Inge und Otl Aicher-Scholl.*

Welche militärischen Leistungen bewundern Sie am meisten? *Beckenbauers Sechserabwehrreihe gegen Holland (2:1).*

Welche Reform bewundern Sie am meisten? *Item.*

Welche natürliche Gabe möchten Sie besitzen? *Aussehen wie A. Hitler (oder Sadat-Hussein).*

Wie möchten Sie sterben? *Schmerzhaft, ja qualvoll (Alzheimersche Meise bzw. so wie O. Lafontaine neulich fast).*

Ihre gegenwärtige Geistesverfassung? *B'suff'n und gefaßt (wie Otl u. Inge Aicher-Scholl).*

Ihr Motto? *Im Weißen Rössl am Wolfgangsee, da steht das Glück vor der Tür (Aicher-Scholl!).*

KAMAGURKA

GEFÄHRLICHE SPORTARTEN

TABLE GLIDING

CHOP BIKING

STAIRS BUMPING

DOG BITING

The Far Side Collection

„Hol' mich der Teufel ... ich fürchte, er hat eine Genehmigung dafür."

„Jawohl, ‚Wisconsin' ist richtig! Schon wieder 50 Punkte für Gott, tja ... das sieht schlecht aus für Norbert, unseren amtierenden Champion."

Dietmar Dath

Harte Ziele lustig verfehlen

Braucht man zur Auseinandersetzung mit unseren gegebenen gesellschaftlichen Verhältnissen, also mit der wirtschaftlichen, politischen, juristischen, kulturellen und moralischen Wirklichkeit in einem reichen, wenn auch krisenbedrängten Staat wie der Bundesrepublik Deutschland im Jahre 2009, noch satirische Artikel, Bilder, Zeitschriften?

Alle wissen längst: Zur Auseinandersetzung mit den gegebenen gesellschaftlichen Verhältnissen bräuchte man im Jahre 2009 vor allem schwere M3M-Maschinengewehre, Reflexvisiere, modulare Ganzkörperpanzerung, Kampfhubschrauber, hochmotivierte Luftlandeunterstützungsbataillone, Urangeschosse, Boden-Boden-Raketen, Mörser, LSD, Crack, Milzbrand, Mini-Nukes, Entschlossenheit, viel Geduld sowie Spaß an Kontrollverlust und Zerstörung um ihrer selbst willen. Diese Werkzeuge indes hat man im Normalfall nicht bei der Hand; und wenn doch, dann in viel zu geringen Mengen. Die harten, unbeweglichen Ziele, das Wirtschaftliche, Politische, Juristische kann man daher gleich vergessen. Das Weiche hingegen, also der Bereich von Kultur und Moral, ist nicht recht griffig und verursacht außerdem schnell schlechte Laune oder Gähnen, wenn man nicht zur Oberstudienratslaufbahn geschaffen ist. Wozu also witzeln?

Die klassische Antwort – denn natürlich waren, anders als etwa Literaturwissenschaftler oder Kunsthistoriker, alle praktischen Satireschaffenden stets intelligent genug, sich von ihrem Tun keine ernsten Treffer im Bereich der harten Ziele zu versprechen – lautet, daß die Wabbelfront, eben Kultur und Moral, es jederzeit verträgt und vielleicht sogar belohnt, daß man sie ankratzt, bepißt, beschmiert, veralbert. Immerhin steckt die Menschheit an dieser Wabbelfront ja die Rahmenbedingungen, unter denen man die harten Ziele überhaupt irgendwie angehen kann, wenn man gesellschaftliche Veränderung als etwas begreift, was die Verabredung der Verarschten zur Umwälzung des Vorhandenen voraussetzt.

Die Kritik des Mittelalters begann als Religionskritik. Verabredungen dieser Art passieren zunächst immer stammelnd, ungenau, verrutscht. Man greift einer Welt vor, die weniger doof ist als die gegebene. Man spinnt. «Alles in Ordnung», das läßt sich leicht sagen. Das Gegenteil ist komplizierter.

Wo nur Scheiße geredet wird, die sich auf die tatsächlich herrschende Scheiße reimt, kann nicht ohne weiteres elegant über die Beseitigung der herrschenden Scheiße geredet werden. Also dreht man an der Scheiße, die geredet wird, herum, bis sich die Krämpfe in den Redewerkzeugen im allergünstigsten Fall lösen. Dann wird gelacht (weil sich das Hirn plötzlich einschaltet, wo es bislang geschlafen hat). Satire ist Stretching; geboxt wird – wenn wir Glück haben – später. Diese klassische Antwort auf die Scherzberechtigungsfrage ist der unverlierbare, für immer gültige Pizzaboden jeder Witzwahrheit. Der Belag variiert je nach Situation.

Das meint: Wo angesetzt werden muß, gibt oft der Gegner vor. Als etwa das satirische Blatt *Pardon* 1962 von Hans A. Nikel und Erich Bärmeier gegründet wurde, konnte (und daher: mußte) man noch dafür streiten, daß das Wort «Brüste» auch außerhalb des Beichtstuhls geflüstert werden durfte. Heute schreien bisexuelle kinnbärtige Bischöfinnen der nordelbischen evangelisch-lutherischen Kirche regelmäßig jeden Sonntag unter obszönen Beckenkreisbewegungen Fachbegriffe wie «Fotzenenthaarungscreme» von der Kanzel, zu ungelungener Techno-Musik von Scooter.

Daß sich die Leute schämen, die man mit Witzen angreift, galt lange als unerläßliche Voraussetzung für die Satirepraxis. Zur Not reicht es aber auch, daß die Attackierten wenigstens so tun können, als besäßen sie einen Rest Schamgefühl. Der Fachausdruck für die besondere Feindarchitektur, in die der Witz dabei hineingehebelt werden muß, lautet «Doppelmoral». Idealer Gegenstand ist dann etwa ein so rundum abstoßendes Individuum wie der Sozialdemokrat Björn Engholm, dessen angesichts der schrumpfmachiavellistischen Machenschaften seines CDU-Kontrahenten Barschel aufgefahrenes Moralgeheuchel von zirka 1987 bis 1989 spätestens im Zuge der «Schubladenaffäre» 1993 als genau die schmutzige «Haltet den Dieb!»-Schmiereninszenierung offenbar wurde, die man Engholm von vornherein zugetraut hatte. TITANIC hat hier, wie so oft seit 1979, in jeder Hinsicht alles richtig gemacht.

Moral muß allerdings nicht erst doppelt sein, damit sie zum Kotzen reizt. Ob zum Beispiel die Mülltrennungshetzer, die keinem Aufsichtsrat irgendeines Großverschmutzerkonzerns je zu nahe treten würden, ihre Pappe selber genauso penibel sortieren, wie sie das der privaten Restbevölkerung aufzwingen wollen, ob militante Nichtrauchtrottel sich tatsächlich vom Tabakgenuß fernhalten, ob Internet-Zensurgouvernanten heimlich Kinderpornos sammeln oder ob der Papst fickt, ist für die Verurteilung und Verächtlichmachung ihrer diesbezüglichen Bescheuertheiten vollständig unerheblich. Wer Mist verbreitet, der das bestehende, unerträgliche Leben in Betrieb halten, es verschärfen oder bei seiner Beseitigung hinderlich sein kann, wird zur Sau gemacht, wo kämen wir denn sonst hin?

In diesem Zusammenhang hat sogar der so häufig an der falschen Stelle beschworene «Nonsens» seine Daseinsberechtigung, denn natürlich kann es von großem Nutzen sein, das Mantra, die vorhandene Welt sei, wie unerfreulich auch immer, so doch zumindest sinnvoll eingerichtet, nicht nur mittels einer Kritik aufs Korn zu nehmen, die diesen Sinn als verkappten Unsinn bloßlegt. Es lohnt sich vielmehr manchmal sogar, das Sinnvolle als solches, wo es nur noch die Ausrede fürs Inruhelassen des Scheußlichen ist, zu verfluchen: Na gut, dann ist das, worin wir vegetieren sollen, eben sinnvoll, aber falls das wirklich so sein sollte, ist, bitte schön, gleich auf den ganzen Sinn mitgeschissen.

Zum Schluß noch eine persönliche Bemerkung: Als ich 1990 meinen ersten Artikel in TITANIC veröffentlichte, wählte ich diesen Publikationsort, um meinen Idealen und Prinzipien zu entsprechen, sowie vor allem deshalb, weil das Zeug, das ich schrieb, sonst absolut niemand haben wollte.

Heute haben sich meine Ideen längst weltweit durchgesetzt. Ich bin berühmt, werde geliebt und kenne keine wirtschaftlichen Sorgen mehr. Ohne jenen ersten Artikel aber hätte dieser beispiellose, lange und anstrengende Weg zum strahlenden Triumph ganz anders ausgesehen oder wäre, in Ermangelung des ersten Schrittes, vielleicht nie begangen worden. Unvorstellbar? Vielleicht. Aber so steht es geschrieben.

Von mir.
Hier.

Kleiner Zwischenfall bei der letzten Anti-Castor-Demo

Stephan Rürup

Große Deutsche

Albert Einstein

Annette v.
Droste-Hülshoff

Sebastian Kneipp

Frankfurter Schule
hintere Reihe: Horkheimer, Yeboah, Fromm, Ottmar Marcuse, Wittfogel, Neumann, Kirchheimer;
Mitte: Adorno, Habermas, Fritz Marcuse, Benjamin, Pollock, Löwenthal und Studenten.

Joh. Gregor Mendel

Immanuel Kant

Friedrich Gottlieb

Heinrich Böll

Heinrich Heine

Friedrich Nietzsche

Thomas & Heinrich Mann

Rilke

Friedrich Schiller

Joh. Seb. Bach

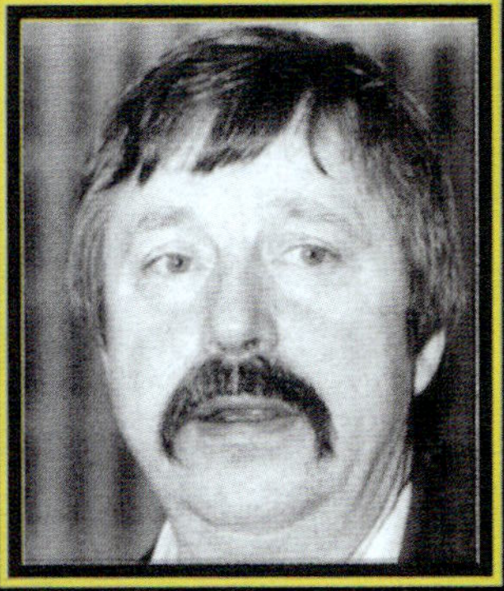

E.T.A. Hoffmann

Oskar & Maria Graf

Erna Sack

Clara Schumann

Heinrich von Kleist

Gebrüder Grimm

Karl Marx

Ruud Klein

Nicht alles in der DDR war schlecht

45 Jahre in einem Aufwasch

1945 Die Gruppe »Ulbricht« trifft in Deutschland ein. Die Einheitsfront der antifaschistisch-demokratischen Parteien (KPD, SPD, CDU, LDPD) wird gegründet. Nazis werden enteignet. Der »Völkische Beobachter« stellt sein Erscheinen ein.

1946 In der »Einheit« erscheint ein Artikel Anton Ackermanns über den besonderen deutschen Weg zum Sozialismus. Auf dem 15. Parteitag der KPD und 40. Parteitag der SPD wird die Vereinigung zur SED beschlossen. Gründungsparteitag der SED. Bei den Kommunalwahlen erhält sie 47,5 %. Die Bedarfsgüterproduktion soll angeblich gefördert werden.

1947 Zweiter Parteitag der SED (starker Beifall). Sie wird Partei neuen Typs. Einführung des sächsischen Genitivs.

1948 Anton Ackermann widerruft im »Neuen Deutschland« die These vom besonderen deutschen Weg zum Sozialismus. Überbergmann Adolf Hennecke erfüllt sein Plansoll im Untertagemarmeladenabbau mit 380 %. Es entsteht die Aktivistenbewegung. Die Jungen Pioniere werden gegründet und kämpfen mit blauen Halstüchern gegen alle liberalistischen und versöhnlerischen Tendenzen.

1949 Die Deutsche Demokratische Republik (DDR) und der Leipziger Kreis (Bloch, Mayer, Krause, Markov) werden gegründet. Wahlen zum Volkskongreß: SED mit akzeptablen 66,1 %.

1950 Bildung eines Ministeriums für Staatssicherheit (Stasi). Herabsetzung des Volljährigkeitsalters von 21 auf 18 Jahre. Dritter Parteitag der SED (rauschender Beifall). Wahlen zur Volkskammer: SED liegt mit 99,7 % vorn.

1951 Das erste Stalin-Denkmal wird in Ostberlin enthüllt. Die Kirchen werden ins Abseits geschubst. Es gibt keine politischen Gefangenen mehr.

1952 Die kasernierte Volkspolizei wird mit sowjetischen Waffen ausgerüstet. Der Deutsche Fernsehfunk in Berlin-Adlershof sendet sein erstes Versuchsprogramm. Volk und Staat verbinden sich noch enger. Die Macht der Arbeiter und Bauern wird fester und dauerhafter.

1953 Schauprozeß gegen Schädlinge, Saboteure und Flagellanten aus Kleinmachnow. Feldzug der Sparsamkeit. Marmeladenpreise müssen erhöht werden. Herbert Bütge wird wegen falscher Auslegung der christlichen Lehre zu 8 Jahren Festungshaft verurteilt. Faschistische Provokateure in Texashemden und Nietenhosen richten mit versprengten Noske-Truppen den 17. Juni an. Das Spremberger Ulanenkorps schafft Ruhe.

1954 Vierter Parteitag der SED (lang anhaltender Beifall). Preissenkung für Schuhe, Backwaren und Schlachtfette. Auf dem Gebiet der DDR befinden sich 34,5 % der LKW-Produktion, aber nur 5,5 % der Reifenproduktion (12 000 Stellmacher nach Rußland verbannt). Volkskammerwahlen: SED mit schlappen 99,4 %.

1955 Nichts weiter.

1956 Erhöhung aller Renten um 30 Mark. Mindestrente jetzt 105 Mark. Schriftsteller verlangen nach sozialistischem Realismus.

1957 Die 45-Stunden-Woche wird in 12 ausgesuchten Betrieben eingeführt. Die Brauindustrie substituiert Malz teilweise mit Gerstenrohfrucht, Enzymen und Salmonellen.

1958 Fünfter Parteitag der SED (vereinzelt Hochrufe). Der Westen soll über-, aber nicht eingeholt werden. Preissenkung für Seife, Eier und Buntpapier. Volkskammerwahlen: SED holt auf mit 99,87 %.

1959 Die Jugendbrigade »Nikolai Mamai« vom VEB »Elektrochemisches Kombinat« Bitterfeld beschließt, sozialistisch zu arbeiten und fordert andere Werktätige auf, es ihnen gleichzutun. 1. Bitterfelder Konferenz unter dem Motto: »Greif zur Flasche, Kumpel! Die sozialistische Nationalkultur braucht Dich!«

1960 Die Gebote der Jungpioniere werden erstmals veröffentlicht (gesetzt aus der Kleinen Missal Schwabacher). Umtausch der Mitgliedsbücher und Kandidatenkarten der SED. In Leipzig wird bei Rock around the clock »auseinandergetanzt« und somit das Schamgefühl der Arbeiterklasse erheblich verletzt.

1961 Im Ostberliner Glühlampenwerk bilden brave Christenmenschen ein Betriebskomitee zum Kampf gegen den Menschenhandel. Westberliner Provokateure bauen daraufhin die Mauer. 1300 Jugendliche bekunden in Erfurt ihre Verteidigungsbereitschaft und engagieren sich für höhere Marmeladenpreise. Ulbricht wird erster Ehrenpionier. Kommunalwahlen: SED mit glänzenden 99,96 %.

1962 Frauen dürfen auf der Straße rauchen.

1963 Sechster Parteitag der SED (lang anhaltender, starker Beifall). Das Neue Ökonomische System der Planung und Leitung (NÖSPL) wird eingeführt. Volkskammerwahlen: SED mit enttäuschenden 99,5 %.

The Young Persons Guide To GDR

1964 Diplomatische Beziehungen zu Sansibar und Pemba. Per Gesetz verschafft sich der SED-Staat seine eigene Jugend.

1965 Erich Honecker: »Unsere DDR ist ein sauberer Staat. Gammler sind Pickel auf der Nase und Mitesser im Gesicht unserer sauberen Jugend.« Kommunalwahlen: SED mit 99,86 % als Sieger.

1966 Die Butlers aus Leipzig gebärden sich wie Affen, stoßen unartikulierte Laute aus, hocken auf dem Boden oder wälzen sich auf ihm herum, verrenken die Gliedmaßen auf unsittliche Art.

1967 Siebter Parteitag der SED. Ulbricht erfindet die entwickelte sozialistische Gesellschaft und die Fünf-Tage-Woche. Volkskammerwahlen: 99,93 % für die SED.

1968 Volksentscheid über neue Verfassung: 99,49 % dafür. Enorme Bierpreiserhöhung in der ČSSR. Couragierte, bewaffnete Biertrinker aus dem gesamten sozialistischen Lager – auch aus der DDR – machen diese Entscheidung rückgängig (Prager Bierfrühling).

1969 Eröffnung eines zweiten Fernsehprogrammes mit Farbsendungen am Wochenende. Durch ernste Versäumnisse im Kultusministerium bei der politisch-ideologischen Führungsarbeit wird Beatmusik als musikalischer Ausdruck des Zeitalters der technischen Revolution anerkannt.

1970 Kommunalwahlen: SED gewinnt wieder, diesmal mit 99,83 %. Grenzsicherung zur BRD mit 460 Hunden.

1971 Honecker gibt Verlegung des Beginns des Achten Parteitages vom 14. auf den 15.6. bekannt (stehende Ovationen). Ulbricht meldet akute Kreislaufstörungen.

1972 Streik der Beschäftigten der Marmeladenindustrie.

1973 Grundlagenvertrag verabschiedet. DDR wird 133. Mitglied der UNO. Ulbricht eingeschläfert.

1974 Kommunalwahlen: SED gewinnt schon wieder, mit 99,92 %.

1975 Sämtliche DDR-Zeitungen stellen ihre Sonntagsausgaben ein. Politbüro der SED und Ministerrat beschließen den Ehrentitel »Held der DDR« (28.11. Heinz Hoffmann, 1.12. Erich Mielke).

1976 DDR hat mit 118 Staaten diplomatische Beziehungen. Neunter Parteitag der SED beschließt neues Programm und Statut sowie Direktive zum Fünfjahresplan 1976–1980. Honecker vor der Frage: General und Sekretär oder Generalsekretär. Pfarrer Brüsewitz beim Kokeln abgängig. Volkskammerwahlen: SED ganz vorn mit 99,86 %. Havemann bekommt Hausarrest. Beatgruppe Renft muß nachsitzen und darf anschließend ausreisen. Morbus Biermann wird anerkannte Berufskrankheit.

1977 Rudolf Bahro 8 Jahre Haft wegen heimlich auf Klopapierrollen hektographierter Bibelkommentare. Dan Reed, Gojko Mitic, Angela Davis, Alvaro Cunhal und Luis Corvalan werden verdiente Volkskünstler. Erich Honecker mit neuem Hut.

1978 Brüsewitzimitator Rolf Günther in Falkenstein verunglückt (irgendwas mit Feuer). DDR im Prokopfverbrauch an Lederschuhen an 8. Stelle in der Welt. Wegen fehlendem Know-how für farbige Textilwinkel muß die Opposition Bärte, Latzhosen, feuchte Hände und Sandalen tragen.

1979 Einkauf in den Intershopläden für DDRler nur noch mit Neuen-Forumschecks. Kommunalwahlen: SED klarer Sieger mit 99,83 %. Bahro freigelassen und abgeschoben. Würzfleischessen wird Pflicht.

1980 Streik des Westberliner Personals der Reichsbahn wegen zu schlechter Marmelade. Das Tabakrauchen nach 20.00 Uhr soll verboten werden.

1981 Zehnter Parteitag der SED (Hochrufe auf die Mitglieder des Politbüros). Erich Honecker nun doch lieber Generalsekretär. Wahlen zur Volkskammer: Großer Wahlerfolg für die SED mit 99,86 %.

1982 Graf Lambsdorff und Günther Mittag trinken Brüderschaft. Plastikstielkämme müssen ab 1.8. einheitlich in der rechten Gesäßtasche getragen werden.

1983 Mitglieder der Jenaer Friedensbewegung werden abgeschoben, Bohley und Poppe endlich gefaßt.

1984 Honecker bezeichnet DDR als »stabilen Eckpfeiler der SED«. Kommunalwahlen: SED heuer eindeutig vorn mit 99,88 %.

1985 Stolpe mahnt den Abbau von Defiziten an.

1986 Elfter Parteitag der SED (lang anhaltende Hochrufe). Volkskammerwahlen: SED gewinnt mit 99,94 % aller Stimmen.

1987 Todesstrafe abgeschafft. 1000 Mitglieder der unabhängigen Friedensbewegung machen Demo und Frieden.

1988 Bärbel Bohley und Werner Fischer kehren nach Studienaufenthalt in die DDR zurück und fordern die Sequestration des Hermsdorfer Kreuzes. Die deutsche Ausgabe der sowjetischen Zeitschrift »Sputnik« wird von den Lesern boykottiert.

1989 Kommunalwahlen: für die SED 98,85 %. Gerüchten über Wahlfälschungen wird nachgegangen. Richtiges Endergebnis: 98,84 %. Die Ständige Vertretung der BRD bewirtet Ausreisewillige mit Kaffee und dicken Marmeladebroten. Neues Forum und SPD gegründet. 70000 marodierende Lyriker und Liedermacher benehmen sich in Leipzig wie vom wilden Hans gebissen. Kaffeefahrten nach Ungarn und der ČSSR kommen in Mode. Am 7.11. tritt die DDR-Regierung entschlossen zurück. SED heißt jetzt SED-PDS. Verkaufsboom für runde Tische. Usurpator Egon Krenz mit mindestens 50 neuen Zähnen.

1990 Die Lyriker und Liedermacher beschließen eine Koalition der Vernunft bis zu den Volkskammerwahlen. Ein runder Tisch, der reden kann, ruft zu Besonnenheit und Gewaltverzicht auf. Bergmann-Pohl und de Maizière reißen die Macht an sich. Zwölfter Parteitag der SED findet nicht mehr statt (auch keine Hochrufe). Kommunalwahlen: PDS bloß 14,59 % (irgendwas stimmt da nicht). Diestel verpfeift alle RAF-Aussteiger in der DDR. D-Mark wird einzig gültiges Zahlungsmittel. Joghurt und Fischstäbchen für alle. Auch bessere Marmelade. Am 3.10. ist alles vorbei. □

Michael Rudolf

Armee aktuell - die neuen Dienstgrade sind da:

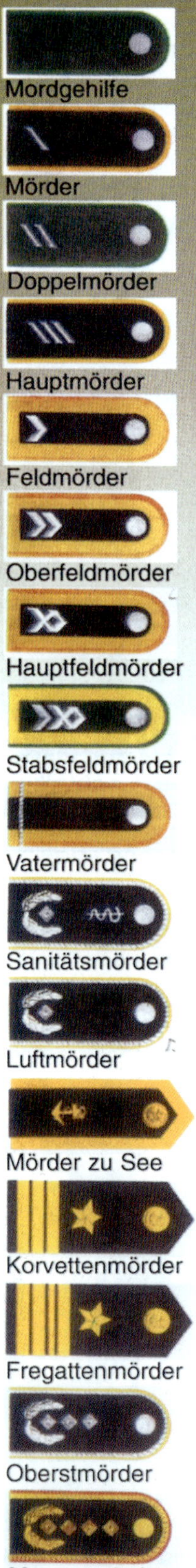

Artikel auch als Autoaufkleber erhältlich.

Schlaglichter aus dem Arbeitsleben

»Und das wichtigste: Es darf nie wie ein Unfall aussehen! Kriegen Sie das hin?« Mit subtilen psychologischen Tests werden bereits bei der Musterung geeignete Charaktere für die gehobene Mörderlaufbahn gefunden.

Während zivile Kollegen zumeist im Affekt handeln, planen Mörder in Uniform ihr Vorhaben mit routinierter Präzision: »Scholz! Nehmen Sie Afrika! Burmeister soll Polen sprengen. Mielke, vernichten Sie die blauen Armeen! Wenn Sie selber die blauen Armeen besitzen, erobern Sie 24 Länder Ihrer Wahl!«

ild

er

»Jetzt mal kräftig in die Hände gespuckt, und auf Zuruf schieben wir ihn genau in diese Richtung.« Allein wäre manche mörderische Aufgabe kaum zu lösen. Teamwork wird deshalb großgeschrieben beim Mordkommando.

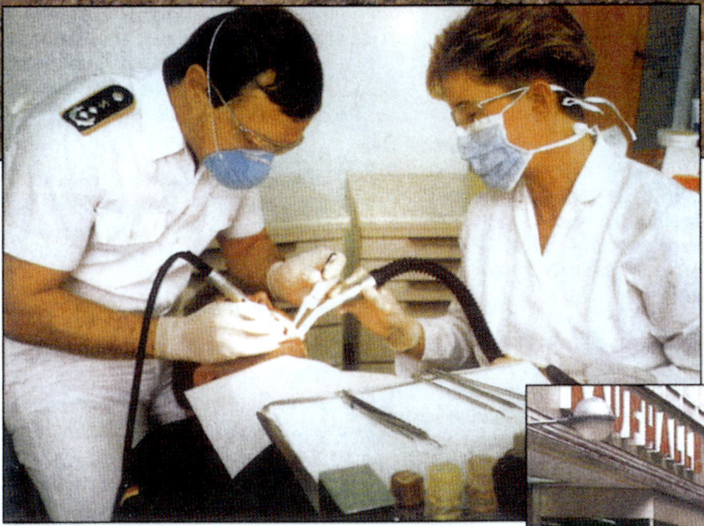

Nicht jeder Mörder wird nach der Grundausbildung auf seiner Wunschposition eingesetzt. Natürlich ist es interessanter, die Leute mit Blei vollzupumpen als mit Amalgam. Aber auch das muß getan werden.

Viele Mörder sind gar nicht so. Im Dienst bzw. im Abteil Sonntag abends auf der Zugfahrt zur Kaserne handeln sie schließlich »nur auf Befehl«. In ihrer Freizeit sind sie oft nüchtern, zeigen sich als ausgelassene Spaziergänger und begeisterte Brillenträger.

Mörder - kein Job wie jeder andere.

Wenn Sie weitere Informationen zum Thema Mord & Totschlag wünschen, wenden Sie sich formlos an das

Mordministerium
Postfach 14 01 89
53107 Bonn.

Die letzte Stunde des Herrn K.

Ein Drama von Christian SCHMIDT

Prolog im Himmel

Schichtwechsel im Büro von Gevatter Tod. Die neuen Dienstpläne werden an die Sensenmänner verteilt.

Gevatter Tod: »... und dann haben wir da noch Klaus Kinski in Amerika. Sensenmann Kaiser, das übernehmen Sie!«

Sensenmann Kaiser *(sichtlich schockiert):* »Muß das sein? Ich hatte doch erst neulich Karl-Heinz Köpcke. Stundenlang mußte ich mir die schönsten Tagesschauanekdoten anhören, bis er endlich mitgekommen ist.«

Gevatter Tod: »Und wer hat die Sache mit Peter Kohl versiebt? Strafe muß sein, Kaiser!«

Kaiser: »Lieber geh' ich in den Außendienst nach Kroatien und mache zwanzig Kunden in der Stunde...«

Gevatter Tod: »Keine Widerrede, Kaiser!«

Kaiser: »Immer ich. Nächste Woche ist es Beton-Krause. Ich seh's schon kommen...«

Gevatter Tod *(sehr streng):* »Los jetzt, Kaiser! Sonst fangen Sie gleich morgen wieder bei der Hamburg-Mannheimer an.«

Sensenmann Kaiser resignierend ab.

1. Akt

Lagunitas bei San Francisco, Kalifornien. Ein sonnendurchflutetes Arbeitszimmer. Herr K. sitzt am Schreibtisch und schreibt.

Kinski *(liest die letzten Zeilen halblaut):*

heimrat von P., bis sie quiekte.‹ Nein, das ist nicht gut. Nicht gut genug für die BILD-Zeitung. Elender gottverfickter Scheißdreck. Wer hat das geschrieben?«

(Herr K. springt auf, fuchtelt wild mit den Armen, aber da besinnt er sich.)

Kinski: »Es muß doch gut sein, ich habe es ja selbst geschrieben. Ich, Kinski, das Genie Kinski, Klauuuus Kinski. Oh, ich bin großartig, kann es selbst kaum fassen. Aber die Sprache ist schlecht. Die verschleimte Pißsprache will sich mir nicht fügen. Sie wagt es...«

(Mit einem dicken Prügel, der immer neben seinem Schreibtisch steht, schlägt Herr K. auf sein Bücherregal ein.)

Kinski: »Ha, Duden, was sagst du denn jetzt?«

(Herr K. lacht wild und kinskisch. Dabei schaut er auf die Schreibtischuhr.)

Kinski: »Schon so spät. Zeit für's zweite Frühstück.«

(Herr K. erhebt sich von seinem Schreibtischsessel und schreitet zur Küche. Dabei wirft er dem Mobiliar wilde Blicke zu.)

Kinski *(zur Polstergarnitur):* »Daß es keiner wagt, sich zu bewegen, bis ich wieder da bin, stinkende Ledermöpse, kotverschmierte!«

2. Akt

In der Einbauküche.

Kinski *(ein wenig heiterer):* »Ha, ha, jetzt

geilen Käseecken. Und dir, du immer feuchte, rote Marmelade. Hinein in meinen großen, gierigen Erdbeerschlund.«

(Herr K. schaltet die Kaffeemaschine ein. Geräuschvoll läuft der Kaffee durch.)

Kinski: »Oh ja, röchel nur wie ein geschlachtetes Kalb, du geile braune Brühe. Ich brauch' dich bloß anzusehen, und schon dampfst du vor Erregung.«

(Herr K. gießt sich eine Tasse Kaffee ein.)

Kinski: »Oh, wie heiß du bist. Hinein mit dir, ganz tief.«

(Herr K. nimmt einen großen Schluck.)

Kinski: »Oh ja, tiefer, tiefer. So ist's gut.«

(Wie von Sinnen schüttet Herr K. jetzt die ganze Kanne in sich hinein. Plötzlich wird er von heftigen Magenkrämpfen geschüttelt.)

Kinski: »Uhhh, du bist so stark. Ohhhh ja, gib's mir, besorg's mir! Du bist die Krönung. Oh, fuck me, Muckefuck!«

(Herr K. hat sich auf den Boden geworfen und beginnt, sich die Kleider vom Leib zu reißen. Da bemerkt er das Frühstücksei in seinem Eierbecher. Mit einem Satz ist er bei ihm, starrt es haßerfüllt an.)

Kinski: »Du grinst, widerlicher Glatzkopf? Na, warte. Ich schlage dir den Schädel ein und schlürfe dein Klugscheißerhirn aus.«

*(In seiner Wut packt Herr K. das Ei und wirft es durchs geschlossene Fen-

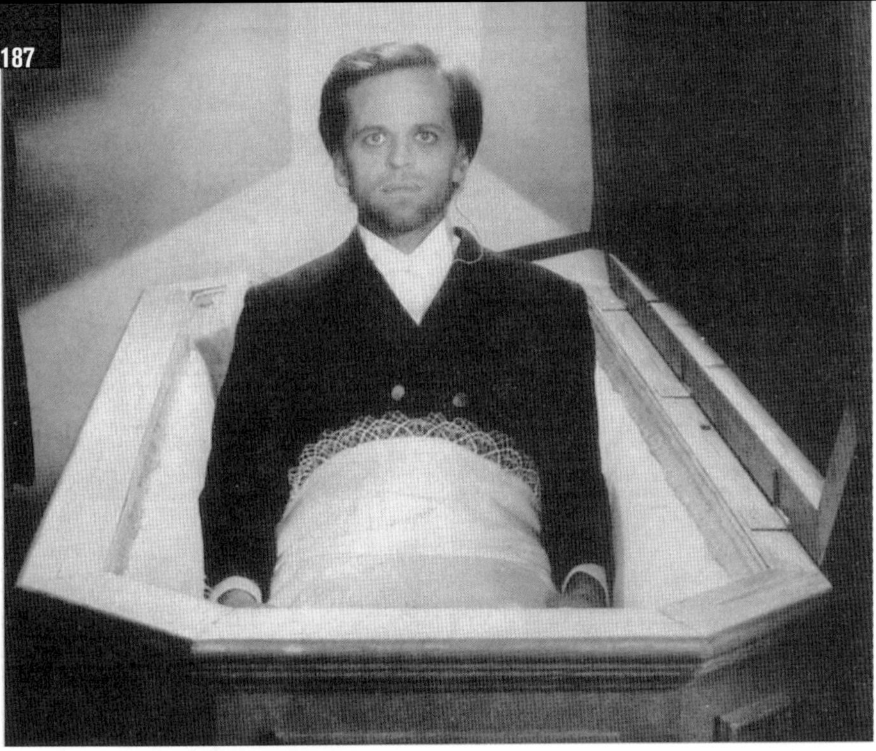

Kinski *(lacht höhnisch):* »Jetzt hat sich's ausgegrinst, intellektueller Hosenscheißer!«

(Mitten in seinem Triumphgeheul fährt Herr K. herum. Aus dem Arbeitszimmer hat er ein Geräusch gehört. Sofort ist er zur Stelle.)

Kinski: »Wer war das? Wer hat sich da bewegt?«

(Starr vor Schreck stehen die Möbel da.)

Kinski: »Ihr wagt es, nicht zu antworten, mir Kinski, eurem Gott! Ich werde euch die Astlöcher versilbern, bis ihr angekrochen kommt und mir das Schwein nennt, das sich meinen Befehlen widersetzt.«

(Noch immer keinen Mucks von den Möbeln. Doch die Deckenlampe schwingt leicht im Wind, der durch das zerbrochene Küchenfenster hereinweht. Herrn K.'s Blick folgt ihren Bewegungen.)

Kinski *(hämisch erfreut):* »Sooo, das verfurzte Sofa also, das alte ausgeleierte Miststück. Hab' ich's mir doch gleich gedacht. Jetzt wird aufgeräumt, aber gründlich.«

(Herr K. rast in die Küche und kommt mit einem langen Messer zurück, mit dem er sich ohne zu zögern auf das Ledersofa stürzt.)

Kinski: »Ich weiß schon lange, daß du Pfurzkissen heimlich mit der Presse telefonierst, wenn ich nicht zu Hause bin. Daß du dreckige Lügen über mich erzählst und dich dafür bezahlen läßt, verdammte Hure.«

(Herr K. sticht wie wild auf das Sofa ein.)

Kinski: »Ich werde deinen Judaslohn schon finden, alte schmierige Vettel. Und wenn ich dabei draufgehe...«

3. Akt

Herr K. keucht erregt. Da betritt ein Besucher das Arbeitszimmer. Er trägt einen braunen Umhang, den ein großer Eifleck verunziert, und hält eine Sense in der Hand. Es ist Sensenmann Kaiser.

Kaiser: »Du hast mich gerufen, Klaus!«

(Herr K. dreht sich erschrocken um, fängt sich aber gleich wieder.)

Kinski: »Ach, du bist es, Herzog. Hast ja immer noch diese scheißfarbenen, verschwitzten Lumpen an. Genauso ungewaschen und faulzahnig wie eh und je.«

Kaiser *(reißt sich sichtlich zusammen):* »Nein, du irrst dich, Klaus.«

Kinski: »Du stinkst! Derselbe faulende Abfallhaufen wie vor zehn Jahren – nur noch blödsinniger, noch kopfloser, noch paralytischer. Was willst du? Mir wieder alles wegfressen? Warst wohl schon in der Küche, was?«

Kaiser: »Komm, Klaus, es ist Zeit zu gehen. *(zu sich selbst)* Ich hab's ja gewußt.«

Kinski: »Du faselst wie ein Paralytiker, der bereits Gehirnerweichung hat. Die großen roten Ameisen sollen dir in die Augen pissen und bei lebendigem Leibe deine Hoden fressen.«

Kaiser *(sehr kläglich).* »Bester Herr Kinski, so kommen Sie doch um Gottes Willen mit.«

Kinski: »Jetzt rieche ich den Braten. Ein neuer Film, was Herzog? Sobald du was von mir willst, bist du wieder da, wie Malaria, wie der Gestank, der unaufhaltsam von einem Haufen Scheiße ausgeht.«

Kaiser: »Aber, Herr Kinski...«

Kinski: »Hat sich was, Herr Kinski. Gut, ich komme mit, du Köter. Aber nur, wenn du diesmal eine anständige Gage zahlst. Zwei Millionen will ich. Dollar! Unterschreib diesen Vertrag...«

Kaiser: »Dazu bin ich nicht berechtigt.«

Kinski: »Dann verpiß dich, du vor Geiz und Geldgier stinkendes Stück Scheiße.«

Kaiser *(unterschreibt seufzend):* »Also gut. *(zu sich selbst)* Wenn das mal gut geht.«

Sensenmann Kaiser mit der Seele des Herrn K. ab. Sein toter, verkrampfter Körper bleibt vor dem aufgeschlitzten Sofa liegen.

Epilog im Himmel (im Off)

Kinskis Stimme: »Was, Petrus wollen Sie heißen? Und mich nicht reinlassen? Ich bin Klaus Kinski und komme überall rein. Geh mir aus dem Weg, fettes Arschloch.«

(Man hört Kampfgeräusche.)

Kinskis Stimme *(sehr entfernt):* »Na, wie heißt du denn, mein kleiner Engel... Und was hast du da unter deinem weißen Hemdchen...«

Eine Stimme *(sehr laut und sehr zornig):* »Kaiser!!!!!«

(Vorhang) Publikum entsetzt ab. □

Die roten Strolche

Heute geht es mächtig rund im Wald: Ziege will demnächst Oberförster werden, und damit das auch jeder merkt, haben seine Freunde große Plakate gemalt, auf denen Zieges Vorzüge ins rechte Licht gerückt werden. Täglich hält Ziege vor vielen kleinen begeisterten Zuschauern eine mitreißende programmatische Rede, die er dramaturgisch bearbeitet hat. Aber ob das was nutzt?

Waldmeister gesucht!

Bei Zieges Reden schläft wirklich jeder ein. So wird das nichts mit der Oberförsterei. Aber irgend etwas möchten die Stroiche auch zu sagen haben. Vielleicht hilft ihnen das Stellenangebot, das Vogel gerade entdeckt hat?
Waldmeister gesucht
Der Bewerber sollte über ein gewinnendes Auftreten, Bibelfestigkeit und Führerscheinklasse I und III verfügen.
Kandidaten melden sich umgehend bei: Herrn Oberförster im Forsthaus 5203 Waldeslust
Hurra, Ziege wird Waldmeister!!!
Diese ewige Frömmelei geht mir auf den Keks, wie kann ich den Kerl bloß loswerden?
Erst werd ich Oberförster und dann Waldmeister, oder lieber umgekehrt???
Ziege will wirklich alles werden, aber da hat er die Rechnung ohne Oskar gemacht!
Ziege hat doch keinen Führerschein Kl I. Aber Johannes hat einen, er soll sich um das Amt bewerben!
Führerschein hab ich auch
Johannes, Johannes, das Schnabeltier, das kann es, dem fällt das Beten gar nicht schwer, und darum wird er Waldmeister!
Und ich?
Räum Du erstmal Deine Höhle auf und bezahl' Deine Schulden!
Dankeschön, Gott
Was sagt man dazu? Der freche Oskar hat es tatsächlich geschafft, die anderen zu überzeugen. Sogar Ossibär ist jetzt für Johannes. Nun muß das Schnabeltier nur noch den Oberförster um Erlaubnis fragen, und schon kann er sich für seine frommen Sprüche sogar bezahlen lassen. Denkt er jedenfalls.
Hoffentlich nimmt er mich
Nanu, niemand da?
Hier unten bin ich!
Was willst Du denn hier, Bengel?
Ich will Waldmeister werden!
Lange dauert es, bis sich der Oberförster und seine Frau von ihrem Lachanfall erholt haben. Gerade will der Hausherr den ungebetenen Besucher wieder vor die Tür setzen, da wird seine Frau vom Mitleid überwältigt und bittet darum, dem kleinen Kerl noch eine Chance zu geben. Johannes kann sein Glück kaum fassen. Mit hochrotem Schnabel hört er sich an, was der Förster ihm aufbindet.
Der Beruf des Waldmeisters ist hart. Der alte Silberfuchs, der mir viele Jahre treu gedient hat, ist davon ganz wirr im Kopf geworden. Deshalb muß ich Dich genau prüfen. Ich werde Dir 7 Aufgaben stellen, wenn Du die zu meiner Zufriedenheit löst, sollst Du übers Jahr Waldmeister werden.
Das schaff ich nie

Greser/Lenz/Zippert/Schmidt

Vorschau

Gesellschaftsspiele

„Ah, da seid ihr ja, meine kleinen Schweinchen", rief der Kanzler begeistert beim Anblick der splitternackten Kabinettsrunde, die sich ihm zu Ehren entkleidet hatte. „Hier, du Wurm, fang an, sie abzureiben!" Mit diesen Worten reichte er dem Gnomoiden, wie Blüm allgemein genannt wurde, eine Speckschwarte, und der legte voller Eifer los.

Rühe holte diensteifrig das ‚Einheitsglied' aus dem Schrank, das der Kanzler sich extra für 2 + 4 Vertragsabschlüsse und andere Orgien hatte anfertigen lassen, schnallte es seinem Herrn gehorsam um, als plötzlich die Tür durch einen heftigen Schlag zertrümmert wurde.

Eine haarige Hand war zu sehen, die zu einem ebenso behaarten wie mächtigen Körper gehörte. „Was fällt Ihnen ein!" polterte Kohl los, als ihn der Riesenaffe oder Yeti auch schon auf den Kabinettstisch geworfen und sein riesiges Yetigenital direkt in den verblüfften Kanzler versenkt hatte. Bis zur Decke spritzte Blut, und der Regierungschef schrie wie ein abgestochenes Ferkel. Schmunzelnd beobachteten die Regierungsmitglieder das muntere Treiben, und da schwante auch dem Pfälzer, daß er Opfer eines derben Scherzes geworden war. „Tommi, Tommi Ohrner!" rief er entgeistert und schlug dem Affenmenschen vergnügt auf die Schulter. Ohrner zog den Reißverschluß seines Kostüms und kicherte: „Na, da ham wir dich ja doch noch am Arsch gekriegt, du alter Reaktionär!"

Schon wieder ein Spitzenbuch von Martin Walser, diesmal in Novellenform. Titel des Werkes: „Naturdarmbetrachtungen". Leider wollte Walser-Verleger Siegfried Unseld das Buch vorher noch lesen, und deshalb wird es jetzt doch nicht erscheinen, denn die oben abgedruckte Stelle ist, ehrlich gesagt, noch die harmloseste.

Festliches

Am 30. November wird nach Plänen der Bundesregierung das Jahr 1996 offiziell beendet. Ein Sprecher der Koalition erklärte, im Haushaltsetat seien keine Mittel für einen weiteren Monat vorgesehen, der Bürger müsse auch in diesem Bereich Abstriche hinnehmen. Die Bundesbank wird die Umdrehungsgeschwindigkeit der Erde wie vorgesehen um 0,5 Prozentpunkte anheben; davon verspricht man sich auch wichtige Impulse für die Bauwirtschaft. Rudolf Scharping kündigte an, die SPD werde in aller Schärfe ihre Überlegungen anstellen.

SPD-Sammelbildchen XIV

Siggi Scheffler hat die Volkshochschule mit Erfolg absolviert und auch sonst einiges auf dem Kasten. Seine Stirn ist so hoch, damit ihm die Haare nicht über die Brille fallen, und die Brille trägt er, damit man bei seinem Gesicht weiß, wo unten und oben ist. Er ist Vorsitzender der „Gesellschaft zur Pflege Technischer Denkmale der Luftfahrtforschung in Berlin Adlershof e.V.", und das macht ihn ganz schön fertig. Sobald er sich am Telefon mit seinem vollen Dienstgrad meldet, ist der Tag praktisch gelaufen. Und das Pflegen dieser verflixten technischen Denkmäler nimmt auch ganz schön viel Zeit in Anspruch. Außerdem ist er noch in der SPD, aber da geht's ja auch immer nur um Denkmalpflege.

Kanalgebühren

Zeit, die Fernbedienungen nachzurüsten, denn im nächsten Jahr werden die Öffentlich-Rechtlichen das Fernsehangebot um zwei neue Kanäle bereichern: den Kinder- und den „Ereignis- und Dokumentations"-Kanal, vulgo Parlamentsfernsehen. Aus Kostengründen werden aber beide Programme zum Kinderparlamentskanal zusammengelegt. So wird man sich daran gewöhnen müssen, daß immer dann, wenn Claudia Nolte auftaucht, die Sendung mit der Maus beginnt, und daß der Pumuckl ab sofort wie Norbert Blüm aussieht. Die Politiker werden von erfahrenen Spielern der Augsburger Puppenkiste bewegt.

Yippie!

„Hurra, ich hab's geschafft!" jubelte der bubenhaft wirkende Lockenkopf. „Ich bin schon wieder Präsident und wieder von Amerika!" Die Freude von Boris Clinton kannte keine Grenzen. Amerikanischer Präsident hatte er immer schon werden wollen, aber bisher hatte es erst einmal geklappt. Nach nur vier Jahren war die ganze Herrlichkeit schon wieder vorbei, da kam ihm diese erneute Ernennung gerade recht. Pläne hat er auch schon ganz schön viele: „Ich will irgend etwas reformieren, jeder Amerikaner soll ein Saxophon bekommen, und der Verzehr von Katzen ist an ungeraden Tagen verboten."

Verlegenes

Erik Weihönig, notorischer Verleger der TITANIC, sucht nach neuen Geldquellen. Wenn Sie eine kennen, schreiben Sie bitte an die TITANIC-Redaktion, Stichwort „Reibach", Brönnerstr. 9, 60313 Frankfurt. Bitte nur ernstgemeinte Zuschriften; Karten mit Vorschlägen wie „Mal mit ehrlicher Arbeit versuchen" werden sofort weggeworfen.

Het is rassismussen!

Warum muß sich ausgerechnet ein belgischer Zeichner mit Namen L'k van der K'miel Kwawka über unsere deutsche Rechtschreibreform lustig machen? Weil das hier ein freies Land ist, und da lassen wir uns von irgendeinem dahergelaufenen Belgier nichts vorschreiben.

Genaueres erfahren Sie in der neuen TITANIC

1995–2000

TITANIC Worldwide

Satire im Zeitalter der Globalisierung

Der uralte Menschheitstraum von der Weltherrschaft der Satire – fünfzehn Jahre nach Gründung der TITANIC soll er endlich Wirklichkeit werden. Schließlich hat kein Geringerer als Zonenkönig Chlodwig die Maxime ausgegeben: «Die Witze, Leute! Lokal machen und global lachen!»

«World Wide Titanic» – für das neue Großprojekt muß ein neuer Mann her. Binnen kürzester Zeit hat sich der Redaktionspraktikant Oliver Schmitt nach ganz oben geschlafen und wird im Januar 1995 Chefredakteur – obwohl er abgesehen von einem Studiensemester in England und einer Butterfahrt nach Dänemark keinerlei Auslandserfahrung vorweisen kann. Doch schnell erkennt Schmitt: Hefte sind knapp! Wer TITANIC-Ausgaben weltweit verkaufen will, muß diese im Inland einsparen. Im Maiheft '95 kündigt die TITANIC per Hausmitteilung an, ab sofort nicht mehr in Ostdeutschland erhältlich zu sein, der Verkauf im Beitrittsgebiet werde gestoppt. «Die TITANIC kommt im Osten nicht an», berichtet ein aufgewühlter Heiner Bremer im RTL-Nachtjournal – freilich ohne die Falschmeldung aus Frankfurt überprüft zu haben.

itanic
NDGÜLTIGE SATIREMAGAZIN
Kriegsausgabe
40% weniger Pointen
A 4352
Mai 1999
Nr. 5
DM 7,–
sfr. 7,–, öS 50
Ich sterbie gleich vor Lachen!
Ich hab da noch einen Draskowitz, mein Schröder!
Toller Milosewitz!
AUCH IM KRIEG:
Ein bißchen Spaß muß sein!
GROSSER TITANIC-ÜBERBLICK:
Die 100 besten Brückenschäden

Um künftig weltweit agieren zu können, wird die Redaktion durch ein Telefonmodem («krrrchkrrchkrrchsst-piüüüüüüüüfizzzzt») mit dem neuartigen Internet verbunden und ist ab sofort unter der megahippen Adresse 100631.1440@compuserve.com für jeden Hacker erreichbar. Der flugs ernannte Zukunftsminister Octo Schmid sorgt für die erste TITANIC-Website, von der Experten noch heute schwärmen, sie sei «ein echter Witz» gewesen.

Im Herbst 1995 bricht die komplette Redaktion der TITANIC erstmals zur Welteroberung auf – nach Albanien, ins «Geburtsland der Satire». Furchtlose Leser werden aufgefordert, die Redaktion zu begleiten: «Ein Urlaub voller Entbehrungen, die sie garantiert niemals vergessen werden.» In einem kugelsicheren Bus besichtigt man die Schönheiten des Landes, trifft hochrangige Satirikerdelegationen zum Schnaps- und Witzaustausch, und als Eckhard Henscheid, angetan mit dunkler Sonnenbrille und Maschinenpistolen-T-Shirt, im albanischen Fernsehen erklärt, die TITANIC sei gegründet worden, um das «Regime Helmut Schmidt» abzulösen, «und zwar mit Gewalt» – da schließen alle Albaner die TITANIC ins Herz.

Auch zu Hause gewinnt die Redaktion neue Freunde. Ein Kruzifix-Jesus mit Klorolle auf dem Oktobertitel 1995 begeistert viele katholische Leser, immer wieder trifft man sich mit ihnen vor Gericht. Und auch Helmut Markwort, Chef des Satiremagazins *Focus*, sucht 1996 über seine Anwälte Kontakt mit der TITANIC: Er hätte gerne 100 000 Mark Schmerzensgeld, weil im Heft ein bereits indizierter Uralt-Witz («Ficken, ficken, ficken und nicht mehr an die Leser denken») nachgedruckt wurde. Nach zwei Instanzen geht er leer aus und bekommt zum Trost die Gerichtskosten zugesprochen.

Das gute Verhältnis zu Markwort soll aber weiter gepflegt werden. Als der Chef aus dem Haus ist, verkleiden sich TITANIC-Leute – allesamt gestandene Mittdreißiger – als Schülerzeitungsredakteure, besuchen unerkannt die Münchner *Focus*-Redaktion und pupsen heimlich auf Markworts Chefsessel.

Und noch immer lockt die Ferne. Kaum hat sich Redakteur Sonneborn mit den Möglichkeiten seines

Selbstwähltelefons vertraut gemacht, klingeln bei der SPD die Telefone. Denn nach dem erdrutschartigen Wahlsieg von Tony Blairs Labour Party in England im Mai 1997 keimen bei deutschen Sozis Hoffnungen auf eine baldige Machtübernahme auf. Schröder, Scharping, Lafontaine und viele weitere Genossen sind hoch erfreut, als sie eine telefonische Einladung zur «Victory Party» nach London bekommen. Begeistert sagen sie zu, die Presse wird informiert – doch diese Labour-Party-Party hat sich TITANIC nur ausgedacht (→ S. 207).

Im Mai 1998 zieht die DVU mit sechzehn Abgeordneten in den Magdeburger Landtag ein. Bald sind's aber nur noch fünfzehn, denn einer legte empört sein Mandat nieder: «Ich wurde angerufen. Da wurde mir befohlen, am 1. Mai mit Fackeln und Gesang durchs Brandenburger Tor zu marschieren. Wie 1933.» Der Anruf kam von TITANIC.

Doch nicht nur innerhalb, auch außerhalb der deutschen Grenzen von 1939 setzen sich Frankfurter Redakteure immer wieder für ein friedliches Miteinander und die Wahrung der guten Umgangsformen ein. Als deutsche Flieger im März 1999 erstmals wieder seit 1945 kleine, wehrlose Länder bombardieren, fällt niemandem auf, daß überhaupt keine ordentliche Kriegserklärung an «Restjugoslawien» ausgesprochen wurde. Niemandem außer TITANIC. Wo Cheftelefonist Sonneborn im Namen des deutschen Volkes dem serbischen Botschafter «rückwirkend» per Fax den Krieg erklärt (→ S. 248).

Durch geglückte internationale Fernsprechverbindungen derart ermutigt, sucht die Redaktion nun entschieden das ganz, ganz Weite. 1998 präsentieren die Damen und Herren Chlodwig und Anna Poth, Schmitt, Henschel, Sonneborn, Schiffner und Rattelschneck in New York eine «All-Star-TITANIC-Lesung» – in Scharen verlassen empörte Exildeutsche den Saal. Ganz anders reagiert das vietnamesische Publikum 1999 in Hanoi anläßlich einer Redaktionslesung im Goethe-Institut: lautes Lachen an den richtigen, verständiges Kichern an den heiklen Stellen. Nur die Botschafter Österreichs, Deutschlands und der Schweiz, die den Satirebotschaftern aus Frankfurt die Aufwartung machen müssen, schweigen verbissen.

Dennoch wird der anschließende erste Deutsch-Vietnamesische Satiregipfel in Ho-Ho-Ho-Chi-Minh-Stadt unter der Schirmherrschaft des Deutschen Generalkonsulats ein triumphaler Erfolg: Die jeweils besten Witze des Landes werden ausgetauscht und irgendeine wichtige Erklärung unterschrieben.

Beglückt und ergriffen nimmt wenige Monate später Le Van Nghia, Chefredakteur von *Tuoi Tre Cuoi* («Jugend lacht»), an den Frankfurter Feierlichkeiten zum zwanzigjährigen Bestehen von TITANIC teil. Die Jubiläumsausgabe erscheint mit vier verschiedenen Titelblättern; wenn man sie aneinanderlegt, entsteht ein großes Gratulationsposter von Greser/Lenz, Hilke Raddatz, F. W. Bernstein und Rattelschneck. Herzlichen Glückwunsch und «Chúc mừng sinh nhật!».

1995 Jahre nach seiner Geburt muß Jesus sein Klassenzimmerkreuz verlassen. So wollen es die Karlsruher Richter. Aber das ist auch eine Chance! Gerade im Alltag finden sich neue, faszinierende Betätigungsfelder für den Gekreuzigten.

Jesus – wichtiger denn je!

Wolfgang Heimdorf

Performance in Frose

Um unserer Lesung in der mitteldeutschen Kleinstadt Frose zum Erfolg zu verhelfen, hatten Michael und ich die Lokalpresse gut informiert. Angekündigt hatten wir uns als EU-Kommissare aus Brüssel, die die ansässigen Bauern über die Reform der Agrarsubventionen unterrichten sollten. Auf das armselige Frose waren wir verfallen, weil es so nett an Gürtelrose, Bodenfrost, Dosenfraß und Rosenkohl gemahnte. Im Soziotop Frose, dachten wir, ohne es jemals gesehen zu haben, sausen die Elemente schlicht genug umeinander; niemand würde uns vor der Zeit auf die Schliche kommen.

Im Dorfkrug sollte die Sache steigen. Einen Anruf aus Brüssel hatte der Wirt zuvor noch nie erhalten. Jedenfalls war er sofort mit unserem Auftritt einverstanden gewesen, ja, er schien sich sogar geschmeichelt zu fühlen. Wir hatten uns auf einen Termin gleich nach dem Sonntagsgottesdienst geeinigt.

Dann reisten wir an. Nieselregen schmierte auf die Windschutzscheibe, und der Himmel wälzte sich aschgrau über die Äcker. So gehörte sich das ja auch. Milchreiswetter hatten wir uns gewünscht für unser Unternehmen.

Frose hob sich kaum merklich von der fauligen Umgebung ab. Es schien sich überhaupt nur aus einer schiefen Kirche, zerfallenen Höfen, Ställen und Schuppen, einem verrotzten Freibad, Müll und Popel zusammenzusetzen, schlammfarben und reglos um den zentral gelegenen Dorfkrug gebreitet.

Wir waren spät dran. Vor dem Dorfkrug stand bereits ein Dutzend schmutziger Traktoren. Zwei Besucher schlurften gerade zum Eingang. Der eine nickte immerzu. Der freute sich wohl auf die Informationen aus Brüssel. Wie man Milch möglichst teuer verkauft und was die Runkelrübenzucht bringt oder wie. Bauernsorgen!

Den Wagen hatten wir so abgestellt, daß einem schnellen Rückzug nichts im Wege stand. Wer wußte schon, welchen Verlauf die Geschichte nehmen würde?

Über dem Eingang hatte man ein Pappschild angebracht: »Herzlich willkommen Brüssel!« Dazu eine gemalte Kuh, die aber nur drei Beine aufwies. Im Rücken steckten ihr Messer und Gabel, und auf den Euter hatte jemand »Lecker und gesund!« geschrieben. Man schien es gut mit uns zu meinen.

Jetzt kam es darauf an, zum Podium zu gelangen, bevor uns jemand daran hindern konnte. Ein Pickliger und ein Langhaariger, beide unrasiert und in Räuberzivil, die als EU-Kommissare durchgehen wollen, sind auf Überrumpelungseffekte angewiesen, wenn sie sich Gehör verschaffen wollen. Wir quetschten uns durch die Reihen.

Der Gastwirt hatte uns ein Stehpult aufgebaut, hinter dem wir in Deckung gingen. Das Gemurmel brach ab, und man hätte eine Steckrübe fallen hören können.

Da saß unser Publikum. Gelb hingen die Augäpfel über glühenden, geschälten, fleischtomatengroßen Knotennasen aus den Köpfen. Und nun wußten wir auch, wer das Triptychon erfunden hatte: Ein Bauer aus Frose, als er im Rasierspiegel erstmals seiner Segelohren gewahr wurde.

Den Herren aus Brüssel präsentierte man sich im Sonntagsstaat aus wulstigen Anzugjacken, Hochwasserhosen und Gummistiefeln mit Schlammkruste. Aus manchen Gummistiefeln wuchsen auch prachtvolle Knieknäuel, die den Damen gehörten. Sie trugen Broschen aus Krepppapier auf ihren Küchenschürzen. Hornbrillen und warzenfarbene Kopftücher verhüllten den Rest des Debakels.

Das Publikum ernährte sich aus Bierdosen Marke Faxe. Ans nationale Faßbiernetz schien der Dorfkrug noch nicht angeschlossen worden zu sein. Ein ausgestopfter Marder, Ültjes-Packungen und leere Faxe-Dosen, irgendein Fußballpokal, eine Musikbox, Tische und Sperrmüll und eine erloschene Standuhr bildeten die Einrichtung. Für die Bequemlichkeit hatten sich die Bauern ihre Melkschemel mitgebracht. Unser eigenes Erscheinungsbild rief vorläufig kein Zeichen der Verblüffung hervor.

In der Nische zwischen Tresen und Trophäenschrein wimmerte Stefanie Hertel aus der Musikbox (»Für Opa ist immer ein Zimmer frei«). Mit einem Stiefeltritt brachte der Wirt sie zum Schweigen.

Und dann legten wir los. »Von Herzen seid ihr zu bedauern, / ihr gottverfluchten Schweinebauern«, deklamierte Herr Rudolf mit fester Stimme. »Es wuchern eure krummen Runzeln / im Lichtschein fahler Jauchefunzeln«, fügte ich hinzu.

Keine Reaktion. Kiefer zermalmten geduldig die Ültjes-Nüsse, Adamsäpfel polterten geräuscharm auf und ab, aber niemand rührte sich, nicht einmal der Marder. Jetzt sah ich auch, daß der Pokal aus Stanniolpapier gefertigt war.

Michael machte weiter. »Aus einer alten Schweinenille / schlürft ihr zum Frühstück frische Gülle!« Ich schloß mich an: »Ihr Bauern liegt im Schweinekoben / und keucht und stöhnt. Das Schwein liegt oben.«

Immer noch nichts. Das Phlegma unserer Zuhörer war beachtlich, doch so schnell gaben wir nicht auf.

»Vom Rindvieh in der Hungersnot / bezieht ihr euer Fladenbrot.«

»Das Schnitzel freßt ihr mit der Forke, / dann kackt ihr zwischen Baum und Borke.«

»Die Milch verdirbt, wenn ihr beschwingt / auf freier Flur die Kuh bespringt.«

»Die Filzlaus haltet ihr in Frose / in Bodenhaltung in der Hose!«

Niemand rührte sich. Eine blinde Katze schnürte zur Tür herein, maunzte verdrossen und erbrach sich auf den Gummistiefel eines Bauern, der die Unterlippe hängen ließ. Ein Speichelseil senkte sich von ihr herab in den Aschenbecher.

An den Zweizeilern hatten wir gefeilt, bis sie uns pikant genug für die Performance in Frose vorkamen. Nicht auf den kalten Glamour des lyrischen l'art pour l'art hatten wir es dabei abgesehen, sondern auf die unmittelbare Agitation der Landbevölkerung mit den Mitteln avanciertester Poesie.

Zwei Trümpfe hatten wir noch im Ärmel.

»Mit Dünger habt ihr euch geschminkt, / der mindestens bis Meppen stinkt!«

»Den Höchstgrad eurer Fieberqual / meßt ihr mit Leberwurst rektal.«

Sanft schlotterten die Tränensäcke, und der Kater rülpste, aber niemand machte Anstalten, uns vom Podium zu jagen, im Gegenteil; treuselig schaute der Nährstand zu uns auf, in Erwartung weiterer Nachrichten aus Brüssel. Die Massen waren wie Wachs in unserer Hand, weich und talgig und bereit, von uns verheizt zu werden. »Wer nichts wird, wird Landwirt!« rief ich in den Saal, aber auch das riß niemanden aus der Lethargie. Aus der letzten Reihe rollten sogar schon die ersten flachen Schnarchwellen heran.

Wie hatte es Thomas Müntzer jemals geschafft, die Vorfahren dieser Gestalten zu einem Bauernkrieg aufzustacheln? Ich wickelte meine Steinpfeife aus. Wenn ihr gemeiner, ins Trommelfell schneidender Ton nicht wirkte, würden wir zum Äußersten greifen müssen. Aus voller Lunge pfiff ich eine verstümmelte Fassung der Eurovisionshymne in den Dorfkrug, bis der Putz von der Decke rieselte. Das war aber auch das einzige Resultat. Reglos, stumpf und stur ergeben ließen die Zuhörer selbst die fortissimo aus der Steinpfeife krepelnden Dissonanzen über sich ergehen und verzogen keine Miene, sondern rüsteten sich Bier zu und mümmelten Ültjes.

Als nun alles gar nichts fruchtete und half, nahm sich Michael das Manuskript der Rede vor, die wir geschrieben hatten, um die Bauernschaft in Panik zu versetzen. Brüssel, führte Michael seelenruhig aus, ersticke in überschüssiger Milch. Überproduktion und Kalbfleischberge, Bratkartoffelinflation und Zauberbohnen täten ein übriges. Es gebe keinen anderen Ausweg mehr als die Einführung neuer Bauernregeln. Am Neujahrstag trete ein europaweites Verbot aller Landmaschinen in Kraft. Das Feld müsse wieder mit dem Holzpflug bestellt, Milch mit der Faust gemolken und der Weizen mit der Nagelbürste von der Spreu getrennt werden. Um die Massentierhaltung unrentabel zu machen, müsse jedes einzelne Schwein auf einen bestimmten Namen getauft werden, z. B. Jakob oder Esau. Nach dem Verlassen der Grundstellung dürften Bauern nur noch ein Feld weitergehen und nur diagonal schlagen. Wer nicht pariere, werde auf der Dreschtenne von EU-Komissaren mit Knotenstöcken ausgepeitscht. Allen Bauern aber, die noch vor Neujahr ihren eigenen Hof in Brand gesteckt hätten, winke als Anreiz Steuerbefreiung auf Lebenszeit, Subventionsverdoppelung und das Recht auf Hausschlachtung mit Dynamit.

Nun ging ein Ruck durchs Publikum. Manche schlugen sich ihre verschorften, pfannkuchengroßen Handteller vor die Stirn, andere kratzten sich im Nacken, bis dort Dreckbrocken abplatzten, und ein ganz gewitzter Bauer hatte bereits einen dicken B7-Bleistift hervorgeholt und angelutscht. Damit schrappte er, gefährlich rechnend, über die Tischplatte, wobei ihm der Schweiß vom Schädel regnete.

So ging es eine Weile. Dann hauten die ersten mit der Faust auf den Tisch, bliesen die Backen auf und trampelten, mit gezückten Feuerzeugen, zum Ausgang. Der war bald verstopft, so eilig hatte man es plötzlich, nach Hause zu gelangen und sich mit den neuen Bauernregeln zu arrangieren. Da wurde gebelfert und gedrückt, gehauen und gebrüllt, und draußen röchelten schon die Traktormotoren auf. Hier und da kam es auch zu Schleimhautexulzerationen.

Wir hatten es geschafft. Rasch waren die Papiere und die Steinpfeife verstaut, und wir strebten bereits zum Ausgang, als uns der vierschrötige Wirt in den Weg trat. Er wischte sich die Hände an der blutverschmierten Schürze ab, trocknete sich die Stirn mit dem erstaunlich saugfähigen Handrücken, räusperte sich und sagte, er sei uns zu Dank verpflichtet. Von Brüssel nach Frose und zurück, das sei ja eine Weltreise; er persönlich sei in seinem Leben niemals weiter als bis Kroppenstedt gekommen.

In seinen Augenwinkeln sammelte sich Wasser. Wir bemühten uns, ihn abzuschütteln, aber nun fiel er auch noch auf die Knie, faltete seine Zyklopenhände und begehrte flehentlich zu wissen, ob die Steuerbefreiung auf Lebenszeit auch für Gastwirte gelte, die ihr eigenes Lokal in Asche legten.

Michael strich dem aufgewühlten Mann begütigend übers Haar und bejahte die Frage. Dann huschten wir hinaus zum Auto, hinter uns die glücklichen Seufzer des Gastwirts und das Rumpeln der Schubladen, in denen er wohl nach Streichhölzern suchte.

Draußen pröppelten die Bauern mit ihren Traktoren herum. Vieh brüllte, Scheiben gingen zu Bruch, und die ersten heißen Feuersäulen fraßen sich in den Himmel.

Wir fuhren ab. Im Rückspiegel sah ich Frose im Inferno versinken. Kälbchen suchten das Weite, Ascheflocken segelten dahin, irgendwas explodierte, und ein Bauer schlug auf seinen Stallknecht ein, der mit der Feuerpatsche hinter Funken hergewesen war.

»Auf nach Kroppenstedt!« rief Michael. □

Gerhard Henschel

Die neue Tapete störte sogar beim Lesen

Was macht eigentlich ...

.. **ADOLF HITLER** – Politiker und Diktator aus Braunau am Inn, der Europa unter die Vorherrschaft des Deutschen Reiches stellen wollte: Er ist, zusammen mit Stalin, die meistverachtete Gestalt der Weltgeschichte.

TITANIC: Herr Hitler, wie verbringen Sie Ihren Tag?

HITLER: Ich stehe früh auf, füttere meine zwei Kater Hermann und Heinrich, lese Zeitung. Aber ich mag nichts mehr über Mord und Totschlag hören. Ich bin lieber im Garten.

TITANIC: Und dort begrüßt Sie kein Schäferhund mehr?

HITLER: Meine Hündin Blondi kann durch nichts und niemanden auf der ganzen Welt ersetzt werden. Tragisch genug, daß ich sie selbst töten mußte, um sie vor russischen Vergewaltigern zu schützen.

TITANIC: Was macht Ihre Gesundheit?

HITLER: Miserabel. In den letzten Tagen fühlte ich mich sehr krank, dazu kamen Momente großer Niedergeschlagenheit. Die ganzen Erinnerungen kommen wieder hoch, die Flucht und Vertreibung aus dem Bunker, die Schmach.

TITANIC: Dieses Schicksal hatten andere auch. Durch Ihre Schuld wurden Millionen vertrieben, Abermillionen fanden den Tod.

HITLER: Ich weiß. Aber auch ich hatte schwer zu leiden. Ich muß mit meiner Vergangenheit leben. Ich bin ja so gesehen auch ein Überlebender des Holocaust, die sechs Millionen Juden wird man mir ewig anhängen.

TITANIC: Was würden Sie jemandem antworten, der behauptet, Auschwitz sei eine Lüge?

HITLER: Daß er verrückt ist. Ich war zwar selbst nie dort, aber Himmler hat mir davon erzählt. In dieser Dimension war die Judenvernichtung natürlich ein Fehler, aus heutiger Sicht unsinnig. Da waren ja auch hervorragende Leute darunter, wie ich später erfahren habe.

TITANIC: Sie haßten nichts mehr als die Juden. Warum?

HITLER: Ich war ein Kind meiner Zeit. Damals wurde vieles anders gesehen, viel überzeichneter. Man brauchte Sündenböcke. Außerdem hatte ich schlechte Berater, die mich aufhetzten. Außer „Völkischer Beobachter" und dem „Stürmer" lasen die praktisch nichts.

TITANIC: Sie haben Fehler gemacht. Was war Ihr größter?

HITLER: Die Eröffnung einer zweiten Front gegen Rußland. Aber daß der Russe mit einer solchen Brutalität zurückschlagen würde, damit konnten wir natürlich nicht rechnen. Ohne diesen Kräfteverschleiß im Osten hätten wir mit Frankreich, den Benelux-Staaten, Dänemark und Norwegen ein befriedetes, vereintes Europa gehabt, natürlich unter deutscher Vorherrschaft.

TITANIC: Das haben wir jetzt auch.

HITLER: Ich würde heute sicherlich auch vieles anders machen. Zu meiner Zeit war Clausewitz eben noch das Maß der Dinge. Ich habe den bewaffneten Konflikt nie gescheut. Heute ist das anders.

TITANIC: Hat es Sie nie gestört, in Österreich zu leben? Ihre Parteigenossen gingen fast alle nach Südamerika.

HITLER: Niemals. Ich lebe nun eben hier, und es interessiert mich nicht, wo die anderen leben. Sie haben mich nie interessiert, sie haben mich in Frieden gelassen.

TITANIC: Verfolgen Sie noch das Zeitgeschehen?

HITLER: Nur am Rande. Solche Zusammenkünfte wie der Weltklimagipfel in der Reichshauptstadt, das befremdet mich. Da ging es ja zu wie in einer Ju ... gendherberge. Viel Lärm um nichts.

TITANIC: Das waren Ihre Parteiveranstaltungen auch.

HITLER: Ich war damals ein Idol, bin vor Hunderttausenden von Menschen aufgetreten. Man hat mir geglaubt.

TITANIC: Der Autobahnbau lag Ihnen besonders am Herzen. Verfolgen Sie die Diskussionen um Tempo 130?

HITLER: Das ist eine ordentliche Geschwindigkeit. Zum Rasen habe ich dem deutschen Volk die Autobahnen jedenfalls nicht gegeben.

Adolf Hitler, Sohn eines Zollbeamten, im Garten seines Hauses in der Steiermark – und 1922 mit inhaftierten Parteifreunden in Landsberg / Lech. Der ehemalige Parteichef der NSDAP, Reichskanzler und Oberbefehlshaber der Wehrmacht flüchtete nach dem von ihm begonnenen und verlorenen Zweiten Weltkrieg aus der Berliner Reichskanzlei. Seit 1945 lebt er äußerst zurückgezogen und abgeschieden in seiner Heimat Österreich. Seinem Steckenpferd, der Malerei, kann sich der Parkinson-Kranke nur noch selten widmen. Manchmal fällt ihm sogar das Gehen schwer.

Mit Adolf Hitler sprach TITANIC-Chefredakteur Oliver Schmitt.

VERMEER
1. MÄRZ - 2. JUNI 1996
DEN HAAG, MAURITSHUIS
Wolfgang Heimdorf

Gebrauchtwagen

Sichert ein Gebrauchtwagenhändler zu, er sei »persönlich fest davon überzeugt«, daß ein Wagen »zumindest bergrunter« eigentlich »noch ganz gut fahrbereit« sei, sind spätere Schadenersatzansprüche gegen ihn ausgeschlossen, wenn er gleichzeitig hinter seinem Rücken die Finger der linken Hand kreuzt.

Oberlandesgericht Zweibrücken – 7 U 153/95

Sylt

Wer einen Aufkleber mit Umrissen der Insel Sylt an seinem Mercedes-Cabrio führt, muß damit rechnen, daß Passanten mittels spitzer Gegenstände die Umrisse der restlichen friesischen Inseln ergänzen.

Oberlandesgericht Köln – 5 UF 567/94

Nachbarschaft

Ein Anwohner darf nicht versehentlich den Hahn des Nachbarn überfahren, nur weil ihn das frühmorgendliche Krähen stört.

Oberamtsgericht Kirchheim-Bolanden – 1/95

Weltschmerz

Schriftsteller können die schlechte Qualität ihrer Werke nicht mit dem Umstand entschuldigen, daß sie »überhaupt keine Lust mehr« und »egal eine Stinkwut auf alles« haben. Dagegen können eine »tiefgreifende und erschütternde Sinnkrise« sowie »latenter Weltschmerz bzw. -ekel« ohne weiteres geltend gemacht werden.

Europäischer Gerichtshof – Rs. C-16/95

Entschädigung

Keinen Anspruch auf Entschädigung hat, wer unbefugt ein Betriebsgelände betritt, dort von fremden Lebensformen entführt und auf einem »unwirtlichen und übelriechenden Planeten in einer völlig fremden Galaxie« ausgesetzt wird.

Landgericht Darmstadt – 3 U 576/94

Splitterfraktur

Ein Anwohner darf einem Kind des Nachbarn nicht alle Finger brechen, nur weil dieser zuvor seinen Hahn überfahren hat.

Oberamtsgericht Kirchheim-Bolanden – 2/95

Schmerzensgeld

Ein Profi-Boxer kann vor Gericht auch dann kein Schmerzensgeld von seinem Gegner einklagen, wenn er anhand von Fernsehaufzeichnungen schlüssig beweisen kann, daß »der andere aber angefangen« habe.

Verwaltungsgericht Dortmund – 4 A 329/94

Beratungsgespräch

Ein Anwohner darf nicht den Bauknecht-Kücheneinrichtungs-Berater für Mittwoch, 11 Uhr 30, zur Adresse seines Nachbarn bestellen, nur weil dieser zuvor seinem Kind alle Finger gebrochen hat.

Oberamtsgericht Kirchheim-Bolanden – 3/95

Hausratversicherung

Entfernt der Eigentümer eines Fahrrades an seinem Gefährt die Fahrgestellnummer, zerlegt das Gefährt in handliche Teile, verkauft Bremsen, Pedale und Gangschaltung mit erheblichem Gewinn und versenkt den Rest in einem nahegelegenen Baggersee, bleibt die Hausrat-Versicherung von ihrer Leistungspflicht frei.

Oberlandesgericht Potsdam – 56 Uz 456/94

Autokino

Ein Anwohner darf nicht mit einem befreundeten Polier zusammen die Aussenwand des Einfamilienhauses seines Nachbarn zu einem florierenden Autokino umfunktionieren, nur weil dieser zuvor den Bauknecht-Kücheneinrichtungs-Berater für Mittwoch, 11 Uhr 30, zur Adresse des Anwohners bestellt hat.

Oberamtsgericht Kirchheim-Bolanden – 4/95

Sichtverhältnisse

Autofahrer können nicht davon ausgehen, daß es draußen noch hell ist, nur weil ein entgegenkommendes Fahrzeug ohne Licht fährt.

Oberlandesgericht Hamburg – 23 G 875/94

Sonderangebot

Ein Erpresser-Ring, zumal ein kosovo-albanischer, darf seinen Schutz nicht unter dem Hinweis »Das Frühlingsangebot, das Sie besser nicht ausschlagen sollten...!« offerieren, da es in der Schutzgeld-Branche, zumal in der kosovo-albanischen, nicht üblich ist, Leistungen zu bestimmten Jahreszeiten zu besonders günstigen Preisen anzubieten.

Landgericht Darmstadt – 22 C 739/94

Nachbarschaft

Der Besitzer eines durch Sprengung in einen Badesee verwandelten Einfamilienhauses darf nicht versehentlich den Hahn des benachbarten Autokinobesitzers überfahren, nur weil ihn das frühmorgendliche Krähen stört.

Oberamtsgericht Kirchheim-Bolanden – 5/95

Unlauterer Wettbewerb I

Ein Fachgeschäft für Mobiltelefone, das seinen Kunden die Wartezeit mit unbekleideten Hostessen verkürzt, ihnen die Füße massiert und Zahnzwischenräume reinigt, sie ständig mit »Eure Lordschaft« betitelt und mit edlen Metallen und Geschmeide überhäuft, verstößt gegen das »Gesetz gegen unlauteren Wettbewerb«.

Oberamtsgericht Osnabrück – 45 GG 34/95

Unlauterer Wettbewerb II

Ein Abdecker, der den Anlieferungsfahrern zwischendurch »sensitive Ganzkörpermassagen« zugute kommen läßt, auch.

Oberverwaltungsgericht Mainz – 1 W 34/95

Kirchensteuer

Ein katholischer Priester ist dazu verpflichtet, sein Gehalt ordnungsgemäß zu versteuern. Seine Einnahmen aus der Sonntagskollekte hingegen bleiben ein steuerfreier Nebenverdienst.

Landgericht Cuxhaven – 456 Z 7556/94

Benjamin Schiffner/Martin Sonneborn

Dr. Daths notwendiges, zuverlässiges und wunderschönes

SCHWERMETALL KOMPENDIUM

I. GESCHICHTE DES SCHWERMETALL

Vor ca. 15-20 Mio. Jahren überzeugender Urknall, dann sofort Deep Purple, Black Sabbath, Led Zeppelin. Schwere Verunsicherung der kosmischen Strahlung, die infolgedessen auf 3 Kelvin abkühlte. Gott erschafft den Menschen, dieser trägt bunte Aufnäher auf sogenannter Kutte, rennt aufs Open Air und kauft sich davon ein Video. In den späten Siebziger Jahren dann die New Wave of British Heavy Metal, von Journalisten zärtlich NWOBHM gerufen. Meint: Iron Maiden etc. Überwiegend einstimmige Stücke in Dur-Tonarten. Interessant bei Def Leppard ein Halbschluß auf der Dominante von c-moll in einem Song, dessen Titel mir entfallen ist, und daß der Drummer nur einen Arm hat, aber »tapfer« (HÖR ZU) weiterknüppelt. Besorgte Eltern rotten sich zusammen und blöken was, ein Pädagoge schwitzt im Fernsehen, und die Groupies kriegen Seuchen. Man kam allmählich durch Versuche dahinter, daß, wenn die Musik immer schneller stampft und röhrt, eine Optimierung des immanenten Lärms erreicht wird, woweswegen die Gravitation des ausgestuften Fortgangs der Akkorde den Nachbarn zu verzweifelter Gegenwehr motiviert. Aber die Boxen sind stärker, Geburt des sogenannten Thrash-Metal. Seitdem immer lauter. Ein Experte warnt vor Ohrenschäden, niemand hört auf ihn, Cronos (so eine Art Voltaire: verschmitzt und mit schlechten Zähnen) gründet die Gruppe Venom und stößt damit das Tor zur Hölle auf. Neue Impulse machen Grrrr, und Tele 5 sendet »Hard and Heavy«, eine Sendung, die das Erbe der »Drehscheibe« so lange würdig verwaltet, bis es Tele-5-Wichtigmacher Frank Elstner zu langhaarig wird, die Sendung wird abgesetzt, und Moderatorin Anette trennt sich von Freund Peter Maffay. Am 8. Mai 85 hält Richard von Weizsäkker seine berühmte Rede, ein Jahr später antworten Motörhead mit einer Platte, deren retrospektives Moment sich dem Schleim durch die Inbesitznahme der Dunkelheit und Schuld der Welt (Bumm-takkatakkabumm-takkatakkabumm-Bumm, da capo) nicht ohne eine Strenge, die um die gehörte Musik der Zeit zum strahlenden Kristall zusammenschießt, versagt. Seitdem alles noch lauter.

II. Lexikon

AC/DC

Australische Band. Alter Sänger starb an eigenem Erbrochenen. Texte verlagerten sich daraufhin vom Thema Suff aufs noch einfältigere Thema kleine Mädels, diese quieken auf Livekonzerten, während Gitarrist Angus, der sich für den Großvater Gottes hält, monatelange Soli zupft. Rentner kriegen Angst. Kanonendonner. Hui!

Analphabetismus

Schwerwiegendes Problem unserer Zeit. Der juvenile Heavymetal-Adorant entziffert mit philologischer Sorgfalt den grafisch verschlungen aufgedonnerten Namenszug (Fachwort: LOGO) seiner Lieblingsgruppe, lernt alle Texte vom Beiblatt auswendig und leistet Massenaufklärungsarbeit, indem er die verinnerlichten Verse mit edding-Stift auf Schulbänke und U-Bahn-Sitze schreibt; und das Wort war bei Gott.

Anthrax

Haben Platte mit Negern aufgenommen. Arnold Schönberg 1922 in seiner »Harmonielehre«: »Man sieht, so kommt man nicht weiter.«

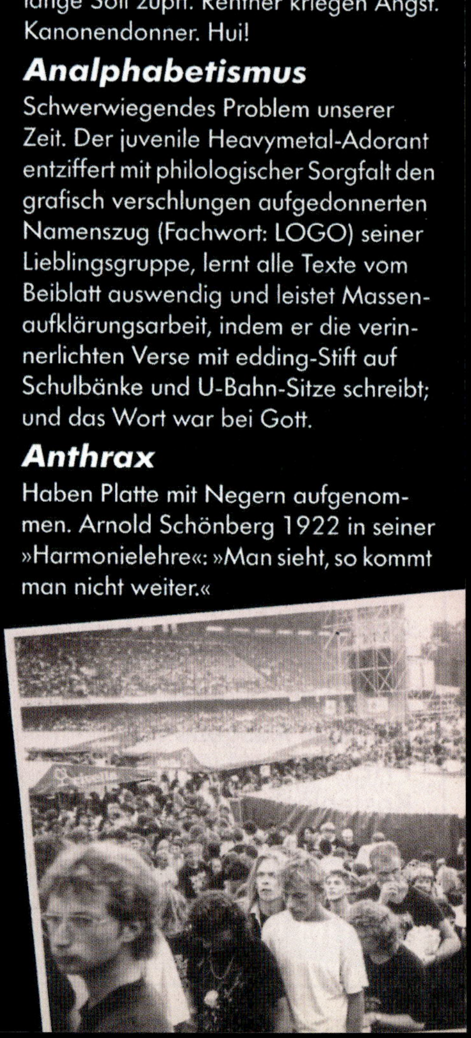

Black Metal

Es gibt schwarzen, noch schwärzeren und kohlpechrabenschwarzen Black Metal. Alle drei sind ziemlich finster. Es handelt sich um lyrische Elogen auf den Teufel und ihm unterstellte Dämonen. Musik: el. verstärktes Hornissensummen. Was eine richtige BM-Gruppe ist, zündet live halbnackte Frauen an und tobt herum dazu. Reizt die Organe und das Gewebe mit Wechselstrom.

Bruckner, Anton

War auch nicht leiser. Habt euch nicht immer so.

Brüllen

Von Konfuzius laut Lin Yutang: »La Sagesse de Confucius«, Paris 1949, ausdrücklich gutgeheißene Tätigkeit. Spielt eine tragende Rolle im Heavy Metal.

Cooper, Alice

Also wenn der Bundespräsident künftig nicht mehr in einem Saal mit teuren Vorhängen von irgendwelchen Fußballern und Juhnke und handverlesenen Indolenten, sondern von einer ausgelosten neunten Klasse einer Hauptschule gewählt würde, dann wär' er's.

Crossover

Um 1985 aufgetauchter Einfall, Heavy Metal mit allem und jedem zu verschmelzen: Punk (Metallica, Anthrax), Rap (Anthrax, Faith No More), Polka (Dayglow Abortions), Geistl. Musik (Voivod), Scheiße (Scorpions). Klappt nit.

Czzzotschzzerrrntß

Geräusch einer reißenden Baßgitarren-Saite (cf. Motörhead).

DANZIG, Glenn

Nordamerikanische akustische Sinnestäuschung, bestehend aus Koteletten, Muskeln, Tätowierungen, einer wie am Balkanspieß jaulenden Stimme, die gegen die Heulschutzbestimmungen der Apachen verstößt und sich dreier Mitmusiker bedient, die eine lange Erfahrung als Studiokünstler und ziemlich was an der Waffel haben. Trägt außerdem einen angeblich authentischen Nachnamen mit sich herum, der ihn Günther Grass sympathisch machen müßte, wenn dieser was anderes hören würde als Stimmen aus dem Jenseits (Wehner, Goethe) und jener nicht immer so trommeln würde, daß das Blech wegfliegt.

Death Metal

Gegrunze gegen Tierversuche, Imperialismus, Rassismus etc. Hat auch mit Verstümmelung zu tun, aber man versteht die Leute so schlecht. Sehr gute Musik chrrrn.

Famff

Erfanden den Funktionalen Techno-Thrash-Metal
Funktionaler Techno-Thrash-Metal
Musik von Famff. Kann man nicht hören, wird man melancholisch von.

FAN, geeigneter des Hard Rock

»He's a Rebel!«, ACCEPT. In der Tat: Er *ist* ein Rüpel.

FAN, idealischer des Heavy Metal

Begreift sich als das im Sinne Walter Benjamins und dessen geschichtsphilosophischer Thesen zur Erlösung strebende Subjekt und frißt morgens rohen Teer. Rohen Teer! Rohen!

Goethe

Im Faust: »Wenn das Gebäude widerhallt, spürt man erst recht des Basses Grundgewalt.« Erster Geist-Erzeuger, der den Metal wahrnahm.

GOTT, Wasilius

Nach jedem Heavy Metal Konzert steht in der Lokalpresse was von Unmengen Mülls, die die marodierenden Konzertbesucher hinterlassen haben sollen. Dabei stimmt's nicht, schuld ist G. Nämlich: »Zuallererst muß der Abfall von Gott kommen.« 2 Thessalonicher 2:3

Guns 'N Roses

Sänger W. Axl Rose hat David Bowie verdroschen. Man begreift hieraus das Gärend-Wilde dieser Musik, die manchmal fast barbarische, von aller verbindlichen und gefälligen Urbanität weit entfernte Ballung d. Themen, die hier ungebärdig, meist i. fortissimo Unisono, in jähen Stürzen auf u. ab ihre Energie entfalten. GNR haben d. Filmmusik für einen Schwarzenegger gemacht. Der verhaut auch immer Schwächere.

Hard Rock

Bledes Zeug, zumeist v. Deutschen wie d. Scorpions & Accept verbrochen, hatte viele Anhänger in der ehem. DDR und Gorbatschows Sowjetunion. Nicht zu verwechseln mit Heavy Metal. Sonst Kloppe (cf. Guns 'N Roses).

Helloween

Kein einziger Ausländer dabei. Kannste wegschmeißen.

Homosexualität

Kommt im Metal nicht vor. Mithin auch kein AIDS und kein Outing, übrigens auch kaum Feminismus. Drei Hauptlangweiler unserer Zeit bleiben also ausgesperrt.

KIRCHZARTEN

Schwerste Stadt hinter dem Meeresspiegel oder wo. Hier kommen auf einen Einwohner drei Heavy Metal Bands (Mehrfachmitgliedschaften sind möglich), zwei Abonnements des METAL HAMMER (wegen Berichte Ausschneiden), viele wüste Geschichten und zu viele T-Shirts.

Schwermetall Kompendium

KISS
Neues Lied: »God gave Rock'n'Roll to you«. Spielen Juden mit. Schminkten sich früher. Können immer noch nicht singen. Klasse.

Leder, schwarzes
Der gesellschaftliche Verdacht, jener Block, von dem die Negative Dialektik uns berichtet, vermutet vom schwarzen Leder, daß dessen Träger qua Aufmachung schon sein im Grunde Gegen-alles-Sein damit sich verhüllend und zugleich offenbarend zu erkennen gibt. Stimmt aber nicht. Der ist viel zu besoffen – wenn ich's euch sage! – um noch gegen irgendwas, geschweige denn naja… ergo: Prost.

Malmsteen, Yngwie
Versucht, so schnell Gitarre zu spielen, daß das Lied aus ist, bevo

METAL HAMMER
Bravste Zeitschrift diesseits vom WACHTURM. Macht sich anläßlich von Editorials, Plattenkritiken, Interviews und was noch alles immer wieder Sorgen um Gewalt in der Szene, Umwelt, Drogen und andere STERN-Angelegenheiten. Völlig immun gegen jede Form von Humor, außer der schweißfüßigen. Beweis, daß Metal den Journalismus auch nicht mehr retten kann. Wieso sollte er denn auch.

METALLICA
Ehemaliger Bassist von eigenem Bandbus überrollt. Hatte keine Textänderungen zur Folge (cf. AC/DC). Wurden immer besser. Machen sich live manchmal übereinander lustig. Muß man gern haben, sind krank bis ins Mark.

Motörhead
Die Band mit der Warze auf der Backe des Bassisten und Sängers, der mit bloßen Händen meterdicke Baß-Saiten zerreißen kann, hab' ich selbst gesehen. Alle Mitglieder dieser Gruppe sind unverwundbar, unsterblich und mehrere Meter groß. Ob das ursächlich von der Warze kommt, war nicht zu eruieren (cf. Okkultismus).

Okkultismus
Lustiger Quatsch, bei dem manchmal einer draufgeht. Nicht weiter schlimm. Könnten sich ja auch in Videospielhallen rumtreiben, die Kleinen. Statt dessen erschrecken sie den Pfarrer und seine Frau, ist doch gut.

Ozbourne, Ozzy
Ganz äonenalter Mann. Schlurft beim Singen kreuz und quer über die Bühne, klatscht kraftlos in die vom vielen Schnaps zitternden Händchen und quengelt als Zugabe d. Klassiker »Paranoid«. Inspirierte die unfaßbaren Dayglow Abortions zum herrlichen Zweizeiler: »Ozzy Ozbourne is so out in space he would probably love it if I pissed in his face.«

POISON
Nein, die sehen bloß so schwul *aus* (cf. Homosexualität).

Queensrÿche
Intellektuelle mit hoch singendem Mann vorn. Lesen dicke Bücher. Musik: eine Ansammlung von sonorités brusques et acides. Texte: Nur was für Leute, die die Beschreibung der Musik im vorangehenden Satz kapiert haben.

Rock, Monsters of
Zigtausende Gestörter auf einem großen Platz unter freiem Himmel. Betrachtet man das wie Husserl unterm Aspekt der Widerlegung d. Psychologismus, wird schlagartig klar, daß derartiges schon wegen Verkehrsaufkommens u. der unvermeidlichen Verwüstung zahlloser Vorgärten enormen Charme freisetzt. Macht Spaß. Sollte öfters sein, auch auf'm Lande.

Scorpions
Fiese Schweine, widerliche Schmierlappen, heulendes Elend, endgültiger Geschmackstod enthirnter Jelzin-Horden, schmissiger Strunz, von dem man Hodenzwicken kriegt.

Sub Pop & sog. Seattle-Sound
Plattenfirmaförmige Himmelserscheinung, die Hunderte von Bands unter Vertrag hat, welche durch ein »chronosynklastisches Infundibulum« (Dr. Vonnegut, zit. nach Prof. Rowohlt) aus den 70er Jahren in bester Led-Zeppelin-Fitniss zu uns geschubst wurden, in unser Zeitalter des Urdrecks (cf. Scorpions).

TESTAMENT
Bedeutendster Beitrag der Ureinwohner Amerikas zum Seiner-Selbst-inne-Werden des Weltgeists seit Häuptling Geronimo ist zweifellos der T.-Sänger Chuck Billy. Wenn er mal keine Lust zum Singen hat, fällt er um und auf den Lead-Gitarristen drauf, dieser kommt ins Krankenhaus und die Tour wird abgebrochen.

White Metal
Texte feiern Jesus. Bands werden meist wegen irgendwelcher Fick- und Rauschmittelskandale aufgelöst. Schadenfreude ist angebracht. Schmeißen live Bibeln ins Publikum. Diese Bewegung ist inzwischen so gut wie tot. Gott auch.

WOK!
Geräusch eines Bassisten, der vom eigenen Bandbus überrollt wird (cf. Metallica).

ZOËTROPE
Ulkiger Name, was? Machen Geräusche.

ZZZZdojngzzdoijngzz-döijng
Geräusch einer Baßgitarrensaite, die *nicht* reißt (cf. Motörhead).

Großer TITANIC Oppositions-Politiker-Test

TITANIC Telefon Terror

Sind die Sozis bereit für den Wechsel?

In knapp anderthalb Jahren stehen die nächsten Bundestagswahlen an. Höchste Zeit also, mal ein klärendes Gespräch mit führenden Oppositionspolitikern wie Oskar Lafontaine, Gerhard Schröder und Rudolf Dings zu führen. Denn nach dem Wahlsieg der britischen Labour Party interessiert die deutschen Wähler nur noch eins: Wer ist der »deutsche Tony Blair« *(Bild, taz, FAZ)*? Oskar Lafontaine, Gerhard Schröder oder gar Rudolf Dings? Und: Wird dieser auch zur großen *Victory Party* nach London fliegen, die TITANIC spontan für die *European Top Socialists* organisiert hat?
Für den großen TITANIC-Oppositionspolitiker-Test wurde die Telefonzentrale der Redaktion direkt nach der Wahl in England zum *Public Relations Office* der Labour Party, in dem *first secretary* Mrs. Birgit Miller und Mr. Martin Burlington, *Head of the Celebration Committee*, routiniert ihrem schmutzigen Geschäft nachgehen!

➜

Oskar Lafontaine
0049 - 228 / 532 347

»Ich muß dann Scharping mitbringen!«

Sekretärin Mr. Burlington? Einen Moment, ich stelle Sie rüber zu Mr. Lafontaine.
TITANIC Yeah!
Lafontaine *(sachlich)* Hallo, Oskar Lafontaine speaking.
TITANIC Ja guten Tag, Mr. Lafontaine, my name is Martin Burlington – wie die socks! – I'm the chief of the celebration committee of the Labour Party. Äh, you know, wir hatten gestern eine historische Sieg…
Lafontaine Sie sprechen aber gut Deutsch! Herzlichen Glückwunsch, wir haben uns alle gefreut!
TITANIC Ja, äh, das kommt, ich studiert in Heidelberg. Aber wir hatten eine historische Sieg gestern, wir planen eine große change party with European Social Democrats…
Lafontaine Das find ich sehr gut, ja.
TITANIC …on Sunday, May the elf… eleventh. And we're planing a great victory trail durch London und würden inviten Socialist leaders from whole over Europe: Jospin, France, is coming and Victor Klima from Austria, and also Bill Clinton is coming…
Lafontaine *(sehr interessiert)* Ah, Bill Clinton is also coming?
TITANIC Bill Clinton wird auch teilnehmen, es is eine große Party. Und wir mochten einladen den deutschen top Social Democrat!
Lafontaine Gut, dann werde ich kommen!
TITANIC Das ist wunderbar, Mr. Lafontaine. Darf ich fragen, ob das eine Problem für Sie ist am 11. Mai? Es ist ein weekend.
Lafontaine Ja, das ist natürlich, ich hab da einen anderen Termin, aber den schmeiß ich dann raus, das kann nichts Wichtiges sein!
TITANIC Das ist great, Mr. Lafontaine! Eine Frage, wir mochten machen eine

Kurze Plakate, lange Slogans

Band with great Socialists, Bill Clinton will be playing his saxophone, und you know, Tony Blair wird spielen his E-guitar. Können Sie spielen eine Instrument?
Lafontaine Nein, leider gar nicht!
TITANIC Nothing? Oh, is there anotherone in the party, who can play drums or so what?
Lafontaine *(jovial)* Da muß ich mich erkundigen. Helmut Schmidt kann Orgel spielen, aber das paßt nicht, hohoho!
TITANIC Helmut Smith?
Lafontaine Ja, the old chancellor.
TITANIC Ah, the old chancellor. How many people, wieviele sollen wir einladen from Social Democratic Party Germany?
Lafontaine Ja, die Frage ist, wieviel haben die anderen Parteien?
TITANIC Two, höchstens zwei Leute.
Lafontaine Dann für uns auch höchstens zwei, wir wollen ja keine Sonderrechte.
TITANIC Ja. An wen denken Sie?
Lafontaine Muß ich mal sehn, wer kann. Also es wäre dann vielleicht sinnvoll, auch noch Schröder mitzubringen.
TITANIC Mr. Schroder?
Lafontaine Aber der ist in den Vereinigten Staaten, aber es könnte sein… der ist wieder zurück, das muß ich jetzt klären.
TITANIC Ansonsten: Randolph Scharping?
Lafontaine Oder Rudolf Scharping. Nein, ich muß dann Rudolf Scharping mitbringen, denn Rudolf Scharping ist Vorsitzender der SPE, Social Democratic Party of Europe, therefore I bring him with me…
TITANIC And for the press: Konnen wir sagen, Sie, Mr. Lafontaine, sind the German Tony Blair? Can we say this?
Lafontaine Das ist äh, etwas äh schwierig, weil bei uns zwei Kandidaten gehandelt werden, das bin ich als Vorsitzender und Gerhard Schröder als Ministerpräsident…
TITANIC But who is the German Tony Blair, who is the top Social Democrat?
Lafontaine The, höhöhö, top Social Democrat, höhö? It's not so simple to give an answer. You know, I'm the leader of the party, but after the polls there is also Gerhard Schröder a man with a high, äh high level in the polls, therefore…
TITANIC Ick verstehe, ick verstehe! Okay, last Frage hier von meine Seite: Wir English Socialists have eine Botschaft, »Labour is future«, and it's great on the walls. Was ist die Botschaft der deutschen Sozialdemokraten, die wir daneben schreiben konnen?
Lafontaine *(verwirrt)* Oh, da muß ich… könnt ihr uns das mal schicken, damit wir… also Labour is, Arbeit ist Zukunft, oder soll das…
TITANIC Also Labour is auch Name of unsere Partei!
Lafontaine Ja, aber was ist intendiert in dem Slogan?
TITANIC Es ist beides, es ist kurz und knapp, und vielleicht eine Wahlkampfslogan from the German Social Democrats daneben?
Lafontaine Ja gut, wir haben jetzt, äh wir haben jetzt einen vorläufigen Slogan, und der heißt: »Wir sind bereit… für den Wechsel!«
TITANIC Wir sind bereit… für die Wechsel?
Lafontaine Ja, zum Wechsel! Z u m Wechsel! Wir sind bereit zur Übernahme der Regierungsverantwortung! Das ist aber zu lang, der Slogan heißt nur: Wir sind bereit!
TITANIC Wir sind breit?
Lafontaine We are ready! We are ready to…
TITANIC Ah, für die Wechsel. Okay. But who is going, äh wer wird sein Kanzler in Germany?
Lafontaine Das können wir noch nicht sagen, das deutsche System ist etwas komplizierter als das britische. Herr Schröder hat ja noch eine Wahl als Ministerpräsident, wenn er die verliert, kann er nicht zum Kanzlerkandidaten gewählt werden.
TITANIC Ah! Schroder gegen Joschka Fisch… äh, Fisch…
Lafontaine Nein, das ist in Niedersachsen, da ist Schröder Ministerpräsident, und der Gegenkandidat, kennen Sie nicht, der heißt Wulff, das ist von der CDU, Christian Democratic Party.
TITANIC Ah, the great Konkurrent of the Social Democrats!
Lafontaine Also wir könnten dann mit drei Leuten kommen, falls Schröder Zeit hat?
TITANIC Okay, und mit den Tickets, Sie wissen, wir sind eine junge Partei…
Lafontaine Jaja, das machen wir selbst.
TITANIC Okay. And hotel, four, äh four sterns?
Lafontaine Das würden wir… von wann bis wann geht denn die Veranstaltung?
TITANIC From elften bis zwölften, wir machen große victory trail through the

inner city of London: Tower, Piccadilly Circus, Buckingham-Palace…

Lafontaine Ja, ja, mit dem Hotel, das lassen wir dann hier klären, ich muß erst mal klären lassen, ob Scharping Zeit hat, ob der Schröder mitkommt. Schröder ist am Tag vorher bei mir zu Hause bei einer privaten Feier…

TITANIC Ah, Sie haben nicht Geburtstag, zufällig?

Lafontaine Nein, ich… mein, mein Sohn wird getauft.

TITANIC Ihr Sohn wird ge-tauuuft?

Lafontaine Mein Sohn Carl. Ich habe einen Sohn, der heißt Carl-Maurice. Lafontaine.

TITANIC Will er mitkommen?

Lafontaine *(heiter)* Ja haha, das wär natürlich toll, ja.

TITANIC Is für uns kein Problem. Gut, dann koordiniere ich das hier und schicke Ihnen das...

Lafontaine Entweder nach Bonn oder Saarbrücken, und wir organisieren das hier, braucht euch gar nicht drum zu kümmern. Wir müssen nur noch wissen, wo wir hinkommen sollen, wann…

TITANIC Okay, that will be very, very nice, Mr. Lafontaine. Ich bedanke mich bei Ihnen, have a nice day!

Lafontaine Ja, have a nice day also, and all my best wishes to Tony and you!

Ja, so sind sie, die Herren Oppositionsführer! Halten einerseits Slogans wie »Wir sind möglicherweise vielleicht irgendwann bereit zur Übernahme der Regierungsverantwortung« – oder so ähnlich – für geeignet, um die Regierung das Fürchten zu lehren, und haben andererseits noch nicht einmal wichtige Termine! Und auch wenn Oskar Lafontaines Begeisterung so groß ist, daß er sofort eine Presseerklärung zu seiner Einladung nach London herausgibt –

tragen, sagte Müntefering.
Der SPD-Vorsitzende Lafontaine bezeichnete in einem Glückwunschschreiben an Blair den Labour-Erfolg als „gut für ganz Europa“. Lafontaine will auf Einladung Blairs an der Siegesfeier der Labour Party am 11. Mai in London teilnehmen. Die stellvertretende SPD-Vorsitzende Wieczorek-Zeul sagte in Bonn, der Labour-

FAZ, 3.5.1997, Seite 2

ob »der Schröder« mitkommt, möchten wir doch lieber gleich selbst herausfinden. Das erweist sich allerdings als gar nicht so einfach, weil dieser gerade durch die USA tourt. Mit freundlicher Unterstützung der niedersächsischen Staatskanzlei und des deutschen Konsulats in Seattle erreichen wir ihn schließlich. Aufgrund einer unglücklichen Zeitverschiebung und weil im *celebration departement* niemals vor 10 Uhr gearbeitet wird, hat Mr. Schroder allerdings schon ein paar Schlummertrünke genommen und sich aufs Ohr gelegt. Ist ja auch schon ein Uhr in der Nacht für

Gerhard Schröder
001 206 621 1700
»Frau ist bei mir schlecht!«

Rezeption Good evening, The Four Seasons (…) May I connect you with his bedrooom?

TITANIC Sure!

(Pause)

Schröder Ha, hallo?

TITANIC I just connect, hold on a second!

TITANIC Burlington. Hello, Mr. Schroder?

Schröder *(leise)* Yes, yes, Schröder is speaking.

TITANIC Guten Tag, wir konnen spreken Deutsch, entschuldigen Sie...

Schröder Kein Problem, es ist zwar ein Uhr nachts, aber: Was gibbs?

TITANIC Wir haben versucht, Sie zu erreichen für mehrere Stunden…

Schröder *(betroffen)* Oh!

TITANIC Wir haben eine große historische Sieg errungen…

Schröder Ja, das kann man sagen, und ich freu mich unglaublich.

TITANIC Möchten Sie irgend etwas übermitteln zu Tony Blair?

Schröder Hab ich in allen Zeitungen Deutschlands getan.

TITANIC Mr. Schroder, wir planen eine große Victory-Feier am 11. May, Oskar Lafontaine, hat er Sie schon informiert?

Schröder Nee, hat der nich. Am 11. Mai hat der übrigens die Taufe seines Kindes!

TITANIC Am 10. Mai ist die Taufe seines Kindes. Er sagte, daß Sie dasein würden…

Schröder Ja, ich bin da.

TITANIC …und wir mochten auch Sie personlich einladen...

Schröder Sehr gut, ich komm dann.

TITANIC …also daß die German Democrats in zwei Personen…

Schröder Ja, ja, dann fliegen wir von Saarbrücken aus zu Ihnen. Ich komm gerne.

TITANIC Gut, machen wir das. Herr Schroder, Bill Clinton wird auch kommen, und wir werden eine big riverboat party haben und planen eine victory jam session. Bill Clinton will spielen seine Saxophone und Tony Blair is eine gute E-guitarist. Können Sie ein Instrument spielen?

Schröder Nein, ich kann gar nichts, nicht mal singen! Sehr nett, daß Sie fragen.

TITANIC Aber...

Schröder Aber: ich würd gern dabeisein!

TITANIC Ja.

Schröder *(engagiert)* Weil, ich glaube: Ihr habt eine tolle Geschichte gemacht!!!

TITANIC Ja, und die top Social Democrats of Europe sind da...

Schröder Ja, ich komm gerne!

TITANIC Jospin from France…

Schröder *(bestimmt)* Ja, nein, ich komm gerne!

TITANIC Okay, wir freuen uns…

Schröder Wenn Sie mich einladen und mir eine Einladung schicken, komm ich mit Oskar zusammen, und wir, wir fahren von seiner Taufe, kommen wir dann zu Ihnen, ich bin dabei!

TITANIC Mr. Schroder, dann stehen Sie zusammen mit Oskar Lafontaine in die erste Reihe, was is mit Randolph Scharping?

Schröder Kein Problem! Wenn Sie ihn einladen...

TITANIC Es is ein bißchen eine Problem, daß drei German...

Schröder Dann muß er halt in der zweiten Reihe stehen!

TITANIC Okay, Mr. Schroder, ich entschuldige mich noch mal…

Schröder Nein, Sie haben sich für überhaupt nichts zu entschuldigen! Ich bin hier in Seattle, es ist ein wunderbarer Abend.

TITANIC Jaha.

Schröder *(begeistert)* Ich weiß gar nicht, wer Sie sind, aber Sie machen wirklich einen sympathischen Eindruck, und ich finde, ich finds toll, daß Sie sagen, wir machen das zusammen!

TITANIC Ich meine, das ist auch eine Aufgabe für die Social Democrats, und wir haben den change gemakt und...

Schröder *(begeistert)* Ja! Ihr habt eine unglaublich gute Geschichte gemacht!

TITANIC Wir hatten eine gute Botschaft, »Labour is future«.

Schröder Ja, wem… wem wollen Sie das sagen? Ich bin Ihrer Meinung!

TITANIC Aber was ist die Botschaft der deutschen Sozialdemokratie?

Schröder *(bedeutungsvoll)* Werden Sie schon sehen, dann. Wenn ich komme, werden Sie schon sehen!

TITANIC Ja, gut. Mr. Schroder...

Schröder Und Sie schicken mir eine Einladung, und dann komm ich, und zwar an dem… dem Sonntag nach Oscars Taufe, wann immer Sie wollen!

TITANIC Mr. Schroder, wir bedanken uns.

Schröder Nee, Sie müssen sich nicht bedanken, ich find das ne ganz gute Geschichte, und ich bin so was von begeistert über das, wie ihr das gemacht habt.

Über das Telefonieren mit richtigen SPD-Politikern
0049 - 3280 / 419

Frau Niemeyer, (Sekretärin von Helmut Schmidt) …Herr Schmidt ist in einer Konferenz. Könnten Sie uns ein Fax schicken?

TITANIC Ich habe gesprochen mit Mr. Lafontaine, er war sehr zuvorkommend, ist es so eine Problem, nach Mr. Lafontaine auch zu Mr. Schmidt zu sprechen?

Niemeyer Das ist ein Problem, weil er telefoniert nicht sehr gerne. Das geht nicht so einfach wie bei Herrn Lafontaine.

TITANIC Ja, nun, wir haben ganz viel gekämpft...

Schröder Wer sind Sie eigentlich?

TITANIC Ich bin the head of celebration committee, Mr. Burlington my name. Sie haben wahrscheinlich nicht gehört von mir?

Schröder Nee, leider. Sie sprechen so was von glänzend Deutsch, das ist ja unglaublich!

TITANIC Ich habe studiert in Heidelberg, you know Heidelberg, die Mädschen, das Bier, die Fraunkirche...

Schröder *(vertraulich)* Ich würd mich freuen, wenn wir, bevor es etwas Offizielles gibt, uns beiden sehen.

TITANIC Ja, sicher…

Schröder *(noch vertraulicher)* Damit wir ein bißchen erzählen, wissen Sie, ich bin so ein Mensch, der weiß immer… gerne etwas.

TITANIC Ja, ich meine, man kann sicher eine inoffizielle, im kleinere Kreis mit Tony Blair auch…

Schröder Ich würd mich freuen.

TITANIC Bringen Sie Ihre Frau mit, Herr Schroder? Oder Familie?

Schröder Verstehen Sie, Frau ist bei mir schlecht. Ich bin zum dritten Mal verheiratet und scheide mich grad zum dritten Mal, aber es könnte sein, daß ich meine vierte Frau mitbrin…

TITANIC Vier Frauen wollen Sie mitbringen?!

Schröder Nein, nicht vier Frauen: die vierte!

TITANIC Ach so. Das is egal, wir sind da nicht so konservativ.

Schröder Seid ihr nicht?

TITANIC Nein, es heißt immer »konservative Briten«, aber sind wir in diesem Fall nicht.

Schröder Seid ihr nicht. Das ist schon mal tröstlich zu hören. Na, wahrscheinlich werd ich alleine kommen. Aber wenn, dann mit significant other.

TITANIC Okay, Mr. Schroder, ich bedanke mich für Ihre Zusage.

Schröder *(mitteilsam)* Ich finds nett, daß Sie angerufen haben, ich bin hier in Seattle, und: toll eigentlich! Jedenfalls, wenn Sie mir eine Einladung schicken, komme ich. Wahrscheinlich allein.

TITANIC Okay, Mr. Schroder…

Schröder Aber, übrigens: gerne!

TITANIC Wonderfull!

Schröder Weil: Ihr habt das toll gemacht!

TITANIC Ja.

Schröder Aber ihr müßt jetzt entscheiden, ob ihr eine Einladung an zwei… normalerweise kommt der Parteivorsitzende alleine. Aber wenn ihr wollt, daß ich komme… komme ich auch.

TITANIC Nein, also schon the top Social Democrats of Europe. Und wir denken, also Ihr Name is auch bekannt in England.

Schröder Ein bißchen?

TITANIC Schroder? Doch. Schon.

Schröder *(verklärt)* Ich mag Euch leiden.

TITANIC Okay. Have a nice night!

Natürlich ist er in England bekannt: Mr. Schroder, die personifizierte Botschaft der deutschen Sozialdemokratie. Sobald Oskar Lafontaine getauft ist, fliegen die beiden nach London. Fehlt im Grunde im Bunde also nur noch

Rudolf Scharping
0049 - 228 / 164 5066

»Do you know Samba, Rumba?«

TITANIC Wir konnen spreken Deutsch, I have studiert in Germany.

Scharping Gut! I have to improve my English.

TITANIC Mr. Scharping, Sie haben gehört from unsere große victory, wir hatten eine große change...

Scharping *(ernst)* Congratulations again!

TITANIC Thank you. Did Mr. Lafontaine spechen zu Ihnen? Wegen die große victory party on May, the eleventh?

Scharping Yes, I heard about it, and my bureau, my secretary told me that I should come to London on the eleventh of May.

TITANIC Ja, wir hatten eingeladen die drei großten top Social Democrats of Germany: Mr. Lafontaine and Mr. Schroder und Sie. Haben Sie Zeit, teilzunehmen on unsere große victory party?

Scharping Yes, I think so!

TITANIC Gut, Sie wollen kommen zu dritt, nun haben...

Scharping *(vorsichtig)* I don't know, if you rather think, Lafontaine will come. I'm not sure, if Schröder is able to come, but I will be there!

TITANIC Schroder wird eventuell nicht kommen?

Scharping I don't know it.

TITANIC Ich habe keinen genauen Informationen, Mr. Schroder is in Seattle...

Scharping *(abwiegelnd)* Yes. I think, he will come, but I'm not sure!

TITANIC Okay, ich habe eine Frage, wir planen eine große victory jam session an einer riverboat party. Mr. Clinton wird kommen und spielen die Saxophone, und Tony Blair is a good E-guitarist. Konnen Sie spielen eine Instrument?

Scharping *(locker)* Unfortunately not, but höhö, but I can participate with samba-drums or something like that.

TITANIC Sie konnen spielen mit...? Sorry, I don't understand!

Scharping Äh, do you know Samba, Rumba?

TITANIC Ah, Rämba! Hahaha! I understand! Aber mit was für eine Instrument wollen Sie spielen?

Scharping *(ernst)* Das sind so, so Rasseln, für… für den Rhythmus.

TITANIC Rassel?! Steel-drums? Für zum Trommeln?

Scharping Nein, nein, nein, not steel-drums! Äh, I don't know the special term.

TITANIC But es is eine ganz normale Instrument, nicht so wild?

Scharping Yes, yes!

TITANIC And would you like to spielen with Bill Clinton and Tony Blair and vielleicht Mr. Jospin?

Scharping Yes! I try to do it! Please give me your telephone number, and I give you a special advice, what it can be.

TITANIC Okay, ist the o-o-four-four-ein-sieben-ein-seven-o-ein-ein-zwei-drei-vier. My name is Burlington. And ich denke, es wird eine große Veranstaltung für die top Social Democrats in Europe, Mr. Jospin comes, Mr. Victor Klima, Erik Weihönig from Denmark, and es wird eine Menge Television dasein: Wer von die deutschen Sozialdemokraten, von die drei, soll stehen in die erste Reihe? With Tony Blair and Clinton?

Scharping Nobody as me as the president of the Social Democrats of Europe!

TITANIC Yes… okay… Mr. Scharping in the first Reihe… okay. Mr. Scharping, ich faxe Ihnen das zu, and then alles Weitere auf Staatssekretärsebene!

Scharping Okay, we call you back in this afternoon or tomorrow morning…

Ja. Genau. Aber natürlich ruft Rudolf Scharping nicht uns zurück, sondern die Labour Party in London. Und die haben mit so hochkarätigen deutschen Besuchern wahrscheinlich zum letzten Mal 1941 gerechnet. Und waren damals wohl auch besser vorbereitet. Möglicherweise konnten sich die SPD-Politiker mit den englischen Kollegen aber auch nicht darauf einigen, wer denn nun in der ersten Reihe stehen darf. Oder welchen Weg die Siegesparade vom Buckingham Palace (London) über die Royal-Albert-Docks (Liverpool) zum Piccadilly Circus (London) nehmen soll. Jedenfalls wurde die große Feier der europäischen Sozialdemokraten im Endeffekt von englischer Seite her abgesagt; mit der fadenscheinigen Begründung, man habe bereits am Tag nach der Wahl eine große Victory Party gehabt.

Aber: In diesen Tagen wählt doch auch Frankreich. Monsieur Lafontaine! Monsieur Schroder! Monsieur Scharping! Voûlez-voûs…? Kleine Wir-sind-bereit-fête nach die Wahl? Mit eine Tour de Triomphe dursch die Tuilerien, die Eiffeltourm, den Hafen von Marseille… □

Sonneborn / Schmitt, Zeichnung: Rattelschneck

Rudi Hurzlmeier

Westfriesische Strandszene

DER FÜHRER PRIVAT

Achim Greser

»Damit das ein für allemal klar ist, Blondie:
Das hier ist mein Revier!«

«Hätten Sie eventuell fünf Minuten Zeit,
mit mir über ein Projekt zu reden,
das homosexuellen, kommunistischen Ex-Strafgefangenen eine Perspektive bietet?»

«Ich wünscht', der Adolf wäre tot
und läg' im kühlen Grab,
mit Pfannekuchen zugedeckt,
und obendrauf Schok'lad.»

«Cool, mein Führer!»

«Ich finde es ein Ideechen zu entartet, Schatz.»

«Herr Nachbar, dürfte ich um etwas Ruhe bitten?
Morgen wird schon um 4 Uhr 45 zurückgeschossen.»

Gernhardt SPEZIAL

Robert Gernhardt wurde am 13. Dezember 1937 in Reval, dem heutigen Tallinn, geboren. Er lebte als Maler, Zeichner, Drehbuchautor, Lyriker und Schriftsteller in Frankfurt am Main und in der Toskana. Seit ihrer Gründung war er Mitarbeiter der Satirezeitschrift *Pardon*, erfand dort gemeinsam mit F. K. Waechter und F. W. Bernstein die Nonsensbeilage «Welt im Spiegel» und den unsterblichen «Arnold Hau». 1979 Mitbegründer der TITANIC. Für sein umfangreiches literarisches und zeichnerisches Werk wurde er mit zahlreichen Preisen geehrt. Gernhardt starb am 30. Juni 2006 in Frankfurt.

Nein, diese Psychiater!

Gut gegeben

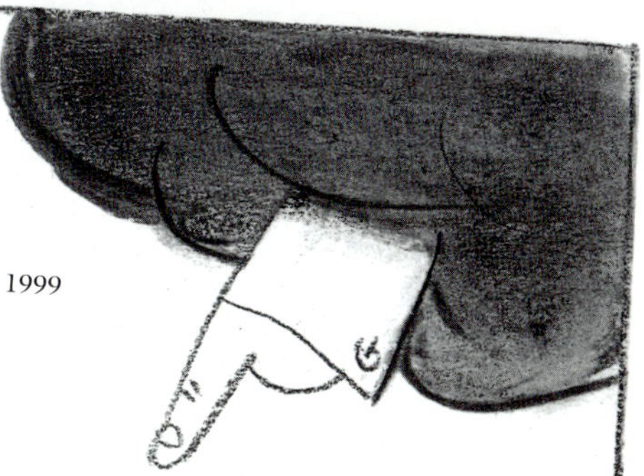

Montaieser Mittagsgedicht 2. Juni 1999

Miracolo

»So etwas findet man nur in der Bibel.«
Axel Schur sprach es aus nach dem Klassenerhalt
der Frankfurter Eintracht in letzter Minute
am letzten Spieltag gegen Kaiserslautern.

Wie, frag ich mich im Schatten der Pinie,
die »Rundschau« neben den Teller gebreitet,
mag Axel Schur die Bibel verstehen?
Wurde in der denn jemals gekickt?

Das nicht. Jedoch von Aufstieg und Abstieg
ist in dem Buch fortwährend die Rede:
Zum Sinai auf stieg Moses, und Jesus
stieg nach dem Tod in die Hölle hinab.

Freilich nur kurz. Schon am dritten Tage
gings wieder aufwärts, zuerst bis zur Erde,
alsdann in den Himmel, die Champion's League,
in der er sich seither hervorragend schlägt.

So weit ist die Eintracht noch lang nicht. Grad daß sie
den Abstieg verhindert hat und auch in Zukunft,
ein Jahr lang zumindest, erstklassig bleibt.
Dank göttlicher Fügung, Schur? Irren ist menschlich.

Robert Gernhardt

Vater, mein Vater!

Vater, mein Vater!
Ja, mein Sohn, was ist?
Vater, mein Vater!
Wie werde ich Rassist?

Nun – ein Rassist hält nichts von andern Rassen.
Du müßtest, beispielsweise, Neger hassen.

Den Neger? Nein, den hass' ich nicht,
den dummen schwarzen Mohr.
Ich hass' doch keinen Stinkemann,
wie komm ich mir da vor?

Nun gut, dann muß es eben anders gehen.
Wie ist's – willst du vielleicht Chinesen schmähen?

Den Chinamann? Den schmäh ich nicht!
Dies Schlitzaug gelb und feig
ist nicht mal wert, daß ich ihm keck
den blanken Hintern zeig!

Das lehnst du ab? Dann mußt du danach trachten,
zumindest den Indianer zu verachten.

Die Rothaut? Die veracht' ich nicht,
die ist kein Mensch wie wir,
die steckt sich Federn an den Kopf,
treibt's schlimmer als ein Tier.

Na schön. Doch wie hältst du es mit den Weißen?
Willst du auf ihn und seinesgleichen scheißen?

Den Weißen? Auf den scheiß ich nicht,
er ist das Licht der Welt,
das die Kultur des Erdenballs
mit warmem Strahl erhellt!

Mein Sohn, ach mein Sohn!
Mein Vater, was ist?
Mein Sohn, ach mein Sohn,
du wirst nie ein Rassist!

Mein Vater, mein Vater,
warum werd ich keiner?
Ach Heiner, mein Kleiner,
du bist ja schon einer!

Ehrlich? Wie herrlich!

Aus unserem „Noch Schöner Wohnen"-Angebot:
Wohnen im Grünen
Wohnen im Grauen

Aus einem Afrika-Roman
Der Farmer blickte forschend auf sein Gegenüber. „Du bist mein Sohn nicht", sagte er schließlich.

TITANI FACTUM.

Wir möchten Ihnen einen ungewöhnlichen Versandhauskatalog vorstellen. Ungewöhnlich sind die Dinge darin: kein einziges elektronisches Gerät (dafür aber viele mechanische Alternativen), keine Dinge aus Holz oder anderen verrottungsanfälligen Materialien, dafür solche aus klassischem Stahl und hochpolymerisierten Kunststoffen. Exklusive Rohstoffe, die es nicht mehr überall gibt. Dabei verzichteten wir konsequent auf den Import aus Hochlohnländern und beziehen nur von Herstellern, die ohne Umschweife in riesigen Stückzahlen liefern können.
Ungewöhnlich ist auch die Darstellung: eine sachliche, auf die Dinge bezogene Fotografie und einfühlsame Texte. Lesen Sie einfach jeden Satz langsam und laut vor, mit jedem Wort haben Sie wieder eines mehr gelesen, und bald ist der Satz auch schon zu Ende. Aber da kommt schon der nächste. Das Wunder des Lesens beginnt.

Silentium mechanicum.
Die letzten stummen Dinge.

Von jeder Kuckucksuhr, jedem Telephon, jedem Dampfkessel hat man heute nervtötende, unangenehme Töne und Geräusche zu gewärtigen.
Der Mensch-Maschine-Dialog wird alltagsmächtig, und es ist abzusehen, wie er enden wird: eine entfesselt surrende, klingelnde, tickende und pfeifende Geräteschaft auf der einen, eine finanziell und nervlich gebeutelte Menschheit auf der anderen Seite.
Wir halten dagegen: die letzten schweigsamen Geräte.

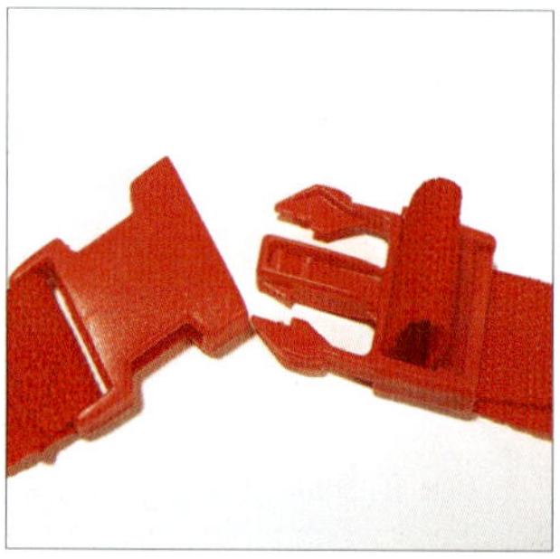

PicPac Präzisionsumhängetasche
Der Entwurf für diese Umhängetasche stammt aus den 80er Jahren dieses Jahrhunderts. Das Gehäuse ist aus schweißfestem Nylon, der Innenraum bietet ausreichend Platz für alles, was man als Tourist gerne vor den Genitalien hängen hat. Dezent aufeinander abgestimmte Signalfarben machen den PicPac auch im Dunkeln zu einem erschütternden Erlebnis. Ein präzises Sicherheitsschließsystem erlaubt zwei verschiedene Einstellungen: 1. geöffnet, 2. geschlossen. Eine dritte ist noch in Planung, wir halten Sie auf dem laufenden.
Bestell-Nr. 282376 DM 36,50

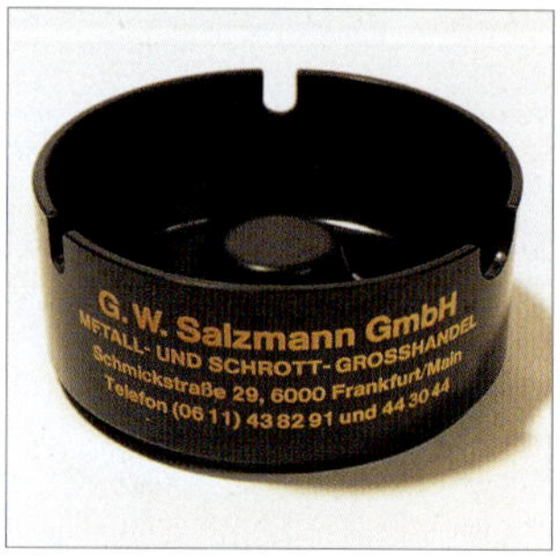

Super Sitting, U.S.A.
Die Super Sitting Company Inc. wurde 1919 im südlichen Louisiana gegründet, einer Gegend, in der seit dem 18. Jahrhundert schon immer viel herumgesessen wurde. Wenn schon arbeitslos vor den Saloons und Drugstores abhängen, dann aber unbedingt in einem Mobile Chair. Soviel Luxus muß sein.
Die Super Sitting Inc. unterhält einen eigenen Betrieb, in dem kurzfristig angelernte Hilfskräfte dieses einzigartige Sitzmöbel herstellen. In Japan gefertigte Kunststoffrohlinge und einige Meter Stahlrohr werden in Windeseile zusammengenagelt und vernietet, mit colorintensivem Schleiflack angestrichen, fertig. Das berühmteste Super Sitting-Modell ist der Stuhl 08/15, ein imposantes Sitzmöbel mit Wipplehnmechanik, dessen ehrfurchterweckende Wirkung sich sogar das amerikanische Gerichtswesen zunutze gemacht hat: Das Publikum und die Angeklagten nehmen traditionell darin Platz. Aufgrund des verwendeten Materials ist der Stuhl hervorragend für den Indoor-Einsatz zu gebrauchen.

Mobile Chair 08/15
Wenn er umfällt, geht er selten kaputt. Rückenlehne, Verstrebungen, Wippmechanik und Sitzfläche sind auf beeindruckende Weise anspruchslos modelliert.
Der Mobile 08/15 besteht aus massivem, gesägtem, gebogenem und lackiertem Blechrohr und blickdichten Polyesterharzen. Die Sitzhöhe ist von Fachleuten vorjustiert, die Sitzfläche abwaschbar, vorne, hinten und an beiden Seiten 42 cm breit, breiter wird's nicht. Und falls Sie zu Ihrem neuen Sitzmöbel einen passenden Stuhl suchen, tragen Sie auf der Bestellkarte bei »Anzahl« lediglich eine 2 statt einer 1 ein.
Bestell-Nr. 128861 DM 1.950,00

Aus Hessen
Rückstandsreservoir
Zum Genuß des Rauchens gehört das Bewahren und Sammeln der wertvollen Verbrennungsrückstände (»Asche«). Sammler aus aller Welt vertrauen auf dieses Gerät. In einem Arbeitsgang erfaßt und speichert diese Fertigung aus schwarzem, duroplastischem Bakelit die Rückstände Ihrer hochwertigen Rauchwaren bzw. Angehörigen. Der individuelle Prägedruck (»G. W. Salzmann GmbH«) verleiht dem schmucken Reservoir den unverwechselbaren Charakter.
Bestell-Nr. 8818888 DM 135,-

Aus Rumänien
Kochbesteck 5 Stück
Im Ostblock hatte sich während der letzten Jahrzehnte eine eigenwillige Produktkultur eigensinnig erhalten. Jetzt, da sich die Rumänen Besseres leisten können, überschwemmen diese Produkte den deutschen Markt. Die Kochbestecke sind aus massivem Aluminium gezogen, mit einer großzügigen Kunststoffbeimischung versehen und aufgrund ihrer »organischen Form« bequem in der Hosentasche zu tragen. Sie sind unzerstörbar, und falls einer kaputt geht, haben Sie immer noch vier übrig.
Bestell-Nr. 12345 DM 140,00

Ludwigshafen.
Aus der berühmten BASF-Manufaktur in Ludwigshafen kommen neben zahllosen Neuerungen im Bereich der Rheinwasserfauna auch unzählige textiltechnische Großtaten. Unter anderem auch jene sagenhaft unzerstörbaren Synthetik-Gewebe wie Diolen oder Trevira, die in ihrer fertigen Form vor allem unter der Bezeichnung »Kittelschürze« bzw. »Putzfrauennerz« bekannt wurden, wegen ihrer Strapazierfähigkeit berühmt und bis vor etwa 20 Jahren, als minderqualitative Billigwollstoffe den Markt überschwemmten, überall verbreitet waren.

»Meisterin Proper« – die letzte von Vielen.
Diolenstoffe gibt's ja noch, und seit zwei Jahren genießen sie sogar wieder die Gunst der Modemacher, bei denen sie lange Zeit verpönt und gänzlich »out« waren. Aber was da mit seinem seidigen Glanz und seinen geschmackvollen Mustern nur entfernt an Diolen erinnert, ist zumeist gekämmtes Satin und hat jenes Schicksal erlitten, das heute kaum einem für Bekeidungszwecke in Frage kommenden Gewebe erspart bleibt: Es wurde mit Naturfarben und fraglichen handwerklichen Methoden so lange traktiert, bis auch der letzte Rest an unverwüstlichem Charakter und knitterfreier Eigenart daraus entwichen war. Hier kommt die echte alte Diolen-Kittelschürze von BASF, tatsächlich einem der letzten Polyesterhersteller in gigantischem Ausmaß. Das Unternehmen verfügt über modernste Textilspritzanlagen und möchte diese, wenn möglich, noch mehr auslasten.

Polymer Super Fun Diolen
Der Stoff, aus dem Hausfrauenträume sind, wird selbstverständlich nicht auf eine der oben genannten Weisen »gewebt«. Es ist vielmehr eine am Stück gezogene, leichte Ornamentmusterfolie (70g/qm) mit zwei riesigen Löchern für die Oberarmstümpfe. Sämtliche Spezifikationen des »Super Fun Diolen« stammen aus dem späten 20. Jahrhundert. Heraus kommt eine Textilfolie, wie sie sein soll: Am Anfang etwas hart auf der aromaversiegelten Haut, wird sie im Laufe ihrer langen Lebenszeit immer unzerstörbarer und hellblauer, ist öl-, benzin- und putzwasserresistent, wasserdicht bis 100 Meter und trägt schon

nach kurzer Zeit das typisch speckige Schimmern bewohnter Arbeitskleidung. Vor allem unter den Achseln. Dort sorgen speziell eingearbeitete säurefeste Kevlarfasern für speckigen Glanz ohne Abtrocknen.

Nur bei Titanifactum: die Kittelschürze von BASF.
In der beschriebenen Art und Weise lassen wir dann bei Quelle Nürnberg, Deutschlands namhaftestem Massenkonfektionsschneider, eine klassische Kittelschürze großzügigen Schnitts machen, die Sie nur bei uns bekommen oder bei anderen. Der ohnehin für seine Detailversessenheit bekannte Zuschneideautomat hat hier alles aufgeboten, was die moderne Formenspritztechnik nur kennt: Speziell vorgebeulte Handytaschen erleichtern den Handeinstieg und bieten ein Fassungsvermögen von bis zu sechs Litern im Stand-by-Betrieb und die von außen verschließbare Tripel-Knopfleiste als die optisch befriedigendste Lösung. Innenfutter aus dem unverwechselbaren Außenmaterial, Signalornament in blickdichter Ausführung, hartschaumverstärkte Schulterpolster als Zusatzausstattung. Halbautomatischer Körpereinzug, der Kittel ist von unten zwangsbelüftet. Waschbar bis 195°C. Alle Größen in regulärer Übergröße bis 2 Tonnen.

Kittelschürze »Meisterin Proper«
Domestosblau.
Bestell-Nr. 767897 DM 249,00
BASF-Blau.
Bestell-Nr. 767897 DM 249,00
Sternhagelblau.
Bestell-Nr. 767897 DM 249,00

Von Reinhold Grün aus Grimma
Duroplast-Etui
Dieses Etui für bunte Kammgarn-Schnürsenkel ist statt mit dem sonst üblichen »Tiefziehspritzdruckverfahren« lediglich im Backofen heißverklebt worden. Das macht die Produktion für Reinhold Grün wesentlich kostengünstiger, außerdem kennt er sich mit diesem Tiefziehspritzdingsdascheiß sowieso nicht aus. Der wetterfeste Duroplast-Schuh läßt sich in zwei Hälften teilen und danach nicht wieder zusammensetzen. Also läßt man ihn eben so, wie er ist. Die Schnürsenkel reißen eh bei der ersten Gelegenheit. Ein pfiffiger und dabei noch handlicher Raumverbraucher.
Bestell-Nr. 007006 DM 22,00

Aus dem Ruhrgebiet
Zwei-Phasen-Schirm
Bei Liebhabern mechanischer Klimaanlagen hat das Ruhrgebiet einen guten Klang. Dort lebt seit langen Jahren Hein Schnabelewopsky, der sein Geld als Zwischenhändler verdient. Zur Zeit macht er in Schirmen. Dieser transportable Mikroklimaregulator ist in seiner Zwei-Phasen-Ausstattung besonders beliebt. In der Ruhepause bleibt er zugespannt, und falls es mal regnet, bekommt man ihn mit Rütteln und etwas gutem Willen in die Arbeitsphase. Besonderen Wert legt der Hersteller auf einen zuverlässigen Diebstahlschutz. Egal wo Sie den Schönwetterschirm stehen lassen – mitnehmen wird in niemand. Dafür ist er einfach zu häßlich.
Bestell-Nr. 33838 DM 165,-

Für die eigene Moral:
Serie 4711 aus Köln
4711 gibt es seit Millionen von Jahren, und Millionen von Frauen fielen immer wieder darauf rein. Nun wollen wir neuen Käuferinnenschichten dieses Erlebnis bieten. Einer Frau kommt es bekanntlich bei der Benutzung des Duftwassers nicht darauf an, die Moral eines reichen Mannes zu erschüttern, sondern darauf, die eigene Moral zu stärken. Die durchdringende, schrille Kopfnote von 4711 Köln wird nur noch durch die kernseifige Basisnote dieses berühmten Kölner Abwassers übertroffen.
Bestell.Nr. 47494911 5ml DM 37,50

HouseMaster Wear
Auch Nyltest oder »Blockwartsleder« ist ein sehr selten gewordener, schwerer Stoff, der mit äußerst starken Langkettgarnen und einer extremen Dichtigkeit gewebt wird. Das geht nur auf ewig gestrigen Webstühlen, die heute z. T. sogar verboten sind. In zwölf pedantischen Arbeits und Kontrollgängen werden auch kleinste Vergehen gegen die HouseMaster-Webordnung aufgedeckt und unnachsichtig verfolgt. Das fertige Tuch wird dann stundenlang an Hausecken gescheuert und mit Meterstäben gewalkt, um jene unnachahmliche Griffigkeit zu erreichen, für die echte HouseMaster-Kittel so berühmt sind. Der überkorrekte Schnitt verleiht sofort natürliche Autorität, nach 20 Uhr kann der Kittel von innen abgeschlossen werden. Farbe feldgrau, Größen S oder SS.
Bestell-Nr. 193345 DM 149,00

Oliver Maria Schmitt

take that
OFFICIAL
Die EINZIGEN Seiten mit dem falschen TT-Siegel!
Titanic SUPER-POSTER

Lenz, Rattelschneck

Bernd Pfarr

Dr. Lenz zeigte gern sein erstaunliches Beharrungsvermögen, das in den schönsten Momenten zur Schwerelosigkeit führen kann.

KEINE ANZEIGE

Zweitausendeins präsentiert:

„So was liest gewöhnlich kein Gangster." Das Jan-Philipp-Reemtsma-Buchpaket der anspruchsvollen Literatur. 19 Bände. Rund 5000 Seiten. *Statt 30 Mio DM nur noch 49 DM.

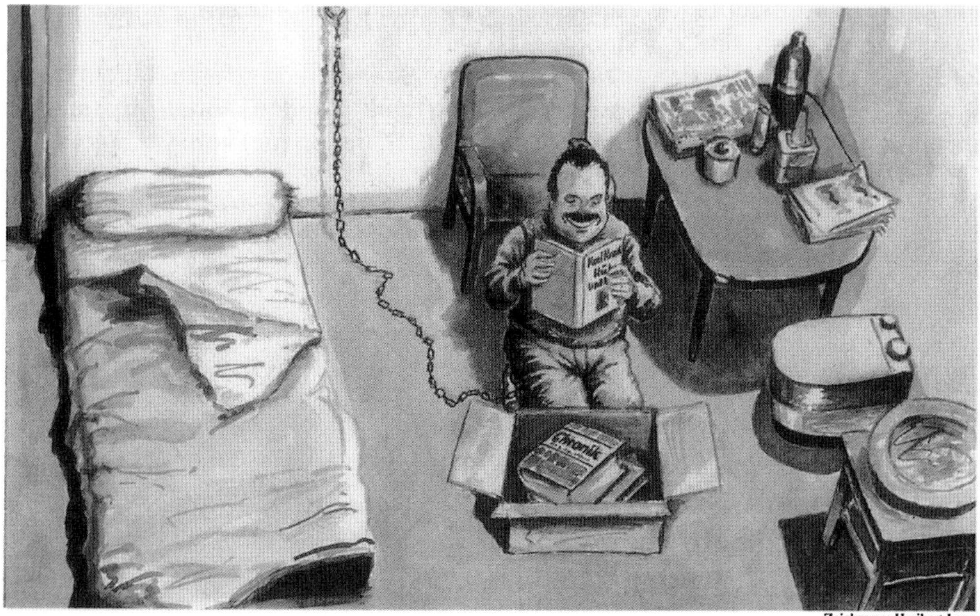

Zeichnung: Heribert Lenz

Der Hamburger Multimillionär und Kunstmäzen Jan Philipp Reemtsma gilt Kennern schon lange als exquisiter Literatur-Insider. Jetzt hat er sich exklusiv für Zweitausendeins daran gemacht, aus dem unübersichtlichen Wust an Büchern, die zur Zeit auf dem Markt sind, das Beste auszusuchen: Werke von Bestand und hoher Qualität.

Für die Auswahl und Zusammenstellung dieser einzigartigen Bücherkollektion wählte der eigenwillige Millionenerbe, Gründer der Arno-Schmidt-Stiftung und des Hamburger Instituts für Sozialforschung, eine ungewöhnliche Methode: 33 Tage kapselte sich der promovierte Literaturwissenschaftler völlig von der Außenwelt ab. In einem Kellerversteck, um dessen genaue Lage nicht einmal Reemtsmas Ehefrau wußte, fand der Philologe, nur mit dem Lebensnotwendigsten ausgestattet, die nötige Ruhe zum sorgfältigen Lesen. Reemtsma: „Ich las nicht die Dinge, die mich interessierten. Ich begann, links oben auf jeder Seite, jede einzelne Seite Wort für Wort durchzulesen, um die Lektüre so lang wie möglich zu strecken." Fast 5 Wochen dauerte diese für Reemtsma nicht immer angenehme Prozedur, rund 30 Millionen DM mußte er investieren, bis die Liste der 19 Bücher endgültig feststand. Ein Aufwand, der sich gelohnt hat. Denn herausgekommen ist ein Buchpaket der anspruchsvollen, aber auch unterhaltsamen Literatur, das Spektrum reicht, so das Magazin ‚Focus', „vom Krimi bis zum Kunstband". Die BILD-Zeitung konzediert neidlos: „Sehr seltene Bücher. Spezialwissen über Soziologie und Philosophie. Bücher, die über den Fachhandel bestellt werden müssen." Und sogar die FAZ staunt: „Ausgefallene politische und philosophische Titel!" Für den ‚Stern' dagegen bietet das Paket schlicht und ergreifend „die wichtigste Überlebens-Strategie: Lesen". Das sollen unsere Kund/inn/en nun auch, und zwar zu einem Preis, der geradezu kriminell günstig ist: Statt 30 Mio. DM zahlen Sie nur noch schlappe 49 DM!

Und das ist drin im Paket:
● „Hüben und Drüben" von Karl Kraus ● „Ein Gott der Frechheit", der neue Roman von Sten Nadolny („Entdeckung der Langsamkeit"). „Ein sehr ausgefallener Titel!" (A. Semerak, Polizeipräsident Hamburg) ● „Fegefeuer der Eitelkeiten" von Tom Wolfe, verfilmt mit Tom Hanks, Melanie Griffith u. a. ● „Vom Glück der Kindheit" von Lia Franken. Ein wichtiges Buch ● „Das andere Geschlecht" von Simone de Beauvoir, „Standardwerk der Frauenbewegung" (BILD) ● „Rückkehr nach Afrika" von Doris Lessing ● „Die Libelle", ein spannender Thriller von John Le Carré ● „Die Sammlungen des Prado", „Ein dicker Bildband!" (FR) ● „Die Chronik des 20. Jahrhunderts", in der wertvollen Sonderausgabe mit Preisschild ● „Der flammende Mensch" von Serge Filippini ● „Kritik der zynischen Vernunft" von Peter Sloterdijk ● „Picassos süße Rache" von Ephraim Kishon, ein vergnüglicher Lesespaß ● „Die großen Philosophen" von Karl Jaspers. „So was liest für gewöhnlich kein Gangster!" (BILD) ● Ein Band mit Erzählungen von F. M. Dostojewski und fünf weitere Bücher von berühmten Autor/inn/en, die man/frau einfach gelesen haben sollte.

Wo Sie das Jan-Philipp-Reemtsma-Buchpaket der anspruchsvollen Literatur so billig bekommen:

Entweder persönlich in unseren Zweitausendeins-Läden in Berlin Kantstraße 41–42, Essen Flachsmarkt 4, Frankfurt Im Parkhaus Hauptwache, Freiburg Waisenhausgäßle 3 beim Münster, Hamburg Grindelallee 71, Köln Ehrenstraße 45, München Türkenstraße 65, Nürnberg Lorenzer Straße 15–17, Saarbrücken Obertorstraße 5 und Stuttgart Esslinger Straße 8 gegenüber dem Parkhaus von Breuninger. Oder per Post direkt ins Haus. Der Coupon dafür steht hier drunter:

Hiermit wird bestellt:

Einsenden oder faxen an den Zweitausendzwei Versand, Postfach, 60381 Frankfurt a. Main. Telefon 069 - 28 23 76. Fax 069 - 28 35 14.

Ich bestelle:

_____ Stück Das Jan-Phillip-Reemtsma-Buchpaket der anspruchsvollen Literatur. 19 Bände, zum Teil leicht angestoßen. *Statt 30 Mio DM nur 49 DM. Nur bei uns. Nr. 30 000 000.

Preisgarantie 1 Monat, Preise zuzüglich Versand & Verpackung. Lieferung solange der Vorrat reicht. *Gewerblicher* Weiterverkauf/Verleih von Sachen aus der Zweitausendeins-Produktion bedarf in jedem Fall der schriftlichen Genehmigung durch die Geschäftsleitung.

Zahlungsweise:

☐ Ich füge 1 Post/Bankscheck bei über DM ________ + 6 DM Versand.

☐ Lieferung per Nachnahme. (NN-& Versandkosten trage ich.)

☐ Ich zahle bar, in nichtregistrierten, benutzten Scheinen.

Name, Vorname

Straße, Nummer

Postleitzahl, Ort

Unterschrift, Datum

* Früherer, fester Ladenpreis aufgehoben.

TITANIC Telefon-Terror

Wahnsinn! TITANIC und die Mainzer »Akademie der Wissenschaften und der Literatur« verleihen erstmals den Joseph-Breitbach-Preis! 250 000 Steine wechseln den Besitzer!

The winner is:

Joseph Breitbach!

Im Februar 1998 war es soweit: Zum ersten Mal trat in Mainz die Jury der »Akademie der Wissenschaften und der Literatur« zusammen, um den neuesten, besten und höchstdotierten deutschen Literaturpreis zu verleihen: den Joseph-Breitbach-Literaturpreis. Aber bis heute konnte noch kein würdiger Preisträger ermittelt werden für die 250 000 Mark – immerhin der Gegenwert von vier kompletten Büchnerpreisen!

Deshalb sprang jetzt TITANIC ein und ermittelte, wer von den potentiellen Kandidaten überhaupt Interesse hat. An Breitbach. Oder zumindest an den 250 Riesen.

Uta Ranke-Heinemann »Ich krieg Zustände!«

Die streitbare Theologin und Buchautorin hat sich durch ihre Titel »Eunuchen für das Himmelreich« und »Katholische Kirche und Sexualität« für den Breitbachpreis empfohlen.

TITANIC Guten Abend, Dr. Thommel von der Akademie der Wissenschaften. Sie wissen vielleicht, daß in diesem Jahr zum ersten Mal der Joseph-Breitbach-Preis für Literatur verliehen wird...

Ranke Also, ich muß meine totale Ignoranz bekunden.

TITANIC Oh, das haben Sie nicht gelesen?

Ranke Nein, ich weiß nicht mal, wer Joseph Breitbach war!

TITANIC Nun, 1903 geboren, 1980 gestorben, Goethemedaille, »Bericht über Bruno« sein Hauptwerk...

Ranke Bruno? Giordano Bruno? Oder was?

TITANIC Nein, »Bericht über Bruno«! Das ist sein Hauptwerk!

Ranke Ja, das hat offenbar mit Theologie nicht in dem Maße zu tun, wie das offenbar notwendig ist, damit ich weiß, worüber Sie überhaupt reden!

TITANIC Nein, Breitbach hat eher den südslawischen Freiheitskampf begleitet wie kein zweiter. Sie wissen aber, daß der Preis relativ hoch dotiert ist?

Ranke Nein, das weiß ich auch nicht, ich weiß überhaupt von nichts! Vielleicht wollen Sie jemand anderen anrufen?

TITANIC Nein. Frau Uta Ranke-Heinemann? Und Sie schreiben?

Ranke Was heißt »schreiben«? Natürlich, aber nicht über dieses Thema.

TITANIC Es geht ja auch nur darum, daß die Jury jetzt gerade zusammensitzt, und ich will ja auch nur erkunden, ob Sie diesen Preis annehmen würden.

Ranke Ich? Moment, ich hab noch nie einen Preis bekommen, ich kann mir das gar nicht vorstellen, weil ich doch mehr Widerspruch errege als Lob. Ich kenn den Mann ja auch überhaupt nicht.

TITANIC Der steht aber in jedem Literaturlexikon eigentlich...

Ranke *(herrisch)* Nee, jetzt möchte ich erst mal wissen: Wer kommt denn auf die geniale Idee, mir einen Preis zu verleihen?

TITANIC Ich kann Ihnen nur sagen, wer in der Jury sitzt, in der Akademie der Wissenschaften und der Literatur. Walter Fritz, Dr. Anton Krättli, Wolfgang Mettmann, Prof. Norbert Miller, Albert von Schirnding, Prof. Clemens Zintzen und Dr. Alexandra Gräfin von Plettenberg-Serban.
Ranke Ich kenn keinen einzigen! Da hat man sicher etwas verwechselt!
TITANIC Was darf ich denn jetzt vermelden?
Ranke *(mürrisch)* Nein, ich meine, ich nehme jeden! Was haben Sie gesagt, der ist hoch dotiert?
TITANIC Mit 250 000 Mark.
Ranke Ich krieg Zustände!
TITANIC Verstehen Sie das bitte nicht falsch, Sie haben diesen Preis noch nicht gewonnen.
Ranke Nein, nein, ich verstehe, Sie wollen nur fragen, ob ich den annehmen würde. Aber Herr Dr. Thommel, ich bin etwas überrascht, ich bin doch Theologin, keine Germanistin!
TITANIC Aber Sie haben doch Bücher geschrieben.
Ranke Schon, aber theologische. »Eunuchen für das Himmelreich«, bestimmt stößt das mehr auf Widerspruch, haha.
TITANIC *(launig)* Gute Güte! Was schreiben Sie denn da so?
Ranke *(Schweigen)* Herr Thommel! Ich bin ein bißchen überrascht über Ihre Frage! Warum »was schreiben Sie denn da so«?! Sie wollen mich wohl auf den Arm nehmen! *(bissig)* Wenn Sie fragen, »was schreiben Sie denn da so«!
TITANIC Frau Ranke-Heinemann...
Ranke *(voll in Fahrt)* Nein, ich habe mich jetzt da an Ihrer Frage gestört, *(höhnisch)* »was... schreiben... Sie... denn... da... so« *(hebt die Stimme)* Das ist eine derart... eine, also, meine Werke verächtlich machende Frage... Also wenn Sie das nicht wissen, dann fragt man trotzdem nicht in diesem Stil! Also, eine Frage am Telefon *(fast kollabierend)*, »was schreiben Sie denn so«, immerhin war ich die erste Frau, die einen Lehrstuhl für Katholische Theologie hatte, und die erste Frau, die ihn wieder verloren hatte! Da ist es ja wohl naheliegend, daß ich schon mal Widerspruch erlebt habe, und da fragen Sie *(noch höher)*, »was schreiben Sie denn so«... Also, ich weiß nicht, das hat mich derartig irritiert, daß ich jetzt erst mal schriftlich...
TITANIC Also ein abschlägiger Bescheid, die Jury sitzt ja schon zusammen. Ich wäre gut beraten, wenn ich jetzt mit einem klaren »Ja« oder »Nein« da reingehen könnte.
Ranke *(holt tief Luft)* Na, dann sagen Sie: Ja!
TITANIC Gut, ich betone noch einmal, daß Sie diesen Preis aber noch nicht gewonnen haben...
Ranke Das brauchen Sie nicht, so primitiv-naiv bin ich doch nicht! Ich hab doch wirklich den Eindruck, Sie wissen nicht so richtig, mit wem Sie hier sprechen!
TITANIC Ich habe natürlich keins Ihrer Bücher gelesen...
Ranke Brauchen Sie auch nicht! Da gibt's noch ein paar andere, die auch keins gelesen haben!

Um Gottes willen! Dr. Thommel, was haben Sie getan?! So stößt man potentielle Kandidaten doch vor den Kopf! Andererseits: Eine Preisträgerin, die vor dem feierlichen Festakt »Zustände« bekommt – das wär's auch nicht gerade. Suchen wir uns einen gemäßigteren Autor:

Ulrich Wickert
»Günter Grass kommt und macht es!«

Nicht nur Nachrichtensprecher, sondern auch Autor: »Der Ehrliche ist der Dumme« gilt inzwischen als Standardwerk für Ehrliche und Dumme.

Wickert Ich habe Ihr Fax bekommen, Herr Dr. Thommel. Ich grüße Sie schön!
TITANIC Ich grüße Sie ebenfalls. Herr Wickert, Sie haben bestimmt verfolgt...
Wickert Natürlich, das ist der teuerste Preis, den es überhaupt gab! Ich hab Joseph Breitbach ja auch noch in Paris besucht. Ja, *(lacht)* ich kannte ihn nämlich. Und habe bei ihm einige schöne Mittagessen verbracht. Er hatte irgendeinen Film, den ich über die Bourgeoisie in Frankreich gemacht hatte, gesehen und gesagt, den Mann müssen wir einladen und mal mit der Bourgeoisie bekanntmachen. *(lacht)* Deswegen ist er mir persönlich ein Begriff, und auch der »Bericht von Bruno«.
TITANIC Ja, oder »Ja oder Nein«, sein Frühwerk...
Wickert Ja, ja!
TITANIC ...»Die Zerfahrenheit des Atom«...
Wickert Ja!
TITANIC ...und womit das alles so anfing. Die Jury sitzt jetzt gerade zusammen, und ich muß betonen, es ist noch keine Entscheidung gefallen. Aber ich möchte vorher abklären, ob Sie gegebenenfalls den Preis annehmen würden.
Wickert Das fände ich eine unglaubliche Ehre, muß ich sagen. Insbesondere, weil ich ihn kannte!
TITANIC Darf ich fragen, wen Sie als Laudator in Erwägung ziehen würden?
Wickert Darüber müßte ich nachdenken, wer da eine kluge Wahl wäre. Ich könnte sofort sagen, Günter Grass kommt und macht es für mich, aber da muß man schon mehr nachdenken.
TITANIC Ja, gut. Und jetzt noch: Also, Breitbach bedeutet für mich...
Wickert Breitbach bedeutet für mich, also, eine Persönlichkeit, wie es sie heute kaum noch gibt, der den Geist repräsentiert hat, äh, den ich für einen sehr toleranten Menschen erlebt habe, ein Autor, der seinen Stil hatte, und der auch deshalb wichtig war, weil er ganz bewußt seinen Stil geschrieben hat. Das hängt alles mit dem Leben zusammen, mit dieser Figur. Für mich ist Breitbach eine deutsch-französische Figur, und zwar ein Literat, wie wir sie in den zwanziger Jahren gehabt haben, wie Curtius oder Gide.
TITANIC Gut, darf ich kurz noch fragen, in welcher Währung Sie das Geld haben wollen?
Wickert Oooh, um Gottes willen, *(stutzt)* äh...
TITANIC Ja, auch diese technischen Fragen wollen geklärt sein.
Wickert *(leiser)* Ach, Geld ist doch das Belangloseste dabei...
TITANIC Schweizer Franken?
Wickert *(Schweigen)*
TITANIC Dann laß ich das mal offen...

Einige Stunden nach diesem fast freundschaftlichen Gespräch erhalten die »lieben Freunde von TITANIC« ein Fax von Ulrich Wickert. Anscheinend hat ihn die Frage nach der bevorzugten Währung wohl zu sehr ins Grübeln gebracht. Den Preis will er offenbar doch nicht annehmen, weil wir »zu wenig über Breitbach« wüßten. Dabei hätte sich das wunderbar ergänzt, denn Wickert weiß sogar zu viel über ihn: Schließlich kennt er Romane von Breitbach, die dieser noch nicht einmal selber kannte.

Peter Handke
»Mein Kopf ist nichts...«

Eigentlich ist der Breitbach-Preis für deutschsprachige Autoren ausgeschrieben. Bei dem nuschelnden österreichischen Büchner-Preisträger lassen wir einmal Gnade vor Recht ergehen.

Handke ...eine blöde Situation, weil ich muß dann erklären, ich würde... oder was?
TITANIC Nein, ich will nur abklären, ob Sie den Breitbach-Preis gegebenenfalls annehmen würden.
Handke Naja, ablehnen würde ich ihn sicher nicht. Naja, aber was soll ich sagen, ich mag solche Situationen nicht.
TITANIC Welche Situationen?
Handke Naja, daß man sagt, würden Sie den annehmen oder nicht. Das Schönste ist immer, wenn man sagt, ja oder nein. Ein paarmal bin ich schon so eingeladen worden, Europäischer Literaturpreis, würden Sie dahin kommen und so weiter. Man kann nicht da rumsitzen wie ein Kandidat oder so, verstehen Sie? Das hat nichts mit einem Mangel an Bescheidenheit zu tun, ich bin gern bescheiden, aber das ist eine Zwangssituation, die mir unbehaglich ist. Ich weiß auch nicht, was soll ich jetzt sagen?
TITANIC Sie könnten mir noch sagen, was Breitbach für Sie bedeutet.
Handke Du, ja Entschuldigung, das kann ich jetzt nicht wie ein Kandidat beantworten. Ich wollte nur sagen, ich hab ihn damals in Paris getroffen, vor langer Zeit. Da war ich jung und er auch schon alt. Eher unnahbar. Er war ja homosexuell, ja? Glaub ich. Ich kenn seine Bücher und so weiter, das ist klar, erschienen ja auch bei Suhrkamp.
TITANIC Na klar, »Bericht über Bruno in tausend Nöten«, sein Hauptwerk.
Handke Aber, ich kann Ihnen nun nichts mehr sagen. Mein Kopf ist nichts, äh nichts, nicht bei der Sache, verstehen Sie? Alles Gute, machen Sie es gut! Tschüß.

Herr Handke geht uns ein wenig zu lässig mit der Riesensumme von 250 000 Mark um. Zwei Tage später sprechen wir noch einmal bei ihm vor:

TITANIC Herr Handke, hier ist noch mal Thommel. Von der Akademie. Ich habe es mir überlegt, ich werde dafür sorgen, daß Sie den Preis nicht bekommen! Sie haben sich überhaupt kein bißchen gefreut! Ein bißchen stille Demut angesichts von 250 000 Otzen wäre doch wohl angebracht gewesen, oder?!
Handke Äh, wie? Machen Sie einen Witz mit mir oder wie?
TITANIC Na hören Sie mal, Sie haben sich kein bißchen gefreut! Haben so gestöhnt, »keine Zeit«, »Kopf voll« – es ging um 250 000 Mark! Das ist eine Viertelmillion! Wissen Sie, wie lange ich dafür arbeite?

TITANIC Telefon-Terror

Handke Das stimmt, ja.
TITANIC Unglaublich! Ich werde dafür sorgen, daß Sie diesen Preis niemals bekommen...
Handke Na ja, gut, warum sagen Sie mir das?
TITANIC ...so geht's ja nun nicht!
Handke Ja, äh, erzählen Sie ein bißchen weiter, das gefällt mir, was Sie sagen!
TITANIC Eine Unverschämtheit! Jedenfalls: Das Geld, Herr Handke, können Sie sich abschminken!
Handke Ja, ich brauch's eh nicht...

Gut, dann behalten wir es eben selber, machen ein Faß auf und tanzen mit der Gräfin auf dem Tisch.

HILDE DOMIN
»...Frieden mit Frankreich?«

Die Lyrikerin Hilde Domin hat bereits zahlreiche Auszeichnungen und Preise erhalten. Aber davon kann man schließlich nie genug haben.

TITANIC ...Wissenschaften und der Literatur. Frau Domin?
Domin Ja, ja. Ich war gerade aber eingeschlafen.
TITANIC Das tut mir leid!
Domin Ja, jetzt können wir aber, wenn Sie rasch sagen...
TITANIC Es ist nur eine kurze Frage: Die Breitbach-Stiftung sitzt gerade zusammen, um den Joseph-Breitbach-Preis zu verleihen, und ich habe die Aufgabe...
Domin Was ist denn das für ein Preis, ich bin noch ganz verschlafen, wissen Sie, gerade knapp 'ne Stunde. Und Sie sind von der Akademie...
TITANIC Der Wissenschaft und der...
Domin In Mannheim?
TITANIC Nein, in Mainz.
Domin Ach, in Mainz! Ah, jetzt.
TITANIC Genau. Da geht es um den Breitbach-Preis, und...
Domin Ja. In Mainz, da gab es jetzt irgendwelche furchtbaren Unruhen, gell, hat man gelesen. Da sah man furchtbare Sachen! Ist das wieder in Ordnung?
TITANIC Also...
Domin Ich mag ja Mainz sehr gerne.
TITANIC Eigentlich ist das wieder ganz ruhig hier. Wenn ich hier aus dem Fenster sehe, ist es nur etwas stürmisch...
Domin Das Wetterliche, ja. Das sah ja furchtbar aus! Und die Unruhen waren aber auch politisch, ja?
TITANIC Meinen Sie jetzt die Studentenunruhen?
Domin Ja, ich bin noch nicht ganz aufgewacht, aber man sah kaputte Autos und alles, das war aber, das war aber... das Wetter?
TITANIC Das will ich hoffen.
Domin Und dann sah man die Nachrichten, die waren auch nicht schön, ja?
TITANIC Das stimmt.
Domin Und der Breitbach-Preis, der wird verteilt von der Akademie in Mainz?
TITANIC Genau. Und ich wollte eigentlich nur fragen, was Breitbach für Sie bedeutet.
Domin So viel nicht. Ich muß ehrlich sagen, also es ist mir ein angenehmer Name, aber ich habe keine so enge Beziehung zu ihm. War er ein demokratischer Mann, ja?
TITANIC Genau, er hat sich sehr für die Versöhnung zwischen Schweden und Frankreich eingesetzt. Er war anfangs auf der Marineakademie, fünf Jahre Geschützoffizier, hinterher begann er zu schreiben...
Domin Ja, genau. Darf ich mal fragen, er war doch Schriftsteller? Und wann genau hat er existiert?
TITANIC Er wurde geboren 1903 in Koblenz, und 1980 ist er dann leider von uns gegangen.
Domin Ich will Ihnen ehrlich sagen, wollen wir mal ganz offen sein, ich finde, bei jedem Preis lernt man etwas über den Namensgeber des Preises, aber vorläufig bin ich nicht genug informiert. Also er war für Frieden mit Frankreich?
TITANIC Ja, genau.
Domin Dafür bin ich auch! Auf jeden Fall! Da ist gar kein Zweifel. Ja? Und jetzt sagen Sie mir mal Ihren Namen.
TITANIC Dr. Thommel.
Domin Thommel? Haben wir uns mal gesehen?
TITANIC Ja, ich war auf der Ursula-Schule in Osnabrück. Da sind Sie mal aufgetreten.
Domin Ja, ganz genau, Osnabrück, ganz sicher!
TITANIC Aber Sie werden sich nicht mehr an mich erinnern, ich stand hinten.
Domin Ach, und da waren Sie Lehrer?
TITANIC Nein, Schüler.
Domin Ach, Schüler? Ich geh ja immer gerne in Schulen, morgen bin ich in Nürtingen, aber nur in der Bibliothek. Ich bringe den Schülern bei, sich die Sachen anzusehen statt wegzugucken. Das ist meine Meinung.
TITANIC Das ist sehr gut.
Domin Wissen Sie, ich höre morgens um 8 Uhr immer Radio, und da war heute, ob die Jugend immer so schlecht ist, wie man sie sich vorstellt. Also ich finde das nicht. Ich finde, die Jugend ist motivierbar. Ich hab einfach Glück damit.
TITANIC Ja, das kann ich nachvollziehen.
Domin Also dann fangen die an, Gedichte zu schreiben, oder sie machen Zeichnungen zu meinen Gedichten... Das ist immer sehr wichtig.
TITANIC Aber auf der anderen Seite gibt's natürlich auch diese Unruhen.
Domin Ja, also, ich bin ein Dennoch-Mensch. Der sieht das und will dagegen. Also was Positives.
TITANIC Ja, recht so, Frau Domin, ich bedanke mich...
Domin Bittschön, danke.

Vorsichtshalber haben wir Frau Domin erst mal nichts von der Viertelmillion erzählt, sonst wäre es vielleicht doch etwas zu unruhig geworden. Womöglich hätte sie gleich ein Gedicht verfaßt, und die Schüler hätten es ausbaden müssen. Genau wie damals an der Ursula-Schule...

Peter Hahne
»Da bin ich ja mal echt gespannt!«

Der ZDF-Nachrichten-Vorleser hat mehrere Bücher verfaßt und sich damit prompt unter die Kandidaten katapultiert.

Hahne Hier ist Peter Hahne, guten Tag, Herr Dr. Thommel! Ich komme gerade von der Ski-Piste zurück, soll Sie sofort anrufen.
TITANIC Sie haben ein Leben!
Hahne Jaha, ich bin *(prustet los)* ja auch bein Fernsehen, hehehehe!
TITANIC Herr Hahne, ich weiß jetzt gar nicht, was Sie über den Breitbach-Preis wissen.
Hahne Ich weiß gar nichts. Nur, daß er zum ersten Mal startet.
TITANIC Genau. Es ist der am höchsten dotierte deutsche Literaturpreis, die Jury sitzt gerade zusammen, und ich möchte abklären, ob die einzelnen Kandidaten den Preis auch annehmen würden.
Hahne Ja, aber jetzt sagen Sie mir doch freundlicherweise erst mal: Hinter diesem Preis steht Ihre Akademie?
TITANIC Genau, die Akademie der Wissenschaft und der Literatur.
Hahne Ja, das ist ja alles superseriös, da braucht man ja nicht weiter zu fragen.
TITANIC Aber ich muß um Vertraulichkeit bitten.
Hahne Ja, da können Sie sicher sein, ich bin ja auch weit, weit weg. Ich frage mich aber ohnehin, wie ich zu der Ehre komme, da in Erwägung gezogen zu werden.
TITANIC Ich habe vorhin die Gräfin Plettenberg etwas sagen hören von Büchern, die helfen, Trauer zu bewältigen.
Hahne Ja, hm, hm, ich habe eine ganze Reihe mit eher christlichem Hintergrund geschrieben und habe ja auch regelmäßig da meine Kolumne in der *Bild am Sonntag*, die zwar für viele vom Organ her erschreckend ist, aber da sehr viele Leute erreicht.
TITANIC Darf ich noch fragen, wie Sie zu Breitbach stehen?
Hahne Das kann ich jetzt wirklich schwer so aus'm, aus'm Hut sagen. Aber Sie können auf jeden Fall sicher sein, daß, sollte das darauf hinzulaufen, daß ich weidlich gewappnet bin. Das ist völlig klar. Also für mich ist das eine große Ehre, ich sage Ihnen das. Auf der anderen Seite sollen Sie auch wissen, daß ich keineswegs traurig bin, wenn das an mir vorbeiläuft. Ich bin ja mit meinen 45 Jahren noch so, daß ich noch viele Preisjahre überleben werde. Hoffe ich jedenfalls.
TITANIC Oh, Sie wirken sogar noch etwas jünger auf dem Bildschirm.
Hahne *(prustet los)* Hahaha, das hör ich gerne, haha!
TITANIC Herr Hahne, darf ich gerade noch mal fragen, wen Sie sich als Laudator im Juni zum Festakt wünschen?
Hahne Ach, das fällt mir jetzt schwer, so aus dem Hut jemanden zu sagen, der sowohl das abdeckt, was mein Anliegen ist, als auch das, was Breitbach ist.
TITANIC Im Notfall würde das auch unsere Gräfin Alexandra von Plettenberg-Serban sehr gerne tun.
Hahne Das wollte ich nämlich gerade sagen, sie wäre natürlich jemand, die, die äh... an sich ideal dafür wäre.

TITANIC Wissen Sie, was lustig ist? Daß noch jemand vom Fernsehen dabei ist. Das sag ich Ihnen aber unter dem Siegel der Verschwiegenheit. Das ist nämlich der Herr Wickert.

Hahne Ja, das hätt ich jetzt nämlich auch getippt. Wenn Sie jetzt gesagt hätten, da ist noch jemand, dann bleibt eigentlich nur der Wickert, vom Bildschirm. Also, wie auch immer jetzt entschieden wird, Sie können mir das ja ganz locker mitteilen. Ich bin erst am Freitag dann wieder...

TITANIC Im Fernsehen?

Hahne Genau. Na, jetzt bin ich ja mal echt gespannt! Wieviel haben Sie da auf der Liste?

TITANIC Jetzt noch vier insgesamt.

Hahne Da bin ich ja mal echt gespannt!

TITANIC Wir auch.

Hahne Gut, also, ich bin gespannt, was dabei rauskommt! Aber wie gesagt, ich stürze mich hier nicht den Abhang hinunter...

TITANIC Tun Sie das nicht! Nicht ohne Skier!

Hahne *(prustet los)* Ja genau, super, hahaha...

Leider hält sich Peter Hahne nicht an die Absprache und nimmt Kontakt mit seinem Konkurrenten Wickert auf. Folglich bekommen wir Tage später ein Fax mit »freundlichen Grüßen an meine Gönnerin Gräfin Plettenberg«. Die wir hiermit in aller Form weitergeben.

Martin Walser
»Mein Dieckmann ist so 48...«

Neben vielen weiteren Preisen erhielt Walser 1981 den Büchnerpreis. Ob er überhaupt schon neues Geld gebrauchen kann?

TITANIC Darf ich fragen, was Breitbach für Sie bedeutet?

Walser Gut, ich hab ihn in Paris besucht, ich kenn ein Stück von ihm und einen Roman und hab mit ihm geredet, einen Abend und einen Nachmittag. Er war eine Persönlichkeit, weil er auf eine sympathische Weise bizarr war.

TITANIC Sie sprechen von seiner – Homosexualität?!

Walser Nein, nein, *(lacht)* von seinen Nerven. Verstehen Sie, er wohnte in dieser Wohnung an diesem wahnsinnigen Platz, da hat er, wie soll ich sagen, hof gehalten. Nicht durch Macht, sondern man fühlte sich empfangen, er hat alles getan, aus einem Besuch einen Empfang zu machen. Er hatte ein polnisches Dienerpaar, und die waren aber wie, also die wirkten nicht untergeben, sondern auch aufgenommen. Also es war nicht peinlich, sich dort bedienen zu lassen. Und das Bizarre war also das Über-Ästhetische des ganzen Arrangements.

TITANIC Ja, sicher. Darf ich fragen, wer Ihnen als Laudator vorschweben würde?

Walser Da bin ich jetzt überfragt. Kennen Sie Dieckmann? Den aus der ehemaligen DDR, der ist Präsident, was ist er, Sekretär der Sächsischen Akademie.

TITANIC Nicht persönlich.

Walser Ein wunderbarer Essayist. Also, das wäre mein Lieblingslaudator, der Kerl ist so gescheit, daß es nie diese blöde private Nähe hat, sondern bei ihm ist wirklich alles Geist, sag ich jetzt mal. Man kann ihn verwechseln, es ist nicht der, ich glaube, in der *Zeit* gibt's auch einen.

TITANIC Das stimmt. Aber der ist jünger.

Walser Wie heißt der? Der in der *Zeit*?

TITANIC Friedrich? Aber der ist jedenfalls ein Stück jünger.

Walser Entschuldigen Sie, meiner ist auch jünger. Mein Dieckmann ist so, wird so 48 sein.

TITANIC Mein Dieckmann müßte so um die 35, 38 sein.

Walser Also, der meine ist schon 40, 50. Heißt der Ihre auch Friedrich?

TITANIC Ja, heißt er auch.

Walser Ja, herrgottsakrament, wie heißt denn der meine im Vornamen?

TITANIC Paul Dieckmann?

Walser Paul? Nein, ich hoffe nicht! Ich denke eher...

TITANIC Stephan? Christian?

Walser Eher Christoph. Ich habe immer das Gefühl, daß der meine Dieckmann heißt, und der Ihre heißt Christoph.

TITANIC Christoph. Und der Ihre?

Walser Äh, Friedrich.

TITANIC Friedrich und Christoph. Das könnte auch sein. Genau, und Paul ist wieder jemand ganz anderes. Nun gut, Herr Walser, vielen Dank, ich habe meinen Eindruck und werde dann der Jury berichten...

Mann, sind die Dieckmann! Aber Herr Walser ist ein Literat, wie er im Buche schreibt: feinsinnig, ausdrucksstark und ein wenig zerfahren. Den Preis hätte er zweifellos verdient, aber wir haben da noch jemanden auf der Pfanne:

Hera Lind
»Ich schreibe auch Schwänke!«

Hera Lind ist nicht nur die Autorin des Bestsellers »Das Superweib«, sondern steht auch im Ruf, die Texte für ihre »Herzblatt«-Kandidaten ganz alleine zu schreiben.

TITANIC Frau Lind, ich bin der Generalsekretär der Akademie der Wissenschaften und der Literatur.

Lind Das hört sich toll an!

TITANIC Ja, das stimmt. Sie haben vielleicht aus der Presse Kenntnis davon, daß die Stiftung Joseph Breitbach zum ersten Mal den Breitbach-Preis verleiht.

Lind 'tschuldigung, ich hab davon nicht gelesen. Aber ich lausche andächtig!

TITANIC Und jetzt sitzt gerade die Jury zusammen und berät, wer diesen Preis bekommt. Und ich möcht auch nur fragen, ob Sie gegebenenfalls diesen Preis annehmen würden?

Lind Nun, es ist nicht so, daß ich mich dagegen wehren würde. Sie können gerne mit mir rechnen, wobei ich sage, daß ich mitnichten damit rechne.

TITANIC Darf ich fragen, an wen Sie als Laudator denken würden?

Lind Vielleicht einen, der meine Bücher immer gut fand: Herr Karasek.

TITANIC Und haben Sie vielleicht irgendeine Idee, die Sie mit dem Geld stützen würden?

Lind Müßt ich erst mal darüber nachdenken, ich bin hier gerade mitten mit meinen Kindern beschäftigt...

TITANIC Dann ist da noch die Frage, was bedeutet Breitbach für Sie? Sie haben sich mit seinen Schriften noch nicht auseinandergesetzt?

Lind Geb ich ehrlich zu, nein, hab ich nicht. Ich hab noch nie von dem gehört.

TITANIC Das müßten Sie dann aber noch tun!

Lind Ja, das ist doch wohl selbstverständlich!

TITANIC Also, ein bißchen Kenntnis, Deutschland, Frankreich, Breitbach... zumindest das Jugendwerk lesen, »Ja oder Nein«.

Lind Würd ich mir dann aneignen! Und wer sind die anderen Autoren, die noch in die engere Wahl gekommen sind?

TITANIC Das sind Herr Ulrich Wickert und Herr Lutz Rathenow.

Lind So, und nur wir drei sind noch im Rennen? Das hört sich ja spannend an. Haben Sie mit den beiden schon telefoniert?

TITANIC Ja, Sie sind jetzt die letzte, mit der ich spreche.

Lind Und wie haben die reagiert?

TITANIC Es ist so, daß Herr Wickert Herrn Breitbach noch persönlich kannte und mit seinen Schriften aber auch weniger vertraut ist.

Lind Eine also große Popularität in Kreisen, sag ich mal, die vielleicht noch nicht mal Wickert läsen, da würde Breitbach über mich natürlich auch bekannt dann. Das wäre also ein Argument, das ich Ihnen so aus der Hand sagen könnte. Selbstverständlich würde ich mich auch mit Breitbach beschäftigen. Das würde ich dann sehr professionell aufziehen!

TITANIC Also auch so ein bißchen zum Botschafter Breitbachs sich machen?

Lind Natürlich, das würde ich selbstverständlich tun! Ich bin ja nun auch Botschafter von vielen anderen Dingen wie z.B. Bosnien, vergewaltigte Frauen, wo ich gerade von zurückkehre. Wenn mich eine Sache packt, dann mach ich mich auch zur Botschafterin, und Sie wissen sicher, daß ich über 7 Millionen Leserinnen habe und Leser. Ich weiß nicht, wie hoch die Auflagen der anderen Herrschaften sind, aber dann wäre natürlich eine große Popularität da, von einem Tag auf den anderen...

TITANIC Ja?

Lind Das könnte ich natürlich als Angebot meinerseits dagegensetzen. Aber jetzt lassen wir es erst mal darauf ankommen, Sie haben ja selber keinen Einfluß darauf, aber das könnte man natürlich der Jury so sagen, daß Sie mit mir gesprochen haben.

TITANIC Und, mein persönlicher Eindruck, Breitbach hat ja auch derbe Schwänke geschrieben und ist doch auch so eine rheinische Frohnatur gewesen...

Lind Was uns auf herzliche Weise verbindet: Ich schreibe auch Schwänke!

TITANIC Das wußte ich gar nicht, ich muß gestehen, ich kenne Sie nur aus dem Fernsehen.

Lind Ja, meine Bücher sind besser als das, was ich im Fernsehen mache...

Noch besser?! Und: Sieben Millionen Seelen, die nicht einmal Wickert lesen, laufen sofort in den Buchhandel und verlangen Breitbach-Schwänke?

Auf einmal ist sonnenklar, wer allein adäquater Preisträger für den höchstdotierten deutschen Literaturpreis ist: Hera Lind! Von ihr könnten sich die übrigen deutschen »Literaten« eine schöne Scheibe abschneiden; insbesondere Martin Walser und Peter Handke.

Also, Frau Lind: Schicken Sie bitte Ihre Kontonummer an die Akademie der Wissenschaft und der Literatur, Mainz, z.Hd. Dr. Thommel. Der kümmert sich dann um alles Weitere... □

Martin Sonneborn

Rudi Hurzlmeier

Max Goldt

Wie? Diesmal »nur« Bilder und Bildunterschriften?

Hoppala, jetzt kommen drei Sätze mit dem Wort *nur* in Anführungszeichen:

1) Statt der angekündigten 38 Grad wurden in Potsdam »nur« 37 Grad gemessen.

2) Da Cher schwer erkrankt war, Gott sei Dank aber – nach all dem weltumspannenden Bangen! – nicht an Dickdarmkrebs, trat »nur« ihre deutsche Stimme Mary Roos auf.

3) Mit dem Erdbeben in der Türkei kann man dasjenige in Taiwan nicht vergleichen, denn es sind »nur« 400 Todesopfer zu beklagen.

Im ersten Satz bedeuten die Anführungsstriche, daß 37 Grad ja auch nicht gerade ein lindes Lüftchen sind, im zweiten Satz besagen sie, daß es eine Unhöflichkeit gegenüber Mary Roos wäre, zu sagen, es habe nur Mary Roos gesungen, denn Mary Roos ist ja genau wie Cher eine erfahrene Persönlichkeit voll nimmerversiegender Leistungsbereitschaft, und im dritten drücken die Gänsefüße aus, daß jeder Tote natürlich ein Toter zuviel ist. Natürlich, natürlich! Der Tod ist nie schön! Das von Anführungszeichen umkleidete Wort *nur* dient der Vorbeugung von Zynismusverdacht und gehört zu den albernsten Requisiten des uns alle umzingelnden Billigjournalismus. Ganz gewiß ist dieses Phänomen jenem hochkomplexen Bereich zuzuordnen, für den Menschen mit geringem Wortschatz und Gedankengang das Wort Kitsch zu verwenden pflegen.

Mit hintergründig-bissigen Texten versetzten Depeche Mode die Besucher des traditionellen Innsbrucker Miesmuschelmarktes in eine vorweihnachtlich-wohlige Stimmung.

Unter einer aufgebockten Sommerliege können auch große Igel oder »Igeldamen« in hochhackigen Schuhen bequem ihrem »kleinen Geschäft« nachgehen, ohne mit ihrem »Stachelkleid« die Unterseite des Liegestuhlbezugs aufzurauhen und für kommende Sonnenanbetergenerationen »eklig« zu machen.

Dies ist der Schreibtisch Rudolf Baumbachs, des Mannes, der, obwohl in Meinigen ansässig, in Triest, also da, wo – wir erinnern uns – der Begründer der modernen Archäologie Johann Joachim Winckelmann ermordet wurde und heute das Europäische Kopfschmerzzentrum steht – das Lied »Hoch auf dem gelben Wagen« textete, das von Walter Scheel mit stimmkräftiger Unterstützung des Düsseldorfer Männerchores ca. 1974 hoch in die Charts getragen wurde. Mit so einem fucking Felsklotz auf dem Schreibtisch schreibt man eben nicht »I'm in love with the girl on the Manchester Virgin Megastore checkout desk«. Da schreibt man nur »Hoch auf dem gelben Wagen«.

Geldverschwendung, wohin man schaut. Die Bahn hängt ein neues Stationsschild hin, obwohl man das alte noch prima lesen kann. Interessant ist, daß hinter »Apolda« auf dem alten Schild ein Punkt ist. Dadurch sieht es irgendwie moderner aus als das neue, beinahe wie eine Internet-Adresse. Nicht ganz, aber irgendwie schon.

Vèronique-Babette Chrysanthéme, Prinzipalin des »Cafè Noblesse de Bohéme«, freut sich schon darauf, Ihnen in der berühmten Romantikmosfére ihres Dèsirèè-Salons einen Diät-Riesenwindbeutel »Pariser Jugendstil« zu servieren.

Der Satz »Alarmblinken bilden niemals den I-Punkt auf einem I, welches aus einem vollen Rotweinglas besteht« gehört ab jetzt in den Papierkorb der Geschichte der Wirtshausbeschriftung Deutschlands.

Wenn man seiner Familie in New York City mailt, wie man den heutigen Tag verbracht hat, nämlich daß man zuerst einen Brief an Udo geschrieben und dann ein Bier getrunken hat, sollte man das Bier und den Brief fotografieren und mitmailen, dann kann sich die Family in New York City das viel besser visualisieren. Es ist übrigens ungeheuer affig und insiderdoof, wenn Deutsche statt New York *»New York City«* sagen. Wenn einer sagt, er fahre für eine Woche Shoppen nach New York, dann läuft er doch nicht Gefahr, so verstanden zu werden, er wolle den *Staat* New York bereisen. Sollte er eine Ausnahmeerscheinung sein und genau das vorhaben, dann sagte er halt dazu, daß er den Staat meint: *New York State*. Der Staat ist übrigens nicht schlecht, genauer gesagt die Landschaft des Staates.

Die Blumen, die Gießkanne und der große Stiefel sind leicht verständlich. Die Burger-King-Kronen theoretisch auch, denn der Bürger sollte König sein. Es handelt sich aber um ziemlich sonderbare Burger-King-Kronen, auf denen überhaupt nicht »Burger King« draufsteht. Die Bürgerinitiative wird wohl zu Burger King gegangen sein und gesagt haben: »Wir hätten gerne Burger-King-Kronen, aber essen können wir nichts, denn wir stecken unser gesamtes Taschengeld in die Aufpäppelung der zertretenen Demokratie. Was meinen Sie, was ein symbolischer Riesenschuh kostet!« Da hat der Filialleiter gesagt: »Hier haben Sie einige Fehldrucke, die kann ich Ihnen ohne Begleitverzehr mitgeben.«

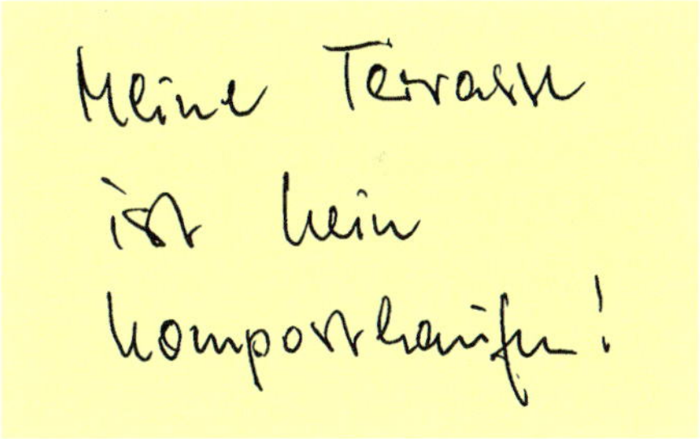

Auch im Zeitalter von E-Commerce, NannyCams und Grannie Beepern kleben sich Nachbarn noch immer gehässige kleine Zettelchen an die Tür.

Hier könnte man theoretisch auch noch eine Superunterschrift druntersetzen.

Fanny Müller

MIT DEN AUGEN EINER Frau

Wie ich einmal mit Hitler und Röhm nach Mallorca geflogen bin

Es fing schon damit an, daß die Nichten im Flugzeug nach La Palma angewidert auf das Essen starrten und dabei Brechgeräusche simulierten. Sie hatten ja recht, aber aus erzieherischen Gründen aß ich alles auf und sagte, daß sie mich daran erinnern sollen, daß ich nachher den Piloten nach dem Rezept frage.

Am Strand wurde es dann ganz furchtbar. Beide trugen Badeanzüge, die für eine Neuinszenierung der Versuchung des Hl. Antonius mehr als ausgereicht hätten. Deshalb hatte ich mich darauf eingerichtet, unter meinem Sonnenschirm als Fliegenklatsche aufzutreten, welche die Caballeros wegscheucht, aber das konnten sie viel besser als ich. Die Szenen, die sich da abspielten, gaben mir einen erschreckenden Einblick in die eiskalte Psyche moderner junger Frauen.

Einmal z. B. näherte sich ihnen ein Einheimischer und bat höflich um Feuer oder um einen Kugelschreiber; jedenfalls um etwas, was er überhaupt nicht brauchte, denn er hatte weder eine Zigarette noch Briefpapier dabei. Das sah man ganz genau, weil er nichts anhatte. Leider sprechen die Nichten beide so schnell Spanisch, daß ich noch nicht mal die Wörter erkenne, die ich kenne, aber ich ließ es mir hinterher übersetzen. Die eine hatte gesagt: »Hängen Sie mal ein Handtuch darüber, das sieht ja schlimm aus.« Die andere: »Ach was! Ich hab schon Schlimmeres gesehen.« Danach zankten sie sich weiter auf deutsch, welche von ihnen das Allerschlimmste gesehen hat.

Am Strand trafen wir auch zwei junge Männer aus Kiel wieder, die neben uns im Flugzeug gesessen und die ich für Klempner oder Elektriker gehalten hatte, was auch stimmte. Die stahlen meinen beiden Nichten so ziemlich die Show.

Wir kriegten mit, wie sie zwei Frauen namens Sandra und Ramona erzählten, daß sie Gynäkologe beziehungsweise Hubschrauberpilot seien. Als ein Rettungshubschrauber vorbeidonnerte, sagte der eine: »Ach, eine CS 304 Y, die bin ich auch oft geflogen.« Das konnten die Nichten nicht aushalten und nannten die beiden gleich »Hitler und Röhm«, bloß weil der eine ein bißchen dick war, und der andere einen eigenartigen Schnurrbart trug. Immerhin freut es mich, daß sie heute im Geschichtsunterricht schon bis zum Dritten Reich kommen.

Zu meiner Zeit war mit dem Ersten Weltkrieg Schluß, weil meine Lehrer den zweiten selbst mit angeschoben hatten. Jedenfalls nahm ich die Nichten dann ins Gebet und erinnerte sie daran, wie sie sich noch vor zwei Jahren auf Mallorca als Verlobte von Mitgliedern der Hannoveraner Band »Platzende Pelikanpatronen« ausgegeben und Autogramme verteilt hatten. Das war diese Band, wo die Mädels alle in weißen T-Shirts erschienen, weil nach jedem Lied mit Tinte gespritzt wurde. Natürlich gab es die Band gar nicht; es hätte sie aber leicht geben können, wenn man bedenkt, daß es Gruppen gibt, die z. B. »Armaggedon Dildos« heißen.

Die beiden blieben meinen Vorhaltungen gegenüber verstockt und guckten mich an, als wollten sie sagen, daß sie niemals in mein Alter kommen möchten. Werden sie aber.

Zeichnung: Wolfgang Herrndorf

Nachdem sie die vorbeiziehende Männerwelt durchgecheckt und insgesamt für unangesagt erklärt hatten – dabei spielten die Art der Muskeln (Surfer-, Bodybuilding- und Handballermuskeln – alles widerlich) und die Farbe sowie der Schnitt von Badehosen eine Rolle –, wandten sie sich wieder ihrer Tante zu und erklärten, mir jetzt einen Kurschatten besorgen zu wollen. »In deinem Alter heißt das doch Kurschatten, Tantchen!« Mir ist es ganz egal, wovon einer seine Muskeln hat, meinetwegen vom Bücherlesen, und die Farbe der Badehose ist mir auch wurscht. Hauptsache, er hat eine an.

Das Problem ist nur, daß ich zu Hause schon einen Verehrer habe. Mit der Einschränkung, daß er – wie Männer eben so sind – noch nichts davon weiß. Diese Information behielt ich natürlich für mich, weil die Nichten ja sofort alles in der Verwandtschaft herumposaunen und meine Mutter in solchen Fällen immer androht, mir das 36-teilige Rosenthal-Service und eine Warmhalteplatte zu schicken.

Als mir die beiden nach einer Reihe von Gigolos einen weiteren vorstellen wollten, der mir bei meinem letzten Aufenthalt auf der Insel schon gezeigt worden war und der den Beinamen »Stecher von La Palma« trägt, hatte ich die Nase voll. Ich teilte den Nichten mit, daß ich schon seit längerem entschlossen sei, mich demnächst dem weiblichen Geschlecht zuzuwenden.

Da die menschliche Bereitschaft, eine Erklärung einfach so und sofort zu akzeptieren, direkt proportional zur tatsächlichen Unwahrscheinlichkeit zunimmt, hatte ich endlich meine Ruhe. □

Rattelschneck

Es muß nicht immer Birma oder Burma sein! Auch unser Land birgt wunderschöne Orte, wilde Hügel-, Nutz- und Parklandschaften, die gar nicht teuer sind und bei deren Anblick jede Seele Flickflack schlägt. Also ließen sich Thomas Gsella und sein Faktotum Joachim Schulz mal tagelang durch den Standort Deutschland treiben – und kehrten mit bleibenden Postkarten und vergänglichen Versen zurück.

Schon am Freitag abend stießen
wir im Wald auf dieses Schloß:
Wie erschaffen zum Genießen:
Dampf-Event im Erdgeschoß!

Sonntags jubelten wir beide:
Grüß dich, Mailing-Ingolstadt!
Mekka heller Lebensfreude!
(Unten links das Internat.)

Altenbergen ist bekannt
für pulsierende Erotik
und auch baulich interessant –
Stichwort Renaissance und Gotik.

Grüße aus Deuts

Wo die Hochhaustürme streben
schief zum Himmel: Da liegt Flein.
Gsella möcht' hier ewig leben,
Schulz sogar begraben sein.

Anderntags dann in Mühlhausen
setzten wir uns auf die Bank,
ließen Schweine um uns sausen
und genossen den Gestank.

Mittwochs Räuberschachturnier
im Revierpark Vonderort:
Im Finale siegten wir
mittels Bauernmassenmord.

Donnerstags im Zentrum Wimpfen
gab es Brei mit Magensaft.
Stündlich durften wir zum Impfen,
und der Pool war sagenhaft.

Freitags starrten wir begeistert
bei Rappbode in den See,
dessen Stau man fein gemeistert.
Abschied tat uns äußerst weh.

Und am Samstag endlich: Plauen-
rundfahrt mit der Straßenbahn!
Hat uns völlig umgehauen.
Welch ein Türmchen! Gruß an Jan.

land

Gelbe Häuser, rote Autos:
Gern sind wir hier eingekehrt;
grade sonntags ist die Sau los.
Gotha, du gehörst verehrt.

Sanft ist sie dann ausgeklungen,
unsre kleine Heimatreise.
Gsella ist vom Dach gesprungen,
und Herr Schulz hat jetzt 'ne Meise.

DÜDEN

Die neue deutsche Rechtsschreibung

Das Standardwerk für alle Freunde von der Rechtschreibung

Nach der Unterzeichnung des Schandvertrages von Wihn von wegen der neuen deutschen Rechtschreibung wird die Verschlimmbesserung am 1. August 1998 in Kraft treten.

Der neue DUDEN enthält – **roht herforgehoben, nach Namen geordnet, durchlaufend nummeriert und in kleinen Scheinen** – die neuen **Grundriegeln**, z. B. *Wer nähmlic mit h schreibt ist dämlic, Esse nie Kakau zum Tee denn das tut den beiden weh, Tuten tut der Nachtwechter, Schreibe nie SS aus scheiss es sei denn du tust es mit Fleiss, 333 – Kolumbus legt ein Ei,* die neuen Schreibweisen, z. B. *Känguru* (statt Kamel), *Brrrennnessselll* (statt Feuerwehr), *Jute* (statt Plastik), *Türkensamsonite* (statt Plastiktüte), *Backstreetboys* (statt Takethat), *Hans Hubert* (statt Berti), *Butter* (statt Kanonen), *Raider* (statt Twix), *Behindertenolympiade* (statt Krüppelverarschung), *Stadthagen* (statt Hagen), *Handkic* (statt Handke), *Hitlers willige Vollstrecker* (statt Deutsches Volk), *zwei fahrenlassen* (statt: einen fahren lassen), *unheimlich Einen durchziehen* (statt: heimlich einen durchziehen), *Schnauze* (statt: Ich gestatte jetzt keine Zwischenfragen), *blau machen* (statt: krankfeiern), *Ski fliegen* (statt: schiefliegen), *eine Braut flach Legen* (statt: flirten), *auf die Pipibox gehen* (statt: Hände waschen), *dumm wie Schifferscheiße* (statt: fickt gut), die neuen Abkürzungen: *z.B.* (für zum Brüllen), *k* (für Kohl), *f...* (für fischen), *d.b.d.d.h.k.p.* (für F.D.P.), *O-Saft* (für Onkel Dittmeyer), *U-Saft* (für Urin), *U-Haft* (für Peter Graf), *S-haft* (für Sagenhaft), *Alk* (für alkalihaltige Mineralien), *Alf* (für Alfabet), *Dr. päd.* (für Kinderschänder), *Klinsi* (für Klinsmann), *Latti* (für Dieter Lattmann) und *Ombudsi* (für Ombudsmann). Das Wörterverzeichnis ist um zahlreiche Neuwörter bereichert, wie z. B. *Telefonitis, schmöll, Makolande, rudelbumsen, Mister-Knack-Arsch-Wahl, Unnösel, shmoov* und *tschaui.*

22., total krass, überarbeitete Auflage, des bekannten Megasellers!

Neue Eselsbrücken Neue Wörter
Neue Buchstaben Neuer Preis

Mit den amtlichen Eselsohren für nur 6.-

Was sind das nur für Menschen, die zur Filmmusik von 'Schindlers Liste' Boogie-Woogie tanzen?

Goldt/Lenz

Wir sind breit.

SPD

»Schlechte Verstecke« von Matthias Schamp

Aus der Serie »Schlechte Verstecke«
Schlechtes Versteck Nr. 22

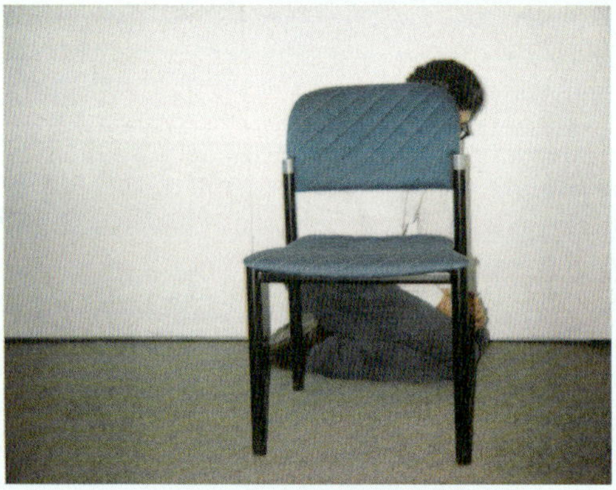

Aus der Serie »Schlechte Verstecke«
Schlechtes Versteck Nr. 89

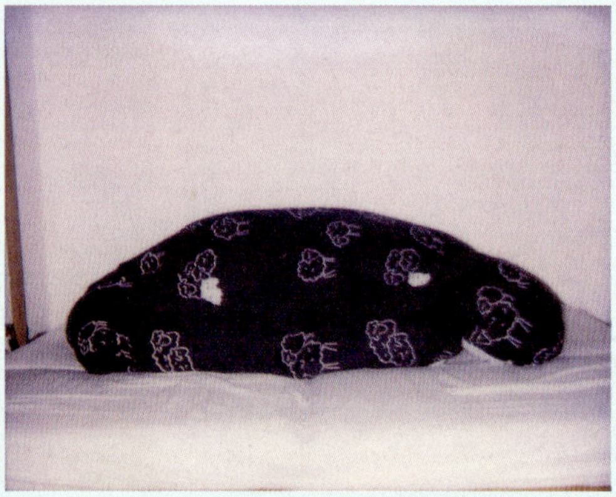

Aus der Serie »Schlechte Verstecke«
Schlechtes Versteck Nr. 13

Aus der Serie »Schlechte Verstecke«
Schlechtes Versteck Nr. 1

Aus der Serie »Schlechte Verstecke«
Schlechtes Versteck Nr. 26

Aus der Serie »Schlechte Verstecke«
Schlechtes Versteck Nr. 15

Weltexklusiv

Di Di-Theori

Alles begann mit einer Traumhochzeit am 29. Juli 1981. Und alles endete mit einem Traumunfall in der Nacht zum 31. August 1997. Lady Di, die Prinzessin von Wales, ihr Araber-Hengst Dodi und ein Flaschenöffner mit 1,75 Promille fuhren voll gegen eine Meute von Betonpfeilern, die aus dem Nichts aufgetaucht war und plötzlich den Seitenstreifen einer Pariser Straßenunterführung blockierte.

Dieser unsinnige, unnütze und unverständliche Tod brachte große Nachteile für uns alle. Plötzlich spricht keiner mehr von der neuen Frisur von Kai Pflaume, und niemand weiß, wer nach Gianni Versace, Lady Di, Mutter Teresa und Vater Mobutu als nächstes in den siebten Himmel der Liebe auffahren darf.

Und das nur wegen eines lächerlichen Fahrfehlers. Manche glaubten schon, das bedeute Weltkrieg. So wie damals im Sommer 1914, als der österreichische Kronprinz Franz Ferdinand zusammen mit seiner Frau volle Pulle gegen die Pistolenkugel eines Attentäters fuhr. Bis jetzt sieht es aber nicht so aus, als ob es Weltkrieg geben wird. Das mag vielleicht auch daran liegen, daß Lady Di bis zu ihrem sinnlosen, feigen und hinterhältigen Tod viel zu viele Landminen weggeräumt hat, so daß ein verlustreicher Territorialkrieg heute kaum noch sinnvoll zu führen ist.

Aber warum dieser grauenhafte Unfall, bei dem ein Auto kaputtging? Am Alkohol kann es jedenfalls nicht gelegen haben. Schließlich bewies kein geringerer als der ehemalige stellvertretende CSU-Parteichef Franz Heubl, daß man selbst bei einem Blutalkoholgehalt von 2,3 Promille zwar mit Totalschaden, Unfallflucht, Beamtenbeleidigung, Nötigung und Widerstand gegen die Staatsgewalt davonkommen kann, aber immerhin doch auch mit dem Leben. Da sind also die 1,75 Promille des Dodi-Chauffeurs kein überzeugendes Argument.

Ganz im Gegenteil – der grausame Unfalltod klirrt und rasselt wie eine Kette mysteriöser Ungereimtheiten. Aus aller Welt treffen abenteuerliche Mordtheorien im Buckingham Palace ein, die z. Zt. noch geprüft werden. So behauptet z. B. der lybische Staatsschef Gaddafi, daß der englische Geheimdienst die Blinkleitungen des Unglücksfahrzeugs angesägt habe, um zu verhindern, daß Lady Di einen Moslem heiratet. Der Irak hingegen äußert die Vermutung, hinter dem „Unfall" steckten fiese Waffenhändler, denen Di mit ihrem ewigen Minenwegräumen ziemlich auf die Nerven ging. Das alles ist natürlich typisch Araber. Der eine sagt dies, der andere das, und dann gehen sie wieder aufeinander los. Aber sollen sie doch, dann bleiben uns wenigstens ihre schwachsinnigen Mordtheorien erspart.

Viel einleuchtender ist die Theorie, daß die Toten im Auto gar nicht die echten Di und Dodi und Promilli waren, sondern: exakte Doppelgänger. Es ist doch ziemlich merkwürdig, daß alle drei bei ihrem Unfall sorgfältig zerquetscht aufgefunden und anschließend Hals über Kopf in der Erde vergraben wurden, nur damit niemand mehr was feststellen kann. Und die echten Körper liegen längst irgendwo auf einer unterirdischen Insel in der Sonne und führen zusammen mit James Dean, Elvis, Jimi Hendrix und Adolf Hitler ein tolles Leben in Ruhe und Abgeschiedenheit. Ausstieg pur.

Noch viel wahrscheinlicher ist allerdings, daß Elvira Knettenbeck-Fugazi aus Heilbronn-Obereisesheim hinter dem zynischen Verbrechen steckt. Aber wer ist Elvira Knettenbeck-Fugazi? werden Sie nun fragen, und Sie fragen zu Recht. Elvira Knettenbeck-Fugazi ist zweifellos die am wenigsten fotografierte Frau der Welt, und als solche schob sie naturgemäß einen unbändigen Haß auf Camilla Diana Spencer, die meistfotografierte Frau der Welt. Das schrie nach Rache.

Und fast, so muß man ergänzen, wäre auch Lady Dis wohl perfidester und teuflischster Plan aufgegangen: die Beseitigung ihrer ungeliebten Rivalin Mutter Teresa. Aber ihr eigener Tod kam ihr zuvor, so daß der Dalai Lama eine Woche nach dem „Unfall" nur noch Mutter Teresa ausschalten mußte, um sich selbst nach einer beispiellosen Mordserie schlagartig an die Spitze der internationalen Heiligencharts zu setzen. Jetzt kann ihm keiner mehr, die Konkurrenz ist ausgelöscht.

Für Lady Di bleibt nur ein kleiner Trost: Die romantischen Liebesurlaube ohne Paparazzi kann sich der Dalai Lama gehörig abschminken.

Oliver Schmitt

Was will Schröder

Immer mehr Menschen in Deutschland wollen Gerhard Schröder wählen, und sie haben ein Recht zu wissen, warum sie Schröder eigentlich wählen wollen. Auch Gerhard Schröder würde jetzt langsam gerne mal wissen, warum ihn die Leute eigentlich wählen wollen. Es wird wohl irgendwas mit Politik zu tun haben. Schröder will etwas bewirken, er will die politische Landschaft verändern. Schröder will nicht nur den Wechsel, er will es einfach wissen. Und deshalb sagen wir ihm jetzt, was er will:

Schröder will Gerechtigkeit, aber mit Augenmaß. Was für den einen gerecht ist, ist für den anderen vielleicht ungerecht. Da muß man erst mal gucken und genau abwägen.

Schröder will die Menschenrechte in Deutschland einführen. So wie Nelson Mandela das gemacht hat. Es soll in den Polizeigefängnissen nicht mehr gefoltert werden, und wenn das nicht durchsetzbar ist, dann wenigstens nicht mehr so viel. Und es soll weniger weh tun. Niemand soll gegen seinen Willen länger als vierundzwanzig Stunden festgehalten und gefoltert werden.

Schröder will, daß der elektrische Stuhl hier in Deutschland kein »main issue« wird. »Die Todesstrafe ist mit uns Sozialdemokraten nicht machbar«, sagt Schröder. »Es gibt andere Möglichkeiten der Sühne, beispielsweise ein Parteiausschlußverfahren. Wenn ich wüßte, daß Scharping morgen hingerichtet wird, würde ich heute noch ein Apfelbäumchen essen«, sagt Schröder.

Schröder will Pressefreiheit. Der Bürger muß freien Zugang zu allen Kiosken haben. Das ist ein »essential« für Schröder. Zeitungsfritzen müssen freien Zugang zu allen Informationen über SPD-Parteitage haben.

Schröder will Zukunftstechnologien in Deutschland ansiedeln. Elektronische Sachen und Autoaschenbecherfabriken und Kofferraumhaubendeckelpreßwerke und Hutablagenüberzugbedampfereien und all so Zeug, was die bei VW dauernd brauchen.

Schröder will nichts übertreiben, aber er will Zeichen setzen. »Wenn von einem Schokoriegel gesagt wird, sein großes Plus sei ›Nuß an Nuß‹, und ich beiße dann da rein und sehe, da sind zwischen den Nüssen riesige Abstände, dann muß ich als Verbraucher aufstehen können und meine Meinung sagen«, sagt Schröder. Auf Wunsch schickt er jedem seine Meinung zu.

wirklich?

Schröder will keine PDS-geführte Regierung tolerieren. Das geht mit ihm nicht, da müßten sie sich einen anderen suchen. Schröder wird sich aber genauso wenig von der PDS tolerieren lassen. Schröder sagt: »Wenn die das tun, ist das ihre Sache, ich nehme das gar nicht zur Kenntnis.«

Schröder will die Steuerreform. Der Papierkrieg muß aufhören. Und diese Scheißformulare. Jeder soll einfach nur noch eintragen, was er zahlen möchte, und das Finanzamt teilt ihm dann den Differenzbetrag mit. Formlos, versteht sich.

Schröder will das Jahrtausend am 31. 12. 1999 offiziell beenden. Notfalls auch mit den Stimmen von PDS und DVU.

Schröder will seiner Frau keinen Ministerposten zuschanzen. »Das wäre Protektion«, sagt Schröder, und die lehnt er ab. Seine Frau hat das nicht nötig, die bekommt den Posten auch so. Schröder will überhaupt, daß die Frauen stärker in der Politik vertreten werden. Von ihm zum Beispiel, oder von Müntefering, der kennt sich mit Frauen auch ganz gut aus.

Schröder will, daß Deutschland zum Einwanderungsland wird. Für die Zeit vom 1. 5. 2000 bis 31. 10. 2000 will er einfach mal die Grenzen kostenlos öffnen lassen. Damit sich genügend Ausländer den ganzen Expo-Käse angucken können. »Einem Deutschen kann man das ja nicht zumuten«, sagt Schröder.

Schröder will das sinnlose Morden beenden. Den verdammten Zweiten Weltkrieg zum Beispiel. Da muß endlich ein Friedensvertrag her. Am besten irgendwas mit Siegermächten und Achsenmächten. Der Japs und die Nazis kriegen ihr Fett weg, der Russe die Wasserhähne und Wasserarmbanduhren.

Schröder will bessere Musik. Er wird den Vertrag zwischen der SPD und der dixielandverarbeitenden Industrie aufkündigen. »›Brüder zur Sonne zur Freiheit‹ kann man auch ganz anders spielen. Scharping hat da was entdeckt: Skiffle-Musik.« Aber gegen die Legalisierung von Marihuana ist Schröder trotzdem. »Man kann auch ohne Skiffeln fröhlich sein«, hofft Schröder.

Schröder will was von Kultur verstehen. Lange Opern, wo Frauen immer so rumschreien, oder Stadtteilfeste von SPD-Bezirksvereinen mit ihm als Überraschungsgast. Aber auch was für die Jugend. Pink Floyd, Rolling Stones und für die Kinder Tote Hosen und Hubert von Goisern.

Schröder will, daß bei der nächsten WM Matthäus von Anfang an dabei ist, und Möller soll auch noch mal eine Chance bekommen. Fußballübertragungen sollen weiterhin kostenlos sein, jedenfalls für Leute, die ihre Decoder-Gebühren bezahlt haben.

Schröder will ein Bündnis für Arbeit. Alle sollen an einem Strang ziehen. Den können sie sich bei ihrer SPD-Geschäftsstelle abholen. Ist natürlich nur symbolisch gemeint. Praktisch sieht das so aus: Wer Arbeit hat, geht hin, und wer keine hat, kommt mit und macht sich welche.

Schröder will, daß die Korken aus den Prosecco-Flaschen, die im Supermarkt falsch gelagert wurden, leichter rausgehen.

Schröder will Kanzler werden, aber demokratisch muß es zugehen. Also notfalls auch mit den Stimmen der SPD, da hat er keinerlei Berührungsängste. □

Hans Zippert

MALE FÜR

Nach langem Gezerre hat der Bundestag nun entschieden: Deutschland muß ein Mahnmal haben, ein Riesending mitten in Berlin. Aber obwohl es so groß ist, ist es doch nur für die ermordeten Juden gedacht. Was aber kriegen die anderen? Die ermordeten Zigeuner und Homosexuellen, die gemeuchelten Kommunisten und Behinderten?

Diese Frage trifft den US-Architekten Peter Eisenmann nicht unvorbereitet. Nachdem er nun schon die Juden mit einer Gedenkanlage beglückt hat, will er die anderen Nazi-Opfer auch noch mit Monumenten versorgen. Die Entwürfe liegen TITANIC bereits vor – jetzt muß der Bundestag eingreifen. Oder Sie, Herr Rau!

Mahnmal für die ermordeten Homosexuellen

Auch wenn der Plan für diese 80 Meter lange und 30 Meter hohe Großskulptur durch nüchterne Prägnanz bestechen mag – mit seinem Thema hat sich der gefeierte Mahnmalkonzipierer Eisenmann nur oberflächlich auseinandergesetzt. Und überhaupt: was passiert, wenn's regnet?

Denkmal der Opfer der Euthanasie

Es ist zu bezweifeln, daß dieser Entwurf der Tragik des Darzustellenden gerecht wird. Drei mechanisch sich im Kreis bewegende Figurinen sollen den ewigen Kreislauf mechanischer, sich im Kreis bewegender Figurinen symbolisieren – aber wozu? Wenigstens berücksichtigt der Entwurf den Bedarf der Bevölkerung nach Informationszentren.

ALLE

Zentrale Gedenkstätte für die ermordeten Kommunisten

Wie viele Kommunisten dem Naziterror zum Opfer fielen, könnte man zwar rauskriegen, Peter Eisenmann war dies aber offensichtlich schon zu viel Aufwand. Er schlägt vor, Karl Marx, den Erfinder des Kommunismus, »in riesengroß« irgendwo in Berlin aufzustellen. Und um dem Vorwurf zu entgehen, wieder nur eine neue »Kranzabwurfstelle« geschaffen zu haben, soll Marx jedes Jahr zu seinem Geburtstag eine neue Armbanduhr erhalten. Tickt Eisenmann noch richtig?

Ermordete-Zigeuner-Mahnmal

Zumindest dieser Entwurf Eisenmanns überzeugt durch behutsame Monumentalität und gestalterische Originalität. Der maschendrahtzaunumfriedete Auto-Schnäppchenmarkt für Sinti und Roma soll neben den gängigen auch Mercedes-Sondermodelle bereithalten, am Wochenende geöffnet und nachts sogar beleuchtet sein. Wer die Verkaufprovisionen kassiert, hätte man sich allerdings denken können: Mahnmalerfinder Peter Eisenmann.

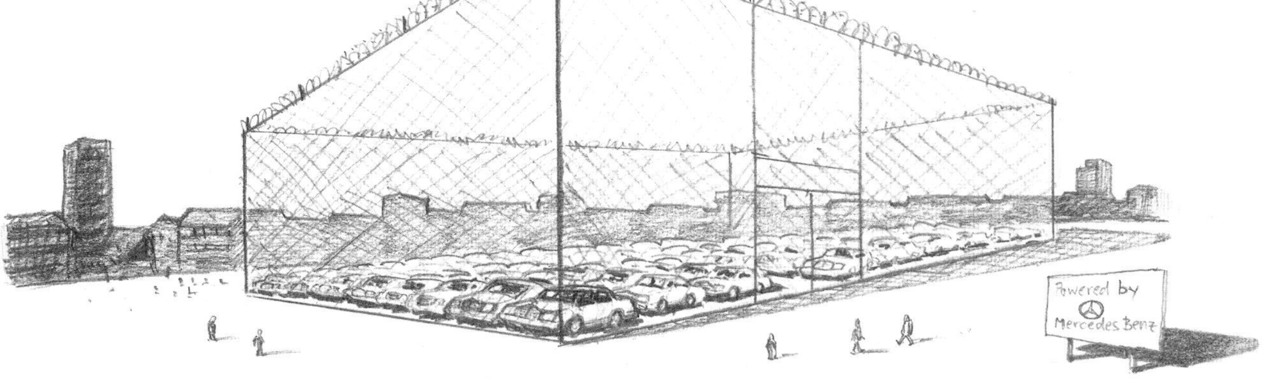

Text: Schmitt, Zeichnungen: Greser&Lenz

Michael Sowa

Große Partner TITANIC Hilfsaktion für Bundeskanzler Schröder!

Freitag, 9. April

Entsetzt sitzt die Redaktion von **Partner TITANIC** um den **Partner TITANIC**-Fernseher herum: Der angekündigte Tierfilm entfällt, weil eine Sondersendung kommt, weil Flugzeuge der Bundeswehr Bomben über Belgrad abwerfen, weil die Bundesregierung das angeordnet hat! Ein kurzer Blick in Fernsehzeitung und BGB bestätigen unseren schlimmsten Verdacht. Der Tierfilm wird natürlich nicht wiederholt, und das Herumbomben mitten im tiefsten Frieden ist total verboten! Und Frieden herrscht. Schließlich hat es bis dato keine vernünftige Kriegserklärung gegeben. Klar, daß die Bundesregierung jetzt ziemlich in der Patsche steckt; klar auch, daß wir ihr da raushelfen müssen: Bügeln wir also Kanzler Schröders Faux pas wieder aus und erklären Präsident Milosevic den Krieg! Am besten direkt über das jugoslawische Konsulat in Bonn:

PT Das Bundeskanzleramt der Bundesrepublik Deutschland, guten Tag. Ich hätte gern Botschafter Jeremic gesprochen.
JUGO Das geht nicht, der ist doch in Jugoslawien. Ich schlage vor, daß ich Ihnen Handynummer von Ex-Botschafter gebe, 0172/6542526.
PT Danke; haben Sie gesagt »Ex-Botschafter«?
JUGO Ja, wir haben doch die diplomatischen Beziehungen zu Ihnen unterbrochen!
PT Ah, ja, natürlich. Aber was machen Sie noch in der Botschaft, wenn ich fragen darf?
JUGO *(leise)* Ja, ich bereite alles vor, für die Zeit, bevor eine Schutzmacht uns übernehmen.
PT Natürlich, gut, vielen Dank...

Ups! Sind wir schon so weit? Wird heutzutage selbst der Krieg per Handy erklärt? Schickt sich so etwas überhaupt?

PT Herr Jeremic?
JUGO Ja! Ich bin's!
PT Guten Tag, Sonneborn aus dem Bundeskanzleramt der Bundesrepublik Deutschland. Wir möchten eine Leitung zu Präsident Milosevic.
JUGO Ja? Sie möchten eine Leitung zu Präsident Milosevic? Worum geht?
PT Genau, wir möchten eine offizielle Erklärung übermitteln.
JUGO *(verwundert)* Hm. Zum Präsident Milosevic. Und Sie sind?
PT Ich bin hier im Kanzleramt für die Erklärungen zuständig.
JUGO *(erstaunt)* Aha, das ist eine Botschaft von Gerhard Schröder an Herr Milosevic, ha! Aber ich kann so was nicht herstellen, das ist ein Problem. Ich kann Ihnen geben eine Fax-Nummer beim Bundesaußenminister. Dann wird weitergeleitet. Aber noch besser Sie können schicken über schwedische Botschaft. Sie wissen, daß wir diplomatische Beziehungen abgebrochen haben und haben keine direkte Möglichkeit; am besten über schwedische Botschaft.
PT Okay, dann machen wir das so...

Und so geschieht es: Um 14.24 Uhr mitteleuropäischer Sommerzeit geht endlich wieder eine deutsche Kriegserklärung hinaus in die Welt. Bzw. erst mal in die schwedische Botschaft. (s. Abb.)

Und natürlich vergewissern wir uns noch, daß die Schweden das offizielle Schreiben auch weiterleiten:

SWE *(bedauernd)* ...der Botschafter ist leider nicht mehr im Haus, ist Wochenende.
PT Oh! Wir haben Ihnen nämlich gerade eine Botschaft an den jugoslawischen Präsidenten Milosevic gefaxt. Und zwar ein relativ wichtiges Dokument, es handelt sich um eine Kriegserklärung!
SWE *(nervös)* Okay, natürlich, ich verbinde Sie sofort! Augenblick! Moment, ich muß jemand suchen! *(kurze Pause)*
SWE Ecelius, guten Tag.
PT Guten Tag, das Bundeskanzleramt der Bundesrepublik Deutschland. Wir haben Ihnen gerade ein Fax zur Übermittlung an Slobodan Milosevic geschickt, ist das angekommen?
SWE Ja. Können Sie eine ganz kurze Sekunde nur warten?
PT Ich warte. Zumal es ein sehr wichtiges Dokument ist, es handelt sich um eine Kriegserklärung.
SWE *(aufgeregt)* Ach so, ich verstehe, das ist ziemlich wichtig, ein Moment bitte! *(kurze Pause, hektische Aktivität)* Ja, hallo? Es ist angekommen, es ist gerade besprochen worden in der Botschaft.
PT Und wir können uns darauf verlassen, daß Sie es weiterleiten?
SWE Ja, das können Sie. *(erleichtert)* Aber Herr Larson, der Botschafter, möchte gerne einige Fragen stellen: Kann ich Sie weiterleiten?
PT Bitte verbinden Sie mich.
SWE Hallo, Larson, ja, wir haben es gerade bekommen, das Fax.
PT *(mitfühlend)* Das ist wahrscheinlich auch für Sie das erste Mal, daß Sie ein so wichtiges Fax in der Hand halten.
SWE Ja, genau, es steht hier, Regierung von Jugoslawien über schwedische Botschaft. Also formellerweise ist ja so, daß Schweden noch nicht offizielle Schutzmacht ist von Jugoslawien. Der Regierungsbeschluß kommt vielleicht nächste Woche formell. Ich möchte das nur sagen.
PT *(nachdrücklich)* Ja, wir haben mit Botschafter Jeremic besprochen, daß wir das trotzdem auf diesem Wege machen. Wir liegen doch terminlich schon etwas spät. Sie wissen ja, daß es völkerrechtlich etwas bedenklich ist, Länder zu bombardieren, mit denen man eigentlich in Frieden lebt.
SWE Okay, ich muß natürlich noch mit Stockholm sprechen, und dann machen wir das...

Zum Glück für Bundeskanzler Schröder und die deutschen Bomber ist auf die Schweden Verlaß: Der Krieg ist erklärt. Und während irgendwo da draußen schon ein neues Problem sich warm macht, geht die Redaktion von Partner TITANIC ein paar Hamsterkäufe machen...

Regierung
der Bundesrepublik Deutschland
Government
of the Federal Republic of Germany

Der Bundeskanzler

Bonn, den 8. April 1999

An die
Regierung von Jugoslawien
über schwedische Botschaft, Bonn

FAX 0228 - 223837

Bitte weiterleiten an:
Slobodan Milosevic, Diktator
Belgrad, Jugoslawien

Betr.: Kriegserklärung

Die Regierung der Bundesrepublik Deutschland erklärt Ihnen hiermit rückwirkend ab dem 24.3.99 den Krieg. Im Zusammenhang damit kann es bei Ihnen zu nächtlichen Ruhestörungen, Flächenbombardements und anderen Kampfhandlungen kommen, die wir uns noch genauer überlegen müssen. Bitte tragen Sie im eigenen Interesse dafür Sorge, daß teure Gebäude, zerbrechliche kulturhistorische Werte und seltene Zootiere rechtzeitig aus dem Weg geräumt werden. Andernfalls können wir für auftretende Beschädigungen keinerlei Haftung übernehmen.

Mit freundlichen Grüßen

i.A. Regierung der Bundesrepublik Deutschland

PS: Bitte haben Sie Verständnis dafür, daß Ihnen eine ordnungsgemäße Kriegserklärung erst heute zugeht. Durch einen Krankheitsfall im Sekretariat hat sich über die Osterfeiertage doch eine ganze Menge Post bei uns angestaut. Wir bedauern dies zutiefst und bitten Sie aufrichtig um Entschuldigung.

PPS: Eine identische Ausfertigung dieses Schriftstücks ist als Abwurfeinschreiben auf dem Luftweg zu Ihnen unterwegs.

Adresse:	Telefon:	Telefax:	Telex:	Telegramm:
Bundeskanzleramt Adenaueralle 141 53113 Bonn Germany	(0049) 228 56 0	(0049) 228 56 2357		

Kriegsgreuel quo vadis?

Die Serben drehen durch!

Adolf, die Nazi-Sau
Äch bin wieder da!
Nr. 2
Sündige Vergangenheit
...Göring..?
Adolf...?
Wir erinnern uns: Adolf hatte leider den 2. Weltkrieg verloren und mußte untertauchen. Jahrelang lebt er in der Kanalisation und darf über seine Fehler nachdenken...
Äch hätte Rossland besser über die Flanke angreifen sollen...
Dann verjährt endlich seine Schuld. Aber Adolf kommt mit der neuen Zeit nicht gleich zurecht. Er wendet sich an den undurchsichtigen DR. FURUNKEL, der verspricht, Adolfs Probleme zu lösen. Erste Versuche schlagen jedoch fehl. Schließlich verschreibt Dr. Furunkel ihm einen ordentlichen Fick...
Ich verschreibe Ihnen einen ordentlichen Fick !!
REEPERBAHN
Schlock...!
REZEPT
1 Fick
Äh... Goten Tag, meine Damen... Äch möchte gerne däses Räzäpt einlösen... hrrmchm...
Zur blauen Banane
Ficken auf Rezept! Nich' mit uns, Kleiner!
Guter Versuch!
Aber probier's mal dahinten mit Hermine! Die macht's mit jedem...
Ohne Gummi...
Äh... välen Dank...
Wie äntwördigend...

Äh... Entscholdigong .. Aber man hat mäch zo Ihnen geschickt...
...Göring..?
Adolf...?
Mein Führer... ...ich dachte...
Aber... Nörnberg... Die Hinrichtung...
Wir gehen besser erstmal zu mir...
Man hat sich einiges zu erzählen...
Naja... nachdem sie mich wiederbelebt hatten, hat mich der CIA außer Landes gebracht... sie haben dann auch die Geschlechtsumwandlung organisiert. Ich mußte ihnen dafür ein paar Gefallen tun... Kennedy umlegen... Martin Luther King... Barschel... Malcolm X... solche Sachen... war eine schöne Zeit... Dann änderte sich das politische Klima und sie haben mich fallen gelassen... Tja, und jetzt bin ich hier...
Das äst hier ja ein zämliches Rattenloch...
Naja, die Zeiten sind hart... Ich fand's in Karinhall auch besser... Auch ein Pfeifchen..?
Was äst das för eine Sobstanz..?
Crack, mein Führer! Nicht ganz so gut wie reines Kokain, aber billiger!
Kräg... Klingt änteressant...
Hmff...

Die heimtückische Droge versetzt Adolf in einen gefährlich reizbaren Zustand...
Chrr... de Joden! ...Chrr... de Joden!
Er ist immer noch ein sehr attraktiver Mann...
Ein bißchen Wagner kann sicher nicht schaden...
DER NIBELUNGENRING
Kracks
DUAL
Er äst ämmer noch eine säht attraktive Frau... äh... Mann... äh... däses Kräg brängt mäch ganz dorcheinander...
UND SO...
Johoo! Johotohooo...
Später...
Was habe äch getan...?
Vom Führer gefickt... Die einzige Scheiße ist, daß ich das Goebbels nicht mehr unter die Nase reiben kann...
Sältsam... äch habe das Geföhl, daß äch wahnsännig wärde, wänn äch nächt sofort noch etwas von däsem Kräg bekomme...
Tja, das ist der Nachteil, mein Führer... man wird davon schneller süchtig, als wir in Polen einmarschiert sind...
Dann gäb mär noch was von däm Zeug!!
Ich hab' nichts mehr...
Was??

Walter Moers

Selbstbewußtsein

Christian Meurer

Die Wahnsinnsverleger

«Eine derart unseriöse Zeitschrift kann keinen seriösen Verleger haben»

Robert Gernhardt

Im November 1977 verkündete *Pardon*-Herausgeber Hans A. Nikel via Titelblatt: «Kein Witz – ich kann fliegen!» Begeisterte Leser bedankten sich für die köstliche Satire auf den beginnenden Esoterik-Boom, doch Nikel meinte es ernst: Er war tatsächlich davon überzeugt, dank der Lehren von Guru Maharishi abheben zu können.* Seine wichtigsten und zurechnungsfähigsten Mitarbeiter, allesamt Mitglieder der Neuen Frankfurter Schule, hatten ihn da allerdings längst verlassen und warteten gierig darauf, ihre Einfälle in ein geeignetes Magazin füllen zu können. Es gab nur noch keins.

Das sollte sich bald ändern, und zwar ausgerechnet mit sozialdemokratischer Hilfe. Der Chefredakteur des *Vorwärts* hatte Ende 1977 den Verlagsberater Gerhard Sondermann, früher in Diensten von Gruner + Jahr, in die Bonner Redaktion geholt. Sondermann schlug vor, ein Satireblatt nach dem Muster des französischen *Canard enchaîné* zu produzieren. Und dank seiner Verbindungen gelang es, Gruner + Jahr 20 000 Mark für die Produktion einer Nullnummer zu entlocken. Den satirischen Inhalt sollten unter anderem Pit Knorr und Chlodwig Poth besorgen, die beim *Vorwärts* die Humorseite betreuten und von denen man erwartete, daß sie weitere ehemalige *Pardon*-Mitarbeiter anwerben würden.

Als Titel wählten die Bonner Vorwärts-Satiriker den Namen *Devot*, der eher auf eine Sadomaso-Vereinsillustrierte hindeutete. Tatsächlich begannen auch sofort die Machtspielchen. Obwohl die Frankfurter Titel und Inhalt dieser vollkommenen Nullnummer für ziemlich mißlungen hielten, bestanden die Bonner Herausgeber auf der Weiterführung des unseligen Konzepts. Es kam zu einem schroffen Briefwechsel und dann zur Trennung. Nur wenig später plante Pit Knorr mit Sondermann ein SPD-freies Satiremagazin.

Die Vertragsunterzeichnung folgte am 15. Dezember 1978 in Hans Traxlers Wohnung. Gernhardt, Knorr, Poth, Traxler und Waechter sicherten sich eine Sperrminorität von 25,1 Prozent der Gesellschafteranteile und verwehrten damit dem aktuellen und auch

* Und dieser Kreis schloß sich nun überaus charmant im Jahre 2007. Da bringt das fast 80jährige Flughörnchen Nikel im Verbund mit Konstantin Wecker ein Werk auf den Markt, dessen Titel doch tatsächlich lautet: «Fliegen mit dir».

Das Verhältnis zwischen Redaktion und Verleger gestaltete sich von Jahr zu Jahr schwieriger. Bald schon hatte man Sondermann höflich bedeutet, daß er bei Heftkonferenzen überflüssig sei. Zwar reiste er trotzdem noch an, um mit Bleistift geschriebene Bilanzen vorzulegen, seine behauptete Medienkompetenz aber wurde renitent ignoriert. Leicht gebeugt schlich er lautlos von Schreibtisch zu Schreibtisch und hielt den Redakteuren einen feuchten Schwamm zum Schütteln hin, der sich schließlich als seine rechte Hand entpuppte. Nur einmal gelang es ihm, tatsächlich inhaltlichen Einfluss auf sein Blatt zu nehmen. Man plante im Februar 1988 auf dem Titel eine Parodie auf Alice Schwarzers legendäre *Stern*-Aktion unter dem Titel: «Prominente Wichser gestehen: Wir haben abgetrieben». Daraus wurde nach Sondermanns massiver Intervention leider nur «Prominente äußern sich zur Porno-Debatte».

Die kalte Koexistenz wäre noch hingegangen, aber der Verleger verschleppte auch permanent Honorare. Als es finanziell besonders kritisch wurde, schoß Pit Knorr dem klammen Sondermann sogar die Lohnzahlungen vor, nachdem die Redaktion erstmals gestreikt hatte. Darüber hinaus interessierte man sich nicht für den leicht verhuscht wirkenden Mann aus dem Norden. Das war ein Fehler. Man hätte ihn nur einmal in seinen überdimensionierten Büroräumen besuchen müssen, in denen sich problemlos noch zwei weitere Zeitschriften produzieren ließen. Genau das hatte Sondermann nämlich getan. Heimlich und mit TITANIC-Geld hatte er die Magazine *NAM* und *WIN* zur Planungsreife gebracht. *NAM* stand für Vietnam und *WIN* für Wirtschaft im Norden. Da sich für beide Themen in Deutschland kaum Leser interessierten, floppten beide Produktionen. Folgerichtig fand sich auf Pit Knorrs Konferenzprotokoll vom 19. September 1987 der dramatische «Tagesord-

künftigen Verlegern jedwede inhaltliche Einmischung. Bis heute ist dieses Geschäftsmodell im deutschen Pressewesen einzigartig.

Anfängliche investigative Ambitionen im Stile des *Canard enchaîné* mußten bald aufgegeben werden. Zahlungskräftigere Konkurrenten schnappten dem eifrig recherchierenden Gründungschefredakteur Lionel van der Meulen jeden potentiellen Informanten weg, und so mußte man beispielsweise die Aufdeckung des Neue-Heimat-Skandals dem *Spiegel* überlassen. Nach zweieinhalb Jahren schied van der Meulen aus, und bis Ende 1985 lösten sich im Impressum als «verantwortlich für den Inhalt» vierteljährlich bis monatlich ab: Gernhardt, Eilert, Hans-Werner Saalfeld, Richard Kähler, Hanno Rink und Anita Draheim.

nungspunkt 2»: «Finanzlage: Pleite». Und der Grund auch gleich darunter: «wg. 465.000,– Privatentnahme von So.» Ein Jahr später waren Gesamtschulden von 900 000 Mark aufgelaufen. Obwohl die Sachlage klar war, wunderte man sich allgemein über die unerwartete kriminelle Energie von Sondermann, der doch eigentlich einen biederen und sympathischen Eindruck machte. Dabei hatte Redakteur Jungwirth schon 1980 gewarnt: «Ja, glaubt ihr denn, Gauner treten unsympathisch auf!»

Man kam überein, dem Verleger einen Inspektor beizuordnen: Nico Hansen, heute Chef beim Arche Verlag. Hansen und Knorr, als *good cop/bad cop* präpariert, erzwangen ein Junktim: Für Sondermanns halbes Gehalt bezog Hansen im Frühjahr 1988 in der Hamburger Verlagsetage am Mühlenkamp 4 ein Standquartier, regelte TITANIC-Belange, flöhte Bilanzen und kam dank Sondermann-Sekretärin Wittkowski einigen Unregelmäßigkeiten auf die Spur.

In Frankfurt wurde eine Auffanggesellschaft gegründet – man ermittelte den Verantwortlichen durch Hölzchenziehen in einem Freßgass-Lokal und taufte das Unternehmen auf den Namen «Bernd-Fritz-GmbH». Derweil bot Pit Knorr das Heft Augstein, Gruner + Jahr und dem Bauer-Verlag an, die wegen fehlender Einflußmöglichkeiten dankend ablehnten. Bei Gruner + Jahr erwog man allerdings kurzzeitig, TITANIC als wöchentliche Witzbeilage dem *Stern* beizufügen. Der Publizist Johannes Gross, selber häufiges Opfer von TITANIC-Angriffen, wäre angeblich sogar bereit gewesen, mit eigenem Vermögen das für ihn unverzichtbare Satireorgan zu retten.

Die Ablösung kam sinnfälliger. Jahrelang hatte Chefredakteur Metes im Heft Anzeigen für «Echtes Geld» plaziert, er wollte sie als Kalender weiterverwerten und wandte sich an den West-Berliner Elefanten-Press-Verleger Erik Weihönig. Der erschien in der Redaktion und empfahl sich als Retter in der Not.

Am 14. März 1988 wurde zur «Elefantenhochzeit» eine Pressekonferenz auf dem Mainschiff «Johann Wolfgang von Goethe» anberaumt. Die Info-Mappe dazu enthielt auch ein gedrucktes Gespräch zwischen Chefredakteur Bernd Fritz, Weihönig und dessen Lebensgefährtin Maruta Schmidt. Darin bezeichneten die beiden langjährigen SEW-Genossen die TITANIC als einen Teil «der antiautoritären 68er-Medienlandschaft» und kündigten «besseres Verlagsmanagement, größere Finanzkraft, höhere Anzeigenumsätze und einen effektiveren Vertrieb» an. Das Stammkapital sei von 240 000 auf 800 000 DM erhöht worden, der Verkauf in Szene-Kneipen geplant, zudem werde die Redaktion mit zusätzlichen Mitteln für Autoren, Cartoons und Aktionen ausgestattet. Weihönig wies darauf hin, daß er auch die Rücklagen für juristische Auseinandersetzungen aufstocken wolle, «um der Redaktion in Konfliktfällen einen längeren Atem zu verschaffen.»

Es war nicht alles gelogen. Zumindest die Rechtshilfezusage stimmte. Ansonsten wurde wenig besser.

Achtung, Achtung, hier spricht der Verleger: »Jetzt noch mehr TITANIC abonnieren, damit ich noch mehr Sprit kaufen kann!«

Das ist der Jaguar unseres Verlegers:

Und obwohl der Schlitten nur zu hohen satirischen Feiertagen bewegt wird, verliert er täglich Öl. Das geht nicht nur ins Grundwasser, sondern auch in unser Geld.

Sie werden sich zu Recht die Frage stellen: Wer soll das bezahlen, wer hat soviel Geld? Unsere Antwort lautet: Sie! Sie überweisen uns 62,– DM! Und Sie bekommen dafür von uns jeden Monat die rundumerneuerte und scheckheftgepflegte Ausgabe des original Verlegerfahrtenbuches! Da können Sie dann mit dem Finger verfolgen, welche Routen Erik Weihönig abgefahren ist, welche Abkürzungen er nimmt, wo er tankt und und und nicht nur das!

Entschlußfreudige Abonnenten erwartet ein besonderer Leckerbissen. Hochexklusiv: Eine bislang unveröffentlichte CD der Gruppe »Throw That Beat In The Garbagecan«! Und weil wir ganze hundert Stück haben, gewinnen nur Abonnenten, die uns folgende Fragen korrekt beantworten:

1. Wieviel Liter Öl verliert der Jaguar unseres Verlegers in der Stunde?
2. Wie groß ist der Hubraum unseres Verlegers?
3. Was macht unser Verleger auf der Autobahn Spitze?

Schreiben, abonnieren, gewinnen!

Coupon an: TITANIC-Verlag
Postfach 36 04 40
1000 Berlin 36

An diese Adresse schicken Sie bitte TITANIC:

Name/Vorname 3/92

Straße/Nr.

PLZ/Ort

Gewünschte Zahlungsweise:

☐ Bargeldlos durch Bankeinzug

Kontonummer

Name der Bank, BLZ

☐ Gegen Rechnung. Bitte keine Vorauszahlung. Rechnung abwarten.

Garantie: Sie garantieren, daß ich diese Vereinbarung innerhalb einer Woche bei Ihnen schriftlich widerrufen kann. Zur Wahrung der Frist genügt die rechtzeitige Absendung des Widerrufs.

Datum/Unterschrift

Ja, ich abonniere TITANIC

☐ 12 Ausgaben zum Preis von DM 62,– (Ausland DM 75,–)
☐ 2 Jahre (= 24 Ausgaben) zum Preis von DM 110,–
☐ 5 Jahre (= 60 Ausgaben!) zum Preis von DM 250,–
☐ 10 Jahre (= 120 !!! Ausgaben) zum Preis von DM 450,–

Der Verleger verliert .... l Öl,
hat .... m² Hubraum
und macht .... Spitze.

Das Abo verlängert sich nach der angegebenen Laufzeit im 1-Jahres-Turnus, kann jedoch dann jeweils bis spätestens 4 Wochen vor Quartalschluß bei Rückerstattung der Überbezahlung gekündigt werden.

Honorarschecks kamen weiter nur verzögert, die neue Anzeigenverwaltung Runze & Casper verfügte kaum über Kontakte, zusätzliche Mittel gab es, abgesehen von Spesenerstattung, nicht. Dafür lud Weihönig die Redaktion nach Berlin ein, holte sie mit einem geliehenen VW-Transporter vom Bahnhof Zoo ab, zeigte den staunenden Redakteuren die Wunder West-Berlins und spendierte ihnen eine warme Mahlzeit in einem Restaurant am Wannsee.

Mit dieser Aktion hoffte er vor allem, die unerfahrenen Provinzler Lippert, Zippert und Borowiak einzuwickeln. Besonders Lippert zeigte sich beeindruckt: «Und diese Mauer da habt ihr auf eigene Kosten gebaut?» Nachts führte Weihönig die Redaktion in eine Bar, wo er Lippert und Zippert mit Unmengen Caipirinha abfüllte, um ihnen anschließend «die Wahrheit» über die «Alten» einzutränken. Die hätten nämlich nie auch nur einen Pfennig eingezahlt und wollten nur absahnen.

Tatsächlich ahnten die kreuzbergfernen Satiriker nicht, was der wahre Grund für die Übernahme durch Weihönig war: Seit ihrer Gründung 1977 produzierte die von ihm und Maruta Schmidt geführte Elefantenpress gute, aber zu teuer kalkulierte Bücher. Der Verlag, zusammen mit Kunstgalerie und Buchladen von fünf Teilhabern betrieben, war chronisch überschuldet. Erst der Besitz von TITANIC lieferte überzeugende Sicherheiten für Kreditwünsche bei der Bank, denn der Absatz des Blattes lief Ende der Achtziger dank Genschman und dem «Wetten, dass...»- Auftritt von Bernd Fritz bestens.

Darüber hinaus modernisierte Weihönig die Redaktionstechnik, stellte eine Espressomaschine auf, ersetzte zwei Zentner Kohlepapier durch ein Kopiergerät, installierte ein Fotosatzstudio und ließ sich einen Zweitschlüssel für die Portokasse anfertigen. In seiner Begeisterung für den neuerworbenen Besitz lud er sich sogar selber zu den montäglichen 17-Uhr-Konferenzen ein. Meistens kam er schon mittags, führte Lippert und Zippert in ein angesagtes Restaurant und versuchte, sie auffällig unauffällig auszuhorchen: «Was trägt dieser Poth eigentlich zum Heft bei?» Eines Tages erschien er mit einem unförmigen Koffer, dem er ein Kabelgewirr und einen klobigen Telefonhörer entnahm. Wenig später wurde die Redaktion Zeuge, wie Weihönig lautstark einen sorgfältig inszenierten

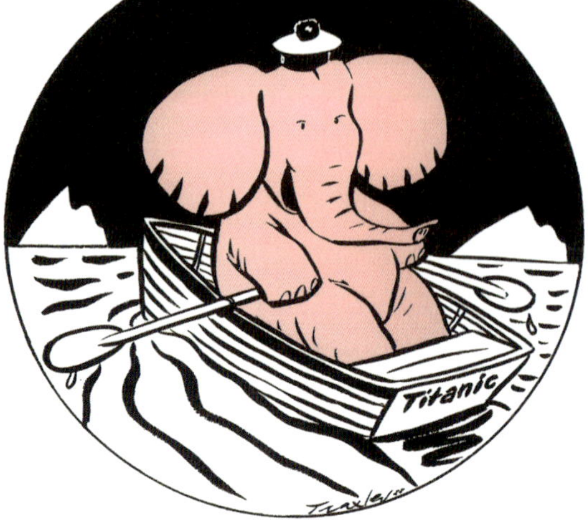

Aus dem offiziellen Elefantenhochzeit-Verlagsprospekt

Anruf auf seinem Monsterhandy entgegennahm: «Ja, ich bin jetzt in Frankfurt! Danke für den Anruf!»

Als Pit Knorr ihm bedeutete, er könne montags in Berlin viel segensreicher für das Blatt wirken, nahm Weihönig das sehr übel, rauschte fortan nur zu spukigen Stippvisiten an *(«Wie sieht's denn hier aus?»)* und geisterte als Galionsfigur durch die Abo-Werbung. Mochten ihn die Frankfurter auch noch so sehr durch Liebesentzug strafen: Weihönig arbeitete unverdrossen weiter an seinem Imperium. Glückliche historische Umstände halfen ihm dabei.

Noch im Jahr 1987 war Elefantenpress ein Fünftel einer Geschäftsimmobilie in der Oranienstraße wegen Mauernähe praktisch nachgeschmissen worden. Als die Mauer fiel, hatte die Immobilie plötzlich Citylage und ging für drei Millionen Mark weg. Dank des satten Zugewinns wähnten die neu ernannten Turbo-Kapitalisten Erik und Maruta ihre «Mediengruppe Schmidt & Partner» als Speerspitze eines neuen linken Medienkonzerns: Sie fusionierten die DKP-Ruine *Volkszeitung* und den Ost-Berliner *Sonntag* zum *Freitag*, kauften – hundert Prozent bankfinanziert – das FDGB-Verlags-Druckereigelände am Treptower Park, griffen diverse Millionen für stille Gesellschaften zur Konkursrettung ab – und versenkten sie schleunigst beim

FDGB-Buchverlag, der *Jungen Welt*, der *Weltbühne*, in Werbeagenturen, Reisebuchverlagen oder Spitzenpublikationen wie *Ästhetik und Kommunikation.* Zeitweilig bemühte sich Weihönig sogar um Beteiligungen an *taz* und *Konkret.* Mit 40 Millionen Umsatz sah sie nun auch der *Spiegel* als gewiefte «marxistische Unternehmer». Sie selbst kolportierten, wegen unersetzlichen Durchblicks nur noch getrennt zu fliegen. Als Symbol der neugewonnenen Machtfülle schaffte sich Weihönig auch eine Yacht an, die dem notorischen Nichtschwimmer aber bald auf die Nerven ging, weil er sie wenigstens einmal im Jahr bewegen mußte, um nicht die Mittelmeerfahrgenehmigung zu verlieren.

Mitte der Neunziger übernahm der Yachtmensch auch noch die «Büchergilde Gutenberg»-Läden. Die Partnerschaft endete allerdings schon nach einem Jahr mit einer Klage wegen Veruntreuung von 700 000 Mark. Ende der Neunziger ruinierte Weihönig noch schnell den Berliner Café-Einstein-Betreiber Andrasko mit der gar nicht mal so falschen Idee, gemeinsam Coffeeshop-Filialen zu gründen, um «Starbucks» herauszufordern. Im Zuge der irren Hyperaktivitäten des Mannes hielten es manche Redakteure sogar für möglich, dass Weihönig hinter 9/11 steckte. War er nicht genauso bärtig und umtriebig wie dieser bin Laden?

Lange Zeit unbeachtet blieb dabei ein Brief des Berliner Finanzamts von 1998. Erst als 2000 die Bank anrief, erfuhr man, die «Georg-Büchner-Verlagsbuchhandlung GmbH & Co KG» sei seit zwei Jahren wegen «Vermögenslosigkeit» im Handelregister gelöscht. Gefahr schien im Verzuge: Die GmbH drohte in eine OHG umgewandelt zu werden, die Alt-GmbHler Knorr, Poth, Traxler, Gernhardt und Waechter hätten mit ihrem Gesamtvermögen gehaftet. Weihönig rückte mit unterschriftsreifem «Beschluß der Fortführung der Gesellschaft» in Frankfurt an, doch der kam nicht zustande. Die Auseinandersetzung nahm an Schärfe zu, kommuniziert wurde ausschließlich über Rechtsanwälte. Am Ende ging es nur noch um eine Art Abfindung für das sinistre Verlegerpärchen.

Anderthalb Jahre schwärte ein komischer Prozeß vor dem Amtsgericht Charlottenburg. Im Gerichtssaal gastierte zeitweilig das Volkstheater: Wie schon früher zu Bank- und Gerichtsterminen schob Weihönig die an Folgen der Kinderlähmung leidende Maruta mit dramatischer Geste im Rollstuhl herein, obwohl sie sonst nur einen Stock brauchte. Tatsächlich ging das Gerücht, Weihönig sei vor allem deshalb mit Maruta Schmidt zusammen, weil er dadurch Zugriff auf sämtliche Behindertenparkplätze der Republik hätte.

Als im November 2005 das Urteil fiel, war Ruhe. Im Sommer 2006 übergab Pit Knorr schuldenfrei an die neu gegründete TITANIC Verlags GmbH von Patric Feest und seinen Gesellschaftern Achim Greser, Achim Frentz, Bernd Fritz, Oliver Maria Schmitt, Martin Sonneborn und Hans Zippert.

Natürlich reiht sich auch Feest in die phantastische Verleger-Ahnengalerie der TITANIC ein. Sein Wirken ist eher spiritueller Natur und knüpft damit wiederum an die Nikel-Tradition an. Einige Redakteure haben ihn noch nie gesehen oder gehört, oft tritt er monatelang weder telefonisch noch physisch in Erscheinung. Die wenigen Menschen, die ihm leibhaftig gegenüberstanden, können keine genaue Personenbeschreibung abgeben. Ein Art-Director äußerte, der Mann sei ein fleischgewordenes Phantombild. Er führt die Geschäfte auf einer astralen Ebene, die außer ihm keinem zugänglich ist. Gerüchten zufolge soll er das TITANIC-Kapital durch Drehbücher für den «Tatort» auffrischen, andere glauben, er renoviere nachts marode Berliner Wohnungen und trage Zeitungen aus. Das anzeigenfreie Heft trägt sich derweil von ganz allein, weil man, wie Chefredakteur Fischer betont, endlich die Kosten für den teuren Anzeigendruck spart.

Vignetten: Hans Traxler

TRÄUME
Geheimnisse der Seele

Na, das ist doch schön: Kaum hatte die TITANIC einen Traumberatungs-Service eingerichtet (TITANIC 12/96, S. 20), da flatterten die Leser/innenträume auch schon ins Haus! Die meisten sogar als Foto. Und jetzt erklärt Psycho-Tycoon Dr. Gsella, was Ihre Traumbilder wirklich bedeuten.

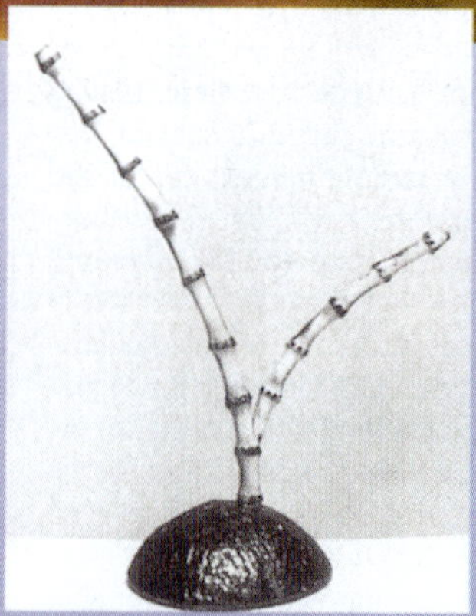

Leser Helmut M., München: *Ich träumte von einer Kokosnußschale, aus der zwei krumme Hölzer gucken. Möchte ich im Innersten vielleicht auf die Bahamas? Oder leide ich unter Penissymbolen?*

Beides. Aber was viel wichtiger ist: Sie sollten zu Ihrer Ehepartnerin auch mal nett sein. Sie empfinden sich selbst als ausgesprochen »hölzern«, teils gar »krumm«, und das ist doch wirklich schale, äh, schade.

Leser Udo F., Berlin: *Beinahe jede Nacht träume ich, ich bin zwei Eisenstangen, an denen zehn Schlipse hängen, oben fünf und unten fünf. Es sind sehr schöne Schlipse, besonders in der oberen Reihe der vierte von links. Trotzdem fände ich es gut, wenn auch mal andere Schlipse an mir hängen würden. Leider habe ich als Eisenstange keinen Einfluß auf die Modellauswahl. Ob ich meine Mutter liebe?*

Naja, es geht so. Sie sind nämlich nicht die Eisenstangen, sondern die Schlipse. Und der oberen Eisenstange (Mutter) nehmen Sie übel, daß sie der unteren (Vater) zum Verwechseln ähnlich sieht. Aus diesem Grunde können Sie sich nicht recht entscheiden, »hängen« an beiden. In die Pubertät kommen Sie so bestimmt nicht.

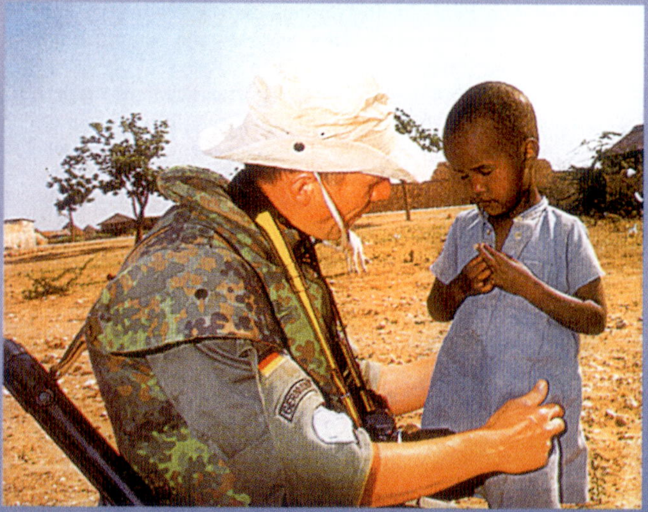

Volker M., Stuttgart: *Deutschland war auf Friedensmission in Afrika, ich war eingezogen worden und erklärte einem kleinen Neger, daß ich ihn wegen Falschparkens erschießen müsse. Der Neger wollte aber nicht, fing sogar ein bißchen an zu weinen. Halte ich Andershäutige denn generell für feige?*

Sie leiden in der Tat unter Vorurteilen. Im Traum verstecken Sie ja sogar Ihr Gewehr, als wäre es Ihnen irgendwie peinlich. Statt dessen knabbeln Sie verlegen an dem Mohren herum, als wollten Sie ihn auf der Stelle mißbrauchen – natürlich eine typische Übersprungshandlung.

Leser Karl E., Stuttgart: *Es war ein furchtbarer Alptraum. Viele Menschen standen direkt vor mir und starrten mich stumm an. Einige hatten sogar Blumen in der Hand, eine Frau war die Braut. Ich bin dann völlig verschwitzt aufgewacht. Bin ich etwa Hochzeitsfotograf?*

Nun, ganz ausschließen läßt sich so etwas nie. Aber Vorsicht: Nur etwa 0,3 Prozent der Männer über 45 sind wirklich Hochzeitsfotografen. Ihr Traum sagt Ihnen, daß Sie es entweder sind, werden möchten oder aber auf gar keinen Fall.

Monika G., Freiburg: *Ich war mit meinem Freund im Wald. Plötzlich versperrte uns ein blauer Stuhl den Weg. Ich hatte ein Gewehr dabei, damit wollte ich den Stuhl erschießen, aber irgendwie ging das nicht richtig. Steht der Stuhl für repressive Sexualmoral, protestantische Ethik und sowas? Das wäre doch ärgerlich!*

So heikel ist es zum Glück nicht. Jeder von uns träumt von Waldspaziergängen mit dem Partner und einem blauen Wegversperrstuhl, den wir dann erschießen wollen, aber nicht treffen. Denn wollen wir ihn wirklich treffen? Nein! Treffen wollen wir unseren Partner – und dann mit ihm in den Wald gehen.

Sven L., Heidelberg: *Gestern, da waren wir glaubich spazieren, Mama, Papa, Onkel Willy und ich. Auf einmal hob die Mama mich hoch. Papa hatte so ein Rohr in der Hand und sagte: »Na, will unser Kleiner mal anfassen?« Da hab ich auf die Spitze von Papas Rohr gedrückt, und Papa verdrehte die Augen und...* (ab hier unleserlich).

Lieber Sven, das hast du doch nur geträumt! Bzw. nicht mal das, verstehst du? Kennst du übrigens das Wort »verdrängen« schon? Das mußt du nämlich jetzt machen. Sei lieb, ja? Dann darfst du später auch in die Selbsthilfegruppe.

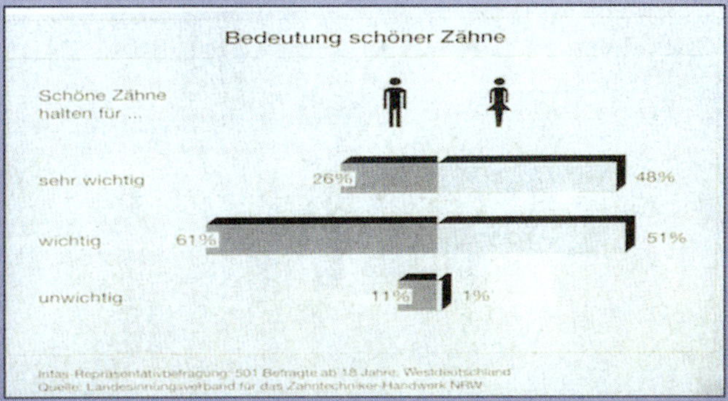

Ossi U., Dresden: *Ich träumte, ich wäre ein Umfrageergebnis bzgl. der Bedeutung schöner Zähne, und zwar der Balken »Männer/unwichtig« (11 Prozent). Zähne zählen ja laut Freud zu den Beißwerkzeugen. Halte ich sie denn für unwichtiger als das erdrückende Gros der Bevölkerung?*

Aber nein. Alle in Träumen vorkommenden Personen oder Balken stehen für uns selbst, und das heißt: Sie kommen, wenn man die Frauenbalken mitberücksichtigt, auf 200 Prozent, sind somit ein ausgesprochener Zahnfreund. Interessanter erscheint mir allerdings das Kleingedruckte: Sie träumten von exakt 501 befragten Westdeutschen, sind aber Ossi. Wahrscheinlich sind Sie mit den neuen Herren unzufrieden.

Häufige Trauminhalte

Von Schwänzen und Vögeln

Träume von Schwänzen beweisen, daß jemand in der Schule oft gefehlt hat. In der von Sigmund Freud entwickelten Psychoanalyse gilt gerade der männliche Schwanz als eine Art Phallussymbol (»Penis«), der nicht unentschuldigt fehlen darf und dessen völliges Fehlen sogar die Versetzung gefährden kann. Vögeln gegenüber ist unser Verhältnis weniger ambivalent. Es sind sympathische kleine Geschöpfe, und vielen Menschen macht es Spaß, ihnen dabei zuzugucken. Wie auch immer Traumsequenzen mit Vögeln aussehen: Sie sind die sichtbare Verkörperung unserer individuellen Erfahrung mit Vögeln. Überlegen Sie mal, wie Sie Vögeln im Traum erlebt haben. Welche Spannweite hatten sie? Waren sie klein oder groß? Füllig oder dünn? Ihr Traum sagt Ihnen, wie Sie wirklich zu Vögeln stehen. Falls in Ihren Träumen überhaupt keine Vögeln vorkommen, haben Sie vielleicht Angst vor Vögeln, sollten es mit Schafen versuchen.

Oh nein,
das ist zu viel!
SAT.2 präsentiert:

DAS TRA

UERSPIEL

Teil 1: »Oh What A Lucky Man He Was«

Zwanzig Jahre deutscher Terror-Herbst und zehn Jahre Privatfernsehen – ach, wären diese Phänomene doch nie aufeinandergeprallt! Heraus kam die TV-Produktion »Das Trauerspiel«, ein durch und durch unseriöses, sensationslüsternes und terroristenverachtendes Machwerk, ein Spiel ohne Geschmacksgrenzen, ein Hohn auf Menschenwürde, Anstand und Schnittechnik. Man schielte nach Quoten auf Kosten der Toten. Einziger Lichtblick: Der stets gut aufgelegte Schleyer-Darsteller Hans-Martin Zippert (mi.), der sein Vorbild, den sympathischen Arbeitgeberpräsidenten aus Passion, an Lebendigkeit und Witz weit übertraf. Schade, daß sein Talent so gewissenlosen Unterhaltungsgangstern in die Hände fiel.

Was die mehrfach prämierte ARD-Produktion »Todesspiel« (Buch und Regie: Grimmepreisträger Heinrich Breloer) auszeichnete – Liebe zu Details, Treue zu den Fakten und Leidenschaft für unbedeutende Kleinigkeiten, pervertierte beim berüchtigten Billigsender SAT.2 zum überflüssigsten Fernsehdebakel des Jahres.

Zur Abschreckung sei noch einmal an die Personen erinnert →

Die Personen und ihre »Trauerspiel«-Darsteller

Peter-Jürgen Boock ***gespielt von Benjamin Schiffner***
Für die Rolle des brutalen Gewalttäters der zweiten RAF-Generation kam für SAT.2 nur einer in Frage. Denn nur einer hatte sich dafür beworben, und das auch nur aus Versehen: »Eigentlich hatte ich überhaupt keinen Boock auf die Rolle«, sagt Benjamin Schiffner, der brutale Sonnenbrillenträger aus der zweiten Garnitur, »aber das Drehbuch hat mich schließlich überzeugt. Es gab nämlich keines.«

Brigitte Hofmann-Witt ***gespielt von Ralf Rattelschneck***
SAT.2 hatte nach eigenem Bekunden »keine Lust« zu recherchieren, ob nun Brigitte Mohnhaupt, Sieglinde Hofmann oder Silke Maier-Witt an der Schleyer-Entführung beteiligt waren. Klarer Fall, daß der Sender noch viel weniger Lust hatte, die Rolle gut zu besetzen: »Uns war jeder recht, der eine echte Perücke mitbrachte.«

Hanns-Martin Schleyer ***gespielt von Hans-Martin Zippert***
Er ist der Mann, der Schleyer Stimme und Gesicht leihen mußte. »Das mit dem Gesicht machte mir nichts aus«, gesteht Zippert, »schließlich hat mir SAT.2 für die Rolle viel Geld geliehen.« Aber viel reizvoller als das viele Geld war für den hauptberuflichen Sammeltaxifahrer sein Platz im Film: »Ich wollte mal sehen, wie das ist, wenn man im Auto hinten sitzt.«

Helmut Schmidt ***gespielt von Christian Schmidt***
»Als wir Schmidt zum ersten Mal sahen, waren wir von seiner Ähnlichkeit mit dem Rollenvorbild fasziniert«, erklärt SAT.2. Tatsächlich können selbst kritische Beobachter nicht leugnen, daß Christian Schmidt sich dem Nachnamen des Ex-Bundeskanzlers bis zur Selbstaufgabe angenähert hat. Typisch »Schmidtler«, wie seine Bewunderer ihn ängstlich nennen.

Hans-Jürgen Wischnewski ***gespielt von Birgit Staniewski***
»Wenn ich gewußt hätte, daß es sich um einen Gewaltfilm handelt, hätte ich mich nicht auf die Besetzungscouch gelegt«, erklärt die beliebte Volksschauspielerin aus Hessen (Fulda). Wegen der »verblüffenden Ähnlichkeit der Namensendung« wurde sie von SAT.2 vom Fleck weg zwangsverpflichtet.

Horst Herold ***gespielt von Oliver Schmitt***
Manche Stümpereien in der »Trauerspiel«-Produktion werden aber sogar von SAT.2 eingeräumt. Freilich nur die ganz offensichtlichen: »Daß Schmitt nichts kann, das sehen wir selbst. Aber daß er eine Sonderlizenz zum Tragen gepanzerter Hornbrillen hat, das sehen selbst Sie. Und das allein war für die Besetzung der BKA-Chef-Rolle ausschlaggebend.«

Horst Bubeck ***gespielt von Stefan Balzter***
»Ich habe mich mit der Rolle des Gefängniswärters in Stammheim nicht auseinandergesetzt. Das hat SAT.2 für mich getan.« Mehr ist den Worten des arbeitslosen Blockwarts aus Gießen nicht hinzuzufügen. Denn sein Urteil sprach er bereits selbst: »Ich tat nur meine Pflicht.«

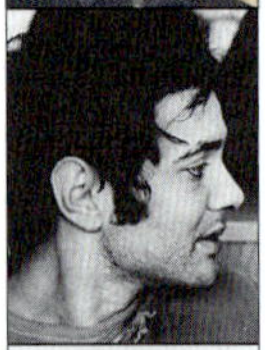
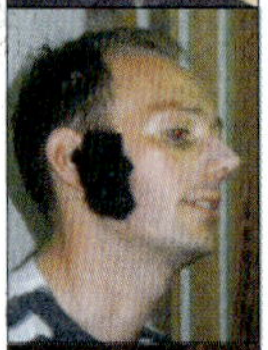

Andreas Baader ***gespielt von Martin Sonneborn***
»Die Schauspielerei liegt mir einfach im Blut«, sagt der schwer leukämiekranke Kotelettentoupetträger aus Osnabrück. Aber nicht nur das hat SAT.2 sofort überzeugt, sondern vor allem auch Sonneborns aussichtslose gesundheitliche Situation. »Über Tote soll man nicht schlecht reden«, erklärt der Billigsender, »vor allem nicht bei der Filmkritik.«

Gudrun Ensslin ***gespielt von Claudia Römer***
»Ich hätte nie gedacht, daß Werbung so viel Spaß machen kann«, äußert die hochmotivierte Hausfrau aus Hannover. Und SAT.2 bestärkte die Neuentdeckung auch noch in diesem Glauben. Sie ahnt bis heute nicht, daß ihr Auftritt keinem Waschmittel, sondern einem der übelsten Schmutzfilme unserer Zeit zuschlechte kam.

Captain Martyr Machmud ***gespielt von Thomas Gsella***
Gsella hat eine klare Devise: »Ich verabscheue Gewalt. Aber noch mehr verabscheue ich ambitionierte Filme.« Kein Wunder, daß sich der dreifach abgelehnte Burgschauspieler sofort um die Rolle des brutalen Landshut-Enführers bewarb. »Freiwillig«, ergänzt er grinsend, »gebe ich diese Stadt nie wieder her.«

VERGESSENE GROSSEREIGNISSE (12)
ERSTES TREFFEN PATRIOTISCHER
HOMOSODOMISTEN
ZUR REBLAUS, KOBLENZ, AM 6.12.1957

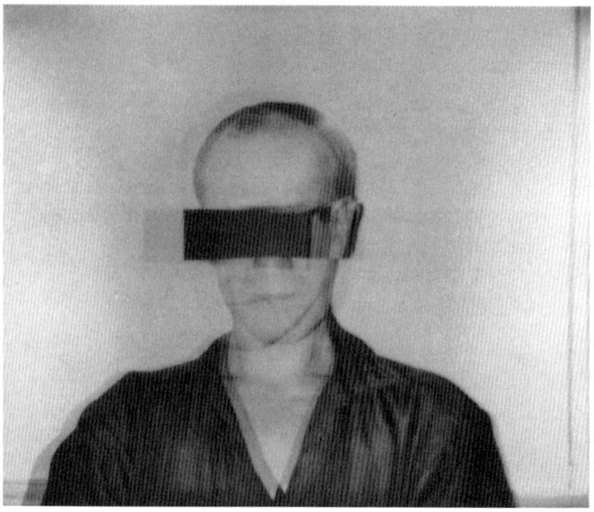

Satiriker bekennen:

Ich bin eine multiple Persönlichkeit

unter anderem von Christian SCHMIDT

Mein Name ist Christian Schmidt. Ich leide unter der schrecklichsten Geisteskrankheit der Welt. Amerikanische Psychiater haben sie entdeckt und Multiple Personality Disorder (MPD) genannt. Das bedeutet, daß jemand wie ich nicht nur eine, sondern ganz viele verschiedene Persönlichkeiten besitzt, die kommen und gehen und zum Teil nichts voneinander wissen. Ich bin nicht bloß schizophren, sondern multiphren.

Mein Psychiater hat den anderen Persönlichkeiten Namen gegeben, damit wir sie auseinanderhalten können. Kartoffel zum Beispiel. Wenn ich zu Kartoffel werde, sitze ich tagelang vor dem Fernseher und sehe Sendungen wie »Metal Mix Mania«, »Männermagazin« oder »Inside Bunte«. Dabei ißt Kartoffel tonnenweise Erdnußflips und Schokoladenriegel und schüttet Bier in sich hinein. Gut daran ist nur, daß ich mich, wenn ich wieder Christian bin, an nichts erinnern kann.

Robby zum Beispiel. Robby ist ein Ladendieb. Er hat mich schon oft in die unangenehmsten Situationen gebracht. Einmal kam Robby mit einer großen Tasche voll geklauter Sachen aus einem Supermarkt. Prompt stellte ihn der Polizist Schnauz auf frischer Tat. Das Blöde daran war, daß Schnauz auch eine der über hundert Persönlichkeiten in meinem Körper ist, ich mich also selbst verhaftete und einsperrte. Zum Glück switchte – so nennt man das Springen von einer Persönlichkeit zur anderen in der Fachsprache – Schnauz nur wenig später zu Winkel, dem Staranwalt. Der paukte mich vor Gericht wieder raus, sonst säße ich heute noch hinter Gittern.

Es hört sich unglaublich an, aber meine Krankheit gibt es wirklich. Früher konnte ich mir oft nicht erklären, weshalb mich auf der Straße wildfremde Menschen ansprachen und von mir die Rückzahlung hoher Summen verlangten, die eines meiner alter egos – Schnorrer – von ihnen geliehen hatte. Doch eines Tages kaufte Hirni die ganze TEMPO-Auflage in unserer Stadt auf, und in diesem Fachmagazin für multiple Persönlichkeiten stand es schwarz auf weiß: In Amerika nimmt sogar die Justiz meine Krankheit ernst; im November 1990 wurde dort eine multiple Patientin sechsmal als Zeugin eingeschworen, für sechs der in ihr wohnenden Persönlichkeiten.

Vielleicht hatte sie dieselben politischen Schwierigkeiten wie ich. Che ist ziemlich linksradikal, aktiv im örtlichen El-Salvador-Komitee und einer autonomen Antifa-Gruppe. Aber bei jeder Wahl wählt Adolf die Republikaner. Neulich kam ich total zerschlagen zu mir, hatte überall blaue Flecken und Platzwunden. Ich konnte mir meinen Zustand nicht erklären, bis mir dämmerte, daß Che und Adolf wohl aufeinandergetroffen waren und sich eine Straßenschlacht in meinem Wohnzimmer geliefert hatten.

So geht es oft, zum Beispiel wenn Saddam und Itzig aneinandergeraten. Und ich, Christian Schmidt, bin der Leidtragende. Ein Wunder, daß ich noch lebe. Um nicht länger allein mit meiner Krankheit zu stehen, habe ich eine Selbsthilfegruppe der MPD-Erkrankten gegründet. Unser Vorstand ist ein Spitzen-Team: Quassel, der erste Vorsitzende, Wüstenrot, der Kassenwart, Kuli, der Schriftführer. Doch unser immerhin 100 Mitglieder umfassender Verein wird vom Staat nicht anerkannt: Als ich auf dem Amt die zur Gründung vorgeschriebenen fünf Unterschriften leisten wollte, wurde ich achtkantig hinausgeworfen. Deutschland hinkt eben immer ein wenig hinter Amerika her. Goebbels und ich müssen noch viel Aufklärungsarbeit leisten.

Schließlich brauchen wir dringend finanzielle Unterstützung. Wenn ich allein an das Honorar denke, das Sigmund, der Psychiater, von uns allen verlangt. Manchmal wache ich morgens auf und habe die Taschen voller Geld, das ich diesem Blutsauger gezahlt habe. Aber ich bin auf ihn angewiesen, denn nur er versteht es, mir ein wenig die Angst vor den dunkelsten Persönlichkeiten zu nehmen, die sich von Zeit zu Zeit in meinem Körper breitmachen. Ich darf gar nicht an sie denken: an Bürokrator, den Pedanten, Dworkin, die radikale Feministin oder Dschugaschwili, den...

(Switch)

Wacht auf, Verdammte dieses Körpers, proletarische Persönlichkeiten, vereinigt Euch! Hinweg mit Christian Schmidt, dem bürgerlichen Schmierfink, Agenten des Kapitals und Saboteur der multiplen Weltrevolution. Ich, Josef Stalin, befehle seine sofortige Liquidierung. An die Wand mit diesem Schädling!

(Switch)

Ich glaube, ich habe mich Ihnen noch nicht vorgestellt. Mein Name ist Christian Schmidt. Ich leide unter der schrecklichsten Geisteskrankheit der Welt. Amerikanische Psychiater haben sie entdeckt... □

Katz-und-Goldt-Geburtstagsbeitrag

Tatsächlich – di

e RAF hört auf!

Schmitt/Guske

HERR SCHMIDT! LUIS MURSCHETZ GEHT IN RENTE. WIR BRAUCHEN EINEN NEUEN POLITISCHEN KARIKATURISTEN FÜR "DIE ZEIT".
FINDEN SIE EINEN! ABER EINEN, DER POLITIKER SO ZEICHNET, DASS MAN SIE WIEDERERKENNT!
HELMUT SCHMIDT
RATTELSCHNECK

Große Partner TITANIC Hilfsaktion für Neonazis!

Freitag, 7. März

Hilf- und arbeitslos sitzt die Redaktion von **Partner TITANIC** herum. Nirgendwo ein Tier in Not, ein Unglück in Sicht, ein Hilfeschrei, der uns zu den Telefonen greifen läßt – im Gegenteil: nichts! Aber auch aus dieser brenzligen Situation weiß sich unser routiniertes Team zu retten: Helfen wir diesmal einfach den Neonazis. Die kriegen es ständig von allen Seiten, und denen hilft ja auch sonst keiner! Beschaffen wir ihnen das Geld zurück, das sie in den 40er Jahren auf Schweizer Bankkonten deponiert und bis heute nicht zurückbekommen haben!

Bank Bank Hoffman, Zürich.
PT Ihren geschäftsführenden Direktor hätte ich gerne. Es geht um das Nazi-Gold.
B Moment, bitte. *(Pause)* Direktor Vetterli, Grüezi.
PT Grüezi. Firma Partner. Wir vertreten den »Weißen Arischen Widerstand«. Das ist ein eingetragener Verein und der Rechtsnachfolger der NSDAP. Es geht um die Rückführung der Gelder, die wir in den Jahren 1939 bis 1945 bei Ihnen zwischengelagert haben. Wir möchten jetzt den Anspruch darauf anmelden.
B Aber nicht telefonisch! Sie müssen uns schon mal genau schreiben, um welche Ansprüche es sich dabei handelt!
PT Es geht um die Konten der Partei, die in den frühen 40er Jahren eingerichtet wurden.
B Davon habe ich keine Ahnung! Ich war ja nicht dabei!
PT Sie waren nicht dabei?
B Nein.
PT Haben auch nichts mitbekommen, wie?
B Nein. Keine Ahnung. Keine Ahnung!

Natürlich! Keine Ahnung. Nichts gesehen, nichts gehört. Und nicht mal dabei gewesen. Diese Sprüche kennt man doch zur Genüge. Also weiter mit der Assistentin des Direktors der Bank Austria, Zürich:

PT Wir hätten gern das Geld, das wir seit 1939 bei Ihnen eingezahlt haben.
B Wir bestehen doch noch gar nicht so lange! 1988 wurden wir erst gegründet! Erst 1988!
PT Aber wohin gingen denn dann unsere ganzen Überweisungen in den 40er Jahren?
B Wenn wir nicht existierten, konnten gar keine Überweisungen stattfinden!
PT Sagen Sie mir mal Ihre Bankleitzahl!
B Unsere Bankleitzahl? Warum suchen Sie ausgerechnet bei uns?
PT Ich nehme an, daß bei Ihnen noch etwas vorhanden ist. Sie haben doch Geld?!
B Ja, schon, aber…
PT Und das soll doch jetzt auch zurückgegeben werden!
B Aber wir existieren doch erst seit 5 Jahren, vorher war das die BSZ.
PT Also eine Umgründung, um solche Ansprüche abzuwehren!
B Das weiß ich nicht. Wann war das alles denn?
PT In den Jahren 1940 bis '44 ungefähr.
B Ah, der Holocaust!
PT Ja, genau, aber das ist etwas anderes. Wir haben nur mit dem Geld zu tun.
B Ich gebe Ihnen mal den Direktor, der kennt sich damit noch besser aus. *(Pause)* Sind Sie noch da? Also, mein Chef hat gesagt, die Bank gibt es erst seit 1988, also ist das nicht möglich! Ich nehme an, daß das eher die größeren Banken haben.
PT Schweizer Bankgesellschaft, Schweizerischer Bankverein?
B Ja, genau.

Ah, die größeren Banken haben das Geld! Das hätten wir uns denken können. Aber leider will auch die große Schweizer Bankgesellschaft nicht mal ihre Bankleitzahl herausrücken – geschweige denn die Milliarden:

PT …die Überweisungsformulare sind doch alle im Führerbunker verbrannt, seinerzeit!
B Da können wir nichts machen! Es gibt ja auch noch so was wie ein Bankgeheimnis!
PT Sie scheinen mir ein bißchen unkooperativ! Wissen Sie eigentlich, daß Hitler damals gesagt hat, die Schweiz hätte man mit der Konstanzer Feuerwehr nehmen können? Ich hätte es übrigens ganz sinnvoll gefunden, wenn er das auch gemacht hätte. Dann hätten wir heute diese Probleme nicht.
B Ja, Sie hätten die Probleme nicht. Ah ja! Es ist aber auch besser, wenn wir jetzt das Gespräch abbrechen…

Etwas gesprächsbereiter bittet uns der Schweizerische Bankverein, doch direkt »die Zentrale in Basel anzurufen. Die sind das gewöhnt, solche Anfragen.«

PT …für unseren Klienten, den »Weißen Arischen Widerstand«. Ich habe Informationen aus Bankkreisen, daß bei Ihnen Gelder gelandet sind.
B In diesen Jahren.
PT In diesen Jahren, genau. Es geht also um Gelder, die entweder der SA, SS oder direkt der NSDAP gehört haben.
B Da müssen Sie sich an den Ombudsmann der Schweizer Banken wenden, bei der »Anlaufstelle für die Suche nachrichtenloser Vermögenswerte bei Schweizer Banken«. Die Adresse ist Schweizer Gasse 21, sinnigerweise, das ist lustig, haha, Postfach 8021 Zürich. Und dann stellen Sie bitte »CH« voran!
PT »CH«, ja.
B Das sind also echt professionelle Leute dort am Werk, ich kenne den Verantwortlichen sehr gut, Herr Hans-Peter Henny, eine überaus integre Persönlichkeit…
PT Das ist wichtig! Denn wir werden manchmal auch ein bißchen scheel angekuckt als Rechtsnachfolger einer…
B Natürlich, das kann ich mir vorstellen!
PT Es gab ja auch unschöne Seiten am II. Weltkrieg.
B Ja, das kann man wohl sagen.
PT Da ist ja auch nicht immer alles so, wie man das wollte…
B Was ging damals schon so, wie man das wollte!
PT Und das ist ja auch ganz anders ausgegangen, als wir uns das gedacht hatten!
B Ja!

Ja, dann wollen wir mal. Der Schweizerische Ombudsmann Herr Henny, die letzte Chance für uns und Deutschlands Nazis:

PT …wie wir jetzt am besten weiter vorgehen.
Henny Deutsche Vermögenswerte, die in der Schweiz lagen, wurden nach dem Krieg blockiert, dann wurden sie überprüft, und Nazi-Gelder wurden bei den Alliierten abgeliefert. Ich denke, auch wenn man etwas finden würde, würde man das nicht ausliefern.
PT Sie würden das Geld einfach behalten?
Henny Nein, das wird dann den Schweizer Behörden übergeben.
PT Aha, verstehe.

Das hätten wir uns ja denken können, die Schweizer verweigern die Herausgabe des Geldes. Egal, wir können auch anders:

PT Firma Partner. Sind Sie in der Lage, morgen die Schweiz zu nehmen?
Feuerwehr Konstanz Die Schweiz nehmen? Morgen? Wie jetzt?
PT Einnehmen. Haben Sie genug Leute dazu?
Feuerwehr Konstanz Das sage ich Ihnen nicht. Ich seh da keinen Sinn drin…

Keinen Sinn! Wenn mehr Leute sich ein (gutes) Beispiel an Partner Titanic nehmen und einfach mal helfen würden, ohne groß nachzudenken und immer und überall einen Sinn zu suchen, dann sähe unsere Welt wohl sicher ganz anders aus. Wir jedenfalls haben getan, was wir konnten. Müssen sich die Nazis ihr Geld eben selber holen. Denn schließlich: Irgendwo da draußen wartet ja auch schon der nächste Fall auf Partner Titanic… □

Großes PARTNER TITANIC-Fotorätsel

Was für wahnwitzig vergurkte Klabustergedanken kommen da wohl gerade aus der ranghöchsten Nr.1-Birne von unserem armen Land, Gott sei ihm gnädig!, vorne raus? Na, was wohl?

1.) *»…ups, hahaha, irgend so ein Idiot hat mir auf die Schuhe gepißt! Hehehe!«*

2.) *»…das sind echte Hush Puppies, für 19.90! Sehen aber aus wie Hush Puppies für 29.90, meinte der Verkäufer, mußte ich einfach mitnehmen. Und das Loch überm linken großen Zeh soll wohl tatsächlich so gewollt sein!«*

3.) *»…glaube ich, daß der Mensch sich von so…Tieren dadurch richtig unterscheidet, daß er sich elegante Schuhe kauft. Das Tesa ist nur, weil die Klett-Verschlüsse schon so ausgeleiert sind!«*

- private Kleinanzeige (5 EUR) -

Wir trauern mit um die vielen, vielen gefallenen deutschen Soldaten, an die im Todesanzeigenteil der *FAZ* immer erinnert wird. Wir werden sie nie vergessen!

Red. PT

- private Kleinanzeige (5 EUR) -

Obsthändler aufgepaßt!

Stillebenspezialist malt Ihnen altes Obst wieder »frisch«!

Spezialität: braune Bananen, fleckige Äpfel.

Maler Heribert Lenz Frankfurt

- private Kleinanzeige (5 EUR) -

»Ja, der Franke, der kann's!«

Trinke mit Ihnen Ihre Sorgen kleiner. Nur Materialkosten (Bier)!

Tom Hintner

- private Kleinanzeige (5 EUR) -

»Ja, der Franke, der kann's!«

Trinke Ihnen mehr Platz in Ihren zu kleinen Bierkeller. Nur Materialkosten (Bier)

Tom Hintner

Ich lese *Partner TITANIC*, weil…

»…ich fairen, kultivierten Journalismus zu schätzen weiß!«

Kai Pflaume, TV-Arschgranate

HIER sollte eigentlich was stehen, nur leider steht ja schon was da. Und nu?

UNTERSCHÄTZTE POLITIKER (98)

Prof. Tick Tack (Die Linke)

POLIZEIBERICHT

Die Stadtsparkasse ist von einer wildgewordenen Indianerhorde überfallen und leergeraubt worden. Zeugen haben ausgesagt, die Indianer seien teils nur mit Schlüppies bekleidet gewesen. Die Polizei hat von all dem glücklicherweise nichts mitbekommen, niemand hat die Wache verlassen, keinem Beamten ist ein Leids geschehn. Alles ist noch mal gutgegangen.

NIE GEDRUCKTE NACHRUFE (wg. viel zu spät oder doof & blöd formuliert)

HE, RUBRIK NOCH DA, KLAR!

Hans »Hansemann« Filbinger †

ist tot. Er galt als »furchtloser Jurist« und war zum Schluß schon sehr alt, was man deutlich am Faltenhals sah. Bei den Nazischweinen (33-45) war er Marineringer, aber nur auf Befehl von oben. Befehle von unten hätte er auch NIEMALS angenommen. Nach oben buckeln, nach unten töten, das war oft sein Motto. Jetzt hat es ihn, »Filbi«, selbst erwischt: tot. Befehl von ganz oben. Naja.

MEINE SCHUHE, DEINE SCHUHE

Meine Schuhe sind schön, ***deine Schuhe*** sind nicht so schön.

Meine Schuhe sind hochwertig verarbeitet, ***deine Schuhe*** sind schlampig verarbeitet.

Meine Schuhe schmeicheln meinen Füßen, ***deine Schuhe*** schaden deinen Füßen.

Meine Schuhe haben Stil, ***deine Schuhe*** haben Risse.

Meine Schuhe sind schwarz, ***deine Schuhe*** sind schmutzig.

Ich bin ein guter Mensch, ***du*** bist ein guter Mensch. Und dann wären da noch ***deine Schuhe***…

Füllmaterial *(bitte nicht mitlesen)*

Schuh, Hund, Kekse, Fusseln, lachen, Waschzwang, Benzin, Galeere, Blumenstrauß, Überholmanöver, Rachsucht, gelb, nachsichtig, Modelleisenbahn, Rhabarber, gelenkig, neblig, eklig, Häkeldeckchen, Shetlandpullover, Knall, bumm

Berühmte letzte Worte

»Bei aller Wühlsal – es war doch irre schön, gelebt zu haben, gestern oder neulich erst wieder!« *(Unbekannte Wühlmaus)*

Austauschdenkblase für totale Zyniker

Bitte ausschneiden und voll neben die Präsidentenbirne kleben!

Wie viele SS-Männer mit Nobelpreis es wohl so gibt?

Eselchen & Eselchen

Mein neuer Freund heißt Eselchen und ist ein kleiner Esel, den ich zum Geburtstag geschenkt bekommen habe. Wenn man auf seinen Bauch drückt, macht er »Muuuuh«. Mutti sagt, er sei etwas ganz Besonderes, so wie ich auch. Kiki und Bob vom Spielplatz sagen, der Esel ist Ausschußware. Papa sagt gar nichts, er ist vor drei Jahren totgestorben und bleibt es wohl erst mal auch noch. Zu Weihnachten will ich eine Kuh haben, als zweites Eselchen.

RECHENSCHAFTSBERICHT MÄRZ 2007

Der März kam überraschend schnell dieses Jahr und traf uns unvorbereitet. Wir waren dauerhaft abgelenkt, und der Wechsel der Monate vollzog sich hinterrücks und schnörkellos. Das Leben war angenehm schwer. Es hatte genau die richtige Härte. Nur einen Tick mehr und wir wären unverzüglich zusammengebrochen. So aber waren wir zu matt, um gegen den gestaltlosen Unsinn des Daseins aufzumucken, und zu klar, um dem trügerisch süßen Ruf der Selbstvernichtung zu folgen. Wir machten einfach weiter mit dem Weitermachen, ein Tag folgte stracks dem nächsten. Für jeden kommenden Moment rechneten wir immer aufs neue mit dem Beginn unseres eigentlichen Lebens, jeden verstrichenen Augenblick wußten wir bereits Teil dessen, was wir bald schon als das bedeutungslose Ja-damals ruchlos dem Vergessen würden anheimgeben können. Wir schliefen, weil die Müdigkeit uns suchte und fand. Wir aßen, weil wir zu essen hatten. Das war der März. Jetzt kommt der April. Dann kommt der Rest. So geht es immer weiter bis zum Schluß.

Original und Fälschung:

Welches ist die normale Augenstellung bei Ex-Zeit-Chef Roger de Weck?

Hintergedanken

Im Winter friert man sich zurück, was man im Sommer ausgeschwitzt hat.

Wenn die Sonne sich um die Erde drehen würde, hätte sie ja eine Scheibe.

Die meisten Gedanken kommen jählings beim Nachdenken.

Leser fragen
Ludwig van Beethoven

Anita aus Apolda: Ich hatte das große Glück, Sie letzten Herbst bei einer Signierstunde im hiesigen Restemarkt sehen zu dürfen! Vielleicht erinnern Sie sich, ich habe Ihnen ein selbstgestrickten Pullunder mit Musiknoten auf der Vorderseite geschenkt, den Sie auch versprochen haben, gerne zu tragen. Das war nett, aber davon ab wirkten Sie kühl auf mich an dem Tag, teilweise unwirsch oder sogar arrogant, wie wenn Ihnen das Stegreif-Komponieren auf Zuruf kein Spaß macht. Ist da was dran? Nein, oder?

Ludwig van Beethoven:

Liebe Anita! Ich hatte an dem Tag Streß mit meinem Lover und war deswegen einfach nicht so gut drauf, also noch mal ein extra-großes »Sorry!« von mir an Dich. Privat mache ich gerade eine extremst turbulente Zeit durch, wie Du sicher aus den Medien weißt. Ich versuche aber, meinen Job nicht zu sehr darunter leiden zu lassen, da er mir ziemlich viel bedeutet und immer noch jede Menge Spaß!! bringt. Danke noch mal für die Hose.

Liebe Grüße und bis bald wieder in Apolda (13. + 14.1., Restemarkt), LvanB

FENSTERPROGRAMMVORSCHAU FÜR FREITAG, DEN 14.4.06

***7.31 Uhr* Psychologie.** Der Müllmann sieht schlecht aus heute, bestimmt weil ihm seine Exfrau immer noch im Kopf rumspukt. Ob das überhaupt mal aufhört?

***8.25 Uhr* Erotik.** Die süße Annika macht sich los, im Minirock und bauchfrei, raucht, wahrscheinlich geht sie wieder in die Schule. Wissen ihre Eltern eigentlich davon?

***9.07 Uhr* Action.** Ein Geldmensch im Audi kracht vorne an der Ecke Schubert in einen Bierlaster. Totalschaden, Abschleppwagen. Ist denn da nicht letztens erst was gewesen?

***10.15 Uhr* Philosophie.** In der 65 läßt der Vermieter die Fassade neu streichen, wie jedes Jahr, dann wird sie wieder dreckig, auch wie jedes Jahr. Wo ist denn da der Sinn?

***12.01 Uhr* Gesundheit.** Frührenter Schmidt geht zum Altglascontainer und liefert zwölf Pilsflaschen ab, gestern waren es auch schon sechs. Wo trinkt der das eigentlich alles hin?

***13.23 Uhr* Lifestyle.** Die Dicke aus dem Nebenhaus fährt im Taxi vor, mit zwei prallen Einkaufstüten und neuer Frisur. Wo die man immer das Geld her hat?

***15.40 Uhr* Familie.** Dr. Jülich holt seinen Lütten ab wie jeden Freitag, dann kommt gleich der Neue von seiner Frau, kann man die Uhr nach stellen. Was an der bloß dran ist?

***17.58 Uhr* Sport.** Die Türkin von eins schräg rüber geht zum Jogging, in so ganz engen Stoffhosen. Wen sie damit mal wieder becircen will?

***19.17 Uhr* Sendeschluß.** Schön die Gardinen vormachen, geht ja keinen was an, was hier drin vorgeht. Was die andern sich wohl so denken?

PT-TIP Zu wenig vom Geld?

Internet-Adressen sichern – und Millionär werden!

Noch frei, aber bald schon total begehrt:

www.deutschermeister2006-werderbielefeld.de
www.legastäni.de
www.nochnichtvergeben.de
www.sexsexsupersexsausex.de
www.bundestagswahlüberraschungssiegertietze.de
www.internet-adressen-sichern-millionär-werden.de

Unser Bundespräsident (z.Zt. ein Herr Köhler)

PT-Service

Keine Familie?

Für Ihre Brieftasche!

PARTNER-TITANIC-Polit-Umfrage des Monats

»Nennen Sie einen Politiker, von dem Sie noch nie im Leben gehört haben«

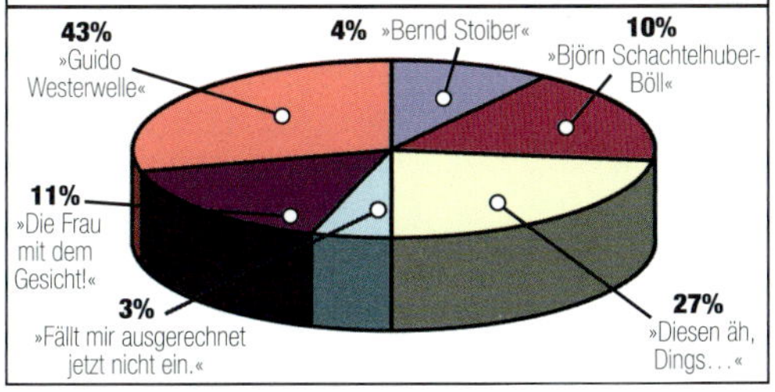

Freizeittip

Das Leben in seiner ganzen Ruchlosigkeit findet morgen um 17:33 Uhr in der Beethovenstraße in München statt. Wir bitten um pünktliches Erscheinen gerade auch derer, die nicht ungeschoren davonkommen werden.

gez. Die Gewalten

Bericht über Uwe

Uwe steht kerzengerade im Bad, die nackten Füße auf den kühlen Fliesen. Er hat die Augen geschlossen. Uwe stellt sich vor, wie er langsam, Sprosse für Sprosse, den Zehnerturm im Freibad meistert. Jetzt ist er oben angelangt. Er kann den Wind in seinem Haar spüren (oben ist es immer windig). Ebenso langsam, wie er die Leiter erklomm, tappt er jetzt sportiv nach vorn, an den äußeren Rand des Bretts. Er spürt die Blicke der anderen. Auch die nicht mehr ganz so junge blonde Hübschheit mit den eisgrauen Augen schaut von ihrem Arbeitsplatz im Imbiß zu ihm hoch, kaugummikauend wie immer. Ihre Blicke streichen über die dichte Wolle auf Uwes angespannter Brust. Oder ist das wieder der Wind? Uwe schließt jetzt die Augen.
Die Zeit hält inne. Äußerste Konzentration.
Er öffnet die Augen und putzt sich die Zähne.
Mach nur weiter so, Uwe!

Benjamin Schiffner/Martin Sonneborn

es geht um die Wurst
Wurst
für die Welt
Deutsche Wurst. Alles andere ist Käse.
Eine Produktinformation der Deutschen TITANIC

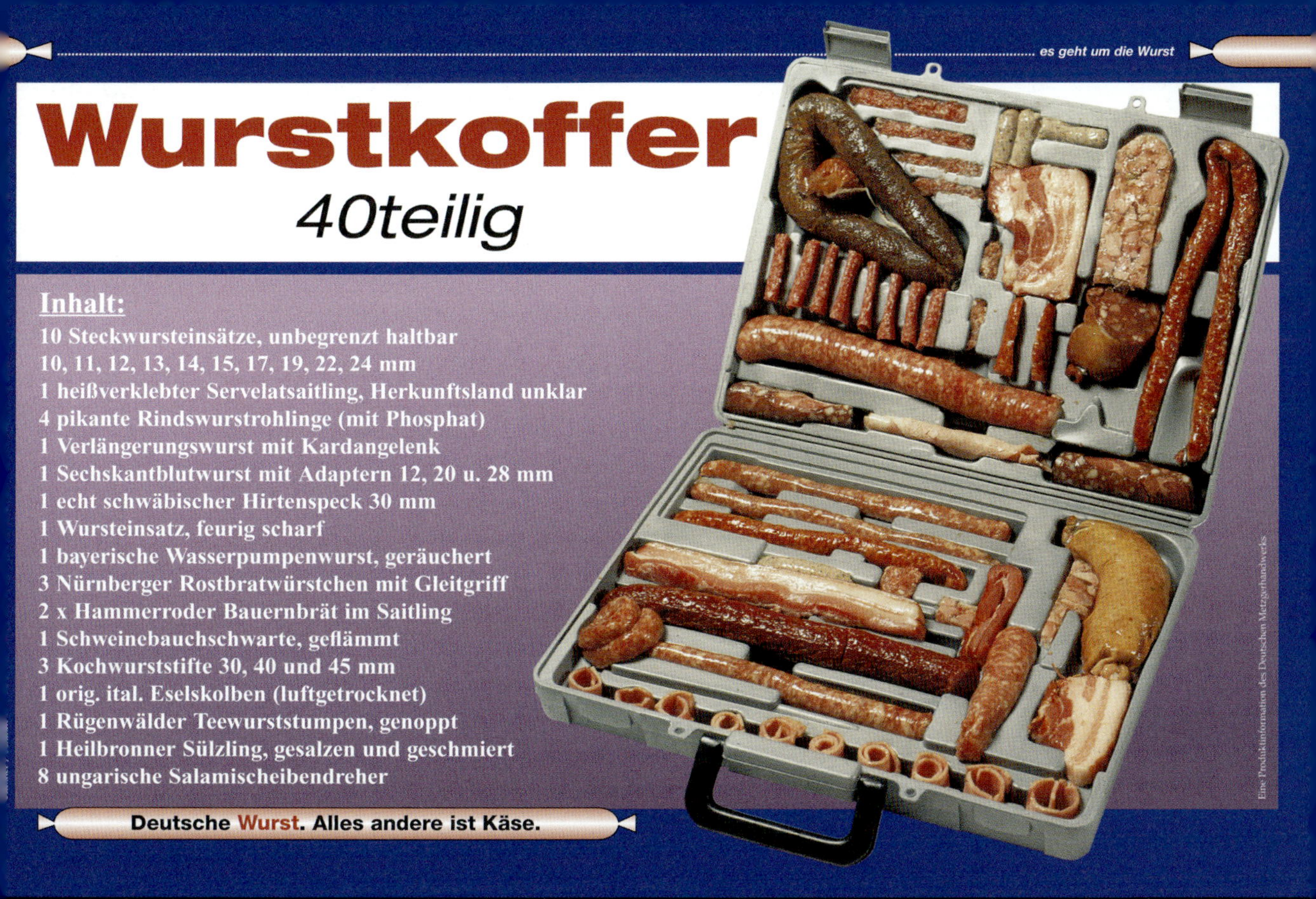

es geht um die Wurst
Wurstkoffer
40teilig
Inhalt:
10 Steckwursteinsätze, unbegrenzt haltbar
10, 11, 12, 13, 14, 15, 17, 19, 22, 24 mm
1 heißverklebter Servelatsaitling, Herkunftsland unklar
4 pikante Rindswurstrohlinge (mit Phosphat)
1 Verlängerungswurst mit Kardangelenk
1 Sechskantblutwurst mit Adaptern 12, 20 u. 28 mm
1 echt schwäbischer Hirtenspeck 30 mm
1 Wursteinsatz, feurig scharf
1 bayerische Wasserpumpenwurst, geräuchert
3 Nürnberger Rostbratwürstchen mit Gleitgriff
2 x Hammerroder Bauernbrät im Saitling
1 Schweinebauchschwarte, geflämmt
3 Kochwurststifte 30, 40 und 45 mm
1 orig. ital. Eselskolben (luftgetrocknet)
1 Rügenwälder Teewurststumpen, genoppt
1 Heilbronner Sülzling, gesalzen und geschmiert
8 ungarische Salamischeibendreher
Deutsche Wurst. Alles andere ist Käse.
Eine Produktinformation des Deutschen Metzgerhandwerks

es geht um DIE WURST
Das älteste Gewebe der Welt
Fett
Leber
Pansen
Deutsche Wurst. Alles andere ist Käse.
Eine Produktinformation des Deutschen Metzgerhandwerks

es geht um die Wurst
GESUNDHEIT!
Gerade in der kalten Jahreszeit wirken die alten Hausmittel oft Wunder.
Dreimal am Tag ein warmer Wurstwickel mit der guten Rügenwalder
Erkältungswurst + C™
...und Husten und Heiserkeit haben keine Chance. Versprochen.
Zu Risiken und Nebenwirkungen fragen Sie Ihren Metzger oder Fleischer
Deutsche Wurst. Alles andere ist Käse.

»Die endgültige Teilung Deutschlands – das ist unser Auftrag.« **Chlodwig Poth**

10 Jahre deut

Landauf, landab wird derzeit der 10. Jahrestag der deutschen Wiedervereinigung gefeiert. Dabei bleiben zwei Fragen offen: Sind wir wirklich ein Volk, wir und die da drüben? Und: Schulden die da drüben uns nicht noch eine ganze Menge? An Dankbarkeit? An Geld? Und wohl auch an Fernsehgebühren?

Frau Ackermann, Thüringen: »Sie spinnen wohl!«

TITANIC Ja, Sonneborn von der Gebühreneinzugszentrale, guten Tag, Frau Ackermann. Erst mal herzlichen Glückwunsch zu zehn Jahren Freiheit.
Ackermann *(abweisend)* Ja, danke, um was geht's?
TITANIC Um die Gebühren fürs Fernsehen.
Ackermann Was ist damit?
TITANIC Wir möchten jetzt die Gebühren nachverlangen, die von 1985 bis 1990 angefallen sind!
Ackermann *(verwirrt)* Was? Warum denn das?
TITANIC Das ist ein ganz normaler Vorgang. Sie haben damals Westfernsehen gesehen, aber nichts bezahlt.

Ackermann *(aufgebracht)* Sie spinnen wohl! Woher wollen Sie wissen, daß wir das gesehen haben? *(verärgerte männliche Stimme von hinten)* Woher wollen Sie denn wissen, daß wir einen Fernseher hatten? Das müssen Sie uns erst mal beweisen!
TITANIC *(ruhig)* Wir wissen das, wir wissen alles!
Ackermann Aha, Sie wissen das!
TITANIC Sie wollen doch nicht behaupten, daß Sie keinen hatten, oder?
Ackermann *(zögernd)* Ja, wir hatten einen…
TITANIC Und da sind natürlich auch Gebühren angefallen.
Ackermann Das hört sich ja unglaublich an, ich werd das meinem Anwalt übergeben!
TITANIC Aus welchem Grund?
Ackermann *(giftig)* Da müßte ich ja auch verschiedene Sachen nachbezahlt bekommen, die sich damals ereignet haben, auch in der BRD!
TITANIC Welche Sachen?
Ackermann Na, zum Beispiel gab's da Lohnerhöhungen, was es bei uns nicht gab, Urlaubsgeld, Dingsgeld, Weihnachtsgeld! Und deswegen leg ich jetzt auf! Auf Wiederhören!

Frau Ackermann ist offensichtlich nicht ganz bei Trost, oder die vielen Reden zur Wiedervereinigung sind ihr zu Kopf gestiegen. Auf jeden Fall hat sie sich ihre ganz typische DDR-Mentalität bewahrt: Alles haben wollen, aber nix bezahlen! In einem aber täuscht sie sich, denn Dingsgeld gab es doch wohl in der Zone und nicht im freien Westen.

Herr Mahr, Sachsen: »Sind Sie krank?«

Mahr *(aggressiv)* …da hab ich nichts mit zu tun. Da war ich DDR.
TITANIC *(auch aggressiv)* Okay, Sie waren DDR, aber wir haben Ihnen unser gutes BRD-Fernsehen zur Verfügung gestellt!
Mahr *(störrisch)* Das interessiert mich nicht.
TITANIC Aber Sie haben doch Westfernsehen gesehen!
Mahr Nee, das können Sie mir glauben.
TITANIC Das sagen alle. Aber wenn man dann fragt, kennen Sie Kulenkampff oder Ronald Reagan, dann kennen die Leute die doch…
Mahr Nee, ich hab ja nicht mal Boris Becker gekannt!
TITANIC *(überrascht)* Bis wann denn?
Mahr *(lauter)* Bis zur Wende, und deshalb bekommen Sie von mir keinen Pfennig. Sie haben doch wohl ein Rad ab? Oder was? Ich wohne hier im Osten!
TITANIC Aber das ist doch jetzt kein rechtsfreier Raum mehr!
Mahr *(brüllt)* Sind Sie krank? 1985 war hier DDR! Sind Sie bekloppt dumm? Oder was? Was damals war, interessiert mich nicht mehr! Sie verdienen mit Ihrem Fernsehen genug! Also ich glaube, ich leide, oder was! Bei dir hakt's wohl aus oder wie! *(knallt den Hörer auf)*

Das ist also aus der guten alten DDR geworden: ein verbitterter Mittvierziger, der sich für nichts mehr interessiert. Haben wir damals wirklich für Leute wie Herrn Mahr die Mauer aufmachen lassen?

Herr Peters, Thüringen: »'n Sender mehr oder weniger…«

Peters *(mißtrauisch)* …und Sie wollen jetzt nur bei mir nachkassieren?
TITANIC Bei allen DDR-Bürgern. Natürlich nur, wenn sie Westfernsehen gekuckt haben.
Peters *(abwehrend)* Nee, haben wir nicht. Wir haben ja kaum welches gekriegt. Eigentlich gar nicht.
TITANIC *(freundlich)* Sind Sie denn heute mit dem Programm zufrieden?
Peters Ja, sind wir zufrieden mit, haben wir zumindest gute Auswahl. Früher hatten wir ja nur drei Programme, nicht, ZDF und…
(verstummt abrupt)
TITANIC *(stutzt)* Moment mal! Sie haben doch gerade gesagt, Sie hatten früher gar kein Westfernsehen!
Peters *(stotternd)* Nee, ja, nee, kein Westfernsehen, haben wir nie gehabt!
TITANIC ZDF ist aber Westfernsehen!
Peters *(windet sich)* Dann habe ich mich vielleicht geirrt, wir hatten nur unsere Sender!
TITANIC *(ungläubig)* Wirklich?
Peters Das war am Anfang, da wo's dann alle hatten, da hatten wir dann manchmal 'n Sender mehr oder weniger, aber ZDF hatten wir zu DDR-Zeiten nie gehabt…
TITANIC Na gut, dann entfällt die Zahlpflicht für Sie!

Wer hätte gedacht, daß der Gebühreneinzug im Osten noch schwieriger ist als in Westdeutschland? Oder hätte sich ein echter GEZ-Mann nicht so leicht abspeisen lassen? Wenn das so weitergeht, müssen wir wohl auf Stasi-Unterlagen zurückgreifen, um die Leute zu überführen.

sche Zweiheit

Frau Günther, Sachsen: »Ein Kessel Buntes!«

Günther *(im Brustton der Überzeugung)* Nee! Wissen Sie, wie lange das jetzt her ist?

TITANIC Ja, genau 10 Jahre.

Günther Ich bezahl doch nicht was nach, was 10 Jahre her ist!

TITANIC Aber das ist doch eine Frage von Recht und Ordnung. Und nicht von vergangenen Jahren.

Günther Doch! Warum fällt Ihnen das jetzt ein? Warum jetzt? Fehlt Ihnen jetzt das Geld, daß Sie von uns noch Geld fordern?

TITANIC Ja, der Osten kostet uns ja auch einiges...

Günther *(verbissen)* Ooch ja, wir arbeiten ja nicht, wir schlafen ja den ganzen Tag!

TITANIC Oder Fernsehen. Weiß ich doch nicht.

Günther *(aufgebracht)* Wir sind hier alle berufstätig! Wir haben zu DDR-Zeiten gearbeitet, und wir arbeiten jetzt auch. Das Geld, das wir haben, verdienen wir uns ehrlich und rechtlich! Und nicht auf so'ne Wege, jetzt nach 10 Jahren plötzlich zu kommen mit Nacherhebung.

TITANIC Aber wir hätten doch damals nur Ostmark bekommen, das Zeug war doch so gut wie nichts wert!

Günther Aha! Und wir mußten mit der zurechtkommen? Entschuldigen Sie mal! *(empört)* Also so einfach kann man sich die Sache nicht machen!

TITANIC Aber Sie haben schließlich auch damals unser gutes Westfernsehen gesehen, Nachrichten, Kochsendungen, Grzimek...

Günther *(giftig)* Wir haben Ihr Westfernsehen gesehen? Ach dann entschuldigen Sie mal, daß wir Ihnen das weggenommen haben! Unter welchen Bedingungen haben Sie denn unser Ostfernsehen gesehen?!

TITANIC *(verdutzt)* Wir haben nie Ihr Ostfernsehen gesehen!

Günther *(ereifert sich)* Wissen Sie, ich war oft zu DDR-Zeiten im Westen! Erzählen Sie mir nicht, daß die kein Ostfernsehen gesehen haben! Dann bezahlen Sie das erst mal auch an uns!

TITANIC *(empört)* Entschuldigen Sie mal, was hätte man denn da anschauen können? Jetzt sagen Sie mir bitte mal eine Sendung, die sich da gelohnt hätte!

Günther *(triumphierend)* Ein Kessel Buntes!

TITANIC Das war doch nicht oft, da hat man ein paar Mal reingeschaut, dann wußte man, das ist unwürdig und dann...

Günther *(explodiert)* Ach! Das war unwürdig! Warum sind denn da so viele Prominente vom Westfernsehen drin gewesen? Hä? Wissen Sie was? Das Gespräch ist für mich erledigt!
(legt auf)

Das ist ja wohl die Höhe: Statt Zahlungsfreude und Restdankbarkeit schlagen uns jetzt auch noch finanzielle Forderungen entgegen! Dabei müßte doch eigentlich jeder Geld bekommen, der freiwillig auch nur eine Stunde vor dem »Kessel Buntes« verbracht hat!

Herr Adler, Berlin: »Derrick? Noch nie gehört!«

Adler *(hämisch)* ...hahaha! Na dann bringen Sie mal Ihre Rechnung, haha!

TITANIC Wie darf ich das verstehen?

Adler Ganz einfach: Es gab in der DDR kein Westfernsehen! Wir durften gar keins kucken!

TITANIC Aber gekuckt haben Sie doch trotzdem!

Adler Nee!

TITANIC Doch!

Adler *(hartnäckig)* Nee!

TITANIC Doch! Ich glaube, schon!

Adler *(störrisch)* Ich glaube nicht! Wenn Sie was anderes glauben, ist das Ihr Problem! Weisen Sie mir doch mal nach, daß ich Westfernsehen gekuckt habe!

TITANIC Das könnte ich ganz einfach, indem ich Ihnen Fangfragen stellen würde, über Sendungen, die damals gelaufen sind.

Adler Keine Ahnung! Ich hab damals keine einzige Sendung gesehen!

TITANIC *(ungläubig)* Sie haben keine einzige Sendung gesehen? Nicht Der Alte, nicht Sandmännchen, nicht Schulmädchenreport?

Adler *(überheblich)* Nein! War verboten! Durften wir nicht!

TITANIC Aber das hat doch jeder gemacht!

Adler So? Woher wissen Sie denn das? Das ist eine Unterstellung.

TITANIC *(bauernschlau)* Na, passen Sie mal auf! Kennen Sie Derrick?

Adler *(noch bauernschlauer)* Den kenn ich nicht! Gar nicht! Hab ich noch nie was von gehört! Ich hatte mal 'n Hund, der hieß so.

TITANIC Nein, das ist eine Fernsehserie!

Adler Nein, ich hab mal 'n Hund gehabt, der hieß Derrick!

TITANIC Ja, aber es gibt auch eine Fernsehserie!

Adler *(mit Oberwasser)* Die kenn ich nicht! Hören Sie mal, wir wollen doch hier nicht Katz und Maus spielen!

TITANIC Ich fände es auch angenehmer, wenn Sie es zugeben würden!

Adler Ich geb gar nix zu! Wie komm ich dazu! Am Telefon schon gar nicht! Sie können mich hier nicht festnageln. Wiederhören!

Auch Herr Adler hat in der Zone offenbar vor allem eins gelernt: Nur nix zugeben! Am Telefon schon gar nicht! ➔

TITANIC-Telefon-Terror

Wie soll Großdeutschland eigentlich jemals zusammenwachsen, wenn Leute wie Herr Große weiterhin die Existenz eines Rechtsstaates verleugnen und jedem Westdeutschen schmutzige Tricks unterstellen? Ob Große mit unseren Versicherungsvertretern, Drückerkolonnen und Sternsingern genauso umspringt?

Herr Große, Sachsen-Anhalt:

»Alles klar! Linkes Ding!«

TITANIC …da haben Sie noch keine Gebühren für das Westfernsehen bezahlt.
Große *(belustigt)* Och, haha, nee! Wie kommt denn das zustande? Klären Sie mich mal auf!
TITANIC Das kommt, weil 1985 ein Terrorregime in der DDR herrschte und wir unsere Gebühren bei Ihnen nicht eintreiben konnten! Sie haben im Osten Gebühren bezahlt, aber für den Westen nicht!
Große *(schreit)* He! Ist das ein linkes Ding jetzt hier? Da wird kein Geschäft draus! Da wird kein Geschäft draus!
TITANIC Soll ja auch nicht. Wir wollen ja nur unsere Gebühren!
Große *(triumphierend)* Kriegen Sie nicht! Kriegen Sie nicht! Keine Gebühren, egal wie!
TITANIC Aber…
Große Das ist für mich abgeschlossen! Wollen Sie uns noch abzocken? Oder was?
TITANIC Sie können doch nicht unser Fernseh wegkucken und hinterher nicht bezahlen dafür!
Große *(brüllt)* Ahahaha! Doch! Das wird nichts! Das wird nichts! Ein linkes Ding! Ich lege auf! Ich lege auf!

TITANIC *(protestierend)* Auflegen gilt nicht, wir sind schließlich jetzt ein Rechtsstaat!
Große Das gibt's nicht! So was gibt's nicht! Das hör ich zum ersten Mal! Ausm Westen! Sind Sie ausm Westen?
TITANIC *(kleinlaut)* Ja, ich bin ausm Westen.
Große Alles klar! Linkes Ding! Ich lege jetzt auf! Jetzt! *(legt auf)*

Frau Wischmann, Mecklenburg-Vorpommern:

»In unserem Apparat war noch kein Bunt drinne!«

Wischmann …nee, haben wir keins gesehen!
TITANIC Doch, haben Sie schon!
Wischmann *(nachdenklich)* Ja?
TITANIC *(hoffnungsvoll)* Ja, erinnern Sie sich mal, Peter Frankenfeld, Caterina Valente, Sportschau, das kennen Sie doch alles!
Wischmann Ja, das kann sein.
TITANIC Wieviele Programme hatten Sie denn im Osten überhaupt?
Wischmann Och, da müßten Sie sich mit meinem Mann unterhalten, das kann ich Ihnen nicht sagen!
TITANIC Wieviel Knöpfe hatte denn Ihr Fernseher?
Wischmann Ich hab da eigentlich wenig dran eingestellt. Das hat meistens mein Mann gemacht. Aber wir haben ganz wenig gekuckt.
TITANIC *(entgeistert)* Aber was haben Sie denn die ganze Zeit gemacht da drüben?
Wischmann Was wir gemacht haben? Die Strümpfe gestopft, gewaschen… Wir waren im Tanzsport tätig, wir waren abends viel unterwegs! Und ich hab auch nicht viel Ahnung vom Fernsehen.
TITANIC Aber das war einfach auseinanderzuhalten, das farbenprächtige gute war aus dem Westen.
Wischmann *(umgänglich)* Na ja, Sie könnten Recht haben.
TITANIC Das konnten wir aber damals noch nicht kassieren, wenn wir da rübergekommen wären, da wären wir erschossen worden.
Wischmann Denken Sie?
TITANIC Ja, da gab es doch diese Grenze, mit den Selbstschußanlagen.
Wischmann *(einlenkend)* Ja, das war nicht einfach!
TITANIC Aber das Fernsehen zu machen, das war auch nicht einfach. Das kostete ja alles damals, die Ansagerinnen wollten Geld und die mußten obenrum schick angezogen werden, der Kameramann wollte auch Geld…
Wischmann *(kooperativ)* Ja, das stimmt alles. Wieviel soll das denn kosten?
TITANIC *(überrascht)* Ooch, das kommt drauf an. Wieviel so der Fernseher bei Ihnen lief, und wieviel Sie auch hingekuckt haben. Ganz oft ist teurer als einmal in der Woche…
Wischmann Ja, einmal in der Woche.
TITANIC Oder einmal im Monat.
Wischmann Ja, einmal im Monat oder in der Woche. Immer das Neueste vom Neuesten. Mehr auf keinen Fall.
TITANIC Auch anspruchsvolle Sendungen?
Wischmann Anspruchsvolle? Nö, wüßt ich nicht.
TITANIC Na gut, dann drücken wir mal ein Auge zu…
Wischmann Wir hatten ja noch den DDR-Kasten, da war gar kein Bunt drauf!
TITANIC *(fasziniert)* Ach, Sie haben noch schwarzweiß gekuckt?
Wischmann Wir haben ja erst nach 90 einen neuen Fernseher müssen kaufen, weil dann Bunt kam. Und in unserem Apparat war noch kein Bunt drinne.
TITANIC Na gut, dann brauchen Sie auch nichts zu bezahlen, Sie haben ja nur schwarzweiß gekuckt!
Wischmann Wir haben nur schwarzweiß gekuckt! Wir haben doch noch in der DDR einen neuen müssen kaufen, weil der alte kaputt war…
TITANIC *(anerkennend)* Und da haben Sie gleich einen mit Bunt genommen?
Wischmann *(verärgert)* Nee! Ebend nicht! Ebend nicht! Und da haben wir uns gesagt, jetzt scheißt's uns schon wieder an, jetzt brauchen wir noch einmal einen neuen Fernseher. Da haben wir unseren alten – der ging noch – weggehauen, weil wir auf Bunt kucken wollten.
TITANIC Aber das war auch ein schöner Fortschritt dann, was? Plötzlich alles zu sehen, wie es wirklich ist…
Wischmann Darum haben wir das auch gemacht. Wir haben gesagt, warum sollen wir jetzt rückwirkend sein. Wir wollten die Mode auch mitmachen, haben wir gesagt.
TITANIC Richtig. Und wie sind Sie zufrieden mit unserem Programm?
Wischmann Gut. Bis auf die vielen Kriminalfilme, die sind nicht gut! Die Jugend, die kuckt sich das an, und die lernen davon. Der Meinung sind wir.
TITANIC Und was finden Sie gut?
Wischmann Mal ein Heimatfilm, 'n Tierfilm. Oder mal 'ne schöne Veranstaltung. Und die Nachrichten, wenn die da gekidnappt worden sind…
TITANIC Gut, dann erheben wir vielleicht gar nichts nach, wenn Sie eh immer nur in Schwarzweiß gekuckt haben, da haben Sie ja nur die Hälfte mitbekommen…
Wischmann Nach 90 haben wir uns gleich einen neuen gekauft, weil bei unserem keine Farbe drauf war.
TITANIC *(freundlich)* Da wird das Leben gleich viel bunter, was?
Wischmann Und angenehmer! Hat uns gefallen! Fernsehen hat uns gefallen.
TITANIC Wissen Sie was, ich glaube, wir spendieren Ihnen das…
Wischmann Nach 90 haben wir uns den erst zugelegt, mit Bunt…

Frau Wischmann ist uns über, sie hat offensichtlich schon ihre Erfahrungen im Umgang mit Geldeintreibern! Einer derart überzeugenden Extrem-Performance in Bunt sind wir ganz einfach nicht gewachsen. Vielleicht sollte mal jemand überprüfen, ob die gute Dame wenigstens ihre Steuern und Brötchen bezahlt… ➔

Herr Berger, Sachsen: »Das ist doch Trick 17!«

Berger …puh! Wie gomm'n Se denn off die Idee?
TITANIC Das wurde doch in der DDR allgemein gern gekuckt!
Berger *(schreit)* Was? Isch als Volgsbolidsisd?
TITANIC Vielleicht heimlich?
Berger *(herrisch)* Ach! So gomm'n Sie mir nüscht! Von wo sin Sie denn, Gebühreneinzugszendrole?
TITANIC Ja, genau.
Berger *(gewieft)* Da bin isch awor von'n Soggen! Däs glingd wie Drigg Siebdsähn!
TITANIC Nein, Sie haben doch nie was bezahlt früher.
Berger Hahaha! Däs is lachhafd! Jahaha! Wissn Sie, wie mir das vorgommd?
TITANIC Nein.
Berger *(selbstbewußt)* Genau wie die viere vor der Düre, die isch ähm abgeferdischd hawe, die wollten Pressewerbung machen!
TITANIC *(abwehrend)* Das ist ja was ganz anderes.
Berger Nee, dasselbe!
TITANIC Damit haben wir nichts zu tun! Wir sind seriös!
Berger Die ooch, sachen se. Ja, ja, isch weeß schon ganz genau, was gespielt wird!
TITANIC Ich habe das Gefühl, Sie hängen immer noch Ihrem alten Staat hinterher!
Berger Wissen Se was? Sie wollen misch reinleschen! Das sage isch Ihnen als Bolidsisd!
TITANIC Eine interessante These, das heißt, Sie möchten…
Berger *(brüllt)* Zum Gericht!
TITANIC *(erschreckt)* Nein, nicht zum Gericht. *(einlenkend)* Und wenn wir es etwas billiger machen für Sie?

Berger *(drohend)* Wir ham immer noch een' Rechtsschutz…
TITANIC *(kleinlaut)* Autsch, das wußte ich doch nicht. Wir machen es noch etwas billiger!
Berger Sehen Se! Den rufe isch jedse an, dn Rechtsschutz. *(investigativ)* Von woher rufen Sie denn jez an?
TITANIC *(ausweichend)* Aus, aus, aus einer, äh: Telefonzelle.
Berger *(laut jubelnd)* Jahahaha! Jahaaa! Das ist doch Drigg 17! Delefondselle! Ha!
TITANIC *(in die Enge getrieben)* Ja, weil, weil… unser Telefon in der Behörde kaputt ist!
Berger *(triumphierend)* Jahahaha! Aber mein Delefon ist nich gapudd! Isch hab noch eens, das

ist ein Diensddelefon! Und das kann isch benudsn nembei, un dann hab isch Sie in der Telefondsendrale drin! Dann weeß isch, in welcher Telefondselle Sie sind!
TITANIC *(vorwurfsvoll)* Das sind doch Stasi-Methoden!
Berger Nein! Sie fangen an mit Schdasi-Medodn! Gomm'n Sie mir nich mit dieser Dour! Wiedrsähen!
TITANIC *(Schweigen)*
Berger *(mit Nachdruck)* Auf Wiedrsähen hab ich gesagt!
TITANIC *(eingeschüchtert)* Ja, auf Wiedersehen…
Berger Wiedrsähen! *(legt auf)*

Das ist ja gerade noch einmal gutgegangen, fast hätte Vopo Berger, der einzige Volkspolizist, der nach dem Anschluß seinen Posten behalten hat, uns am Schlafittchen gehabt! Zum Glück ist uns gerade noch rechtzeitig der Trick mit der Telefonzelle eingefallen…

Herr Bratschek, Brandenburg: »Legen Sie uff, dann ist gut!«

Bratschek *(entsetzt)* …aber da war'n wir doch noch im Osten!
TITANIC *(streng)* Aber Sie haben schon das qualitativ hochwertige Westfernsehen gesehen!
Bratschek Nee!
TITANIC Doch, das hat doch jeder!
Bratschek Nee! Passen Se uff, das durfte man doch nicht!
TITANIC Aber heimlich hat doch jeder!
Bratschek Nee, nee. Nein. Gibt's nicht! Damals waren wir ein anderer Staat!
TITANIC *(enttäuscht)* Wir haben Sie extra 10 Jahre geschont, und jetzt… Sie wissen doch, was wir jedes Jahr in den Osten reinpumpen…
Bratschek *(schreit)* Was heißt denn hier reinpumpen in'n Osten! Wir sind heute ein vereinigtes Deutschland! Was erzählen Sie denn da für'n Mist! Na, is gut! Legen Sie uff, und dann ist gut!
TITANIC Nee. *(Pause)* Dann legen Sie auf!
Bratschek Nee! *(Pause)* Ich brauch doch das nicht zu bezahlen!
TITANIC *(bedeutsam von oben herab)* Ich hab Zeit.
Bratschek *(störrisch)* Ich ooch!
TITANIC Ich hab länger Zeit als Sie!
Bratschek Ich auch!
TITANIC Bei mir ist es Dienstzeit, mir ist es egal!
Bratschek Mir auch!
TITANIC Ich werde bezahlt dafür!
Bratschek *(Schweigen)*
TITANIC Ich könnte fernsehen in der Zeit!
Bratschek Tja, das kann ich auch!
TITANIC Gut, dann lege ich gleich auf.
Bratschek *(Schweigen)*
TITANIC Aber legen Sie zuerst auf!
Bratschek *(Schweigen)*
TITANIC *(hoffnungsvoll)* Hallo?
Bratschek Ja?
TITANIC Sind Sie noch da?
Bratschek *(verbissen)* Ja.
TITANIC *(einlenkend)* Wenn Sie auflegen, lege ich auch auf! Direkt nach Ihnen!
Bratschek *(Schweigen)*
TITANIC *(flehend)* Bitte!
Bratschek *(Schweigen)*
TITANIC Hallo?
Bratschek Ja?
TITANIC *(kleinlaut)* Nun legen Sie schon auf!
Bratschek *(Schweigen)*
TITANIC *(flehend)* Das bedeutet doch nicht viel! Einfach den Hörer auf die Gabel! Warum machen Sie es mir denn so schwer?
Bratschek *(verstockt)* Ich hab doch Zeit!
TITANIC Es ist jetzt 17 Uhr 51 hier bei uns im Westen, ich sitze hier in einem schön ausgestatteten Büro, bin alleinstehend, wer wartet schon auf mich, ich, ähem, will gar nicht nach Hause gehen jetzt gleich um 18 Uhr…
Bratschek *(überlegen)* Ich auch nicht! Ich bin zu Hause!
TITANIC *(gequält)* Ich kann bis halb sieben hier sitzen, wenn es sein muß! Und das alles nur, weil Sie keine Fernsehgebühren bezahlen wollen! Und wenn wir es billiger machen?
Bratschek *(störrisch)* Nee! Kein Pfennig!
TITANIC *(stöhnend)* Gibt es eigentlich keine Dankbarkeit mehr?
Bratschek Nee!
TITANIC Immerhin haben wir Sie vor 10 Jahren da rausgeholt!
Bratschek *(plötzlich wütend)* Nee! Was! Na, jetzt ist aber gut! So eine Unverschämtheit! *(legt auf)*

So eine Unverschämtheit! Da hat man nach seitenlangem Herumgerede endlich ins konstruktive Ost-West-Gespräch gefunden, und dann legen sie in der Zone einfach auf. Das aber wird Konsequenzen haben: Sobald die gesetzlichen Grundlagen geschaffen sind, beantragen wir eine Volksabstimmung. Und zwar zur Frage einer negativen EU-Erweiterung im Osten. ☐

Martin Sonneborn

Steelenser Nachtpoem 2. Juli 1999

Zu groß war die Enttäuschung

Als sich unsre Blicke erstmals trafen,
heller Engel du,
wollt ich ewig mit dir schlafen.
Doch ich sagte es dir nicht.

Als wir uns dann später wiedersahen,
reine Eva du,
standen wir mit zittrig nahen
Mündern im Laternenlicht.

Als wir unsre Arme um uns schlangen,
schlichtes Wesen du,
hat mein Schicksal angefangen,
denn da sprachst du dies Gedicht:

»Die Bezirksvorsitzende der Jungen«,
– dummes Gänslein du –
»Union hält dich umschlungen.«
Und da hab ich dich ersticht.

Thomas Gsella, Zeichnungen: F.W. Bernstein

Miesepeter Productions

präsentiert:

Lafontaine liest die Leviten:
Die Generalabrechnung

Montag, 22. November
Offenbach – Stadthalle

Was Schröder alles nicht kann

Oskar Lafontaine erzählt die ganze Wahrheit über die Natter, die er an seinem Busen genährt hat. Der Mann, der als Bundeskanzler ein Vorbild für alle sein sollte, ist in Wirklichkeit ein Totalversager. Er kann nicht singen, er spielt erbärmlich Trompete, wenn er getrunken hat, kann er das Wasser nicht halten; er färbt sich die Schamhaare, und im Bett ist er eine Katastrophe: »Er wollte immer oben liegen, meist war er nach drei Minuten fertig, drehte sich um und schlief ein. Wie es mir gefallen hatte, interessierte ihn nicht. Vor lauter Frustration telefonierte ich nächtelang mit dem Econ Verlag…«

Dienstag, 23. November
Nürnberg – Meistersingerhalle

Was meine Mutter alles falsch gemacht hat

Oskar Lafontaine macht Schluß mit falschen Sentimentalitäten. Seine Mutter war keineswegs die Beste: »Sie ließ sich häufig von mir provozieren und tat nie das, was ich wollte. Zum Essen servierte sie gekühlten Rotwein und zum Kaffee Mariacron. Ich habe mich oft vor meinen Spielkameraden geschämt. Ich mußte mein Zimmer selber aufräumen und hatte nur Autos von Matchbox und Siku – für Corgi-Toys war angeblich nicht genug Geld vorhanden. Dabei hätte die Schlampe doch nur einen reicheren Kerl heiraten müssen!«

Mittwoch, 24. November
München – Paulanerkeller

Warum der Delphin allgemein überschätzt wird

»Er sieht ja ach so elegant aus, wie er da durchs Wasser gleitet und mit Bällen jongliert, die wir ihm allerdings erst zuwerfen müssen. Auf dem Land ist er vollkommen hilflos. Bei Tengelmann könnte er nicht einmal einen Einkaufswagen losketten. Er ist zu blöd, sich eine Fahrkarte vom Marienplatz nach Gauting am Automaten zu ziehen, und eine Parteitagsrede würde er erst recht nicht zustandebringen. Der Delphin kann nicht Fahrrad fahren, ja, er ist sogar zu blöd, vom Fahrrad zu fallen! Und damit ist er noch blöder als Scharping, und so blöd kann doch eigentlich keiner sein....«
(Dauer der Veranstaltung: 4 ½ Stunden)

Donnerstag, 25. November
Augsburg – Königreichsaal

Was finden die Leute eigentlich an Leo da Vinci?

»Das Lächeln der Mona Lisa. So ein Quatsch. Rätselhaft lächeln kann ich selber, sardonisch noch viel besser und säuerlich am allerbesten. Bis heute weiß man nicht, wer diese Mona Lisa überhaupt gewesen sein soll, weil da Vinci das nicht hintendrauf auf sein ach so berühmtes Bild geschrieben hat. Besser er hätte ein Buch geschrieben, so wie ich, aber dazu hat es ja bei dem sauberen Herren nicht gereicht…«

Freitag, 26. November
Erlangen – Jugendzentrum

Warum der Grand Canyon mißlungen ist

»Typisch Amis! Ein paar Steine und ein lächerliches Rinnsal, das reicht ihnen schon als Naturwunder. Nirgendwo eine Burg, von Vergnügungsdampfern ganz zu schweigen, wo man mal in Ruhe einen schönen Bordeaux trinken und dazu ein Kalbsnierchen im Teigmantel verdrücken könnte…«

Samstag, 27. November
Würzburg – Kukoz

Der Ameisenstaat – warum er nicht funktionieren kann

»So ein gräßliches Durcheinander! Werfen Sie mal ein Taschentuch auf einen Ameisenhügel, was da los ist! Die können sich kaum wieder einkriegen. Was soll man von einer Monarchie auch anderes erwarten! Anstatt den Mittelstand zu stärken, beuten sie die Arbeiter aus. Vom dreizehnten Monatsgehalt haben die noch nie was gehört, geschweige denn vom ersten. Dann melken sie auch noch arme kleine Blattläuse. Iiih, bäh! Warten Sie mal ein paar Millionen Jahre, dann ist der Spuk endgültig vorbei!«

Sonntag, 28. November
Bielefeld – Gaststätte Bewekenhorn

Wieso Carl Lewis gar nicht so gut ist

»Laufen und springen – das kann doch jedes Känguruh besser. Aber das läßt sich nicht ständig irgendwelche Medaillen dafür umhängen. Ein bißchen Bescheidenheit täte dem Mann wirklich mal gut. War der vielleicht mal Vorsitzender irgendeiner sozialdemokratischen Partei? Und Trompete kann er auch nicht spielen…«

Montag, 29. November
Rastanlage Bad Eilsen, A2 Richtung Hannover, Hinterzimmer

Die zehn größten Fehler Gottes

»Zehn??? Hahahaha, daß ich nicht lache! Die ganze Schöpfung ist doch totaler Bockmist. Wenn man mich das hätte machen lassen, dann würden Sie aber staunen, dann sähe das hier aber ganz anders aus, und meinen Sohn würde ich auch nicht ans Kreuz schlagen lassen, das tut doch weh, und außerdem, welche Krankenkasse bezahlt einem denn die Wundmalbehandlung…«

Der Vortrag »Warum ich Gandhi verachte« in der Zoogaststätte in Münster muß wegen Erkrankung des Hausmeisters entfallen.

DEMNÄCHST IN IHRER STADT!

Alle Veranstaltungsräume sind zugig und schlecht beheizt. In den Pausen werden lauwarmes Bier und kalter Kaffee ausgeschenkt. Schlechte Laune ist mitzubringen!

Hans Zippert

F. W. Bernstein

Eine Aktion von THIERSE und TITANIC

DER BILDUNGS-KANON

»Zum sozialen Zusammenhang einer Gesellschaft gehört so etwas wie ein Bildungskanon.« Diesen Satz von Wolfgang Thierse dürften höchstens zwei Prozent der Bevölkerung überhaupt verstanden haben – und das zeigt, wie berechtigt das Anliegen des bärtigen Politikers tatsächlich ist. Was wollte der Sozialdemokrat uns damit sagen? Ungefähr dieses: Es wäre gut, wenn jeder Deutsche über eine genau festgelegte Allgemeinbildung verfügen würde, damit er kapiert, was abgeht. Damit er schnallt, wovon Thierse redet und worauf wir und Botho Strauß immer so unendlich raffiniert und durch die Blume anspielen.

Aber gibt es nicht längst viel zuviele Fakten? Wer kennt sich denn wirklich noch in Molekularbiologie oder Vergleichender Arabistik aus? Was muß man unbedingt wissen, was kann man getrost vergessen? TITANIC-Autor Hans Zippert hat es exklusiv für die ihn bezahlende Zeitschrift recherchiert.

Religion

Damit geht alles los. An irgend etwas muß man ja glauben – warum dann nicht gleich an den Mächtigsten, den Allmächtigsten, i.e. GOTT. Ein Wort, das Sie ausschneiden und sammeln sollten, denn schon das Wort hat ungemein viel Kraft. Sie können sich aber auch die Mühe sparen und einfach das fertige Sammelalbum kaufen, es heißt BIBEL. Darin kommt GOTT 343222 Mal vor, mehr als in jedem anderen Buch.

11 Bildungsessentials: 1 Mann, 10 Gebote

Was man wissen muß Noahs Arche, Lots Weib, Babels Turm, Linsengericht, Jakobs Leiter, Sodom, Abrahams Schoß, die 7 Plagen, Auge um Auge, Zahn um Zahn, 1. Buch Moses, 2. Buch Moses, 3. Buch Moses, 4. Buch Moses, Jonas im Wal, Daniel in der Löwengrube, David und Goliath, Samson und Delilah.

Was man wissen könnte Die zehn Gebote, wenigstens drei oder vier, Methusalem, Apfel, Wasser zu Wein, Lazarus, Auferstehung, Ochs und Esel.

Was man nicht unbedingt wissen muß Die BIBEL der Mohammedaner heißt Koran, er wurde von Mohammed geschrieben. Im Koran steht, daß Frauen ihren Blick verschleiern sollen, daß im Ramadan nur bei Kühlschrankbeleuchtung gegessen werden darf und daß britische und amerikanische Kontrolleure nicht einfach bei Saddam zuhause rummarschieren und in alle Schubladen gucken dürfen.

Was man besser gar nicht wissen sollte Das Christentum ist nur eine von ganz vielen Religionen. Im alten Ägypten hatte man zum Beispiel viel interessantere Götter mit köstlichem Humor. Das Herz wurde getrennt vom Körper bestattet, und wer im Leben versagt hatte, dessen Pumpe wurde vom »Verschlinger der bösen Herzen« vertilgt. Man muß sich nur mal vorstellen, wir würden heute noch an so was glauben, und die Kirchensteuer käme nicht irgendwelchen bärtigen Sozialarbeitern, sondern grandios kostümierten Hohepriestern direkt zugute, und nicht die Automobilindustrie wäre der wichtigste Arbeitgeber, sondern die Pyramidenbaubranche.

Maßeinheiten

Alles auf der Welt ist meßbar. Sogar der Erfolg. Er wird in Kilopond ausgedrückt. Ohne Maßeinheiten gäbe es keine blauen, roten, gelben und grünen Verkehrszonen im Nahverkehr, kein Idealgewicht und keine Busenwunder.

Was man wissen muß Entfernungen mißt man in Kilometern und Metern (was darunter liegt, ist keine Entfernung), Flüssigkeiten in Litern und 2 cl. Eine Stunde ist schnell rum, kann aber auch quälend langsam vergehen, wenn man im Stau steht, weil man wegen der überschätzten Entfernung das Auto genommen hat. Die kürzeste Verbindung zwischen zwei Punkten sind zwei Liter, aber auf ex.

Auch das ist Bildung

Was man wissen könnte Parallelen treten immer zu zweit auf, einen Rhombus darf man auch Raute nennen. (»Hey, du verdammte Raute, halt mal die Mittelsenkrechte!«)

Was man nicht unbedingt wissen muß Hoch- und Runtersprünge werden mit demselben Lineal gemessen, obwohl es viel schwerer ist, aufs Dreimeterbrett zu springen als runter.

Was man besser gar nicht wissen sollte Selbst für Dinge, die man mit bloßem Auge gar nicht sehen kann, gibt es Maßeinheiten. Eine Staubmilbe zum Beispiel ist zwei Milbenmeter lang und wiegt 2 Milbengramm. Wenn man das bezweifelt, heißt es gleich: »Miß doch selber nach, du blöde Raute!«

Zahlen

Gehören zu unserem täglichen Leben wie Sauerstoff und Kohlenmonoxyd. Zahlen sind im Gaststätten- (»Ich nehme einmal die 43, aber ohne Sardellen«) und Hotelgewerbe (»Zimmer 202, im 2. Stock links«) unentbehrlich geworden, aber auch an der Supermarktkasse oder im Mathematikunterricht macht man eifrig von ihnen Gebrauch.

Was man wissen muß Es gibt große und kleine Zahlen, sympathische und unsympathische. Die 3 ist eine der beliebtesten Zahlen: 3 Tenöre, Musketiere, Hl. Könige, von

Hier fehlt ein Bildungskanon

der Tankstelle, Amigos, Stooges, Faltigkeit. Die 5 ist eher eine Unglückszahl: Prozenthürde, Rad am Wagen, Beatle, vor zwölf. Die größte bekannte Zahl hat 122 Nullen und heißt mit wissenschaftlichem Namen Fantastilliarde. Alles, was danach kommt, übersteigt jedes Vorstellungsvermögen und ist schlicht Wucher.

Was man wissen könnte Man unterscheidet zwei Arten von Zahlen: die, die sich alles bieten lassen, und die Primzahlen. Das sind Zahlen, die prima alleine klarkommen und sich von niemandem auseinanderdividieren lassen. Goethe sagte: »Das ist der Logarithmus, wo jeder mitmuß.«

Was man nicht unbedingt wissen muß Die Doppelnull ist sowohl die Lizenz zum Töten als auch ein Sanitärreiniger als auch die Auslandsvorwahl!

Was man besser gar nicht wissen sollte Gleichungen mit 2 Unbekannten können niemals aufgehen.

Himmelskörper

Man sagt: die Erde ist nur ein kleines Staubkorn im Universum. Stimmt aber gar nicht, die Erde ist unser Heimatplanet. Der Mensch könnte niemals auf einem Staubkorn überleben, obwohl es bei manchen zu Hause ganz schön staubig ist. Es ist trotzdem wichtig, sich im Universum auszukennen.

Was man wissen muß Das Schwarze ist die Unendlichkeit, das Helle sind die Sterne. Das ganz helle Ding ist die Sonne. Die Ägypter glaubten, daß der Sonnengott jeden Morgen mit seinem Wagen über den Himmel fährt. Uns steht es wohl kaum an, die Erkenntnisse eines so alten Kulturvolkes anzuzweifeln. Unbedingt merken: Saturn, Mars, Venus, Pluto, Uranus, Alpha Centauri, Beteigeuze, Großer Bär, Kleiner Bär, Orion, Ariel, Omo, Sunil. Auf dem Mond, da wohnt ein Mann / der macht das Mondlicht aus und an.

Was man wissen könnte Der erste Kommunist im All hieß Juri Gagarin, er suchte seinen Hund, den die verdammten Russen kurz vorher auf den Mond geschossen hatten. Der erste Mensch hieß Tom Hanks. In einem Raumschiff kann man nicht einfach aus dem Fenster pinkeln.

Was man nicht unbedingt wissen muß Der Mensch ist nicht die einzige Lebensform im Universum. Tatsächlich ist die Welt voll von mißgestalteten Außerirdischen, die sich ihren Lebensunterhalt mühsam in schlecht produzierten Fernsehserien verdienen müssen, wie »Marienhof«, »Gute Zeiten, Schlechte Zeiten«, »Boulevard Bio«, »Unser Alien Dr. Specht«. Mitleid ist aber fehl am Platze. Was haben die auch auf unserem Planeten verloren?

Was man besser gar nicht wissen sollte Die Saurier lebten Millionen Jahre glücklich und zufrieden, bis plötzlich ein dicker Meteorit auf die Erde knallte, genau in dem Moment, als sämtliche Saurier ziemlich eng beieinanderstanden.

Buchstaben

Werden gerne zur Füllung von Büchern benutzt, stehen aber auch auf Videotexttafeln und Beipackzetteln. Wo mehrere Buchstaben zusammenstehen, kann es zu Worten kommen, wie Wmpfbrdgrmmpf oder Reinheitsgebot. Da Buchstaben die unselige Tendenz haben, sich in großen Gruppen zusammenzurotten, sind sie natürlich immer in Gefahr, von Meteoriten oder Sauriern erschlagen zu werden. Dann werden uns die Worte fehlen.

Was man wissen muß A, B, C, D, E, F, G, H, I, J, K, L, M, N, O, P, Q, R, S, T, U, V, W, X, Y, Z.

Bildung heißt durchblicken

Was man wissen könnte Ä, Ö, Ü

Was man nicht unbedingt zu wissen braucht ß

Was man besser gar nicht wissen sollte Begierig, kundig, eingedenk, teilhaftig, mächtig, voll regiert alle der Genitiv, wer das nicht weiß, ist toll!

Literatur

Große Länder haben große Literatur (Faulkner, Stevenson, Dostojewskij), kleine Länder haben lizensierte Übersetzungen. Irland hat James Joyce. Zur Herstellung von Literatur benötigt man Buchstaben.

Was man wissen muß Tschechov, Ror Wolf, Astrid Lindgren, Otfried Preussler, Leo Perutz, Alexander Lernet-Holenia, Goethe, Shakespeare, Jean Pütz d. Ä.

Was man wissen könnte Den Unterschied zwischen Upton Sinclair, Sinclair Lewis, John Sinclair, John Updike und Dick van Dyke.

Was man nicht unbedingt wissen muß Hätte man Hitler malen lassen, wäre er niemals Schriftsteller geworden.

Was man besser gar nicht wissen sollte In vielen Ländern der Welt dürfen Schriftsteller nicht schreiben, was sie wollen. Wenn sie es doch tun, ist ihr Leben in Gefahr. Goethe durfte schreiben, was er wollte. Er mußte trotzdem sterben.

Tiere

Sind im Moment die Ersatzkrone der Schöpfung. Wenn wir Menschen es eines Tages nicht mehr bringen, weil wir den Bildungskanon nicht draufhaben, übernehmen wieder die Tiere. Es ist schon jetzt total interessant, wie sie versuchen, sich eine günstige Ausgangsposition zu verschaffen. Der Hund hat sich z.B. an den Menschen rangeschleimt und denkt, wir würden ihm das Geheimnis des Feuermachens verraten. Pustekuchen! Bessere Chancen besitzt da schon das Meerschweinchen – wie das immer so unschuldig rangewanzt kommt! Die haben's faustdick hinter den Ohren. Bis zur Machtergreifung sind die Tiere ausschließlich zu unserer Unterhaltung und zum Verzehr gedacht.

Was man wissen muß Im Wasser schwimmen Fische. Rohrdommel, Blauracke, Fichtenkreuzschnabel, Schabrackentapir, Schuhschnabel. Sichtbare Tiere kann man sich leichter merken als unsichtbare. Elefanten braucht man sich gar nicht zu merken, denn Elefanten vergessen nichts. Deutschland beherbergt ein

Wir brauchen auch einen Herzensbildungskanon

Viertel des Weltbestandes an Sommergoldhähnchen, die allerdings nur bedingt zum Verzehr geeignet sind. Der Verkehr mit Tieren ist verboten, kann aber viel Spaß machen. →

Was man wissen könnte Enten können gleichzeitig schlafen und Wache halten. Und solche Vögel essen wir einfach auf!

Was man nicht unbedingt wissen muß Am besten schmecken Enten in einer Cognacsauce an Mandeln auf einem Wildreisbett.

Was man besser gar nicht wissen sollte Dazu paßt ein 88er Vougeot 1er Cru »Clos de la Perrière« oder ein 95er Morellino di Scansano.

Pflanzen

Was man wissen muß Es gibt zwei Arten: Beilagen und Steinobst.

Was man wissen könnte Bonduelle ist das famose Zartgemüse aus der Dose.

Was man nicht unbedingt wissen muß Moos wächst immer an der Seite des Baumes, an der man es am wenigsten vermutet.

Was man besser gar nicht wissen sollte Wenn man Blumenkohl nach dem Garen etwa zwei Tage lang im verschlossenen Topf aufbewahrt und dann den Deckel abnimmt, wird man vom Geruch sehr überrascht sein.

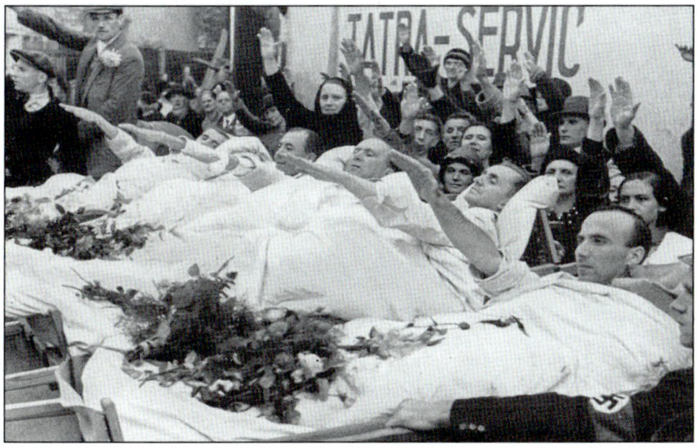

Falsche Bildung macht krank

Philosophie

Die Lehre vom Sinn des Lebens. Beginnt mit Sokrates, dem mit der bösen Alten, und Diogenes, dem Mann in der Tonne, und endet mit Heiner Geißler.

Was man wissen muß Kant kam nie aus Königberg raus.

Was man wissen könnte Plato kam noch nicht mal bis Königsberg.

Was man nicht unbedingt zu wissen braucht Hegelianer kommen langsam, aber gewaltig.

Was man besser gar nicht wissen sollte An Jesus kommt keiner vorbei außer Libuda.

Musik

Was man mit Geräuschen nicht sagen kann, schafft man oft mit Musik. Mozart hatte den Bogen raus, Bach auch, Musik war deutsch, bis Gershwin kam und mit ihm Louis Armstrong, The Beatles, Aretha Franklin, Abba und The Art Ensemble of Chicago.

Was man wissen muß Der Ton macht die Musik, doch Musik wird als störend oft empfunden, wenn mit Zwölfton sie verbunden. Mozart war der Goethe der Musik, Eichendorff war der Mozart der Literatur, aber Mörike schrieb »Mozart auf der Reise nach Prag«. Beethoven war taub, Wagner ein Nazi, Mendelssohn verschleppte die Tempi, und Hindemith wird allgemein unterschätzt.

Was man wissen könnte Frank Sinatra arbeitete gerne nachts.

Was man nicht unbedingt wissen muß Andere, weniger begabte Menschen schlafen nachts. Oder in der Oper.

Was man besser gar nicht wissen sollte Der finnische Bassist Pekka Pohjola hat eine sehr schöne Platte gemacht. Sie hat einen unaussprechlichen Titel, aber Musik setzt sich souverän über solche Probleme hinweg, sie ist die Lautschrift der Menschheit. Musik kann uns Gefühle vermitteln, die wir eigentlich gar nicht haben. 90 % aller Männer bekommen von Ravels Bolero eine Erektion. Beethovens 5. wird auch in Indien verstanden, wenn man sie laut genug spielt und die Tempi ganz leicht verschleppt.

Geschichte

Interessante Sache, enthält aber auch viele Gestalten, die wir verachten.

Was man wissen muß Der Kleine mit der Hand in der Jacke war Napoleon, der bösartige Kleine mit der behaarten Oberlippe war Hitler, der lustige Kleine mit der behaarten Oberlippe war Chaplin, und der Kleine mit der Lady aus Ägypten war Caesar.

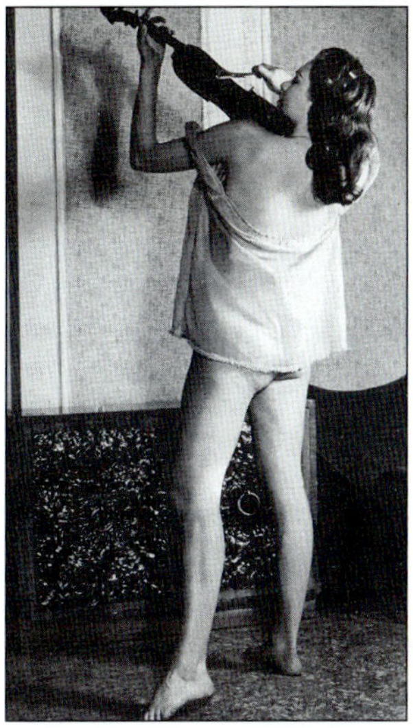

Das hat mit Bildung nichts zu tun

Was man wissen könnte Dreidreidrei bei Issos Keilerei, Siebenfünfdrei Rom kroch aus dem Ei, Einssiebenachtneun tat den Adel nicht freu'n, Einsachtvieracht Demokratie wird gemacht, Einsneunviervier Stauffenberg versagte hier, Einsneunfünfvier Weltmeister sind jetzt wir.

Was man nicht unbedingt wissen muß Hinter jedem Krieg stehen in erster Linie handfeste finanzielle Interessen.

Was man besser gar nicht wissen sollte 3. Oktober 1990

Abkürzungen

Die ulkigen Buchstaben mit oder ohne Punkt dahinter sind das* non modo sed etiam *unserer Sprache, das Credo unserer Kultur.

Was man wissen muß
z.B., bzw., i.e., o.k., u.A.w.g., VW, KSK, kath.

Was man wissen könnte
L.m.a.A., ICE, BH, HB, d.b.d.d.h.k.P., usw.

Was man nicht unbedingt zu wissen braucht ges.gesch., o.G., R.S.P.B., n.Chr.

Was man besser gar nicht wissen sollte v. Chr., d.J., d.Ä., F.D.P., ev., urolog., proct., MS DOS, Pro7

Entdeckungen und Erfindungen

Der Mensch denkt sich gerne alles mögliche aus, was man dann Monate später schon bei Saturn oder im Media-Markt kaufen kann. Ohne Erfindungen säßen wir immer noch mit dampfbetriebenen Batteriefeuerzeugen in unseren Höhlen und würden Zeitung lesen.

Was man wissen muß Tandemklinge, Pfandflasche, Warndreieck, nach oben offene Richterskala, Heizdecke, Düngestäbchen, Rechenschieber, 100 Hertz-Fernseher, Aufknuspertaste, Aspirin, Schweizer Offizierstaschenmesser, Viagra

Was man wissen könnte Der erste Wagen mit Wankelmotor.

Was man nicht unbedingt wissen muß Man kann auch ohne Alkohol fröhlich sein.

Was man besser gar nicht wissen sollte Nach 18 Uhr telefonieren ist billiger als nach Kanada.

Weltkrieg

Nicht schön, überhaupt nicht schön. Fensterscheiben gehen zu Bruch, Soldaten trampeln mit klobigen Schuhen auf dem Puppengeschirr von kleinen Mädchen herum, im Radio läuft nur Scheißmusik.

Was man wissen muß Als Weltkrieg werden nur Kriege zugelassen, an denen Deutschland beteiligt ist. Der Erste Weltkrieg kam vor dem Zweiten Weltkrieg.

Was man wissen könnte Den Zweiten Weltkrieg hätten wir gewinnen können, wenn wir damals nicht gegen die Russen gekämpft hätten.

Was man nicht unbedingt zu wissen braucht Der Golfkrieg wurde nicht als Weltkrieg zugelassen, obwohl Saddams Giftgasfabriken mit deutscher Beteiligung entstanden sind.

Was man besser gar nicht wissen sollte Es gibt nur ein sicheres Mittel gegen Weltkrieg: Weltfrieden! Kann auf die Dauer aber auch ganz schön langweilig sein. □

2000–2005

Schwarzgeld und BESTECHUNGSKÖRBE

Turbosatire für das neue Jahrtausend

Satirische Aktionen und Telefonaktionen hat es bei TITANIC von Anfang an gegeben. Als Martin Sonneborn im Februar 2000 Chefredakteur wird, greift er aus purer Bequemlichkeit darauf zurück und erklärt dies zur modernen Turbosatire für das neue Jahrtausend.

In den folgenden Jahren führt die Redaktion Wahlkämpfe für politische Parteien, die gar nicht darum gebeten hatten, lädt verwirrte österreichische Außenministerinnen von der EXPO aus, holt zum Ausgleich ganze Fußball-Weltmeisterschaften ins Land, trifft sich mit aufgeregten CDU-Schatzmeistern in der neutralen Schweiz, verlost regelmäßig 50-Euro-Scheine unter Lesern, die sich bei der GEZ abmelden, und gründet eine eigene Partei, um die seit 1989 im TITANIC-Impressum geforderte endgültige Teilung Deutschlands zu verwirklichen.

Vieles läßt sich bequem per Telefon erledigen. Angerufen werden Minister, Bundestagsabgeordnete, angehende Bundeskanzler, abgetretene Altkanzler, Groß- und Kleinliteraten, Nachrichtenspre-

cher, ausländische Diplomaten, Schweizer Bankiers, Fußball-Bundestrainer, Altinternationale und einfache Bürger wie Reich-Ranickis oder – Ackermänner, immer wieder Ackermänner. Denn Ackermänner stehen in jedem Telefonverzeichnis ganz weit vorne.

Oftmals bringen gerade die Gespräche mit DDR-Bürgern interessante soziologische Erkenntnisse. In Telefonaten mit dem «Amt für Euro-Umstellung» etwa stellt sich heraus, daß DDR-Bürger nach der Währungsumstellung ihr neues Münzgeld regelmäßig in den Geschirrspüler stecken, damit es strahlender glänzt. Als die Firma «PowerPlus, eine hundertprozentige Tochter der Firma TITANIC», interessierten Sachsen erklärt, das Ohmsche Gesetz sei geändert worden, man könne ihnen jetzt kostengünstig Kriechstrom anbieten («... oder Drehstrom. Den drehen wir so geschickt durch die Leitungen, daß mehr durchpaßt und es für Sie billiger wird ...»), greifen viele Stromfreunde beherzt zu. Und testen live am Telefon die vereinbarte Probelieferung, indem sie in ihrer Wohnung sämtliche Geräte aufdrehen – die zur allgemeinen Begeisterung auch prompt und tadellos funktionieren.

Als die Ostdeutschen immer lauter klagen, bei der Wiedervereinigung ungerecht behandelt worden zu sein, annonciert TITANIC in Ost-Zeitungen Arbeitsplätze bei einer «Ossi-Jammer-Hotline (live)» und findet Thüringer, die gegen prozentuale Beteiligung besser situierten Westdeutschen ihr Leid vorjammern wollen. Leider befindet die Telekom – kommerzieller Betreiber verschiedener florierender Horoskop- und Sex-Nummern – das endgültige Satiremagazin für zu unseriös und lehnt es ab, die Hotline tatsächlich einzurichten.

Angesichts der wachsenden Zahl «national befreiter Zonen», die Neonazis in Ostdeutschland ausrufen, wird telefonisch in der Zone endlich die Entnazifizierung angegangen, die nach 1945 offenbar nicht konsequent genug durchgeführt wurde. Und sofort deckt das «Bundesamt für Entnazifizierung» gefährliche Wissenslücken auf: «Wie viele Jahre währte das 1000jährige Reich?» – «Na, 1000 Jahre? Oder ist das 'ne Fangfrage?!» Weiter westlich versichert unterdessen Pleitier Leo Kirch dem *Stern* (sinkende Auflage), Kritik treffe ihn nicht, solange nur die Leute in seinem Heimatdorf zu ihm hielten. Sofort fahren fünf Redakteure nach Fahr in Franken. Dort klären sie Kirchs Dörfler darüber auf, daß die 60er-Jahre-Pornofilmbilder mit einmontiertem Kirch-Kopf, deren Kopien sie sehr freigebig verteilen, nur der Gipfel einer bodenlosen Schmutzkampagne gegen den TV-Mogul seien, der man keine Aufmerksamkeit schenken dürfe. Ein bißchen Schmutz wird schon hängenbleiben ...

Wiener Journalisten hören den österreichischen Bundeskanzler Schüssel vor Wut brüllen, als ihn zu Ostern seine Außenministerin Benita Ferrero-Waldner informiert, wegen der Regierungsbeteiligung von Jörg Haiders FPÖ habe der Büroleiter des deutschen Außenministers Fischer das Land gerade telefonisch von der anstehenden EXPO ausgeladen. Leider haben Ausladung und Brüllerei nur über die Osterfeiertage Bestand, danach kommen Schüssel und der dicke Fischer doch noch einmal persönlich ins Gespräch. Die Österreicher reisen an, die EXPO wird daraufhin zu einem finanziellen Debakel.

Auch Eckart von Klaeden reist. Spontan fliegt er mit CDU-Bundesgeschäftsführer Willi Hausmann nach Luzern, um sich mit TITANIC-Redakteuren und deren selbstgebastelten CDU-Schwarzgeld-Aktenordnern fotografieren zu lassen. Dabei hat die Redaktion vorher nur CDU gewählt, am Telefon, die ganz normale Nummer. Und mit Schweizer Dialekt nichts anderes vorgebracht, als wohl jeder Bankbeamte der Credit Suisse gesagt hätte, der gerade 10 Millionen nicht näher deklarierter Schweizer Franken auf einem CDU-Konto gefunden hat – und nun zu wissen wünscht, wie das Geld weiter angelegt werden soll. Vermutlich ist die CDU wegen der gerade eskalierenden Schwarzgeld-Affäre ein wenig sensibel, jedenfalls drängt von Klaeden am Telefon derart auf ein Treffen mit dem fiktiven Herrn Widmer von der Credit Suisse, daß man ihn nicht enttäuschen will: Drei Redakteure fahren noch nachts mit Leihwagen und Fotoapparat nach Luzern. Ein großes Bild in der *Süddeutschen Zeitung*, auf dem der spätere CDU-Schatzmeister neben einem Leitz-Ordner mit dem Aufdruck «CDU-Schwarzgeld» verstört in die Kamera schaut, sorgt zwei Tage später dafür, daß von Klaeden eine Woche lang mit hochrotem Kopf durch Berlin läuft.

Während die *Süddeutsche Zeitung* von Klaeden im Feuilleton präsentiert, druckt die *Bild*-Zeitung ein Bild von Sonneborn gleich auf dem Titel. Nach seinem «ganz üblen Spiel gegen Kaiser Franz» (→ S. 302) fordert *Bild* die Leser auf, in der TITANIC-Redaktion anzurufen und den Redakteuren mal die Meinung zu sagen. Die – aus rechtlichen Gründen: zufällig – mitgeschnittenen Anrufe werden in Form der CD «*Bild*-Leser beschimpfen TITANIC-Redakteure live am Telefon» zur begehrten Aboprämie. Eine zweite Ausgabe wird geplant, aber vorerst nicht realisiert: «TITANIC-Redakteure beschimpfen *Bild*-Redakteure live am Telefon».

Parklandschaft, August 2001

Kampfhase
Guter Kickboxer.
Nachteil: mit einem Bündchen Jungkarotten leicht abzulenken.

Einmalwaffe **Wespennest**
Hocheffizient im Einsatz.
Nachteil: Winterpause!
Halter laufen Gefahr, sich ins soziale Abseits zu begeben.

Kampfschildkröte
Stark im Defensivbereich.
Nachteil: im Mobilitätsvergleich vorletzter Platz (letzter Platz: Schnecke).

Kampflamm
Kann durch optische Aufrüstung beeindrucken.
Nachteil: scheut Auseinandersetzungen. Aggressionszucht bislang erfolglos.

Kampfmaschine **Wellensittich**
(hier mit Beruhigungskappe)
Knabbert Ohrläppchen etc.
Tips für aggressionsfördernde Aufzucht:
Gelege kurz in kochendes Wasser, danach eiskalt abschrecken. Käfig unter Spannung halten (360 V).
Nachteil: häufig unkonzentriert.

Beißhandschuh
Für Personen, denen Tierhaltung zu mühsam ist.
Nachteile: jede Menge.

Michael Sowa

Großer Durst

Eine kleine Meldung in der Zeitung: Ein Fußballreporter macht Überstunden und sich Gedanken. Über was? Warum schweigt die Feuerwehr?

Der Asbach war schon alle und draußen es schon hell. Auf Krücken kam mählich der Morgen heran und erwischte Rolf Töpperwien eiskalt. Er schluckte. Bewegte die leere und dennoch schwere Drei-Liter-Jumboflasche wie prüfend hin und her. Schluckte noch einmal. Aha. So schmeckt das also, wenn man nichts dabei trinkt. Gewöhnungsbedürftig.

Sanft schob er den apricotfarbenen Vorhang seines Louis XV-Schlafzimmers zur Seite und zauberte – oje, das letzte! – ein Dosenbier hervor, zog den Sicherungsring ab und beförderte den Inhalt ohne zu zögern in die kreisrunde Öffnung unterhalb seiner Nase. Da gehörte es hin, das wußte er, konnte er beschwören, da biß die Maus keinen Faden ab. Ein guter Trunk macht allzeit jung.

Dann krachte es. Plötzlich, ohne Vorwarnung, wie eine Explosion. Mit einem ohrenbetäubenden Prusten spotzte und spie der Sportreporter die zu hastig eingesogene Flüssigkeit wieder aus. Pfui Teufel! Vor Wut am ganzen Leibe zitternd, führte er die Dose näher ans trübe Auge, las das Unfaßbare: „Apfelschorle. Alkoholfreies Erfrischungsgetränk." Wie war das hierhin geraten? Ins geheime Bierdosenversteck! Ein Unfall? Sabotage? An solche Zufälle glaubte er nicht. Nicht als gewiefter Spitzenreporter.

Schon kurze Zeit später fiel Töpperwien ein, daß er verheiratet war. Mit einer Frau. Mit seiner Frau, wenn er's recht bedachte. Seine Frau! Genau! Die Sau! Die mußte dahinterstecken. Aber wehe! Die soll nur sehen, was sie davon hat.

Mit einer Eleganz, die er sich selbst gar nicht mehr zugetraut hatte, ließ er sich auf das tiefergelegte Doppelbett krachen, betrachtete sich keuchend im Deckenspiegel, wälzte sich herum und rollte zur Ostkante, glitt ab, robbte zum Schminktisch. Fast ein Lächeln umflorte seine Mundwinkel, als er zwischen den unzähligen Parfümprobefläschchen seiner Frau endlich den Nagellackentferner fand und damit die noch in der Dose verbliebene Apfelschorle aufmöbelte. Ein tiefer, langer Schluck,

Verbrennungen

Sportreporter Töpperwien verletzt sich schwer

Der ZDF-Fußballreporter Rolf Töpperwien hat sich schwere Verbrennungen zugezogen und ist in das Koblenzer Bundeswehrkrankenhaus eingeliefert worden. Nach Auskunft der Ärzte vom Montagabend schwebt er nicht mehr in Lebensgefahr. Der Unfall hatte sich am Sonntagmittag in Töpperwiens Wiesbadener Wohnung ereignet. Der 50-Jährige soll sich 40 Prozent seiner Haut verbrannt haben.

Seine erwachsene Tochter habe einen Schrei aus dem Schlafzimmer gehört und dann ihren Vater brennen sehen. Der Brand sei schnell gelöscht worden, bestätigte die Wiesbadener Feuerwehr. Töpperwien habe am Vorabend das Spiel Bielefeld gegen Bayern kommentiert und anschließend auf der VIP-Party des Frankfurter Konzertveranstalters Ossy Hoppe (50) teilgenommen. Gegen 5.30 Uhr habe er die Party verlassen, erst gegen 12 Uhr mittags brach der Brand aus. Die Polizei fand in Töpperwiens Schlafzimmer eine offene Flasche mit hochprozentigem „Stroh-Rum" und zahlreiche abgebrannte Streichhölzer. Der genaue Hergang lasse sich erst nach einem Gespräch mit Töpperwien klären, sagte ein Polizeisprecher. Dies sei aber im Moment nicht möglich. dpa

ein sanftes, langes Brennen, dann war die neue Cocktailmischung in den Tiefen des ZDF-Mannes verschwunden.

Bueno! Viel besser als der Whisky-Sour-Eimer, den er vorhin auf Ossys Party gewonnen und auf Ex erledigt hatte. Dieser Sauerwhisky war ihm noch nie sonderlich gut bekommen. Er wirkte eigentlich nur, wenn man sofort eine Flasche Burgunder nachlegte, besser aber Kümmerling oder Küstennebel, der fegt das Sodbrennen wie eine Feuersbrunst aus dem Magensack.

Dachte und blinzelte nun Töpperwien. Und lauschte. Die Vögel fingen schon an zu singen – oder hatten sie schon wieder aufgehört? Wie war das noch?

In seinem taghell und scharf ausgeleuchteten Schlafzimmer war Rolf Töpperwien nurmehr verschwommen vorhanden, seine Konturen gingen allmählich in das Muster des Persers über, auf dem er gerade zu Fall gekommen war. Zum Glück war der Perser schon lange tot, über Jahre hinweg ersäuft in riesigen Lachen von gelbem Bier und weißem Wein und braunem Rum. Gelangweilt rülpste der Reporter, nahm eine deutlich typhose Färbung an und stupste die stechend riechende Dose unters Bett, wo sie mit einem kaum hörbaren Klacken zwischen den anderen Weißblechleichen verschwand.

Nunc est bibendum! Dachte er und ärgerte sich. Er war ja derart planiert, daß er schon wieder fließend Latein lallen konnte. Das muß sich schleunigst ändern, ein Rausch muß her! Ein kapitaler, kolossaler und freilich auch komatöser Rausch, der ihn wenigstens kurzzeitig erlösen mochte von diesen elenden Pausen zwischen den Alkoholvergiftungen. Die brachten doch rein gar nichts.

Fast betete er, daß Morpheus ihn wenigstens auf Zeit freundlich aufnehme, ihn vorher aber vielleicht mit Steinhäger oder „Kleinem Feigling" anständig bewirte. Oder mit Caipiranha oder -pirinha oder gleich zwei von denen, wie immer sie auch heißen mochten. Natürlich wäre jederzeit auch Long Island Ice Tea willkommen oder ein Mojito mit einem Schiß Gun bzw. Schuß Gin wegen der Aufrundung der Volumenprozente. Im rumorenden Kopf klackerten die Eiswürfel aller in Zukunft noch zu bezwingenden Getränke.

Kaum schwankend zog er sich am Heizkörper hoch, tastete sich eine Wand weiter in Richtung Schlafzimmerschrank. Das Sockenfach! Aaaaah, wußte er's doch. Da war die volle Literflasche Wermut, die ihm Hitzfeld mal zugesteckt hatte, und da war das Davidoff-Rasierwasser, das er neulich in der Umkleidekabine bei Olli Kahn gezogen hatte. Hah! Das sollen mir die Grünschnäbel erst mal nachmachen! Diese Weicheier, diese angeblich neue Sportreportergeneration, die mich ab-

VON OLIVER MARIA SCHMITT

lösen und mir ans runde Leder will! Diese gelverschmierten Lackaffen!

Er dachte nach, ob er sich einen Negroni genehmigen solle.

Einen herrlich roten Negroni aus Wermut, Campari und Gin, mit Eiswürfeln und Orangenschnitz. Lechz! Obwohl, Eis und Orange, das war ja nur Kosmetik, warf einen ja nur zurück, war außerdem unerreichbar fern in der Küche. Wermut aber war da, wenigstens noch eine halbe Flasche, da er sich eben beim ersten Schluck noch klug zurückgehalten hatte. Campari könnte eventuell noch in der Truhe mit der Dreckwäsche sein, und Gin war sowieso genug da. Seit sie auf Gasheizung umgestellt hatten, war der Öltank im Keller ja freigeworden, und an 4000 Litern hatte selbst ein Herr seines Formats ein Weilchen zu knabbern. Zu schlürfen. Runter, in den Keller schlurfen und dann schlürfen, hihi. Das war lustig.

Gerade kamen ihm *nur* solche Ideen. Er würde das Wortspiel demnächst in eine seiner Übertragungen einfließen lassen. Vielleicht bei Dänemark gegen Holland, die Arschlöcher.

Johannes B. Kerner, die Arschmade! schloß nun Töpperwien überraschend die gedankliche Nullerkette. Diesen blondierten Dumpfmeister würde er sich auch noch vornehmen. Eine fette Packung würde er ihm besorgen, immer rein in die Fresse, voll auf die Zwölf, mit Nachschlag und Sahne! Ihm sollten sie erst mal kommen, ihm, Töpperwein, Rolf, ZDF-Sportreporter vom feinsten.

Moment: Töpper*wein*? War das der richtige Name? Er klang zwar irgendwie einleuchtend, fast zwingend, aber hieß er denn wirklich so? Hieß er genaugenommen nicht – Rolf? Eben: Rolf. Wenn das kein Grund zum Feiern war!

Begeistert trank er mit sich selbst Brüderschaft und den Wermut nieder. Schmeckte auch ohne Campari und alles, fast besser als das Davidoff-Gebräu, das quasi von selbst hinterhergegurgelt kam. Was der Kahn nur daran findet? Dann schon lieber den doppelten Augenthaler – acht Weizen und nichts zu essen –, das hatte was, und übersichtlich war es auch.

Auge wollte er eh noch mal angerufen haben. Mal wieder in München die „Leierkasten"-Rutsche machen. Die würden sich hüten, wieder so unverschämt abzukassieren wie weiland '95. Obwohl er sofort danach eingeschlafen war, hatten sie ihm damals für eine lächerliche Nacht mit dieser Melanie fette 3990,- Otzen in Rechnung gestellt. Weil Auge im Nebenzimmer Bier nachgeordert hatte oder was. Nachdem er aber, hihi, mit dem offiziellen Briefkopf der ZDF-Chefredaktion interveniert hatte, gingen sie fast um die Hälfte runter. Jawohl, Beckmann, das mußt du erst mal bringen, du Arschkopf!

Töpperwien öffnete das Fenster und mümmelte nach draußen. Interessant. So riecht also frische Luft. Gar nicht schlecht, dieses Zeug. Fern blinkte der Taunus, da zwitscherte was. Es rauschten die Wälder. Oder war er es selbst?

Für einen Moment hatte Töpperwien die Vermutung, ja die fast schon schiere Gewißheit, daß er rückwärts sehen könne. Aus der Deckung hinter dem Bügelbrett fixierte er einen Gegenstand, löste von diesem per Lichtquantenabsaugung die Bildsignale ab und verteilte sie auf seiner Netzhaut. Das war ja wie Fernsehen! Das lief von selbst! Er mußte gar nicht erst hinschauen, die Dinge starrten ihn ganz von selbst an!

Warum nur, dachte er, bin ich Idiot, Dämon und Sportreporter in einem? Und warum wird kein Naps gebracht? Ein Trunk fordert den andern, aber wie könnte der beschaffen sein? Aus Erdbeeren, weißem Rum und Triple Sec? Moment, das war ja Strawberry Daiquiri, den mochte er ja gar nicht! Lieber einen Tennessee Cloisterwoman Sunset aus 10 cl Jack Daniels, 10 cl Southern Comfort, 0 cl Orangensaft und 10 cl Klosterfrau. Auch wäre ein Whisky-Hütchen nicht zu verachten. Aber nur deswegen einen ganzen Kasten Cola aus dem Keller hochschleppen? Arschlecken und rasieren!

Trink einen Rum!

Töppi, trink einen Rum! raunte es aus der Steckdose, deutlich hörbar, wenn man nur hinhörte. Durst ist der beste Kellner, und bis zur nächsten Übertragung, konzedierte der ZDF-Mann, war ja noch ewig Zeit. Falls nicht, könnte er der Fernseh- auch eine Blutübertragung vorziehen, da ist man ruckizucki wie neugeboren. Fit wie ein Turnschuh, fit wie ein ganzes Heer von diesen Scheiß-Holländern.

Mit einem Metallteil, welches er flink vom Garderobenständer gebrochen hatte, hebelte er die Verkleidung am Fuß des Schlafzimmerschranks ab. Aber nur kurz und nur aus Versehen, denn was er suchte, befand sich gar nicht mehr unterm Schrank, da war mittlerweile auch nur noch Leergut, nein, die Rumflasche hatte er ja schon wohlweislich im Nachttischschränkchen verstaut. Direkt neben den Streichhölzern.

Wer Rum nicht mag, den dürstet nicht. Über den rechten Flügel katapultierte er sich auf den Alkoven, landete hart, stieß ächzend die Reporterhand westwärts zum Schränkchen, öffnete es, rüttelte und schüttelte schließlich eine prächtige Buddel voll Rum durch die Luft! Triumph! Ein voller und ganzer Liter mit „Stroh-Rum", mit vollen 80 Umdrehungen.

Stroh – genau! So was muß man im Kopf haben, da gehört es hin, hergestellt im Rum-Land Österreich. Chapeau, Herr Stroh! Der muß kesseln! Und wenn man ihn zuvor flambierte, auf 50 Prozent reduzierte und gleichzeitig erhitzte, dann kesselte der noch viel mehr. Sackerzement, die Lackaffen, der Kerner! Die sollten ihn jetzt mal sehen! Auge auch! Die Scheiß-Holländer!

Aaahaha, die Holländer, lächerlich!

Recht gierig war die Pulle entschraubt und der Verschluß auf den Perser gespuckt, wo er sich umgehend in ein Nichts aus Schemen und Pixeln auflöste. Vom Bett tönte Gelächter, der Sportreporter klemmte den Rekord-Rum unter den Arm und griff sich die Zündis. Wie er hatten sie rote Köpfchen. Diese idiotischen Holländer, dachte er, können nicht kicken, aber in Enschede auf die Feuerwehr warten, haha, dachte er und zwickte ein Hölzchen aus der Pappe, jetzt geht die Rumba richtig los, dachte er, Enschede, Brennschede, dachte er.

Aber nicht mehr lange. □

Gesund durch den Winter:

Das große Wel

Schlafstörungen, vorzeitige Hautalterung, Pocken, Tripper, Karies – streßbedingte Zivilisationskrankheiten halten den modernen Menschen im Würgegriff. Zum Glück gibt es jetzt »Wellness«, ein ganzheitliches Wohlfühlprogramm, das verbrauchte Energie auf sanfte Art zurückbringt und die Ströme wieder fließen läßt – und das schon ab 78 Pf/kwh! TITANIC stellt die schönsten Techniken vor.

Ayurveda

Die indische »Wissenschaft vom Leben« gilt als die älteste Medizinlehre der Welt. Schon Gott soll seinen Urknall mit ayurvedischen Synchronmassagen und Stirnölgüssen behandelt haben. 1000 unsinnige Vorschriften sorgen für Ausgeglichenheit und inneren Frieden, eine ausgewogene Ernährung (Tee, Kräuter, Kräutertee) für beachtliche Gewichtsreduktion und Skorbut.

Callanetics

Sportarten wie Marathonlauf, Kickboxen oder Schlammcatchen der Damen können das Herz-Kreislauf-System überfordern und die Gelenke schädigen. Callanetics dagegen ist die Gymnastik der kleinen Bewegungen: Leichte Gegenstände wie Schnapsgläser oder Tabakpfeifen werden ganz mühelos zum Mund geführt – bei Fortgeschrittenen kann das erreichte Wohlgefühl tagelang anhalten!

Lymphdrainage

Das Lymphsystem gilt als die Müllabfuhr des Körpers und macht deshalb schon in den frühen Morgenstunden einen Heidenlärm. Selbst Atemübungen, autogenes Training oder bizarr geformte Riesenmassagestäbe mit Noppen drauf richten da nur wenig aus. Am besten stellt man sich tot und überbrückt die Zeit mit Schlafen.

Bach-Blüten-Therapie

Der Homöopath Dr. Bach nahm an, daß Krankheiten stets auf innere Konflikte zurückzuführen seien: Krebs z.B. auf den von Geltungsdrang und Weltekel, Herzinfarkt auf jenen von linker und rechter Niere und Schnupfen auf den Konflikt von Nase und festsitzendem Schmodder. Bachs Methode beruht auf 38 Blütenessenzen, die helfen, Konflikte zu entschärfen, Harmonie zu erzeugen und Freude zu schenken (Fleurop).

Fussreflexzonen-Massage

Unsere Fußsohlen sind wie Landkarten in Gebiete unterteilt, die zwar im allgemeinen keine diplomatischen Beziehungen unterhalten, deren Massage aber die unterschiedlichsten Effekte zeitigt: Die Stimulation des Ballens löst Verspannungen, das sanfte Reiben des kleinen Zehs kann die Explosion der ganzen Balkanregion zur Folge haben, und wenn man sich an der Ferse kratzt, hört's evtl. auf zu jucken.

Thalasso-Therapie

Diese Methode nutzt die Heilkraft des Meerwassers: Erst verschluckt man eine Tonne Algen, dann mit mehr Wasser (Salzlake) nachspülen. Nichts für Feinschmecker, aber ungemein anregend für die Algen.

Mark-Stefan Tietze

ness-ABC

Moorbäder

In asiatischen Kulturen, wo das Schlammcatchen (zumindest der Damen) traditionell verpönt ist, bewirft man sich im Moorbad mit 49 Grad heißem Matsch – und fährt nicht eben schlecht damit! Junge Menschen werden mit dieser Methode bis zu 100 Jahre alt, ältere oft noch viel älter.

Qi Gong

Von Geburt an verfügt der Mensch über die Lebenskraft »Qi«, muß aber erst noch lernen, sie zu nutzen. An dieser Stelle setzt »Gong« an, was auf Chinesisch soviel heißt wie »eingestellte Fernsehzeitschrift« bzw. »beharrliche sachkundige Arbeit« bzw. »Beamtenjob«. Man muß unbedingt lernen, sein Gong gegen störende Interferenzen abzuschirmen – wenigstens bis zur Mittagspause, wenn's dann endlich »gongt«.

Öl-Therapie

Viele Anhänger machen ein Ritual daraus, ihren Partner mit fein duftenden Speiseölen einzureiben, welche die Sinne lösen und den Geist befreien.
Achtung: Die Verwendung von Heiz- oder Dieselöl führt leicht zu einer Anzeige wegen Steuerhinterziehung!

Reiki

Reiki ist die japanische Form des Handauflegens; der Therapeut überträgt dabei heilende Energien auf den Patienten. Leider gibt es unter den Therapeuten viele schwarze Schafe: Statt Händen legen sie heiße Scheiben auf, übertragen *funky grooves* und *scratchen* mit Nadeln in Rillen rum – nicht nur junge Japaner spielen da verrückt.

Yoga

Das Zentrum jeden Wellness-Programms! Gibt's in verschiedenen Formen, z.B. linksdrehend, fettreduziert oder mit Erdbeer (»Frucht-Yoga«).

Aus Qualitätssicherungsgründen schneiden wir einzelne Lesevorgänge mit. Wenn Sie das nicht wünschen, dann sagen Sie bitte beim Beginn des nächsten Artikels laut und deutlich: «Nein».

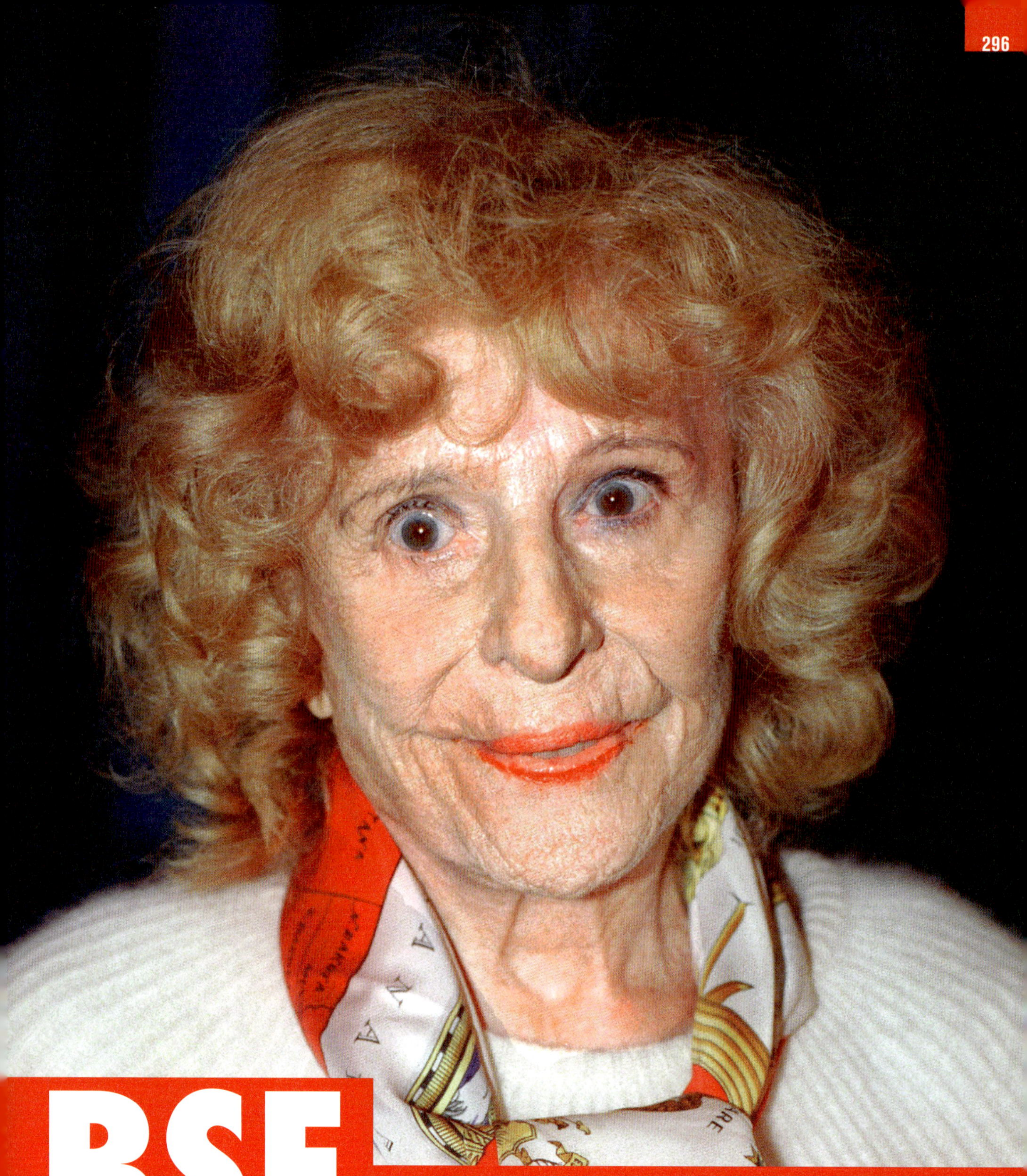

BSE in Gummibärchen

Muß THOMAS GOTTSCHALK sterben?

Hans Zippert

IN DER AUSBILDUNG

Hinter einem Bügelbrett verbargen wir uns, die Fäuste noch von der Grundschule her geballt und so müde, daß es in der Zeitung stand. Der Ausbilder, Träger einer Fünfsternenase (ohne Schulterstütze), blies den Schwimm-Mantel auf, klappte mit den Kinnladen und bellte:

»Raustreten!«

Fast ohne Körperhaltung krochen wir ins Licht, unklare Krautschatten werfend.

»Wer will die dumme Sau sein? Freiwillig?«

Keiner von uns meldete sich.

»Gut«, knurrte der Ausbilder, »dann machen wir etwas anderes: Turnen! Euch werde ich leibesertüchtigen!«

Wie von übermäßigem Getränkeauslöschen zerlebt fühlten wir uns nach dieser Ankündigung. Wir mußten ihn davon abbringen, um jeden Preis.

Werbung:

Unter der Wucht der Frisur genesen! Jetzt neu: Die Frisur als Raumteiler – daher ab sofort die Sperrholzfrisur (Festplatte)!

»Halten zu Gnaden«, säuselten wir, »nichts ist mit Leibesertüchtigen; zerturnt sind Grund und Boden.«

Zum Beweis zeigten wir ihm entsprechende Kupferstiche. Der Ausbilder rollte auf die Seite, fing sich jedoch bald wieder unter starkem Räuspern.

»Wenn das so ist«, sprach er, »erlernen wir stattdessen das Telefonieren. Noch ist das Telefon nicht verfault!«

Das klang schon besser, und wir wollten telefonieren, bis alles total durchgefault war. Doch so weit war es ja noch nicht. Zunächst mußten wir ans Telefon herangeführt werden. Um uns die Angst zu nehmen, erzählte der Ausbilder, wie er in seinen frühen Jahren aus saarländischem Resteholz ein frühes Fernsprechgerät mit Fahrradklingel geschnitzt hatte. Kabel und Schnur waren aus Schurwolle gewesen.

Mit diesem Modell hatte er keinen Erfolg gehabt, denn der Ruf war über das Holz nicht hinausgedrungen. Wie wir uns sagen lassen mußten, hatte das dazu geführt, daß er nicht erfolgreich telefoniert hatte, jedenfalls aus heutiger Sicht. Würden wir mehr Erfolg haben?

Werbung:

Zertrampelt Konsonanten, bevor sie im Rachen entstehen!

Um es herauszufinden, telefonierten wir, sobald wir uns nah genug ans Telefon herantrauten, auf unsere Art. Das schätzte der Ausbilder jedoch nicht und wollte uns die Konsonanten zertrampeln, bevor sie im Rachen entstanden.

»Oder bringt die der Storch?« fragte er sich, seiner Sache alles andere als sicher, und kratzte sich die Quecke.

Eine Phase unserer Ausbildung ging damit zu Ende. Schön war es beim Telefonieren gewesen, doch jetzt war es Zeit, die Fliegerabwehr zu erlernen. Der Ausbilder stellte den Flieger dar: »Nun wehrt mich ab.«

Werbung:

Dem L-förmigen Kraftwagen gehört die Zukunft!

Drohend erhob er sich über uns, mit den Schwingen seines Schwimm-Mantels warf er einen furchtbaren Schatten, unter dem alles verging, unsere unklaren Krautschatten sowieso und auch das Bügelbrett. In große Aufregung geratend, rissen wir die Handsirenen aus ihren Etuis und bissen daran herum, damit ein Alarm sei. Aber es löste sich keiner.

»Wehe!« riefen wir. »Wie schmerzt uns das Nichtalarmgebenkönnen!«

Auch das Telefon konnte uns nicht helfen, lag es doch weit hinter uns und war inzwischen vielleicht sogar verwest. Die Sirenen wurden von links nach rechts zu verbeulten Klumpen.

»So wehrt mich doch endlich ab!« forderte der Kampfeinsatz um Kampfeinsatz fliegende Ausbilder erschöpft.

Also holten wir ihn mit einem Hagel aus verbeulten Klumpen vom Himmel.

»Wetter und Tod!« schrie er und stürzte in die durchgefaulten Reste der Leibesertüchtigung. Damit war unsere Ausbildung im wesentlichen abgeschlossen.

Nächsten Mittwoch: *Die Geschichte eines Mannes mit Säufernase, der während einer Bahnfahrt einem kleinen Mädchen (5) die Idee zu einer Oper stiehlt und damit reich wird.* □

Eugen Egner

Die Schlacht von Wosiegrad

WWW.KATZUNDGOLDT.DE

[Dahinter steckt immer ein kluger Kopf.]

Martin Sonneborn

Wie TITANIC einmal die Fußball-WM 2006 nach Deutschland holte

Um es vorwegzunehmen: Ich bin nicht Ehrenspielführer der deutschen Fußballnationalmannschaft. Immer noch nicht. Obwohl Franz Beckenbauers Anwalt mir dies seinerzeit klar in Aussicht stellte, als wir uns 2000 in einem Stuttgarter Hotel trafen: «Ja, ja, und Sie werden auch noch Ehrenspielführer der Nationalmannschaft!» fuhr er mich an. Dann bezifferte er den Schadensersatz, auf den der Deutsche Fußballbund mich verklagen könnte: 600 Millionen D-Mark.

Dabei war im Grunde Franz Beckenbauer an allem schuld. Vielmehr seine Präsentation der deutschen Bewerbung um die Fußball-WM 2006. Ich konnte mir einfach nicht vorstellen, daß das reichen sollte: ein schwitzender «Kaiser», der in Zürich vor dem FIFA-Komitee über die ungeheure Qualität deutscher Straßen und Hotelzimmer schwadronierte, während hinter ihm Boris Becker, Günter Netzer, Claudia Schiffer und Gerhard Schröder eine halbe Stunde lang stumm die Daumen drückten.

Folgerichtig beschloß ich spätabends nach ein oder zwei Bieren, zumindest noch ein paar Bestechungsfaxe ins Hotel der FIFA-Delegierten zu schicken. Und weil ich davon ausging, daß von interessierter Seite schon wesentlich höhere Summen im Spiel waren als die 350 Mark, die sich gerade in der TITANIC-Kasse befanden, annoncierte ich an Geldes statt «a fine basket with specialities from the black forest, including some really good sausages, ham and – hold on to your seat – a wonderful KuKuClock» für eine Stimmabgabe zugunsten Deutschlands.

Die Dame an der Rezeption des vornehmen Zürcher Grandhotels Dolder reagierte freundlich, als ich ihr telefonisch ein paar wichtige Dokumente ankündigte und sie bat, diese weiterzuleiten. Daß sie die Bestechungsschreiben in Briefumschläge stecken und – in Anbetracht der mitternächtlichen Stunde – unter den Zimmertüren der FIFA-Herren durchschieben würde, konnte ich nicht ahnen. Dadurch bekam die Angelegenheit eine leicht unseriöse Note.

Bei der Abstimmung am nächsten Tag waren wir genauso überrascht wie sämtliche Experten, daß nicht Südafrika, sondern Deutschland den Zuschlag für die WM 2006 erhielt. Es dauerte jedoch nicht lange, bis FIFA-Präsident Sepp Blatter gegen jede demokratische Gepflogenheit offenlegte, daß der Neuseelän-

chte Bestechungsbriefe
er WM-Entscheidung
ses Spiel gegen Franz

Deutschland freute sich über die Fußball-WM 2006 – dann der Schock. Plötzlich stand Franz Beckenbauer, der so aufopferungsvoll um die WM gekämpft hat, im Brennpunkt. Bestechungsbriefe waren aufgetaucht. Ein ganz böses Spiel gegen Kaiser Franz! Die üble Briefattacke – alles Fälschungen. Ein geschmackloser Schwindel des Satire-Magazins „Titanic" unter Chefredakteur Martin Sonneborn. Das hätte uns die WM kosten können. Jetzt droht der Zeitschrift selbst ein Nachspiel: Der DFB will klagen – SPORT.

„Titanic"-Chefredakteur Martin Sonneborn.

SUPER-BINGO – 4. Spiel
59484516 Goldene Zahl
120 175 192 200 204 426 451

Bestechungsbriefe: Der DFB will die Fälscher verklagen

Fortsetzung von Seite 1

So lief das üble Spiel gegen Franz Beckenbauer:

Die Frankfurter „Titanic"-Redakteure schickten Faxe an das Züricher Hotel, in dem die 24 Mitglieder des Exekutiv-Komitees wohnten. Auf deren Stimme kam es ja an.

In dem Schreiben hieß es u.a.: „In Anerkennung Ihrer Unterstützung würden wir Ihnen gerne ein kleines Geschenk für Ihre Stimme für Deutschland zukommen lassen. Zögern Sie nicht, mit uns in Verbindung zu treten." Unterschrieben wurde mit Martin Hansen.

In einem zweiten Fax hat man den Funktionären typisch deutsche Produkte wie Schwarzwälder Schinken und Kuckucksuhren als Geschenk angeboten.

Die falschen Bestechungsbriefe aber kamen vielen gleich merkwürdig vor. FIFA-Vizepräsident Jack Warner: „Die Briefe waren schlecht getippt und sahen ziemlich komisch aus." FIFA-Pressechef Keith Cooper: „Das Ganze ist dumm und amteurhaft gemacht."

Dennoch: Hätte man die Briefe ernst genommen – Deutschland hätte die WM verlieren können.

Verantwortlich für den Brief-Attacke gegen Beckenbauer ist „Titanic"-Chefredakteur Martin Sonneborn. Sein Redakteur Stefan Gärtner erklärt: „Wir haben uns nichts zu Schulden kommen lassen. Wir sind die Helden."

Über die „Titanic"-Aktion kann aber keiner lachen. Und auch der Zeitschrift selbst wird es wohl schnell vergehen. Denn der DFB will klagen.

Ist das Lachen vergangen: FIFA-Mitglied Charles Dempsey.

Generalsekretär Horst R. Schmidt erklärte gestern: „Die große Freude über den Erhalt der WM ist sehr schnell getrübt worden. Diese Geschichte hat absoluten Schaden zugefügt – dem DFB und Deutschland. Der DFB erwägt – in Absprache mit der FIFA – rechtliche Schritte gegen „Titanic". Die Grenze der Satire ist weit überschritten worden."

Liebe BILD-Leser, meinen Sie das auch? Rufen Sie doch unter der Nummer 069/9705040 die „Titanic"-Redaktion an und sagen Sie Ihre Meinung. Oder schicken Sie ein Fax: 069/97050497.

„Titanic" wird noch Ärger kriegen – Neuseelands FIFA-Mitglied Charles Dempsey (78) hat ihn schon. Seine Stimm-Enthaltung brachte Deutschland den Zuschlag, mit dem Südafrika schon fest gerechnet hatte. Dempsey erklärte, unablässige Telefonanrufe hätten ihn zur Enthaltung bewogen.

Die FIFA gab am frühen Abend bekannt: Sämtliche Untersuchungen wg. angeblicher Bestechung werden eingestellt.

der Charles Dempsey sich entscheidend der Stimme enthalten hatte – ganz dem Auftrag seines Verbandes zuwider. Dempsey, mit 78 Jahren einer der geistig Regeren im Komitee, war sportlich genug, um sofort in Richtung Flughafen zu sprinten und die nächste Maschine nach Hause zu nehmen. Zu den Journalisten, die ihn in Neuseeland bereits erwarteten, sprach er dann von diversen nächtlichen Bestechungsversuchen und erklärte: «This final fax broke my neck!»

Den BBC-Reportern, die als erste vor der TITANIC-Redaktion in Frankfurt auftauchten, sagte ich: «Ich tat es für mein Land!» Von den Briten, die bekanntlich ein recht unverkrampftes Verhältnis zur Nation pflegen, wurde das kommentarlos akzeptiert. Auf die Frage, ob man das Bestechungsangebot wirklich hätte ernst nehmen können, antwortete ich: «Ja, wenn man sehr hungrig war.»

Die Reaktionen in Deutschland fielen recht unterschiedlich aus. Vor allem als die *Bild*-Zeitung – empört, daß die WM in den Ruch von Korruption geriet! – dazu aufrief, uns in der Redaktion mal die Meinung zu sagen, und gleich auch unsere Telefonnummer veröffentlichte. «Vaterlandsverräter! Euch Hunden droht der Tod!» meinte ein Teil der Anrufer. «Im Rechtsstaat gehören Leute wie Sie ins KZ!» analysierten andere. «Man sollte Sie auswandern!» formulierten fein dritte oder fragten kritisch: «Sind das echte Deutsche bei Ihnen? Oder große Arschlöcher? Ich tippe auf Numero zwo!» Am meisten jedoch traf mich der Vorwurf: «Wegen euch Schweinen haben wir die WM nicht gekriegt!»

Nicht wirklich begeistert zeigte sich auch der Deutsche Fußballbund. «Die Grenzen der Satire sind weit überschritten», resümierte ein Sprecher. «Wo die Grenzen der Satire in Deutschland verlaufen, entscheiden immer noch wir von TITANIC und

To Mr. Chuck Blazer
Hotel Dolder
Fax: 0041 1 269 30 01
- confidential -

URGENT **PLEASE CONVEY IMMEDIATELY**

Frankfurt, 5.7.2000
23:58

Dear Mr. Blazer,

in this difficult situation, Germany would like to emphasize the urgency of its appeal to hold the World Cup 2006 in Germany.

Let me come straight to the point:
In appreciation of your support we would like to offer you a small gift for your vote in favour of Germany:
A fine basket with specialities from the black forest, including some **really good sausages**, ham and – hold on to your seat – a wonderful KuKuClock!
And a beer mug, too! Do we leave you any choice???

We trust in the wisdom of your decision tomorrow,
sincerely yours,

Martin Sonneborn
Secretary PT
(WM 2006 initiative)

nicht der DFB», gaben wir zurück, «wir äußern uns ja auch nicht zu strittigen Abseitsentscheidungen.» Und selbst nachdem FAZ und Tagesthemen mittlerweile festgestellt haben, daß die nächtliche Faxaktion unserem Land «die Fußball-WM, 30 000 neue Arbeitsplätze und rund zwei Millionen Euro Bruttosozialproduktzuwachs» brachte, bekommt man beim DFB noch sehenswerte Wutanfälle, sobald nur der Name TITANIC fällt. Allein Ex-Teamchef Rudi Völler bot uns öffentlich die Hand, als er auf einer Pressekonferenz erklärte: «Ich wollte mich noch mal bedanken, die Jungs von TITANIC haben ja die WM nach Deutschland gebracht.»

Wenn ich auch weiterhin auf die Ehrenspielführerschaft warte, zumindest um die 600-Millionen-Klage des DFB bin ich noch einmal herumgekommen. Beckenbauers Anwalt stellte mich letztlich vor die Alternative, ein von ihm vorbereitetes Schriftstück zu unterzeichnen. In dieser Erklärung sollte ich mich verpflichten, zeit meines Lebens nicht mehr durch das Versenden von Bestechungsfaxen Einfluß auf die Vergabe von FIFA-Turnieren zu nehmen. Zugegeben, es war nicht ganz einfach, bei der Unterschrift ernst zu bleiben; einen guten Witz macht man schließlich nicht zweimal.

Die Juden vergiften unsere Lebensmittel mit Chemikalien, die Judenhaß hervorrufen!
Aha!
GRESER & LENZ

Nach BSE und MKS:

Jetzt ist auch unser

ÖKO-BRÖTCHENAKNE
Pickel und entzündliche Mitesser überziehen weite Teile des Körpers. Impfung möglich, aber nach EU-Recht verboten. Ein Bestrich mit Marmelade und Nutella wirkt lindernd, führt aber zu verstärkter Nässung.

APFELKUCHENSYPHILIS
Der Erreger dringt über kleinste Hautdefekte in den Organismus ein. Im Endstadium verfault das Bindegewebe unter entzündlicher Gelatine. Berührung nur mit Tortenheber oder Kuchenzange!

BERLINER BALLEN-EBOLA
Die inneren Organe lösen sich auf und treten über krankhafte Gefäßerweiterungen der überzuckerten Schleimhaut nach außen, es kommt zu Blutsturz und Gewichsverlust. Epidemische Häufung zu Karneval.

WINDBEUTELTOLLWUT
Erstes Infektionssymptom ist ein hervorquellender schmieriger Schaum mit weißlicher Färbung. Bei zusätzlich abszessierender Außenhaut muß die gesamte Beutelumgebung sofort weiträumig abgesperrt werden.

BELGISCHE FRUCHTTASCHENMENINGITIS
Ohne äußerliche Anzeichen bilden sich inverse Konfitüreödeme, die beim Abbiß multiple toxische Randblutungen nach sich ziehen. Morphiumbehandlung dringend empfohlen!

GEMEINE BIENENSTICHPEST
An der Schnittfläche bilden sich unterschiedlich große, meist eitrige Abszeßhöhlen. Flachpockige Hautabschließungen machen jede Sauerstoffaufnahme unmöglich. Der gesamte Bestand muß umgehend gekeult werden.

Kuchen krank!

GALOPPIERENDE ZOPFFLECHTE
Löst man die silbrig weiße Schuppung, stößt man auf breiigen Zellverfall, begleitet von meist linkswuchernden Zunderpusteln. Verkäuferinnen benötigen ab jetzt einen lückenlosen Herkunftsnachweis.

AFRIKANISCHE TEILCHENLEPRA
Dichtgedrängt stehende blutrote Bläschen auf fauliger Unterhaut. Drei Tage nach Befall verglast der Tortenguß, springt ab. Da Heilung nicht möglich ist, bleibt nur Quarantäne.

OFFENE KUCHENPOCKEN
Hochfieberhafte, schwere Viruserkrankung mit narbig heilenden Blattern auf Teig und Belag. Schon beim geringsten Verdacht auf Kreuzinfektion mit der afrikanischen Teilchenlepra ist ein deutlicher Preisnachlaß angezeigt.

Bernd Zeller

SOMMERLOCH-GESPRÄCHE

KULTUR JAHRHUNDERT

Das Jahrhundert der Kulturen

Von Eckhard Henscheid

R

Rauchkultur, genaugenommen »Rauch-Cultur«, Zigarettenpapierreklame von Gizeh-Hanf 1997 – wir dürfen dabei aber auch an Monsieur Swann denken, wie er seine »Kultur der Freuden« (Proust) zumindest in der Schlöndorff-Filmversion als eine schöne Symbiose von Kopulieren und Paffen vollzog

Regierungskultur, nämlich sogar »eine neue«: heischte der grüne Wohnungsbauminister (NRW) Michael Vesper am 22.2.2000 unverhofft und mitten in den »Tagesthemen«. Im Fernseh. Pfeilgrad

Revival-Kultur, s. *konkret* 9/85

S

Salonkultur, siehe Vortrag »Rahel Varnhagen und die Salonkultur des 19. Jahrhunderts« von Karin Wildfeuer – sehr guter, wenngleich nicht unbedingt salonkulturfähiger Frauenname, ja richtiger nom de guerre!

Satirekultur, oder jedenfalls »zwei Satirekulturen« gibt es immer noch, nämlich Ex-BRD und Ex-DDR; Genaueres s. Triennale Greiz 2000-Katalog, S. 47

Scheiternskultur, vieles Gewaltige schuf der Mensch; daß es eines Tages auch noch die Klage über »das Fehlen einer Kultur des Scheiterns und der weiteren Chancen« (*FAZ* vom 12.2.00) geben würde – da hätte selbst Sophokles das Handtuch geworfen. Hat er auch so

Schwitzkultur, nämlich eine »orientalische«, vulgo eine »Saunalandschaft« gibt es jetzt, s. *Neue Westfälische* vom 15.9., auch; und warum denn auch nicht? Im Grunde war Kultur nie was anderes

Sich-Einsetzenskultur, s. unter »Einstehenskultur«

Siegenskultur, unter dem Titel »Kultur des Siegens« feierte die *Libération* im Juli 2000 ihren (nach dem WM- nun auch) EM-Titel im offensichtlich via Neochauvinismus narrisch gewordenen Fußball. Und umgekehrt

Sozialkultur, z.B. der SPD, »als Schutzwall der kleinen Leute« (Walter/Dürr, 2000, S. 97) – was man den kleinen Leuten alles weismachen kann. Oder jedenfalls konnte

Sozialistische Nationalkultur, beschwor dagegen Stephan Hermlin bereits am 30.5.1962 namens der Deutschen Akademie der Künste in Berlin

***Spiegel*-Kultur,** s. TITANIC 10/00: ein offenbarer Widerspruch in sich

Studentische Kultur, s. Volker Ullrich, Die nervöse Großmacht, S. 352, über jene der Jahrhundertwende mit ihrer »Alten Burschenherrlichkeit«. Heute aber wird nicht einmal mehr dumm dahergesungen; sondern nur noch »gestrebt« (Goethe, Faust)

T

Tauchkultur, nicht zu verwechseln mit der, siehe dort, Rauchkultur, noch mit der Hydro- und der Wasserkultur allgemein. Sondern laut *FAZ* geht es dabei seit Sommer 2000 um die Ortung von Saint-Exupérys abgestürztem Flugzeug

Teilkultur, sie findet sich vor allem in dieser Auflistung hier, in toto fast 400mal; aber natürlich auch abermals in der SPD, s. Walter/Dürr, Berlin 2000, S. 169

Trashkultur, s. Holger Rust, Die Revolution des Spießertums, 1999

Trinkgeldkultur, wird in einem Gedicht von Ursula Krechel verherrlicht; liegt in Deutschland aber schon viel länger bei 10 Prozent, mehr ist bei der waltenden Bedienungskultur hinausgeschmissen

U

Überkultur, i.e. undeutsche = »Barbarei«. Meint jedenfalls 1914 der auch sonst sehr doofe Germanist Gustav Roethe; also fast Goethe

Unterhaltungskultur, falls das keine contradictio in adiecto ist: Gegensatz zur Hochkultur und aber wieder nicht ganz das nämliche wie Subkultur, Gegenkultur und Zweitausendeinskultur. Vorrätig seit ca. 1493

V

Verantwortungskultur, sie dagegen postuliert zusammen mit einer »Kultur der Selbständigkeit« und neben seiner Einbringung der »Wagniskultur« und »Toleranzkultur« in einer ausladenden Rede schon im Jahr 1997 unser auch sonst in jedem Betracht unermeßlicher Expräsident Ro. Herzog; lediglich die *FAZ* mahnte die große Vulgarität solcher Sprache einmal zart an

Vertrauenskultur, diese nämlich »brauchen wir«, erklärte bei ihrem längstüberfälligen Abschied am 16.3.2000 die uns schon hochauffällig gewordene Gunda Röstel, und zwar »gegenüber grünen Spitzenleuten« – also irgendwie wohl ihr gegenüber. Wenn sie sich da mal nicht getäuscht hat. Spitzenlaberinnen wie sie haben höchstens Anspruch auf unsere annähernd schon christliche Weghörkultur

Visuelle Kultur, s. bei Stefan Heidenreich, 1998, S. 206 – genaugenommen allerdings hat die visuelle Kultur keine hervorgebracht, allenfalls den Gernhardtschen Zweizeiler: »Vi su ell die Sonne strahlt / als würde sie dafür bezahlt.«

W

Wasserkultur, s. Manfred Kohnke, Restaurantführer 2000

Welteventkultur, irgendwie hebt sich sowohl von der, s. dort, Event- als auch von der Weltkultur nochmals ab der Sprachdreck, wie er anläßlich der Expo 2000 und der Peter Steinschen »Faust I plus II«-Version als »Weltkultur-Event« auffällig wurde; außerdem freilich auch noch als ein »Gipfel-Ereignis« – warum dann eigentlich nicht auch als Headquarter-Megaevent?

Wirtshauskultur, die schaut schon wieder besser aus, auch wenn es sich dabei nur, wie in der *FAZ* vom 21.6., um ein »Hofbräuhaus« in selbstverständlich Berlin handelt

Z

Zufriedenheitskultur, i.e. die »Kultur der Zufriedenheit« (John Gray) – jawohl, nun die Sammlung ihrem Ende sich zuneigt, leuchtet die besonders ein

Zuhörenskultur, nämlich Alfred Mehnert findet laut *Berliner Tagesspiegel* vom 17.3.2000, daß sich die Menschen »zu wenig zuhören«. Deshalb »will er eine Kultur des Zuhörens in die Clubs tragen«. Hoffentlich nicht nur dorthin – der Berliner Taxifahrer wäre für diese Kultur eine noch wichtigere Ansprechadresse!

Zuschauerkultur, sprich »eine ganz neue« wird derzeit (lt. *Tagesspiegel* vom 20.3.2000) entwickelt, nämlich »Bundesliga-Fußball in Filmpalästen« – da wieder ist als Voraussetzung, daß es hinhaut, weniger die Zuhörenskultur gefragt, sondern die gute alte E. Stoibersche Hinsehens- oder wahlweise wenigstens die bewährte Bielefelder Hinschauenskultur; hol sie doch alle der Teufel

Schade, daß Sie nicht dabei waren.
Agentur TITANIC

BUNTE
That's Entertainment.

Der Ma

Mit Haß gekocht schmeckt's am besten – Osama bin Laden läßt nichts »anbrennen«: »Meine Rattattatouille ist legendär! Viele essen sie ja lieber al dente, ich bevorzuge sie al'qaida.«

nn in den Bergen

Wenn der attraktive Mittvierziger dem Medienrummel entkommen will, zieht er sich auf seinen Landsitz in den Bergen zurück. Wie lebt **Osama bin Laden,** *der begehrteste Gesprächspartner seit Adolf Eichmann, privat?*

Der Ort, zu dem wir in einem klapprigen Jeep durch die Wüste gefahren werden, ist so geheim, daß sogar der Fahrer die Augen verbunden bekommen hat. Aber hier in Afghanistan, »Allah's Own Country«, sind wir zum Glück alle in Gottes Hand und kommen deshalb auch mit Prellungen, Schürfwunden und einer leichten Querschnittslähmung davon – und schließlich ins hochgeheime Terrornest des obersten Gotteskriegers aller Zeiten, in das man schwerer hineinkommt als ins P1 (München) oder in den »Gotha« (Thüringen). Für ein Exklusivinterview wurden bereits bis zu fünf Millionen Dollar geboten, wahlweise ein Auftritt bei Sabine Christiansen. Doch der Medienstar lebt zurückgezogen, schirmt sich und sein Privatleben von der Außenwelt ab. TITANIC gelang aber doch ein Hausbesuch.

Oder soll man sagen Höhlenbesuch? Denn Osama bin Laden lebt nicht in einem Allerweltspenthouse mit Einfliegerwohnung, sondern ganz exklusiv in den afghanischen Bergen – und zwar tatsächlich »in«: »14 Höhlen, Küche, Bad, Kaltmiete drei Doppelzentner Datteln oder 50 Stockhiebe – das war ein Angebot, das der Vermieter nicht ablehnen konnte!« schmunzelt der sympathische Vollblutterrorist und führt uns durch den zwei Kilometer langen Flurtunnel, von dessen Boden geschmackvoll tapezierte Stalagmiten aufragen, »Stalaktiten hat uns der Prophet ja verboten!« Der populäre Volksheld lacht versonnen und führt uns in den schlammfarben gehaltenen Wohnbereich im Laura-Ashley-Stil, wo ein amerikanischer Streubombenangriff die Vitrine mit dem Ersatzkaffeeservice erzittern läßt. »Echt Vollmeisner Porzellan, ein Geschenk von Saddam Hussein zu meiner Bar Mizwah. Apropos Bar: Wollen Sie was trinken?« Wir haben die Auswahl zwischen alkoholfreiem Bier und 100 Stockhieben. Da fällt die Wahl nicht schwer, und mit unterdrücktem Wimmern knien wir uns auf das gemütliche IKEA-Sofa »Granat«. →

Volles Programm den ganzen Tag: Morgens wegsehen, mittags aufräumen und abrechnen, abends kommt oft »lieber« Besuch. »Hoffentlich ist in Ihrer Kamera kein Film, sonst muß ich Sie leider abknallen wie räudige Hunde.«

Geschlagene zwei Sekunden reden wir dann über die Rechte der Frau, den heißen Modeherbst und Schweinebraten mit Rotkohl. Dabei sitzen wir einem hochsensiblen Mann gegenüber, dem man seine schwere Kindheit durchaus ansieht: Schon früh läßt sich der Vater von

»Ich habe es gerne warm – vor allem obenrum!«

zwei seiner 17 Frauen scheiden, der Lieblingsbruder stirbt an einer vergifteten Gewehrkugel, anschließend nimmt Vater Laden Klein-Osama kurzfristig das Maschinengewehr und die Platin-Kreditkarte weg.

Mit 14, so erzählt er uns, habe er seiner Mutter 150 Stockhiebe aus Gold geschenkt und sich mit einem Bauchladen selbständig machen dürfen. Damals waren Bäuche Mangelware, die Umsätze von »Ossi's Bauchläd'chen« entsprechend groß. Mit dem Bau von Eselsbrücken macht er in den nächsten Jahren ein Vermögen, und je reicher er wird, desto drängender empfindet er seine soziale Verantwortung – schließlich ist Barmherzigkeit, neben Bartwuchs, Stockhieben, Suppe und Scheckkartenbetrug, eine der sog. »fünf Säulen« des Islam. »Wie sagen Sie als Christen? Geben ist seliger denn Nehmen. Das war von Anfang an auch meine Devise. Vor allem in puncto Stockhiebe. Nehmen Sie nur, es sind noch genügend da!« Gerührt und ein bißchen verlegen angesichts so unbedingter Gastfreundschaft bedanken wir uns für den Nachschlag und halten auch noch die rechte Niere hin. So viel Dialog tut gut.

Beherrscht wird die Wohnhöhle, wie überall sonst in der freien Welt auch, von einem großdimensionierten Fernseher. »Am liebsten sehe ich ›Attentatort‹ mit Robert Volkszorn, aber auch ›Explosiv‹ oder ›Kochduell‹«, erklärt der charismatische Hindukusch-Hitler, »aber natürlich nur ohne Bild – dieses brunzdumme Bilderverbot, Sie wissen ja…« Seine Lieblingsfernsehzeitschrift *TV Weghören und Wegsehen* hat er deswegen immer griffbereit, und gibt es mal nichts im Fernsehen, darf es auch ein gutes Buch sein, jedenfalls eins ohne Bilder. In der umfangreichen Bibliothek in der Grotte nebenan findet der Kenner auch die großen Werke der westlichen Literatur: »Ein weites Schlachtfeld«, »Doktor Panzerfaustus«, »Gruppenbild ohne Dame« und Hamsuns »Hunger«. Hier steht auch der Schreibtisch des vitalen Moslem-Bösewichts, und da herrscht ein wahrhaft heiliges Durcheinander: Offene Rechnungen mit George W. Bush und Tony Blair stapeln sich neben Quittungen für den westlichen Imperialismus und

alten Versicherungsprospekten: »Hoffentlich Nordallianz-versichert!« deklamiert Osama bin Laden gekonnt ironisch, diktiert noch schnell ein Telegramm an seinen Siezfreund Mullah Omar (den er im religiösen Rausch schon mal »Oma Mülla« nennt) und bittet ihn, seine Drittfrau Achmed von der Schule abzuholen.

»Wir irren Islamisten kochen ja ganz gern unser eigenes Süppchen«, führt uns der tiefgläubige Neoilliberale in die modern ausgestattete Küche, wo auf dem Urankochfeld bereits das Abendessen simmert und ein heimelig exotischer Geruch wie nach Herbstlaub, Steinen und Salz in unsere Nasen weht: »Eine hiesige Spezialität: Herbstlaub mit Steinen und Salz. Meine Mutter streute immer noch eine Prise Sand darüber, aber das ist Geschmackssache. Und wer in den Skorpion beißt, darf sich was wünschen!« Während von irgendwoher leise

»Fußball ist nicht alles, aber Tennis ist auch scheiße.«

Hilferufe dringen, wird uns bewußt, wie fremd uns dieser Teil der Welt immer noch ist, wie wenig wir von all dem verstehen. Vor allem, seit unser Gastgeber den Dolmetscher in die Mikrowelle gesperrt hat.

Vor dem Essen spricht bin Laden das Tischgebet. »Das ist im Islam eigentlich nicht üblich, aber wenn ich selbst koche, ist es vielleicht kein Fehler.« Vorsichtshalber beten wir mit: »Allah, Du bist groß und mächtig, doch Dein Fraß schmeckt mittelprächtig. Ohne Butter, ohne Rama – viele Grüße, dein Osama.« Beherzt würzt unser Gastgeber mit Senfgas und Pfefferspray nach, bis wir gezwungen sind, ins Bad auszuweichen, wo sich traditionelle Sanitär-Elemente mit modern-orientalischen Kachelarrangements aufs geglückteste zu verbinden wissen. »So stand es jedenfalls im Katalog. Geliefert haben sie nur ein Loch im Boden. Sogar die Handtuchhalter fehlten. Dafür hat es aber auch 700 Stockhiebe mehr gekostet!«

Als wir schon aufbrechen wollen, klingelt es an der Tür: Oma Mülla schaut auf einen Sprung vorbei. Sie hat ihre Gitarre mitgebracht, Osama begleitet sie auf dem MG, und schon erfüllen Weisen aus dem Morgenland den Raum: »Baby Baby, baller baller« und »Da steht eine 747 auf dem Flur«. Wir wundern uns: Ist Musik nicht verboten? »Als Musik kann man das Gejaule doch weiß Allah nicht bezeichnen!« schmunzelt der weltbekannte Alleinunterhalter und schießt einen Dominantseptakkord in die Wand, daß Oma Mülla der Kopfputz von der (Schädel-)Decke fällt. »Allahu akbar, wir gehn jetzt in die Sackbar!« kreischt der Wüstensatan dann zum Glück doch nicht, sondern macht uns sogar ein Abschiedsgeschenk: eine handgekloppelte Landestracht Prügel für jeden. »Tschüß, ihr ungläubigen Ratten! Und immer dran denken: Die Vereinten Nationen sind ein Werkzeug des Verbrechens, und wer Kabul mit h schreibt, ist schwul. Übrigens könnt ihr die Augenbinde jetzt runternehmen.«

Verlassen stehen wir in der Wüste. Der Jeep, der uns abholen soll, hoppelt in Sichtweite über eine Mine und explodiert lautlos. In der Ferne ziehen B52-Bomber majestätisch durch den Abendhimmel, und wir müssen an ein arabisches Sprichwort denken: *Mit wem du gelacht hast, magst du vergessen – von wem du 1000 Stockschläge bekommen hast, nie.*

Insch'allah. □

bin Gärtner / al'Nagel

Osama bin Laden hat Geschmack, seine Einrichtung ist ein gelungener Mix aus Kabuler Barock, Hitlerjugendstil und Neuer Unsachlichkeit. »Fehlt nur noch Bart Nouveau!«

Sossenheim

DIE TÜRKEN KÖNN IHRE FRAUN NICH LIEBEN, WENN SIE SIE ZU DIESER KLEIDUNG ZWINGEN BEI 34 GRAD

ICH & MEIN
UM
Milka Schokolade macht den Pimmel grade
Harribo Lakritze macht ne nasse Ritze

Der Trähner sacht, dachte Kevin, Ich hab geniale Hebelverhältnisse, aber fahr im Kopp mental total Nulltarif. Wie meinten der das?
L.O.G.G.
F CL 485
F WN 340

Martin Sonneborn

«Judenfrei und Spaß dabei»

Eisenach, Juni 2002:

Ein Vierteljahr vor der Bundestagswahl 2002 hat die FDP drei gewaltige Probleme: Guido Westerwelle propagiert einen «Spaßwahlkampf», trägt Schuhgröße «18 %» und fährt in einem lustigen gelben «Guidomobil» durch die Lande; Jürgen W. Möllemann wirbt in Nordrhein-Westfalen mittels antisemitischer Spitzen (u. a. gegen Michel Friedman) um neue Wählerschichten; und der liberale Spitzenkandidat in Mecklenburg-Vorpommern, Peter Bond, offenbart seine Vergangenheit als Pornodarsteller. Kurzum, die FDP braucht professionelle Hilfe. Unsere.

Gelbe Hemden und blaue Krawatten sind schnell besorgt, und ebenso schnell ist die FDP-Ortsgruppe Frankfurt-Bockenheim gegründet. Ein geliehener gelber Golf wird mit blauen Klebebuchstaben in ein «Guidomobil» verwandelt, dann entwerfen wir drei FDP-Plakate, packen unseren Tapeziertisch in den Kofferraum, dazu gelbe Luftballons und Alkohol in den Farben der Partei (Eierlikör) und fahren dorthin, wo die Menschen bereit sind, alles zu glauben, was auf einem Plakat steht: in die Ostzone. Auch einen knallgelben Fragebogen haben wir zur Hand. Ein paar offene Fragen wie «Soll man Michel Friedman in sein Heimatland zurückschicken?» oder «Die ... sind an allem schuld. (Bitte ergänzen!)» sollen uns den Einstieg ins Gespräch mit mündigen Bürgern erleichtern.

Als unser FDP-Stand mitten in der Eisenacher Fußgängerzone steht, stellt sich schnell heraus, daß es vor allem der Eierlikör ist, der die thüringischen Citoyens interessiert. Obwohl auch unsere Plakate genug Anlaß zu politischer Diskussion bieten: «Deutsche, wehrt Euch! Wählt FDP!» fordert in Anlehnung an bewährte Nazi-Parolen das erste, darunter ist der Wahlslogan der FDP («Machen. Machen. Machen.») fast originalgetreu übernommen: «Lachen. Lachen. Lachen.» Das zweite Propagandaplakat, eine eher freizügige Fotomontage, zeigt unseren Spitzenkandi-

Die politischen Aktionen der TITANIC

Sachdienlicher Hinweis der
Thüringer Allgemeinen

Die Verkleidung war täuschend echt. Das Gelb-Blau der FDP stimmte. Gedruckte Lebenserinnerungen von Hans-Dietrich Genscher und die 18-Prozent-Aufkleber waren Originalzubehör aus dem Werbefundus der Partei. Der Rest war der wohl deftigste «Scherz», den Eisenach seit Jahren erlebte.

daten Peter Bond – bekannt aus «Lauras Gelüste» und «Worksex» –, wie er mit einer halbnackten FDP-Generalsekretärin Cornelia Pieper eindeutig Stellung bezieht: «FDP – Die (liberale) SpaSSpartei!» Und das dritte Plakat springt in der Auseinandersetzung Möllemann vs. Friedman unserem Parteifreund zur Seite: «Gib endlich Friedman!» steht über dessen Foto und darunter ein fröhliches «Judenfrei und Spaß dabei!».

Klar, daß wir damit auch Widerspruch ernten. Von drei etwa 50jährigen Damen nämlich, die in geschmackvoll geblümten Blusen angewidert vor den Plakaten stehen bleiben: «Nee! Das sollte die Pieper in ihrem Alter nicht mehr machen! Nackt, das ist billig, das ist soooo billig!» Zwei ältere Herren dagegen, die das Pieper-Plakat mit ihren Blicken intensiv auf seinen politischen Gehalt abgetastet haben, jubilieren: «Wenn wir die demnächst im Fernsehen sehen, wissen wir, wie die untendrunter aussieht!» Überhaupt erhalten wir in den nächsten Stunden ganz überwiegend Zustimmung; sachliche Kritik üben lediglich ein paar Abiturienten mit Leistungskurs Sozialkunde («Das glaub ich nicht! Sind die irre, oder was?») und eine Reisegruppe aus Köln («Sie wählen wir nicht mehr, damit ist jetzt Schluß!»). Der Zentralrat der Juden hätte heute einen schweren Stand in Eisenach.

Als alle Fragebögen ausgefüllt sind, rufe ich den FDP-Kreisvorsitzenden von Eisenach an und bedeute ihm, daß eine FDP-Abordnung mit Möllemobil in seiner Stadt eingetroffen sei.

Knapp zehn Minuten später kommt ein begeisterter ca. 60jähriger Mann im kurzärmeligen Hemd auf mich zu: «Ich bin Klaus Schneider, Kreisvorsitzender», erklärt er stolz. «Ich kenne ja den Möllemann persönlich, Genscher auch, grüßen Sie mal von mir!»

Um Zuversicht in den Reihen der Thüringer FDP zu verbreiten, informiere ich den Vorsitzenden, daß eine Vielzahl der Befragten sich bisher dafür ausgesprochen hat, Michel Friedman in sein Heimatland zurückzuschicken. Dann zeige ich ihm das Friedman-Plakat. Als sich ein Reporter der *Thüringer Allgemeinen*, der sich schon eine ganze Weile investigativ um uns herumdrückt, herandrängelt und sich kritisch zum Motiv äußert, weist Politprofi Klaus Schneider ihn zurecht: «Das ist Verpackung, das gehört dazu! Natürlich polarisiert das, aber wir müssen doch polarisieren!»

Anschließend bitte ich den Kreisvorsitzenden, diesen historischen Moment für unser Ortsgruppenmagazin im Bild festhalten zu dürfen: «Wollen wir noch ein schönes Wahlkampf-Foto machen, FDP-West trifft Ost-FDP? Vielleicht vor dem Guidomobil?» Die Ost-FDP ist begeistert, und nachdem wir uns alle zusammen in Positur gestellt und unser politischstes Lächeln aufgesetzt haben, blitzt es fünfmal aus einem kleinen schwarzen Kästchen mit Linse vorne dran.

Weil aber auch der schönste Wahlkampf-Ausflug irgendwann zu Ende geht, trinken wir anschließend den Eierlikör aus, springen wieder ins Guidomobil und verschwinden aus der Zone.

Sachdienlicher Hinweis der
Süddeutschen Zeitung

Und dann sagt die Frau: «Friedman muß sich beim demokratischen Volk entschuldigen, er muß sich nicht wundern, wenn man ihn einen Diktator nennt.» Als sie dann noch am Zentralrat der Juden das «ewig nach Rückwärts gerichtete Denken» kritisiert, füllt eine TITANIC-Redakteurin sie mit zwei Eierlikören ab und verabschiedet sie. Im Laufe des Nachmittages fallen siebenmal: «Endlich einer, der sich mal was traut», dreimal: «Möllemann hat recht gehabt», einmal: «Friedman mit seinem überheblichen Scheiß» und zweimal: «Aber wir haben doch gar nicht angegriffen.»

Sachdienlicher Hinweis der
Süddeutschen Zeitung

Zum Plakat «Gib endlich Friedman!» sagt Schneider: «Das ist Verpackung, das gehört dazu.» Und dann erzählt er von der derzeitigen Stimmung in Eisenach, von dem Mut, den man nach 50 Jahren bräuchte, um auch mal dagegenzuhalten, von der Angst, Dinge beim Namen zu nennen.

Epilog

Die Auswertung unserer Fragebögen am nächsten Tag führte zu interessanten Ergebnissen: Während immerhin 100 Prozent der befragten Eisenacher die Frage «Wollen Sie eine Küchenmaschine gewinnen?» mit «Ja» beantworteten, stimmten nur knappe 60 Prozent dafür, Michel Friedman «in sein Heimatland zurückzuschicken». Eine ältere Dame allerdings forderte, ihn «dahin zurückzuschicken, in die Türkei!». Aber es gab auch versöhnliche Ansätze in Eisenach: «Wenn jemand so gut Deutsch gelernt hat, dann soll er auch hier leben dürfen!»

Frankfurt, Januar 2003

«Gestatten: Bökel, Bökel und Bökel!»

Die falschen Bökels: Bökel, Bökel, Bökel, Bökel, Bökels Neue, Bökel (v.l.n.r.) Foto: Bökel

Anfang 2003 muß sich die SPD in Hessen einer Landtagswahl stellen. Aber Wahlen sind nicht die Stärke der SPD. Und charismatische Führungspersönlichkeiten schon gar nicht. Der SPD-Spitzenkandidat Gerhard Bökel jedenfalls ist zwei Wochen vor der Landtagswahl noch komplett unbekannt. Da kann nur noch TITANIC helfen!

Erstaunt mustert uns der bejahrte C&A-Verkäufer. So was hat er noch nicht erlebt: Sechs Männer und eine Frau stehen vor ihm und verlangen Anzüge: «In Grau. Alle gleich. Das, ähem, Günstigste, was Sie haben.» Weil die Bitte ihm offenbar ungewöhnlich erscheint, setze ich erklärend hinzu: «Wir gehen nämlich in die Politik!» – «Aha.» – «Für die SPD!» – «Das dachte ich mir schon ...» Ein bißchen mitleidig legt der C&A-Mann uns nach längerem Herumwühlen die gewünschte Ware in den vermuteten Größen zur Anprobe vor: «Hier, bitte sehr, 49 Euro. Also pro Anzug.» Nicht ohne eine

Sachdienlicher Hinweis der

WELT am SONNTAG

Keiner der zu Hause besuchten Bürger, vom Abiturienten bis zur Großmutter, stellte die vermeintliche Identität Bökels in Frage. Auch fast alle auf der Straße Angesprochenen fielen auf die Bökel-Doubles, darunter ein baumlanger TITANIC-Mann mit Bart und westfälischem Dialekt, herein.

vertrauliche Warnung zu äußern: «Aber passen Sie auf, das sind absolute Nichtraucher-Anzüge. Vollnylon. Ein Funken, ein kleines bißchen Glut, puff! – und Sie stehen in Unterwäsche da!»

Nachdem wir nun wie echte SPD-Spitzenkandidaten aussehen, teilen wir uns auf und ziehen los. Wir haben einen irren Plan: Wenn ein Bökel es nicht schafft, dann muß es eben ein halbes Dutzend Bökels reißen! Alle Redakteure werden an Frankfurter Haustüren klingeln und sich mit den Worten vorstellen: «Guten Tag, mein Name ist Bökel, ich bin Ihr SPD-Spitzenkandidat. Darf ich kurz reinkommen und mit Ihnen über SPD-Politik sprechen?» Für den Fall, daß uns jemand ungläubig anstarrt, haben wir selbstgebastelte Hochglanz-Autogrammkarten dabei, mit eigenem Bild über fremdem Namen: Bökel.

Eine konkrete Gefahr allerdings birgt diese Wahlkampfaktion: Wenn mündige Bürger uns wirklich ernst nehmen sollen, das ist uns allen klar, müssen wir mit ihnen über SPD-Politik sprechen …

Als wir uns drei Stunden später in einem kleinen Lokal zu Bratkartoffeln und Bier wieder zusammenfinden, um unsere Erlebnisse auszutauschen, ist die Erschütterung groß.

Insgesamt brachte unsere kleine Wahlkampfaktion 15 Stimmen; 15 Wähler haben uns in die Hand versprochen, ihr Kreuz bei der SPD zu machen. Vom Jungwähler über bodenständige Versicherungsvertreter bis zur Witwe eines SPD-Ortsvereinsvorsitzenden haben uns sämtliche besuchten Wähler akzeptiert, mit Bier oder Schnaps bewirtet, im Gegenzug unsere Wirtschaftspolitik kritisiert – und uns teilweise sogar wiedererkannt («Ich hab Sie neulich im Fernsehen gesehen, Herr Bökel!»). Aber das Staunen wird noch größer, als plötzlich ein etwa 30jähriger Mann, auf dessen Couch ich zwei Stunden zuvor gesessen hatte, unser Lokal betritt und nichts Besseres zu tun hat, als auf mich zu deuten und quer durch den Raum zu rufen: «Heeee, wißt ihr, wer da sitzt? Das ist Bökel, unser SPD-Spitzenkandidat! Hallo, Herr Bökel!»

Ich erhebe mich, grüße staatsmännisch in die Runde und versuche, die Gunst der Stunde zu nutzen. Höflich bitte ich den Wirt, doch unsere Rechnung mit meiner Autogrammkarte («Bökel – Weil die SPD keinen anderen hat!») zusammen an die Hessen-SPD zu schicken. Als der Wirt das ablehnt, wird uns schlagartig klar, daß die SPD in Hessen nicht einmal mehr für 65 Euro Kredit hat.

Epilog

In der hessischen Landtagswahl erzielt die SPD 29,1 Prozent. Zieht man unsere 15 Stimmen noch ab, bleibt da nicht mehr viel.

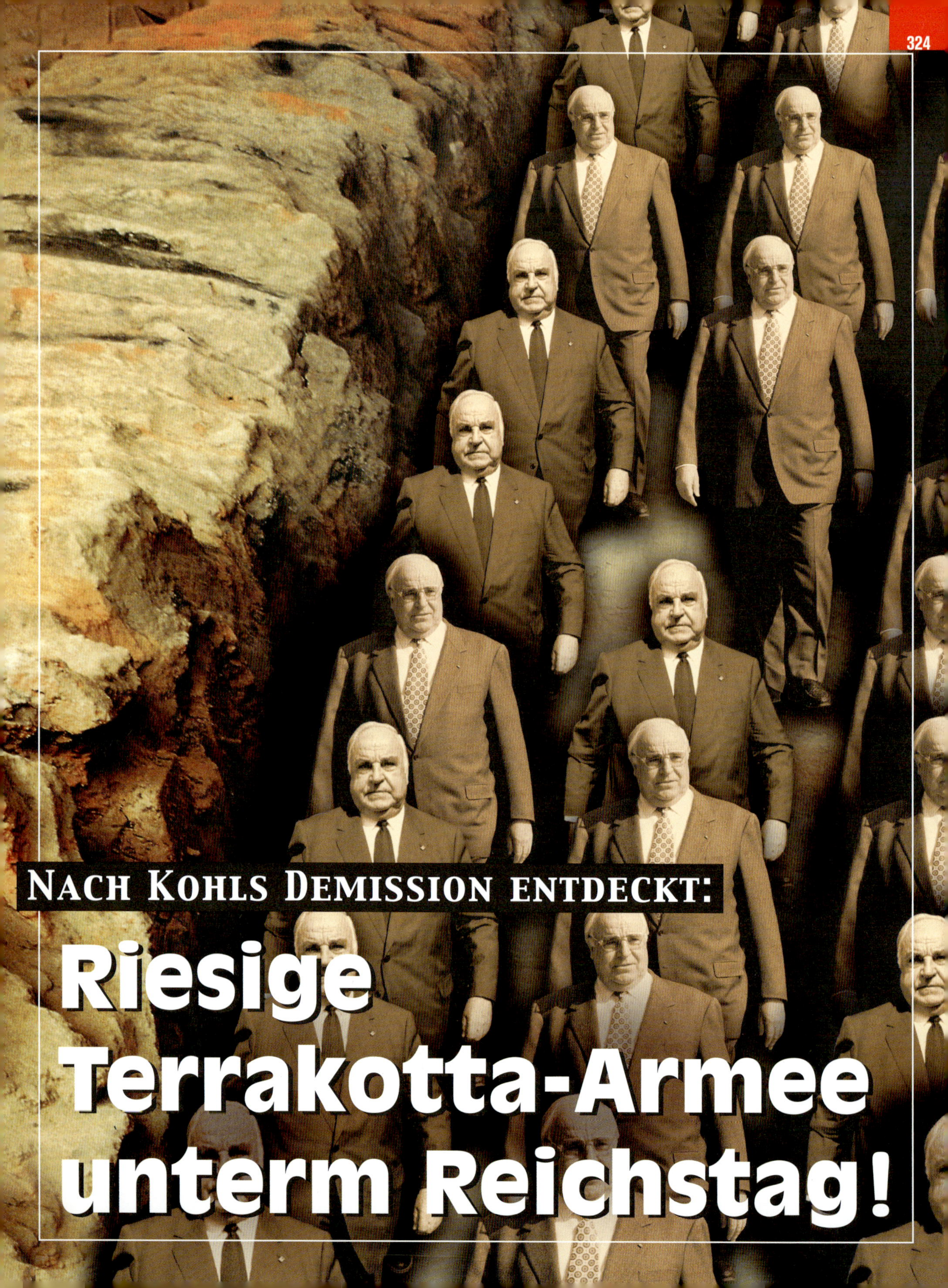
NACH KOHLS DEMISSION ENTDECKT:
Riesige Terrakotta-Armee unterm Reichstag!

KAMAGURKA

MEINE HAND IN EINEM MUSEUM, WER HÄTTE DAS GEDACHT...
BITTE NICHT ANFASSEN!

HERR OBER! EIN CAFÉ, ZWEI STÜHLE, EINEN TISCH UND ZWEI KAFFEE, BITTE!
KOMMT SOFORT!

Afghanistan – alles, w

von Fernostexperte Osama Maria Schmitt

So viel immerhin ist bekannt: Einst war Afghanistan, das »Land der Afghanistaner«, wie Afghanistan vom Afghanischen korrekt ins Deutsche rüberübersetzt heißt, ein heillos unterentwickeltes Land bar jeglicher Städte, Steueroasen, Autobahnkreuze, Brauereien und Handyshops. Daß es bis zum heutigen Tag so geblieben ist, verdanken wir einem Heer tapferer afghanischer Naturschützer, die die »Perle rund um Kabul« (selbst ausgedacht) vor schädlichen Zivilisationseinflüssen bis zum heutigen Tag bewahrt haben.

»Das schönste Land, das Menschen jemals gesehen haben«, nannte der blinde Scheich Ibn Omar Eugen dieses sein Land zwischen Usbekis-, Turkmenis-, Tadschikis-, Kannitvers- und Pakistan. Seine Vielfalt macht es so ergiebig: Im Süden findet man kilometerlange Sandstrände ohne störende Wasseranbindung, vom Winde verwehte Wüstenstriche gehen nahtlos ineinander über, im Norden bildet der majestätische Schutthaufen Hindukusch die natürliche Grenze zu jeglicher Art von Zivilisation und schützt vor feuchten Witterungseinflüssen. Dazwischen liegt ein von Vegetation völlig unberührt gebliebenes Kampfsportareal, in welchem heldenhafte Männer mit Kaffeewärmermützen auf alles schießen, was sich nicht mehr bewegt, auf Städte, Dörfer und Brücken. Am liebsten aber ballern sie auf Berge, denn die sind größer und noch leichter zu treffen. Jeder getroffene Berg bringt einen Punkt, wer hundert Punkte hat, darf die Seiten wechseln und wieder von vorne anfangen.

Afghanistan ist ein beliebtes Reiseland, allerdings nicht bei Touristen, sondern vor allem bei den Einwohnern, die wegen der zur Zeit stattfindenden humanitären Luftversorgung verzweifelt versuchen, in die Nachbarstaaten auszureisen. Inlandsflüge sind gegenwärtig nicht möglich, und wer mit der Bahn anreisen möchte, sollte eigene Gleise und Lokomotiven mitbringen.

Der berühmteste Afghane ist der Schwarze, der in Größenordnungen von mindestens einem Gramm zum Festpreis von zehn Mark oder wahlweise zehn Euro an der Frankfurter Konstablerwache vertickt wird. Hauptexportprodukt der afghanischen Wirtschaft sind allerdings Flüchtlinge. Auch ist das Land reich an Bodenschätzen. Vor allem im Norden des Landes, im Bereich der Ortschaften Feyzabad, Jalalabad und Hallebad, wurden gewaltige Geröllvorkommen entdeckt, die nun mit internationaler Unterstützung ausgebeutet werden. Langfristiges Ziel ist es, das ganze Land unter einer einheitlich dicken Gerölldecke verschwinden zu lassen und die Immobilie dann dem afghanischen Willkürherrscher Scheich Georg Zamfir (183) zu übergeben. Die Geröllherstellung ist kompliziert und zeitraubend. Hauptsponsor der anhaltenden Sprengungsaktivitäten sind die Vereinigten Staaten. Nachdem sie zunächst diverse Geröllgewinnungskommandos, sog. »Splittergruppen«, abwechselnd gesponsert hatten, haben sie nun die Gesamtleitung selbst in die Hand genommen und versorgen die notleidende Bevölkerung direkt aus der Luft.

Hauptversorgungsgrundlage der afghanischen Bevölkerung ist der Islam. Er ist da drunten fast noch wichtiger als Opium für das Volk, welches aber seit einiger Zeit keine große Rolle mehr spielt (das Opium natürlich, nicht das Volk!). Der Islam ist eine sehr friedliche Religion und geht davon aus, daß alle Männer, die keine Rübenbärte tragen, totale Arschlöcher sind. Der Islam verachtet das Judentum, weswegen er von den Deutschen respektiert wird. Außerdem hat die islamische Kultur der Welt unermeßliche Schätze geschenkt: Tausendundeine Nacht, die Blaue Moschee von Istanbul, die Granada in Alhambra, die Fatwah gegen Heinrich Böll, den Damenbart, den Sarotti-Mohr, den Döner mit viel Scharff, den Brautschleier, den autofreien Sonntag und Yussuf Islam alias Cat Stevens und Naddel Abd el Farrag alias Ralph Siegel. Wer Christ ist, wird von einem Moslem als »Ungläubiger« bezeichnet, im Bruder Moslem hingegen erkennt der Kamerad Christ zu Recht meist den »Ausländer« oder den »islamistischen Terrorist«. Ausnahmen: Cem Özdemir und Kalif Storch.

Ibn, ibn, ibn: Selbstmordattent

Das Land (»Afghanistan«) wird seit Jahrtausenden von verschiedenen Volksstämmen besiedelt. Im Norden wohnt die Nordallianz, im Westen die Westallianz (alle Alliierte außer Rußland) und im Süden die Pasch-

s wir wissen könnten

dem Weg zum Nachhilfeunterricht

tunen. Die Paschtunen kämpfen für ein freies Afghanistan ohne Tadschiken, die Tadschiken wollen die Usbeken von den Paschtunen befreien, und mittendrin die Taliban-Regierung, die den ganzen Sauhaufen zur Ehre Gottes am liebsten in tausend kleine Stücke hacken würde. Hauptanführer irgendeines anderen Clans ist der General Gulbuddin Hekmatyar. Jahrelang kämpfte er für die Vision einer total zerstörten Hauptstadt Kabul, was ihm mit amerikanischer Unterstützung nach zweijährigem Dauerbeschuß auch gelungen ist.

Die koranabhängigen Taliban-Herrscher kontrollieren zur Zeit 86,6 Prozent des Landes. Da sie aber weder lesen noch schreiben geschweige denn rechnen können, wissen sie nicht, wieviel das ist. Hingegen sind die Vertreter der Nordallianz glühende Demokraten und daher zeitweise mit General Hekmatyar verbündet bzw. verfeindet oder auch mit Präsident Burhanuddin Rabbani, scheißegal. Der Streit aller miteinander geht hauptsächlich um die richtige Schreibweise des Namens Osama bin Laden, der nach Ansicht der Taliban »Ussama bin Ladin« heißt, nach Ansicht von Botho bin Strauß jedoch »der Böse«, nur die Franzosen schreiben natürlich mal wieder alles anders, nämlich »OTAN vs. Oussamais bine Ladine un mot comme Esquimaux ou eau quatre-vingt dix-neuf« (dt: Nato gegen Araber nullzueins daheim). Hier ist die Akademie für Deutsches Sprack (Darmstadt) gefragt wie nie zuvor!

Bei den Taliban indes steht Spaß an erster Stelle. In der Wüste herumballern, Frauen verhauen und fünfmal am Tag in Richtung Mekka schiffen – schöner hätte sich's Gott nicht träumen können, und Mohammed ist sein Prophet. Sehr gerne lachen die Taliban und erzählen sich Witze, am liebsten welche mit Bart. Die ohne Bart werden im Fußballstadion von Kabul öffentlich erhängt oder erschossen, aber das ist auch lustig.

Nach beschwerlichen Anfängen ist es den Taliban schließlich gelungen, das öffentliche Leben im radikalislamischen Sinne umzugestalten und lahmzulegen. Fernsehen und Musik, Hekmatyar und Rabbani, Essen und Trinken sind verboten. Dienstags wird ausgepeitscht, freitags gibt's keinen Fisch. Wahrzeichen des neuerstandenen Gottesstaates ist die verschmutzte Kopfwindel, die zumindest im Süden den Kaffeewärmer vollständig verdrängt hat. Auch die Abfolge der Jahreszeiten wurde von den Mullahs neu und übersichtlicher geregelt: Nach einer längeren Dürreperiode mit umfangreichen Mißernten folgt nun eine genau festgelegte Zeit des Hungers, die dann vom festlichen Höhepunkt des Jahres beschlossen wird: dem traditionellen Fastenmonat Ramadan.

Trotz dieses schönen Reformerfolges herrschen Niedergeschlagenheit und Ratlosgkeit in den Reihen der Taliban, weil man absolut keine Ahnung hat, was man noch verbieten könnte. Deswegen wurde nun vom Chefanimateur der Taliban der »Dschihad« ausgerufen, der legendäre Hl. Krieg. Wenn die Araber kein Einsehen haben, wird der Papst auch noch eingreifen müssen. Der Kampf gestaltet sich wegen der unübersichtlichen Lage sehr diffizil, außerdem kontrolliert »bin Ossama« (Fachjargon) ein weitverzweigtes Terrornetz: Es reicht von der Wüste Afghanistans bis in die Einöde im Kopf von Ulrich Wickert. Zu bin Ladens Unterstützern gehören neben Uli Wickert noch die Philosophen Dr. ibn Todenhöfer, ibn Möllemann, ibn Löwenthal (†) und Christian ibn Kracht (»Mullah Omar, der meinen vollen Respekt hat, ist unsichtbar«, *FASonntagszeitung*, 30.9.). Zu seinen erbitterten Gegnern gehören Ali ibn Hadschi, Ali ibn Halef, Ali ibn Omar, ibn Saud, ibn Totalversaud und Ali ibn ibn ibn sonst lernst du's nie.

Mehr ist über Afghanistan nicht bekannt. Allerdings hätte man den »feigen Terroranschlag« *(Bunte)* auf die Zwillingsbrüder von New York ganz sicher verhindern können, wenn man die Rasterfahndung in Deutschland früher und gründlicher vollzogen hätte. Anzeichen gab es ja genug! Schließlich studierten die höchstwahrscheinlich irgendwie auch afghanischen Attentäter ganz offiziell in Hamburg Sabotagewissenschaften und zahlten brav ihre GEZ-Gebühren. Kein normaler Mensch jedoch studiert in Hamburg. Geschweige denn zahlt er GEZ. In'schall'ah! □

Riesenbetr

Billig-Prothesen aus dem Osten

Mit billigem Zahnersatz aus Asien und Osteuropa neppten geldgierige Zahnärzte jahrelang Kassen und Patienten. Der kriminelle Schwindel war gut gemacht: Selbst blinde Kassengutachter erkannten die Fälschungen nicht auf den ersten Blick. Doch das böse Erwachen folgte bald: Sehen Sie selbst – oder sehen Sie beim Zahnarzt in den Wartezimmerspiegel!

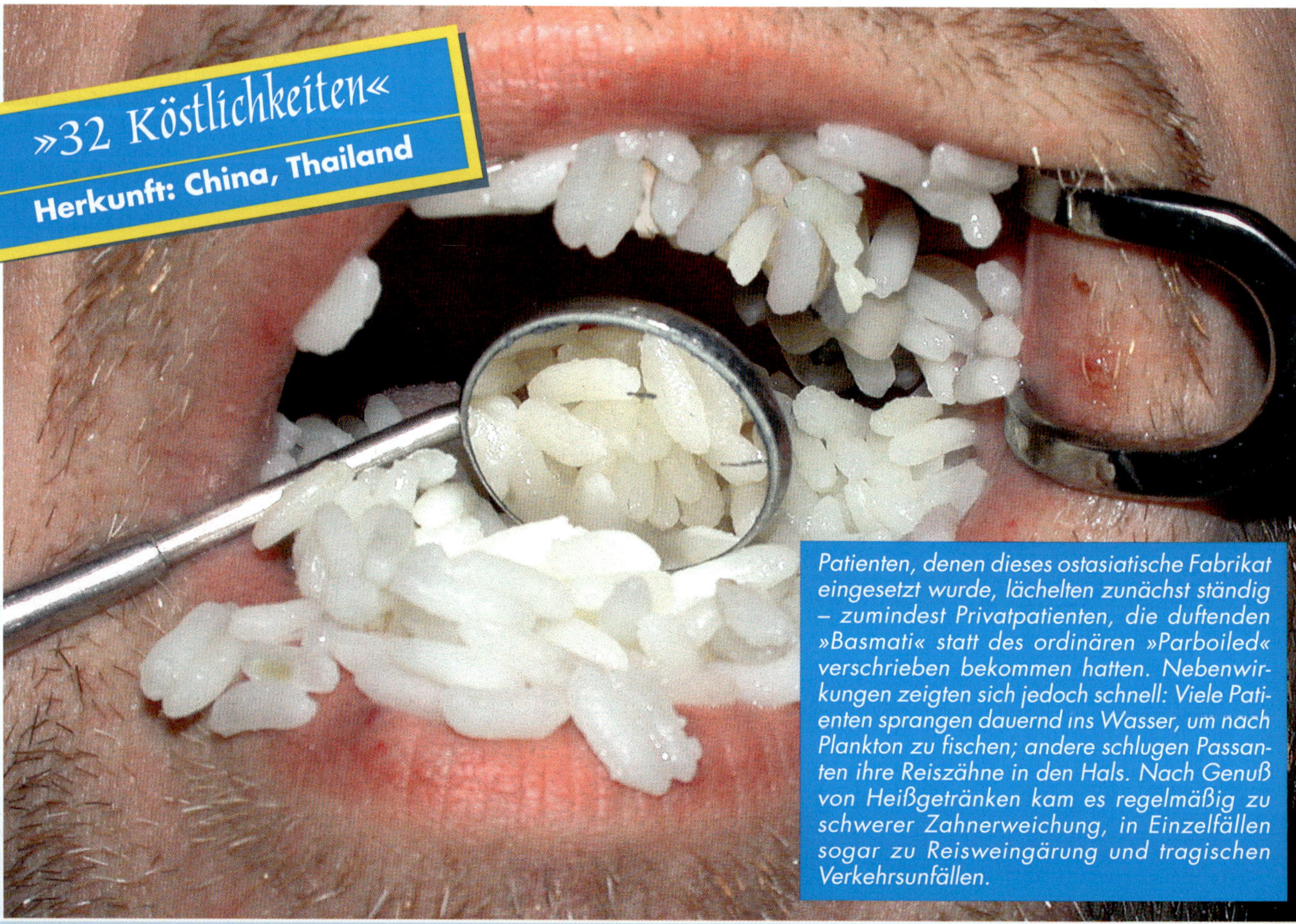

»32 Köstlichkeiten«
Herkunft: China, Thailand

Patienten, denen dieses ostasiatische Fabrikat eingesetzt wurde, lächelten zunächst ständig – zumindest Privatpatienten, die duftenden »Basmati« statt des ordinären »Parboiled« verschrieben bekommen hatten. Nebenwirkungen zeigten sich jedoch schnell: Viele Patienten sprangen dauernd ins Wasser, um nach Plankton zu fischen; andere schlugen Passanten ihre Reiszähne in den Hals. Nach Genuß von Heißgetränken kam es regelmäßig zu schwerer Zahnerweichung, in Einzelfällen sogar zu Reisweingärung und tragischen Verkehrsunfällen.

ug!

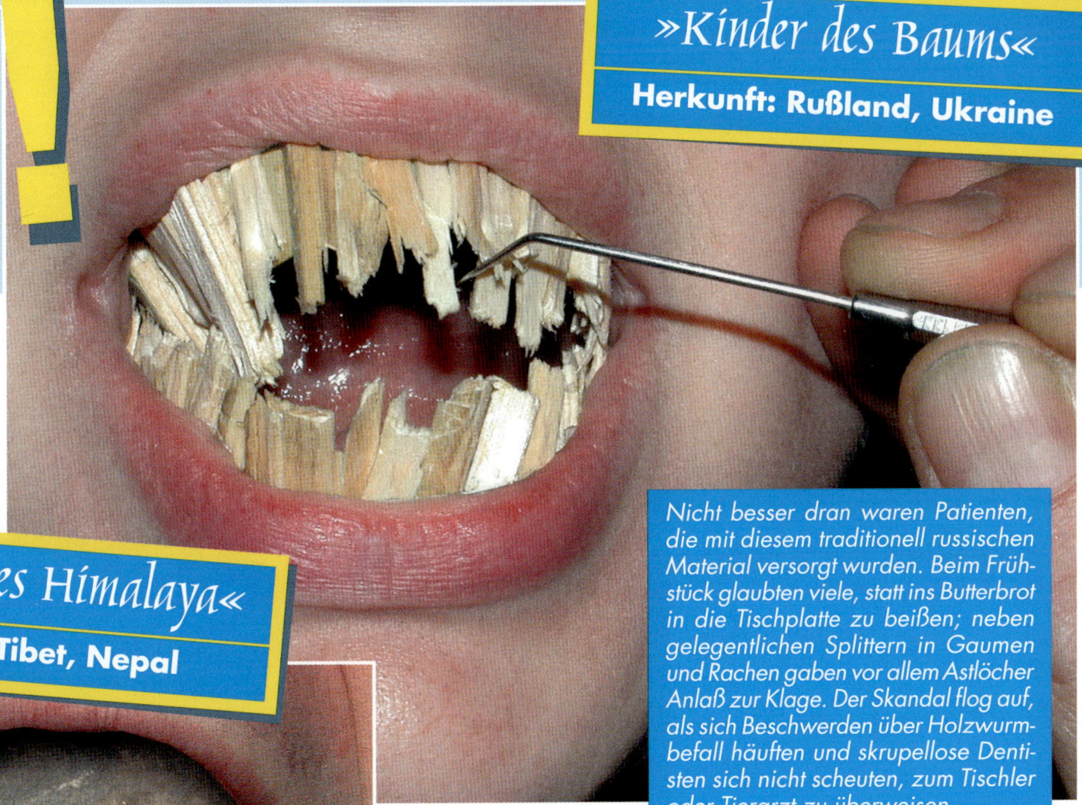

»Kinder des Baums«

Herkunft: Rußland, Ukraine

Nicht besser dran waren Patienten, die mit diesem traditionell russischen Material versorgt wurden. Beim Frühstück glaubten viele, statt ins Butterbrot in die Tischplatte zu beißen; neben gelegentlichen Splittern in Gaumen und Rachen gaben vor allem Astlöcher Anlaß zur Klage. Der Skandal flog auf, als sich Beschwerden über Holzwurmbefall häuften und skrupellose Dentisten sich nicht scheuten, zum Tischler oder Tierarzt zu überweisen.

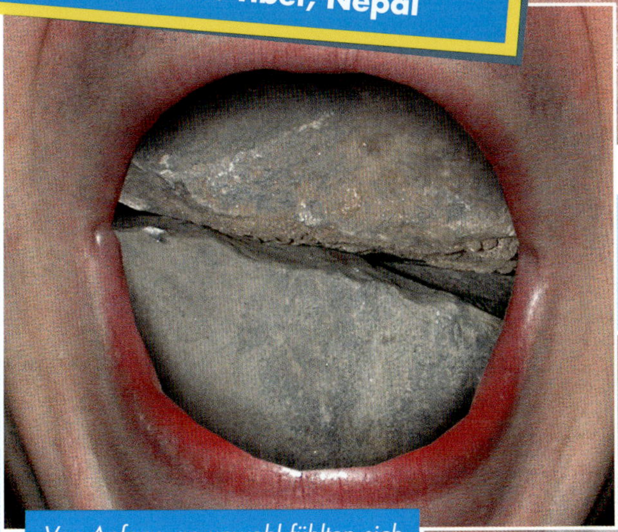

»Brücken des Himalaya«

Herkunft: Tibet, Nepal

Von Anfang an unwohl fühlten sich Patienten mit diesen zentralasiatischen Imitaten: Sie bissen, so ihr Eindruck, ständig auf Granit. Vor allem Zähneknirscher klagten über Sand zwischen den Zähnen, ihre Familien über Steinschlag und Geröllawinen im Wohnzimmer. Doch auch die anderen hatten die Schnauze bald voll von den Folgen des neuen Zahnsteins: Zahnfleischbluten, Kieferprellungen, undeutliche Aussprache und ein Zahnbelag, mit dem man Straßen pflastern kann.

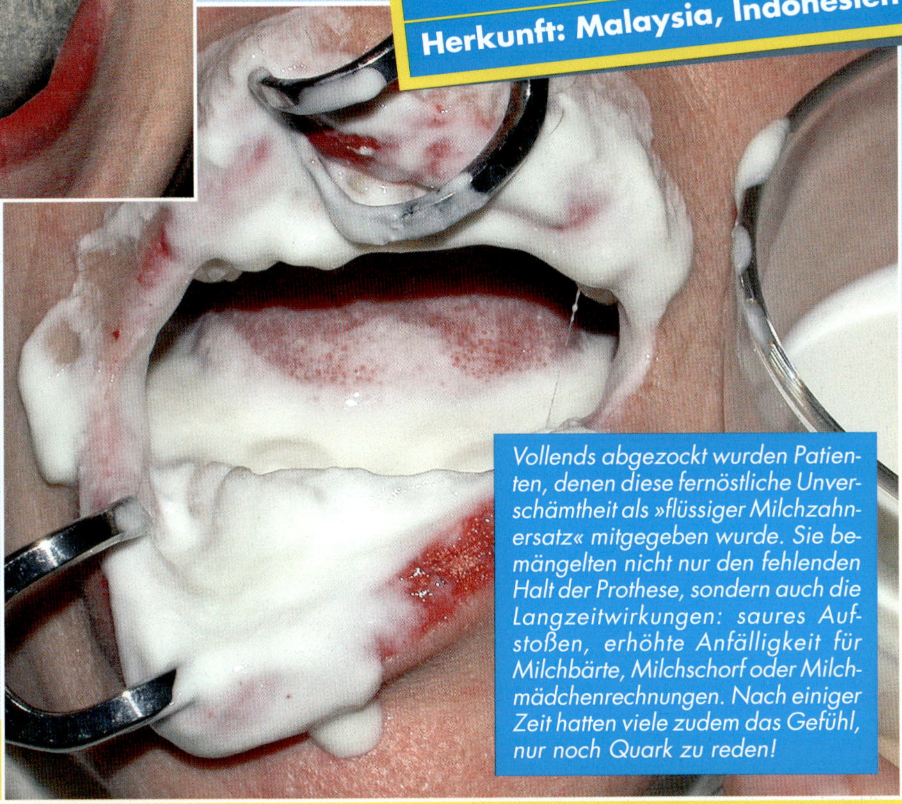

»Weißes Zahngold«

Herkunft: Malaysia, Indonesien

Vollends abgezockt wurden Patienten, denen diese fernöstliche Unverschämtheit als »flüssiger Milchzahnersatz« mitgegeben wurde. Sie bemängelten nicht nur den fehlenden Halt der Prothese, sondern auch die Langzeitwirkungen: saures Aufstoßen, erhöhte Anfälligkeit für Milchbärte, Milchschorf oder Milchmädchenrechnungen. Nach einiger Zeit hatten viele zudem das Gefühl, nur noch Quark zu reden!

Mark-Stefan Tietze

KEINE ANZEIGE
www.die-forschenden-pharma-unternehmen.de
»Ich bin Radprofi.
Aber dank der richtigen Medikamente
kann ich schön zuhause
auf der Couch liegen.«
Jan Ullrich, Scherzingen (Schweiz)
Forschung ist die beste Medizin.
Millionen Profisportlern können wir schon helfen. Aber manchen kommt man hinterher drauf. Darum forschen wir weiter. Und wir finden, jeder sollte die beste Medizin erhalten.
Die forschenden Pharma-Unternehmen
Die Unternehmen im Verband Forschender Arzneimittelhersteller e.V. (VFA) | Abbot | Actelion | ALTANA Pharma | AMGEN | Artemis | Astellas | Astra Zeneca | Bayer Health Care | Berlin-Chemie Menarini | Biogen Idec | Boehringer Ingelheim | Bristol-Myers Squibb | Chiron Vaccines | Eisai | essex pharma | GlaxoSmithKline | Grünenthal | Janssen-Cilag | Lilly | Lundbeck | Merck | MERZ | MSD | Mundipharma | Novartis | Organon | PAION | Pfitzer | Procter & Gamble Pharma | Roche | SANKYO PHARMA | sanofi-aventis | Schering | SSHWARZ PHARMA | Serono | Solvay | Takeda Pharma | UCB | Wyeth

Bilder an die Leser

BRIEFKÖPFE VON HILKE RADDATZ

HO'S WHO?

heodor W. Adorno, David Beckham, Henryk M. Broder, Peter Harry Carstensen, Elke Heidenreich, Maybrit Illner, Roland Koch, Udo ndenberg, Peter Scholl-Latour, Gerhard Schröder, Cora Schumacher, Arnold Schwarzenegger, Franz Josef Wagner, Katarina Witt.

Bernd Pfarr

Die Abenteuer des Kalifen **Harun al Schrödah** und seines Münt-El Fering

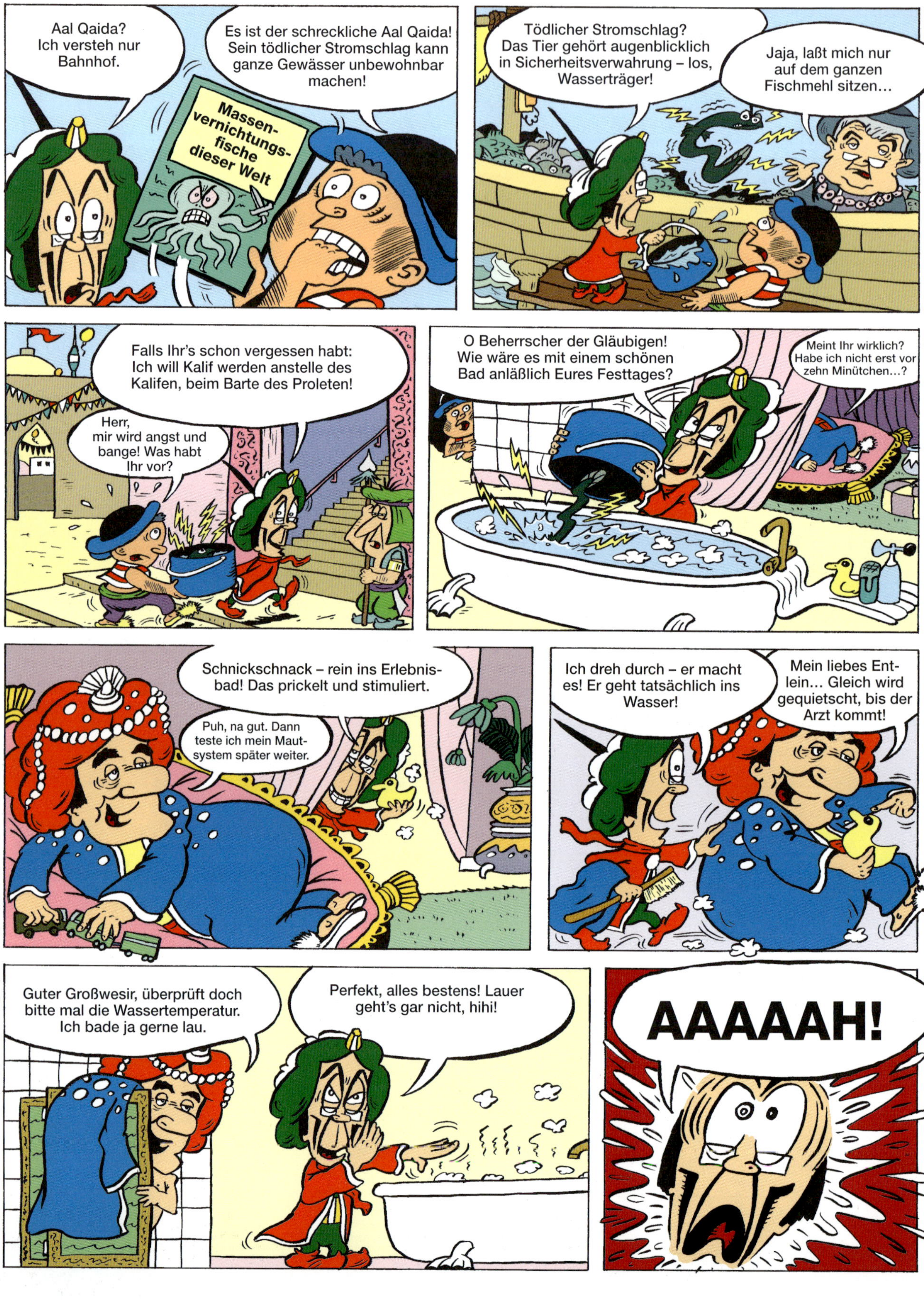
Aal Qaida? Ich versteh nur Bahnhof.
Es ist der schreckliche Aal Qaida! Sein tödlicher Stromschlag kann ganze Gewässer unbewohnbar machen!
Massenvernichtungsfische dieser Welt
Tödlicher Stromschlag? Das Tier gehört augenblicklich in Sicherheitsverwahrung – los, Wasserträger!
Jaja, laßt mich nur auf dem ganzen Fischmehl sitzen…
Falls Ihr's schon vergessen habt: Ich will Kalif werden anstelle des Kalifen, beim Barte des Proleten!
Herr, mir wird angst und bange! Was habt Ihr vor?
O Beherrscher der Gläubigen! Wie wäre es mit einem schönen Bad anläßlich Eures Festtages?
Meint Ihr wirklich? Habe ich nicht erst vor zehn Minütchen…?
Schnickschnack – rein ins Erlebnisbad! Das prickelt und stimuliert.
Puh, na gut. Dann teste ich mein Mautsystem später weiter.
Ich dreh durch – er macht es! Er geht tatsächlich ins Wasser!
Mein liebes Entlein… Gleich wird gequietscht, bis der Arzt kommt!
Guter Großwesir, überprüft doch bitte mal die Wassertemperatur. Ich bade ja gerne lau.
Perfekt, alles bestens! Lauer geht's gar nicht, hihi!
AAAAAH!

Was? Aaah! Wieso? Aaaah! Hummer? Aaaaah!
Aaaah... mein Aal! Wo ist mein schöner Aal? Ich laß Euch alle pfählen!
Regt Euch nicht auf, Herr. Wir brauchten die Wanne für die Geburtstagshummer. Den Aal hätte ich fast weggeschmissen, aber Euer Mietsklave wollte das Viech behalten.
W-wie konntet Ihr... ohne tödlichen Stromschlag...?
Ich fiel als Kind in einen Topf mit Haifischflos-sensuppe. Seither steh ich auf Holz.
Wasserträger! Wo ist das, ähem, was ich so dringend suche?!
Herr? Ich habe das, räusper, was Ihr so dringend sucht, gut versteckt!
Wo ist dieser Trottel? Mir schlägt die Aufregung schon auf die Blase! Ah, erst mal schön schiffen gehen.
Nestel
Nestel
Knister
Ihr steht unentwegt unter Strom, guter Münt-El Fering! Ihr solltet Euch mal entspannen – bei einem schönen Wannenbad!
Tietze / Rürup
ENDE

LEBEN? UNTE
DRUCK EINER
HAFTEN ÄRZT
WEISUNG SOL
DAS SCHAFFEN
K
Herzl
30 Ja

Glückwunsch von Stephan Katz (105) und Max Goldt (98) zu
herrlich satirisch übertriebener Altersangaben in Klammern.

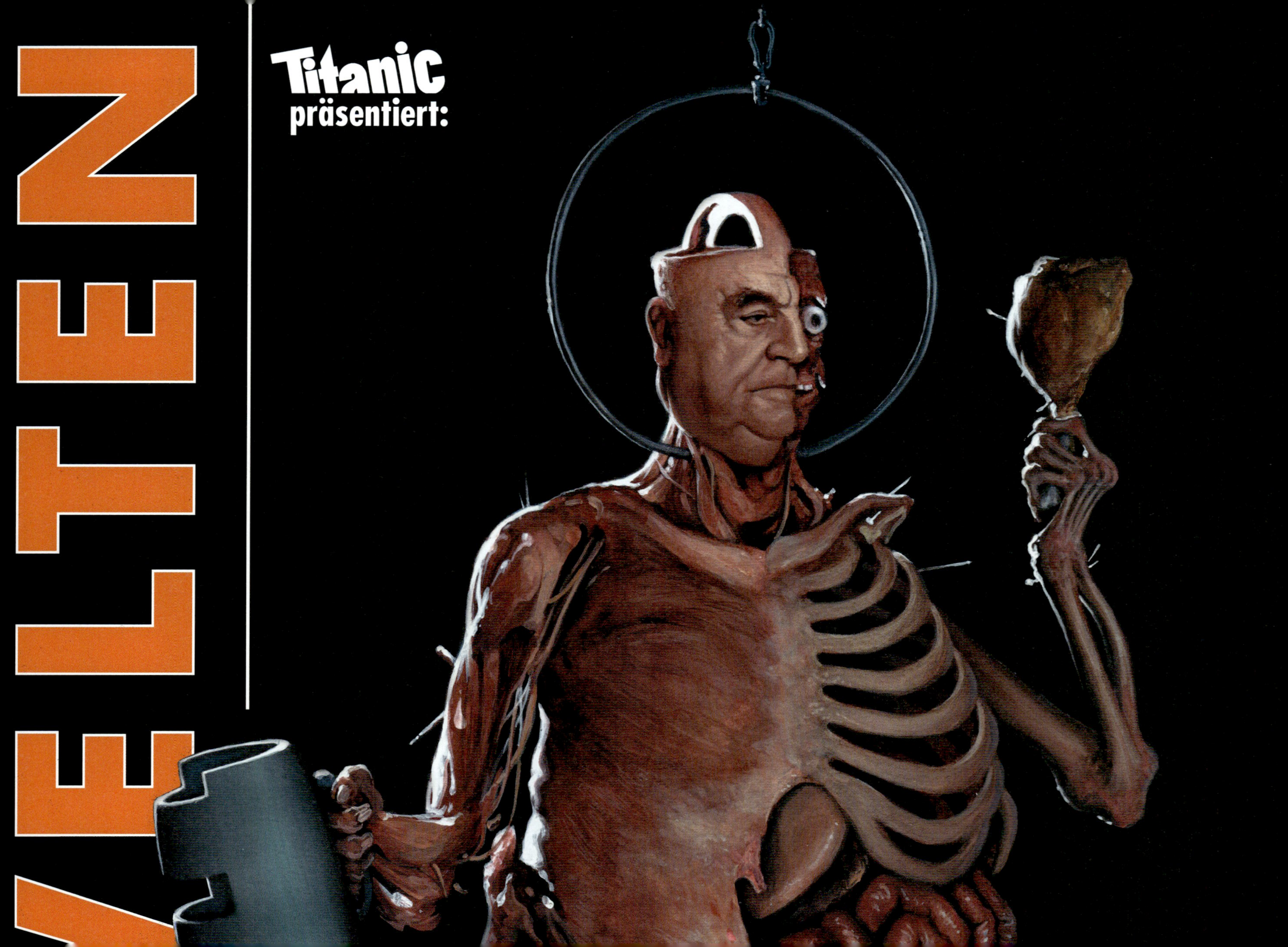
Titanic
präsentiert:
ELTEN

KOHLV

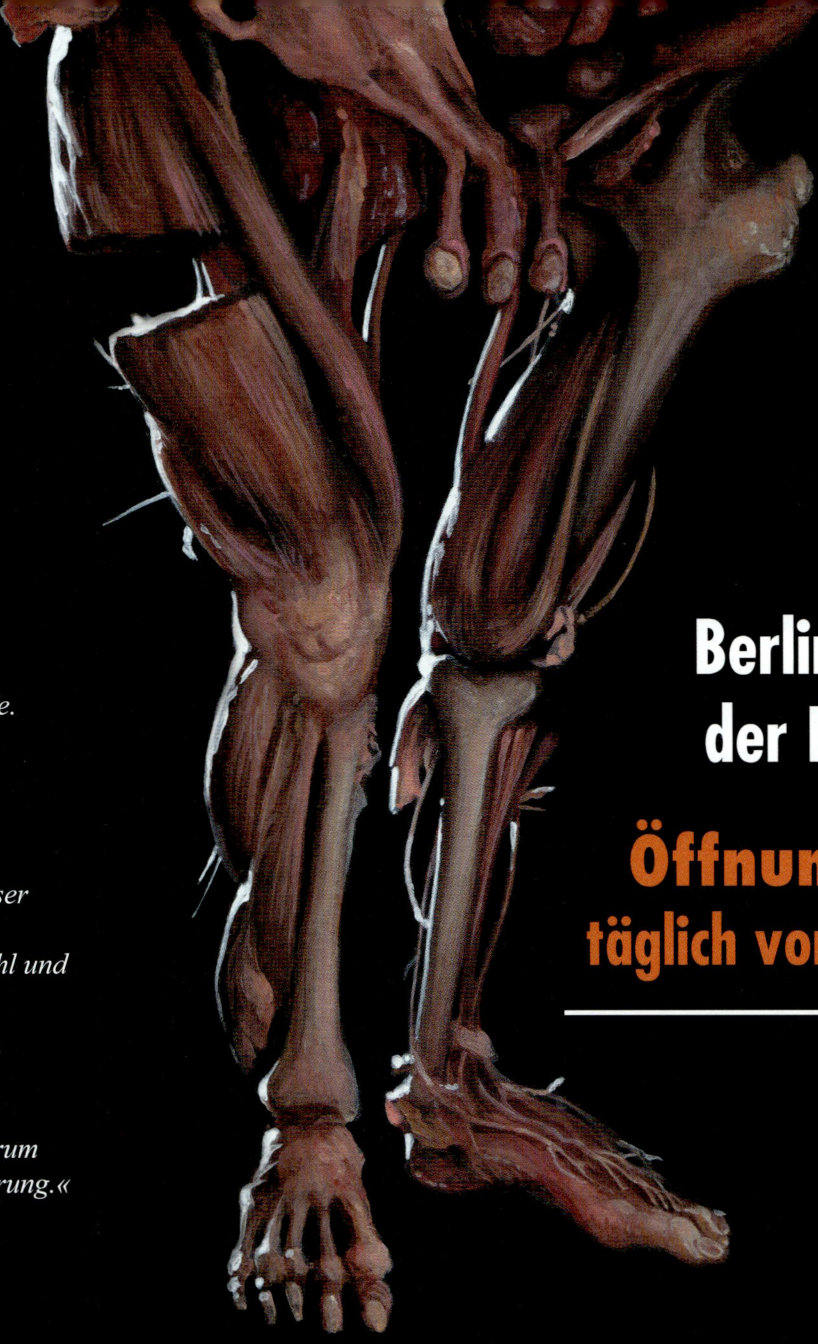

»Als ob er, Kohl,
wieder lebendig wäre.
Gespenstisch!«

Angela Merkel

»Hätte ich nicht besser
hingekriegt: Ein
Meisterwerk aus Kohl und
Kunststoff!«

Gunther von Hagens

»Ich habe ihn untenrum
stattlicher in Erinnerung.«

Juliane Weber

Berlin, Palast der Republik

Öffnungszeiten: täglich von 9 bis 22 Uhr

Wolfgang Herrndorf

Die PARTEI –
der politische Arm de

Tiflis, Georgien, im Frühjahr 2007: Die PARTEI entschuldigt sich für den Bruch des Hitler-Stalin-Paktes

ZENTRALORGANS TITANIC

Aber es wird gottlob nicht für den Einzug in den Bundestag reichen.»

IINISTER MANFRED STOLPE

Im Frühjahr 2004 gründete die TITANIC eine eigene Partei, um das Schröder-Regime zu stürzen und in Deutschland die Macht zu übernehmen. Das erste Ziel ließ sich bereits im Herbst 2005 realisieren, am zweiten wird noch gearbeitet. Weil wir bei der Parteigründung nicht über die notwendigen Mittel verfügten, eine völlig neue Marke zu etablieren, griffen wir einfach auf eine bereits vorhandene zurück, die gerade brachlag: Wir nannten uns «Die PARTEI», das war sowohl im Osten als auch im Westen ein gut eingeführter Begriff. Außerdem deutet er schon zart an, daß wir sämtliche anderen Parteien überflüssig zu machen gedenken.

Der Name war gut gewählt. Schon nach kurzer Zeit hatten wir gut 6000 Mitglieder, und immer noch rufen Leute an, um zu erklären: «Schon mein Großvater war in der Partei, ich möchte auch zu euch!» Für den zu politisierenden Nachwuchs richteten wir sogar eine Jugendorganisation ein, die nach Generalsekretär

«Im Westen hat das Satire-Magazin TITANIC eine Partei gegründet, deren Hauptanliegen der Wiederaufbau der Mauer ist. Das kommt an.»

FRANKFURTER ALLGEMEINE SONNTAGSZEITUNG

Tom Hintner benannt wurde. Klar, dass der traditionelle Gruß der Hintner-Jugend «Hi, Hintner!» lautet.

Um die Wähler nicht unnötig zu verwirren, propagierten wir in der Öffentlichkeit aus unserem modernen, humanistischen Wahlprogramm zumeist nur eine einzige populistische Forderung: den Wiederaufbau der Mauer. Dieser kleine Tabubruch sollte uns Aufmerksamkeit sichern. Und uns bei Wahlen jene 25 Prozent der Bürger zutreiben, die sich laut Forsa-Umfragen mit dieser Vision identifizieren können.

Während Boulevardblätter sich eher für unsere plakativen Forderungen interessierten («Wiederaufbau der Mauer! Wer sind die Irren, die uns so verhöhnen?» *Berliner Kurier*), erklärten wir gegenüber seriöseren Medien, daß wir lediglich eine schmierige, populistische Klientelpolitik nach dem Vorbild der etablierten Parteien verfolgen. Aber das ganz offen und ehrlich!

Viele Journalisten freuten sich. Kein Wunder – in unseren grauen 49-Euro-PARTEI-Anzügen von C&A lieferten wir ihnen Bilder, von denen sie sonst nur träumen konnten: vom ersten Landesparteitag in NRW, wo 220 PARTEI-Freunde in einem barocken Festsaal von unserem Saalschutz, der Turbojugend Münster, kaum gebändigt werden konnten; vom Gesicht des fassungslosen Verkehrsministers Tiefensee, dem die SPD-Kinnlade heruntersackte, als der PARTEI-Vorsitzende Martin Sonneborn ihm in der Talkshow «Was erlauben Strunz?» sein «Ehrenwort» gab, «daß mit uns an der zukünftigen Mauer kein Schießbefehl zu machen ist»; von aufgeregt herumsächselnden Dresdnern, als wir mitten auf der Prager Straße mit einem Wahlkampfstand den Abriß ihrer Frauenkirche forderten – folgerichtig begründet mit dem Argument, man benötige ja schließlich Baumaterial für die neue Mauer.

Und natürlich Bilder vom Mauerbau selbst. Denn am 9. November 2004 – der Rest Deutschlands bejubelte zeitgleich den fünfzehnten Jahrestag des Mauerfalls – mauerten wir unter großem Medieninteresse an der Grenze zwischen Hessen und Thüringen schon mal auf fünf Metern los – bzw. ließen losmauern, denn die IG Bau führte für uns die Kelle, während wir uns darauf beschränkten, mit albernen Bauhelmen herumzustehen und Interviews zu geben. Die bärtigen alten IG-Zauseln wollten sich über diese Aktion die Aufmerksamkeit der Medien sichern, und genau die wurde ihnen dann auch zuteil ... Auch in der Außenpolitik konnten wir deutliche Akzente setzen. 2007 reisten zwei Dutzend PARTEI-Mitglieder zum Staatsbesuch nach Georgien, wo wir uns nach über sechzig Jahren offiziell für den Bruch des Hitler-Stalin-Paktes entschuldigten (Stalin war Georgier und ist in seiner Heimat heutzutage noch beliebter als Hitler hierzulande). Weil Shalva Natelashvili, Führer der größten georgischen Oppositionspartei, aufgrund eines Übermittlungsfehlers davon ausging, wir seien bereits mit dreißig Sitzen im Deutschen Bundestag vertreten, war die Aufnahme in Tiflis sehr freundlich, fast devot. Wir revanchierten uns mit einer Kranzniederlegung («Dem georgischen Volke – Die PARTEI») vor irgendeinem georgischen Mahnmal, selbstverständlich begleitet von einem Kniefall – eine Geste, die bei Reisen in den Ostblock seit Willy Brandt zum Standardrepertoire gehört. Sämtliche Medien und die Kameras der Hauptnachrichtensendungen beider TV-Sender des Landes waren Zeuge, als Shalva Natelashvili und PARTEI-Führer Sonneborn hochoffiziell einen völlig inhaltsleeren Vertrag unterzeichneten.

Wenn wir bei Wahlen antraten, versuchten wir stets, sie deutlich zu gewinnen. Das klappte nicht immer: Bei der Landtagswahl in NRW 2005 erzielten wir aus dem Stand heraus bis zu 0,9 Prozent in den Hochburgen der PARTEI: unser bestes Ergebnis seit Kriegsende! In der von Gerhard Schröder vorgezogenen Bundestagswahl 2005 standen wir in Hamburg und Berlin auf den Wahlzetteln und erhielten rund 18 000 Stimmen (0,3 bzw. 0,4 Prozent). Und das, obwohl wir unsere vier Wahlwerbespots in ARD und ZDF bei eBay versteigert hatten, um darin anschließend massiv Schleichwerbung für den sehr, sehr guten Billigflieger HLX zu machen – der uns dafür 25 000 Euro zahlte, sehr zum Mißvergnügen anderer Parteien und der öffentlich-rechtlichen Sendeanstalten.

Unseren größten Erfolg aber feierten wir bei den Bürgerschaftswahlen 2008 in Hamburg. Während wir auf einem Teil unserer Plakate mit überzeugenden und vom politischen Gegner nur schwer auszuhebelnden Inhalten für unseren Spitzenkandidaten Heinz Strunk warben («Hamburg – Stadt im Norden», «Wir sehen Hamburgs Zukunft nicht im Bergbau!»), versuchten wir auf anderen, den Spitzenkandidaten der SPD, Michael Naumann, in den Augen des Bürgertums zu diskreditieren: «Naumann klaut!» hieß es da etwas forsch über seinem Bild.

Und weil wir gegenüber der Presse einen «schmierigen Wahlkampf auf unterstem Niveau» angekündigt hatten, plakatierten wir auch gleich einen lachenden Ole von Beust mit der Aufschrift «CDU-Wähler aufgepaßt: Ole von Beust ist schwul!». Sofort meldete sich via *Bild*-Zeitung CDU-Landesgeschäftsführer Gregor Jaecke: «Das hat mit Satire nichts zu tun, das ist Schmutz!» Wir gingen in uns, stellten fest, daß der Mann recht hatte, und präsentierten der interessierten Öffentlichkeit einen Tag später eine 2.0-Version, in der die umstrittenen Zeilen überbearbeitet waren: «Schwule Wähler aufgepaßt: Ole von Beust ist in der CDU!» Am Wahltag ernteten wir die Früchte unserer Schmutzkampagnen: Wir erhielten einen ganz klaren Auftrag zur Regierungsbildung! Allerdings von relativ wenig Wählern: von 0,4 Prozent.

Doch im politischen Geschäft gilt: Nach der Wahl ist vor der Wahl! Das Ziel für die anstehenden Wahlgänge ist bereits formuliert: «SPD plus X!» Denn, um es in den Worten unseres Generalsekretärs Tom Hintner zu sagen: **Es kann links und rechts von der PARTEI nichts geben! Es darf links und rechts von der PARTEI nichts geben! Und es wird links und rechts von der PARTEI nichts geben!**

Arafat, wie ihn die Welt in Erinnerung behalten wird: Die Farbe seiner Zähne ist schon jetzt Legende

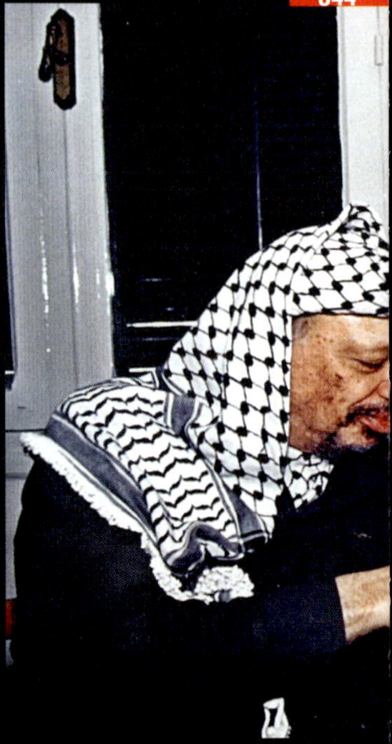

Musikfreund: Arafat liest die Partitur der Oper Al-Aida

ARAFAT – Terro

Von STEFAN BLIESWOOD und OLIVER KÖRZDÖRFER

Er war ein Bonvivant.
Fettes Essen, fette Frauen, fette Gehaltsschecks. Jassir, der Partyhengst. Pistole im Holster und Olivenzweige aus purem Gold im Haar. Sein Tag war die Nacht.

Er war ein Kämpfer.
Hungerte sich runter, von 140 Kilo auf 98. Schmuggelte als junger Mann Gewehre, von Ägypten nach Hawaii. **Seine Bibel war der Koran.**

Er erfand das Palestine Light Orchestra *PLO,* größter Hit: »Hey Jude, don't make me frown«.

Er starb, wie er lebte.
Röchelnd, hellwach, schreiend wie am Spieß. Seine letzten Worte: unverständlich. Palästina weint.

***

Was machte Arafat einzigartig?
Er war nicht: cool, heterophob, Wurst-Fan, CDU-Mitglied.

Er war: Radfahrer, Familienvater, Sexprotz, König (von Palästina).

Er liebte: Beten, Hosen, sich, Ponys, Wummen, Eierlikör.

Er haßte: Krieg, Angeben, Dummheit, Stoiber, Unpünktlichkeit.

Er war kein Supermann. Er war der Super-Mario von Nahost.

***

1929, Wirtschaftskrise. Die Welt hält den Atem an. In einer Lehm-Neubauwohnung in Kairo bringt die Hebamme Mohammed Abdel-Raouf Arafat al Qweda al-Hussein zur Welt. Nur Arafat überlebt.

Arafat und sein größtes Glück: ein Eisbein mit Kartoffeln und Familie

Der Palästinenserführer mit seinen engsten Vertrauten Uzi und Ouzo (v.r.n.l.)

Arafat am Ende: Das letzte Foto vor seinem Selbstmordattentat im KFC von Gaza-Stadt

rfürst mit Herz

Kindergarten, Schule. Seine Lieblingsfächer sind Sitzenbleiben und Schwindeln. Mit 14 tritt er in den bewaffneten Klassenkampf ein: 9b gegen 4a. Im Karzer beschließt er, Kultpolitiker zu werden. Zu Weihnachten schenkt ihm seine Oma seine erste Kopfwindel. Gebraucht, aber zu klein.

Ingenieursstudium, Armee. Nach dem Sechstagekrieg wird er Guerillero in Israel. Mit seinem besten Freund Shlomo fährt er auf dem Motorrad durch Südamerika. Schreibt Tagebuch: »Benzin alle. Shlomo hat die letzten Vorräte aufgefressen. Das bedeutet Krieg!« Die erste Intifada beginnt.

***

1974. Arafat spricht, nur mit einer Pistole bekleidet, vor den Vereinten Nationen: **»Der Tag der palästinensischen Einheit muß als Feiertag erhalten bleiben.«** Tumulte. Arafat nutzt sie geschickt, um einen Apfel zu essen. Arafat, der Taktiker.

Bei einem DDR-Besuch drei Jahre zuvor flirtet er mit Margot Honecker. Sie verliert die Nerven, bekommt Zwillinge: Egon, Franzi. Arafat flieht mit unbekanntem Ziel (Palästina). Arafat, der Fuchs.

»Er las gerne Gedichte«, erinnert sich sein Freund Mirco Libanontschew. »Aber nur, wenn sie sich reimten. Am liebsten die von Thomas Gsella.« **Arafat, der Idiot.**

***

Arafat, Mann der Widersprüche: Von außen schmuddelig und unrasiert, aber sein Schweizer Nummernkonto dauernd überzogen. Er riskierte ständig eine dicke Lippe, aber nur bei anderen: **Scharon, Clinton, Papst.** Wer was von ihm wollte, mußte anrufen. Dann ging er ran. Oder der Anrufbeantworter. Sicher war nichts bei Arafat. »Eigentlich kenne ich diesen Mann gar nicht«, sagt Ehefrau Suha und betrachtet zärtlich ein Foto. »Hugo Egon Balder, wer soll das sein?«

1994 erhält Arafat den Friedensnobelpreis für Chemie: Er hat einen Sprengstoff erfunden, der macht, daß die Hose nicht rutscht. Vom Preisgeld kauft er sich ein Häuschen auf dem Tempelberg in Jerusalem. Als Israels Ministerpräsident Scharon auf einen Überraschungsbesuch vorbeikommt, ist Arafat nicht angezogen. Kommt es zum Sex? »Es ist nichts passiert, was der andere nicht gewollt hätte.« Rätsel Arafat.

***

Drei Schicksalsszenen prägen sein Leben:

▸ Beim Sommer-Grillfest der Al-Aksa-Brigaden verliebt er sich in einen Triple Bacon XXL Cheeseburger mit Gürkchen. »Ihn zu essen war die wichtigste Entscheidung meiner politischen Laufbahn.«

▸ An seinem vierzigsten Geburtstag erwacht er mit dem schlimmsten Kater seines Lebens: »Er biß, kratzte und pißte alles voll. Nie wieder Haustiere!«

▸ **Sein erster Urlaub im Feriencamp David. Hier lernt er Renate Ramallah kennen, erforscht ihre autonomen Gebiete. Unruhe im Gaza-Steifen.**

***

Das Testament eines der wichtigsten Männer unserer Zeit: »Ich will, daß meine Leiche verbannt wird. Am liebsten nach Sibirien.« Bei seiner Beerdigung sollen die Haltdenrandfichten sein Lieblingslied spielen: »Lebt denn der alte Holzkopfmichl noch?« Gemeint ist Scharon. Arafat, der Unversöhnliche.

Was wird von ihm bleiben? Seine Tochter Zahwa. 800 Mio. Euro. Und der Traum von einem freien Palästina, in dem die Frauen arbeiten und die Männer den ganzen Tag Tee trinken.

Arafat, der Kämpfer, starb im Bett.

Ätsch. □

Der Kanzler baut 'nen Swimmingpool

Wie Politik gemacht wird

»Sozialreformen«, »Agenda 2010«, »Endlösung« – die Welt der Politik ist auch für aufgeweckte Neunjährige manchmal ganz schön knifflig. Dabei ist es eigentlich ganz einfach: Laß dir von deinem Papa zur Belohnung 50 Euro geben und lies diesen Auszug aus dem allerneuesten Buch von Doris Schröder-Köpf. Die ist nämlich die Frau vom Kanzler und kann dir am besten von seinen Plänen erzählen!

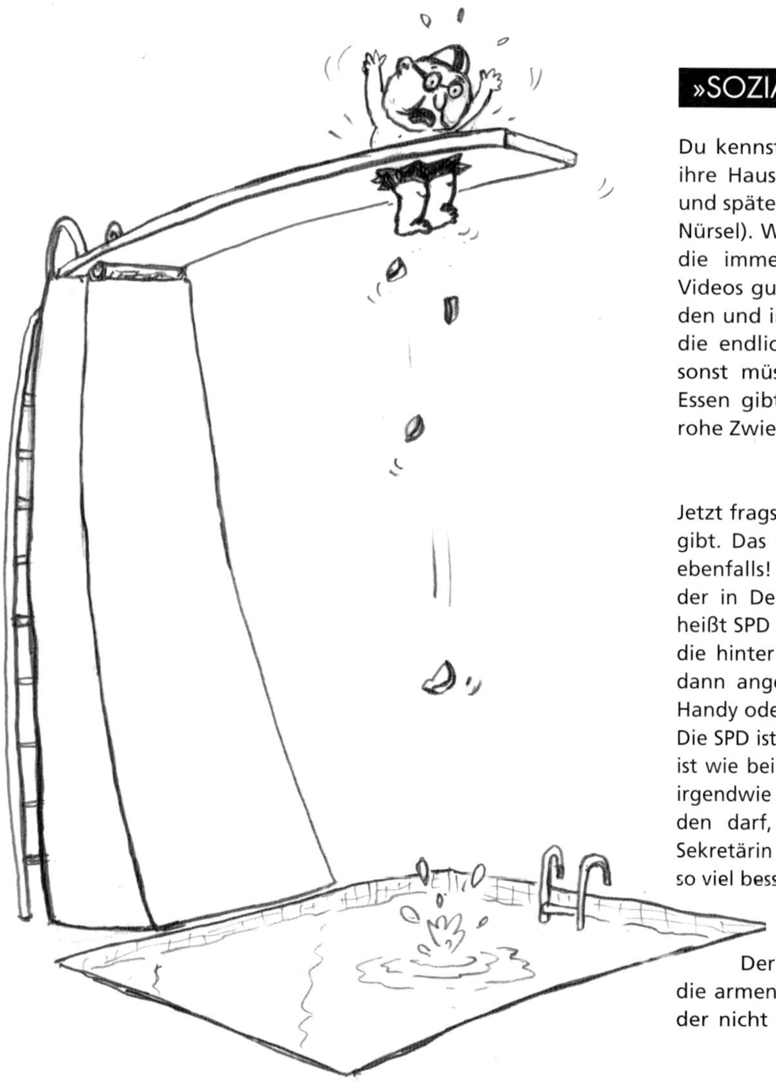

»SOZIALREFORMEN« – WAS BEDEUTET DAS?

Du kennst doch bestimmt auch diese faulen Kinder, die nie ihre Hausaufgaben machen, kein richtiges Deutsch können und später zur Hauptschule müssen (z.B. Yussuf, Borislav oder Nürsel). Wenn die eines Tages von der Schule fliegen, wollen die immer noch nicht arbeiten, sondern lieber Splatter-Videos gucken, mit 16 schwanger werden, Mülleimer anzünden und in euer Haus einbrechen. Der Kanzler will aber, daß die endlich auch arbeiten oder sich wenigstens schämen – sonst müssen die ins Gefängnis, wo es noch schlechteres Essen gibt als bei denen zu Hause (Haferschleim, Knorpel, rohe Zwiebeln).

Der Kanzler und seine Partei

Jetzt fragst du dich gewiß, warum es darüber überhaupt Streit gibt. Das fragen sich alle klugen und fleißigen Erwachsenen ebenfalls! Fangen wir also ganz vorne an. Der Kanzler ist der, der in Deutschland (fast) alles bestimmen darf. Seine Partei heißt SPD und besteht aus Totalversagern – Typen wie Borislav, die hinter deinem Rücken neidisch rumstänkern, aber immer dann angeschleimt kommen, wenn sie sich mal dein Nokia-Handy oder dein Cannondale-Bike »ausleihen« wollen.
Die SPD ist zwar an der Regierung, hat aber nichts zu sagen. Das ist wie bei deinem Papa und deiner Mama, wo die Mama zwar irgendwie auch zur Familie gehört, aber der Papa alles entscheiden darf, weil er sich sonst scheiden läßt und zu seiner Sekretärin zieht, die, wie er beim Abendbrot immer sagt, sowieso viel besser bumst. Der Papa – das ist in der Politik der Kanzler.

Warum sich der Kanzler Sorgen macht

Der Kanzler hat große Sorgen: Früher nämlich haben die armen Leute immer SPD gewählt. Heute gibt es aber leider nicht mehr so viele von denen, weil der Kanzler zuviel

Geld verschenkt hat. Das Blöde ist nur, daß jetzt keiner mehr SPD wählt – und der Kanzler außerdem pleite ist. Darum muß sich der Kanzler das Geld jetzt wieder zurückholen. Und wenn es dann weniger Geld gibt, wählen auch wieder mehr Leute SPD (vielleicht).
Deshalb hat der Kanzler jetzt ein Programm für die Politik der nächsten Jahre geschrieben, das er »Agenda 2010« nennt. »Agenda« heißt soviel wie Stundenplan oder Tagesordnung, »2010« ist eine Jahreszahl und bedeutet eigentlich nichts.

Warum es Streit um das Programm gab

Mit dem Programm des Kanzlers werden faule Leute bestraft und fleißige Leute belohnt. Die faulen Leute waren deshalb total dagegen! In der Politik ist es nämlich wie in einer Schulklasse, wo die größten Loser ihre Klappe immer am weitesten aufreißen (z.B. Yussuf und Borislav). Zum Glück gibt es auch in der Politik einen Chef, der mit seinen Freunden die Asis, die immer stören oder mit voll ekligen Aldi-Klamotten zur Schule kommen, tüchtig vermöbelt (so wie ihr letzte Woche Borislav): den Kanzler!

Warum du dich auf den Plan des Kanzlers freuen kannst

Eigentlich findet dein Papa zwar die von der CDU besser. Die haben das, was der Kanzler jetzt in seinem Programm sagt, immer schon gesagt und sind deshalb ein bißchen sauer. Das ist deinem Papa aber egal. Der hat das nämlich in seiner Firma schon mal durchrechnen lassen und meint, wenn das mit den Sozialreformen jetzt endlich durchgezogen würde, könnte bei euch im nächsten Frühjahr der Umbau im Garten beginnen. Was das bedeutet, kannst du dir ja wohl denken: Ein neuer Swimmingpool – vielleicht sogar mit Sprungbrett! Jippie!

WAS DER KANZLER IM EINZELNEN PLANT

Der Kanzler schmeißt die Faulen raus

Wenn dein Papa aus der Firma kommt, dann stöhnt er immer, daß er die frechen und faulen Leute nicht einfach rausschmeißen kann, die sich auf seine Kosten einen schönen Tag machen. Sondern daß er die höchstens zum Kloputzen abordnen darf, weil sonst der Betriebsrat Ärger macht. Der Kanzler will deinem Papa helfen, indem er ihm erlaubt, die Faulen mitsamt dem Betriebsrat auf dem Klo einzusperren. Und wenn dann nach drei Tagen alles schön sauber ist, können die zu Hause weiterputzen – natürlich auf eigene Kosten.

Der Kanzler macht die Steuern niedrig

Wenn deine Eltern nicht so klug wären und ihren Steuerberater und ihr Konto in Liechtenstein nicht hätten, müßten sie die Hälfte von dem, was sie verdienen, dem Staat abgeben. (Während Yussufs dumme Eltern, die Kinder machen wie die Karnickel, dafür sogar noch Geld bekommen!) Demnächst wird es aber so sein, daß deine Eltern nur noch 40 % ihres Geldes dem Staat abgeben müßten – wären sie nicht so klug und hätten sie nicht ihren Steuerberater und ihr Konto in Liechtenstein.

Der Kanzler bestraft die Gammler

Manche Leute taugen nichts: die Typen in der Einkaufszone etwa, die so fies riechen und immer so rote Gesichter haben (so wie Nürsel, wenn ihr der das Kopftuch runter- und den Rock hochzieht). Diese Penner kriegen bislang vom Kanzler aus Mitleid Geld, damit sie sich was zu essen kaufen. Davon kaufen sie sich aber, wie Borislavs Vater, sowieso nur Schnaps. Damit die sich nichts mehr zu trinken kaufen, sollen die demnächst auch nichts mehr zu essen kriegen.

Der Kanzler macht Lust auf Arbeit

Wenn die dann kein Geld mehr haben, fangen die vielleicht an nachzudenken und fragen mal bei McDonald's, ob sie da arbeiten dürfen. Dann müssen die euch freundlich bedienen und dürfen auch dann nicht schimpfen, wenn sie deine Kotze vom Boden wegmachen müssen, weil du dich an Hamburgern überfressen hast. Überleg mal, was das für ein Spaß wird, wenn der doofe Yussuf, der immer mit seinen vielen großen Brüdern droht, später, wenn du einmal groß bist, deine Kotze wegwischen muß!

Der Kanzler sorgt für Zufriedenheit

Wenn das dann die anderen faulen Leute sehen, die wegen alter und ungerechter Gesetze noch Arbeit haben, dann strengen sie sich auch mehr an und sagen nicht immer »Das steht aber nicht in meinem Arbeitsvertrag« oder »Da frag ich mal bei der Gewerkschaft, ob das erlaubt ist« oder »Hä? Warum denn schon wieder eine Gehaltskürzung?«.
Wie dein Papa schon sagt: »Die sind auch mit weniger zufrieden – man muß die bloß ordentlich treten!« So wie ihr letzte Woche den Yussuf, der jetzt schließlich auch mit 27 Zähnen zufrieden ist und gewiß nie wieder freche Sachen über deinen Geigenlehrer und deinen Golfkurs sagt.

Der Kanzler baut euch einen neuen Swimmingpool

Jetzt verstehst du vielleicht ein kleines bißchen besser, worum es in der Politik geht und was der Kanzler mit seiner »Agenda 2010« will. Und weil der Kanzler deinem Papa nicht nur mehr von seinem Geld übrigläßt, sondern auch die Handwerker billiger macht, kann der Herr Woncalev mit seinen russischen Freunden demnächst den neuen Swimmingpool in eurem Garten bauen. Der hat zwar keinen Meister, aber deinem Papa einen guten Preis gemacht.

Mark-Stefan Tietze

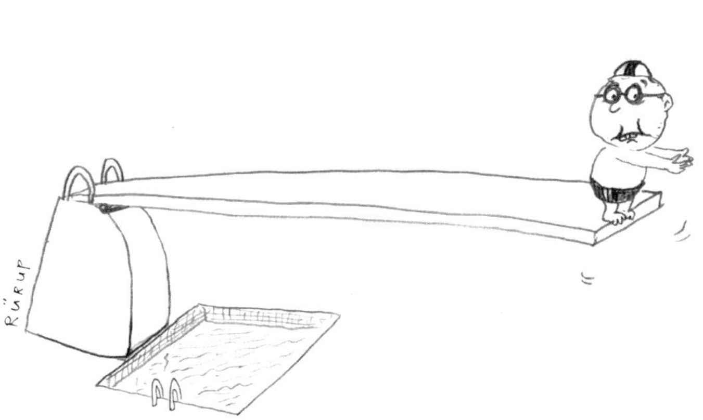

JETZT AKTUELL

Was machen eigen WINTERSPORT im SOMMER?

Im Winter springen, fliegen, rennen oder fegen sie total rum. Aber wie verbringen unsere Wintersport-Athleten die eisfreie Zeit? Nun, nicht viel anders als wir alle...

BUSFAHREN

Martin Schmitt
(Skispringen)
fährt viel Bus und erzielt dabei erstaunliche Weiten von bis zu 7000 Metern. Abends ist er mit seinen Freunden unterwegs, von denen er als schräger Vogel geschätzt wird, der trotz seines beachtlichen Karriereknicks mit beiden Füßen stets fest auf dem Boden bleibt.

lich unsere ER

LAUBFEGEN

Daniel Herberg *(Curling)*
und **Uli Knapp *(Raumpflege)***
nutzen die nutzlose Sommerzeit, um sich in städtischen Parks ein hübsches Zubrot zu verdienen und ganz nebenbei ihre Technik zu verbessern.

FLEISCHTHEKE

Astrid Kumbernuss
(Winter-Kugelstoßen)
geht im Sommer einem ordentlichen Beruf nach und verkauft an einer Frankfurter Fleischtheke Leber und Nieren (unterlegener Gegnerinnen).

ZWEIER OHNE

Georg Hackl *(Zweierbob, aktiv)* und
Franz Sagemeister *(Zweierbob, passiv)*
vertreiben sich die Zeit mit Warten. Immer am Mann: Info-Magazine über die neusten Bob-Kombis aus Latex oder Wurstpelle.

Hintner, Sonneborn, Zippert

2005–2009

Abwrackwitze in Salzstöcken

CYBERSATIRE fürs Jahr 3000

2005 wird ein Jahr zukunftsweisender Personalentscheidungen. Überall auf der Welt wechseln überraschend die Spitzenkräfte: Die katholische Kirche gönnt sich einen neuen Papst, das deutsche Volk erstmals eine Kanzlerin, TITANIC einen neuen Chefredakteur. Und das tollste: Alle drei sind Deutsche!

Trotz der Vorschußlorbeeren stellt sich bald heraus, dass zumindest zwei dieser Posten völlig fehlbesetzt sind. Die frühere FDJ-Sekretärin Angela Merkel führt unter dem Deckmantel der großen Koalition lediglich die hemmungslose Umverteilungspolitik von Kohl, Schröder und Honecker fort. So sollen nun durch Gesundheitsreform und Mehrwertsteuererhöhung plötzlich zwei der wichtigsten Käufergruppen von TITANIC enteignet werden: Ärzte und kauflustige Geringverdiener. Mit dem Hobbymediziner und verarmten Ruhrpottpoeten «Dr.» Thomas Gsella hat die Redaktion allerdings genau den Richtigen an ihre Spitze gehievt, um diesen Wahnsinn, wenn schon nicht zu stoppen, so doch ausdauernd und in Reimform zu geißeln.

Auch der zweite globale Besetzungs-Flop ist dem Dichterfürsten Gsella in den Folgejahren manchen Spottvers wert. Der neue (in Wahrheit: sehr alte) Papst Ratzinger schwimmt zwar zunächst auf einer Tsunami-Welle der Zustimmung. Auf Anregung von TITANIC-Mitarbeiter Martin Mosebach schafft er es aber binnen kürzester Zeit, seine Kirche ins Abseits zu manövrieren und sich selbst zur Lachnummer zu machen – als Stellvertreter Gottes auf Erden, der sich von einer Ungläubigen wie Angela Merkel öffentlich rüffeln lassen muß.

Kein Wunder, daß eine andere, erheblich gewaltbereitere Weltreligion nach der spirituellen Oberhoheit auf diesem Planeten greift: der Fußball. Die von TITANIC eigens nach Deutschland geholte WM 2006 sorgt einen Sommer lang für andächtige Stimmung, liturgische Gesänge und rauschhafte Ekstase vor Großbildschirmen. Da stört kaum, daß das deutsche Team die Hoffnungen nicht vollends erfüllen kann, weil es auf den modischen Firlefanz eines Jürgen Klinsmann setzt statt auf die bewährten Tipps der Redaktion.

Doch auch der Islam beweist, daß er Massen mobilisieren kann. Wegen angeblicher Schmähung des Propheten brennen im WM-Jahr weltweit dänische Flaggen, Botschaften und Frischkäsepäckchen. Was wirklich hinter den Karikatur-Protesten steckt, zeigt TITANIC auf dem Titel der März-Ausgabe. Mit gewohnt herzlicher Anteilnahme begleitet das Heft auch die Wirren jener Splitterpartei, die die undankbare Rolle des Juniorpartners in der großen Koalition innehat und ihre Stammwähler dabei erfolgreich vergrault. Nachdem etliche SPD-Vorsitzende unter der Last ihres Amtes zusammengebrochen sind, scheint mit Kurt Beck endlich ein Alphatier gefunden, das es in puncto Eloquenz

und Führungsstärke mit der Kanzlerin aufnehmen kann. Doch das Angebot von TITANIC, dem liebenswerten Brummbären mit dem Titel der Juli-Ausgabe («Knallt die Bestie ab») zu einem noch prägnanteren Profil zu verhelfen, wird brüsk abgelehnt: Mit einer einstweiligen Verfügung des Landgerichts Hamburg stoppt Beck die weitere Verbreitung des Titels und würdigt auch seine anschließende Huldigung als Held der Comicserie «Bussi Beck» mit keiner Geste. Zur Strafe verschwindet er schon wenig später glanzlos in der Versenkung bzw. dem Pfälzer Unterholz.

Ein weiterer Volksfeind gehörte vom ersten Heft an zu den inhaltlichen Säulen des Magazins: das Nikotin. Mit dem Anfang 2007 auch in Printmedien durchgesetzten Tabakwerbeverbot verliert TITANIC jedoch noch ihre letzten ganzseitigen Anzeigen. Für die Redaktion bedeutet das: noch kleinere Dienstmofas, noch sparsamere Arbeitsimbisse, noch magerere Pointen, die auf noch mehr Seiten ausgewalzt werden müssen. Und als ein Jahr später das Rauchverbot in der Gastronomie zu greifen beginnt, hören einige Redakteure sogar ganz auf. Mit der Gastronomie.

Die von Gsella mit eiserner Faust verfügten Sparmaßnahmen ermöglichen es TITANIC jedoch, mit einem entspannten Lächeln in jene Krise zu gehen, von der sich im Jahr 2008 außerhalb der Frankfurter Redaktionsräume alle Welt verblüfft zeigt. Jetzt, wo Geld überall Mangelware geworden ist, tragen die vielfältigen Anstrengungen des Chefredakteurs, das Magazin auch ohne Finanzmittel krisen- und zukunftssicher zu machen, reiche Früchte.

Vernetzung heißt nämlich von nun an die Zauberformel, mit der TITANIC ihre Rolle als einzig ernstzunehmender Global Player der Witz- und Satireproduktion beständig ausbaut. Die PARTEI als politischer Arm des Heftes hat bereits im März 2007 mit ihrem Georgien-Staatsbesuch die internationale Bühne betreten und in Zusammenarbeit mit hochrangigen georgischen Politikern ein schönes Stück Außen- bzw. Weltinnenpolitik abgeliefert (→ S. 340). Mit der Gründung der Verfassungsfeindlichen Plattform (VFP) innerhalb der PARTEI, die sich unter anderem für die Abschaffung der Menschenrechte einsetzt, wird ab Ende 2008 zudem der Schulterschluß zu un- und antidemokratischen Bewegungen gesucht, die ja überall auf dem Globus an Einfluß gewinnen.

Als besonders wirkmächtig stellt sich jedoch der von Gsella forcierte Ausbau der Online-Aktivität des Heftes (www.titanic-magazin.de) dar: Über das Internet gelingt es TITANIC endlich, die gesamte Jugend der Welt zu erreichen – gerade noch rechtzeitig, denn in Deutschland stirbt diese kostbare Ressource ja aus. Folgerichtig wird zum Ende des Jahres 2008 ein Kind mit eingebautem Internetanschluss neuer Chef des sich damit radikal verjüngenden Magazins: Leo Fischer. Der infantile Cyborg aus Re-

gensburg krempelt die Redaktion mit Hilfe geheimer Zukunftstechnologien komplett um. Virtuelle Hängeregistraturen sorgen plötzlich für Ordnung, eine sogenannte «Putzfrau» für Sauberkeit, und durch eine Art webbasiertes Rohrpostsystem können die Redakteure plötzlich auch jenseits der wöchentlichen Konferenzen miteinander kommunizieren!

Doch der irre Jungchefredakteur hat noch viel wahnsinnigere Pläne: Die für die Witzproduktion zuständigen Bewußtseinsregionen aller Mitarbeiter sollen im Laufe der nächsten Jahre auf einen sauteuren Supercomputer hochgeladen und sämtliche Layout-Vorlagen nach Gebrauch tiefgefroren und in Salzstöcken zwischengelagert werden.

Damit weder Naturkatastrophen noch Atomschläge den endgültigen Streich verhindern können: die Auswanderung der Redaktion ins Weltall, wo man selbst mit den ältesten Witzen der Menschheit noch Erfolg haben kann. TITANIC hütet sie seit Anbeginn der Zeiten.

Im zunehmenden Alter erschien mir
das zweihändige Zeichnen
immer notwendiger
Waechter 03

Mensch Angie!

Biographische Schnappschüsse

Angela Merkel ist die erste Kanzlerin der Deutschen Demokratischen Bundesrepublik (Deutschland). Jeder kennt sie als disziplinierte, von Machtgelüsten zerfressene Ärmelschonerin und *femme banale*, aber was ist Angela Merkel privat? Bzw. wer (wie)?

Als Angela Dorothea Merkel am 17. Juni 1954 in Hamburg geboren wird, sieht sie aus wie aus dem Feuerwehrteich gefischt. Die Eltern nehmen es mit Fassung und danken Gott trotzdem. Angelas Vater ist evangelischer Pfarrer, ihre Mutter seine Frau und eine miserable Köchin. »Von meinen Eltern habe ich viel gelernt«, wird sich Angela später erinnern. »Das Kochen von meiner Mutter und daß gegessen wird, was auf den Tisch kommt, von meinem Vater.« Noch im Jahr von Angelas Geburt zieht die Familie in die Walachei/DDR.

In der Schule tut sich Angela Kasner, wie sie sich damals nennt, durch gutes Wissen in den Fächern Diverses und Sozialismus hervor, kann aber auch gut mit zwei Fingern gleichzeitig in der Nase bohren, bis es blutet. »Der Konflikt mit der Staatsmacht war hier praktisch schon vorprogrammiert«, behauptet die versierte Dialektikerin noch heute (geschwindelt).

Mit zwölf erfolgt ordnungsgemäß der Eintritt in die Pubertät. Angela verliebt sich unsterblich, weiß aber nicht genau, in wen. Zwei Wochen später ist alles aus und Angelas kleines Herz aus Stein zum ersten Mal gebrochen. Traurig schreibt sie in ihr Tagebuch: »Die Politik hat deshalb die Aufgabe, Rahmenbedingungen und Entscheidungsspielräume zu schaffen, die es den Bürgerinnen und Bürgern ermöglichen, ihren persönlichen Lebensentwurf soweit wie möglich Wirklichkeit werden zu lassen.«

In der achten Klasse gewinnt Angela bei der Russisch-Olympiade eine Fahrt mit dem Freundschaftszug nach Nirgendwo (UdSSR). »Dawaisein war alles!« schmunzelt Dr. Merkel viele Jahre später und schwelgt in süßen Erinnerungen an Väterchen Stalin, das berühmte Moskauer Kaufhaus Harrod's und einen überraschenden Orgasmus auf dem Roten Platz. »Es war dann aber doch nur Sodbrennen« – sic transit Gloria Estefan…

In der neunten Klasse aber: nichts.

Nach dem hervorragend bestandenen Abitur reist sie mit dem Rucksack zur nächsten Konsum-Filiale: »Haben Sie keine Karena-Limonade?« – »Keine Karena-Limonade gibt's nebenan, wir haben kein Tüff-Rasierwasser!« Enttäuscht kauft sie keinen Fetzer-Schokoriegel. Weite Welt sieht anders aus…

Ihren achtzehnmonatigen Ehrendienst an der Waffe leistet sie dann ohne Murren, obwohl sie gegen den Imperialismus eigentlich gar nichts einzuwenden hat. Als Flurfunkerin zeichnet sie sich durch hohe Einsatzbereitschaft und guten Gehorsam aus: »Der Genosse Erwin hat heute schon

dreimal gewichst! Aber die Stiefel sind immer noch nicht blank!« Nach Ende ihrer Dienstzeit möchte sie gerne an die Ostfront, da stellt sich bei einer Routineuntersuchung heraus: Sie ist ein Mädchen! Ein Schock, zuerst, doch auch Erleichterung: Nie wieder muß sie sich wegen ihres extrem kleinen Kanonenröhrchens hänseln lassen.

Zum Physikstudium geht Angela nach Leipzig. Ihr Tagesablauf ist streng geregelt: Erst ausschlafen bis zwölf, dann kiffen bis drei, anschließend Freibad. Manchmal schreibt sie mit Filzer sogar subersive Sprüche an die Türen der Institutstoiletten: »Da wo eine subatomare Teilchenwolke dampft, da bin ich unverkrampft!« Erst ihr erster Ehemann Ulrich bringt sie auf den Pfad der Tugend zurück und belohnt sie für ihren Verzicht aufs süße Leben mit sexuellen Ausschweifungen, wie sie die DDR noch nicht gesehen hat. Erst als er fordert, »auch einmal das Licht anzulassen«, hat Angela genug und läßt sich scheiden, behält aber den Namen Merkel sowie eine Migräne, die ihr auch in den nächsten Jahren gute Dienste leistet.

Ihre Dissertation mit dem Titel »Die Käsquantenphysik und ihre Auswirkungen auf die sozialistische Schuhproduktion unter besonderer Berücksichtigung von subatomaren Teilchenwolken« wird ein Flop, den Mist will nicht einmal die DEFA verfilmen. Angela muß zur FDJ-Sekretärin für Agitation und Propaganda umschulen. Jetzt zahlt sich aus, daß sie seit Jahren ein Alkoholproblem hat: Eine Depression hat da von vornherein keine Chance.

Im Wendejahr 1989 tritt Angela Merkel dem Demokratischen Aufbruch bei und wird Pressesprecherin. Unvergessen ihr Auftritt bei der Gründung des Landesverbandes Niederschlesien: »…hätte ich hier und heute natürlich obenrum etwas anziehen können, meine sehr verehrten Damen und Herren, aber wie heißt es schon bei Paul Pot: ›Mehr Transparenz wagen!‹« Die Ostgebiete bleiben trotzdem verloren.

1991 wird sie unter Helmut Kohl Ministerin für Frauen, Jugend, Alte, Doofe und gewichtsmäßig Herausgeforderte und setzt sich entschlossen für allerhand ein: heute für dies, morgen für das – je nach Situation und Gusto, im Zweifelsfall wird »der Dicke« (= Helmut Kohl) gefragt. »Politik aus einem Gusto« ist von Anfang an Merkels politische Großvision, ganze Nächte werden hemmungslos durchregiert. Ergebnis: null, aber wenn es auf Ergebnisse ankäme, hätte sie ja gleich Physikerin bleiben können.

Nach der Spendenaffäre Ende der neunziger Jahre steht die CDU vor einem Trümmerhaufen und braucht unbedingt frisches, unbelastetes Personal. Angela sieht ihre Chance gekommen und greift selbstbewußt nach der Macht: Keck stellt sie ihr Auto auf Helmut Kohls Parkplatz, läßt aus Schäubles Rollstuhlreifen die Luft raus und schreibt ihren mittlerweile legendären Artikel in der *Frankfurter Allgemeinen Zeitung*, in dem sie Kohl durch die Blume den Rücktritt nahelegt: »Die Sau muß weg.« Daß so jemand dann Parteivorsitzende wird: kein Wunder.

Was macht Angela Merkel eigentlich privat so? »Meine Leibgerichte sind Grünkohl, Spaghetti Bolognese und Eintopf, mein Lieblingsgetränk: Kaffee« berichtet sie auf ihrer Homepage, ihre Hobbys sind »Wandern, Lesen, Ficken«, hoppla: »Gartenarbeit«, ihr Lieblingsschauspieler: »Robert Redford«.
Man kann sagen, Angela Merkel ist eine allseitig entwickelte Persönlichkeit mit einem Schlag bei Frauen und aber auch einfach so.

Ende Mai 2005 hat es Dr. Angela Merkel, geb. Kasner, endlich geschafft: Der 1984 bestellte Trabant kann abgeholt werden! Fröhlich knattert sie über die Straßen der Uckermark Richtung Kanzleramt, wo sehr bald ein ganz neuer Wind wehen wird. Acht Jahre will sie da bleiben und dann mal sehen. Das Leben ist so voller Überraschungen, da kann man nie wissen. »Ich denke, jeder spürt es«, so Angela bereits am 16.6.2005: »Auch heute erleben wir wieder bahnbrechende Entwicklungen. Auch heute steht unser Land wieder an einer entscheidenden Weggabelung. Lassen Sie uns heute aber nicht zuerst mit den Schwierigkeiten unseres Landes beginnen. Lassen Sie uns anders beginnen. Mit dem Klang dieses Landes.«
Und der geht: öchel-öchel.

Aufgezeichnet von Stefan Gärtner und Oliver Nagel

Die Klassiker der Küche

Heute: Nudeln mit Soße

Nudeln mit Soße ist eines der beliebtesten Gerichte der Welt: als leckere Vorspeise, als Hauptgericht oder sogar als Nachtisch, die Einsatzmöglichkeiten sind so vielfältig wie die Arten der Zubereitung. Als Nudeln kommen meistens Spaghetti zum Einsatz, aber auch Band-, Spiral- oder Makkaroninudeln sind beliebt.

Nudeln mit Soße

Zutaten für vier Personen

1000g Nudeln
500g Soße

1 Einen großen Topf mit (Leitungs-) Wasser füllen, Deckel drauf.

2 Herdplatte auf große Flamme stellen, Nudelpackung vorsichtig aufreißen.

3 Warten, bis das Wasser kocht, dabei schön einen durchziehen.

4 Nudeln in das kochende Wasser tun, mit dem Holzlöffel nachstopfen.

5 Soße aus dem Schrank nehmen und in einen möglichst kleinen Topf tun, Herdplatte auf höchste Stufe.

6 9 bis 11 endlose Minuten warten, nach einer subjektiv halben Stunde mal auf die Uhr sehen. Gelegentlich umrühren vergessen.

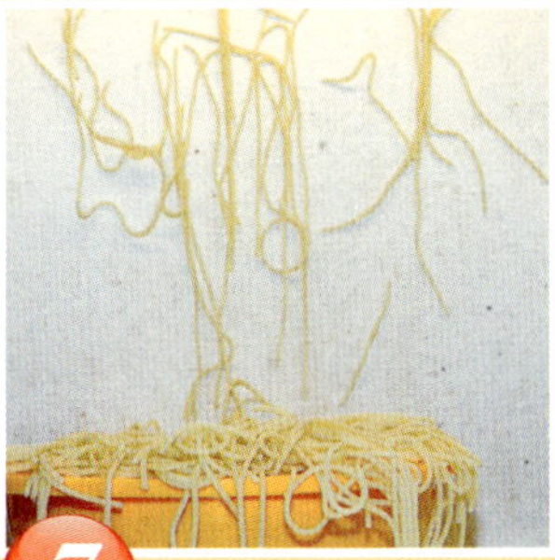

7 Topfinhalt in ein Nudelsieb geben, dann die Nudeln gegen die Wand werfen: Wenn sie an der Wand kleben bleiben, sind sie gut, wenn sie nicht kleben bleiben, hätte man vielleicht echt mal auf die Uhr sehen müssen.

8 Nudeln von der Wand entfernen und die aus dem Topf gespotzte Soße von Herd, Kacheln, Kühlschranktür, Brille und Fußboden kratzen, beides zusammengeben, fertig!

Stefan Gärtner

Glücksfall Hartz IV – und jetzt?

Das jüngste Urteil des Bundessozialgerichtes zum Arbeitslosengeld II hat es klargemacht: In unserer Gesellschaft gibt es eine kleine, aber glückliche Schicht von Menschen, die ausgesorgt haben. Denn wer mit einem Antrag auf die staatliche Sofortrente Hartz IV durchkommt, für den sind, so die Kasseler Richter, neben dem Lebensunterhalt auch noch Extravaganzen wie Restaurantbesuch, Kino oder Seife problemlos drin – ein Traum für jeden, der sein täglich trocken Brot mit ehrlicher Arbeit verdienen muß! Doch nicht jeder Glückspilz kann mit dem plötzlichen Geldsegen umgehen. Bei aller verständlichen Begeisterung ist es unerläßlich, erst einmal Ruhe zu bewahren und ein paar goldene Regeln zu beachten – damit Sie Ihren Wohlstand auch genießen können.

Freuen Sie sich, aber unauffällig!
Klar, daß nach der Antragsbewilligung die Emotionen mit Ihnen durchgehen: Sie möchten Ihre Pfandflaschensammlung in den Altglascontainer werfen und singend durch die Suppenküche tanzen. Doch bedenken Sie: Niemand dort wird Ihnen die Freude gönnen – statt daß Ihnen wer freundlich mit dem Löffel winkt, kriegen Sie die Fleischeinlage um die Ohren. Neidgesellschaft pur!

Sagen Sie niemandem etwas von Ihrem bewilligten Antrag!
Sobald bekannt wird, daß Ihr Antrag bewilligt ist, haben Sie jede Menge Freunde: Einer muß von seinen Schulden bei Willi's Schnap'släd'chen runter, die andere braucht einen neuen Aschenbecher mit doppeltem Fassungsvermögen – njet! Bei Geld hört die Freundschaft auf, und bei so viel Geld natürlich erst recht!

Nicht gleich waschen!
Erscheinen Sie urplötzlich gewaschen, gebügelt und frisiert in der Öffentlichkeit, fällt das natürlich auf. Lassen Sie also die Flecken möglichst in der Hose und die gelben Finger braun werden – das ist bequemer für Sie, und niemand möchte sich die Hände an Ihnen schmutzig machen.

Nicht sofort alle Lebensgewohnheiten ändern!
Versuchen Sie, Ihr Leben zunächst wie gewohnt weiterzuleben: Aufstehen um halb drei, dann fernsehen und/oder Trinkhalle. Plötzliche seriöse Tätigkeiten wie das Abonnieren einer Tageszeitung oder ein Restaurantbesuch beim Gammelfleischentsorger um die Ecke erregen bloß Mißtrauen und -gunst.

Nicht zum Künstler werden!
Viele Hartz IV-Gewinner legen sich Hornbrille, Hemd und Jackett zu und stellen »Skulpturen« in Neuköllner Abbruchhäusern auf. Lassen Sie die Finger davon! Zur Ausstellungseröffnung erscheint höchstens eine Jugendgang, die Sie niederschlägt, Ihre »Kunstwerke« mitnimmt und beim Metallschrotthandel verhökert.

Zurückhaltung bei der Wohnungssuche!
Ziehen Sie nicht sofort in Ihr Traumschloß – erstens haben Sie nur Schrottmöbel, und zweitens werden Sie am Ende für den Hausmeister gehalten. Überdies liegen Schlösser meist abseits in Gegenden ohne Kino. Zunächst genügt es, wenn Sie sich für Ihren Schlafsack ein Schließfach mieten.

Keine unüberlegten Einkäufe tätigen!
Geben Sie nicht sofort alles für Luxusartikel wie Schuhe oder Zahnpasta mit Dreifachprophylaxe aus: Erstens ging's vorher ja auch ganz gut »ohne«, und zweitens macht Ihnen der Staat doch keine Geldgeschenke, damit Sie die Asche dann für Konsumbanalitäten aus dem Fenster pulvern. Merke: Auch als Hartz-IV-König gehören Sie noch lange nicht zur Bourgeoisie! □

Gregor Mothes

Geilster seiner Klasse.
Der neue Phaeton besteht den Verkehrstauglichkeitstest von AUTO BILD (Heft: 22/05) und St. Pauli-Nachrichten (Heft: 7-20/05) mit Bestnoten.

Es war ein langer Weg.

Schön, daß er sich gelohnt hat.

Für jede Art von Vergnügen. Die neue Phaeton Betriebsrat Edition.

Der neue Phaeton steht für jeden Brasilienausflug bereit. Dafür sorgen seine hautfreundlichen Liegesitze und der optionale Plüschbezug ebenso wie seine extrem blicksicheren Scheiben. Außerdem bietet die Ausstattungslinie Comfortline serienmäßig die Klimaxanlage »Karibik«. Am besten, Sie testen den neuen Phaeton bei einem Proberitt. Infos zur Finanzierung bei Ihrem Volkswagen Partnerservice oder direkt unter www.peter-hartz.cum

Für Liebe im Automobil

Leider leben wir immer noch in einer Gesellschaft, die darauf beharrt, daß Männer und Frauen gleich seien. Neueste Erkenntnisse aus der Gehirn- und Evolutionsforschung wie auch aus der Verhaltenspsychologie zeigen aber, daß Frauen grundsätzlich anders sind als Männer – und Männer sogar noch einmal sehr viel mehr anders, als wiederum Frauen je sein könnten.

Männer tragen gerne Namen wie »Dirk«, »Thorsten« oder »Mario«, Frauen heißen dagegen lieber »Kathrin«, »Bernadette« oder »Manuela«. Schon bei Säuglingen finden sich diese elementaren Unterschiede. Wissenschaftler machen dafür chemische Botenstoffe im Gehirn verantwortlich, die bei Männern und Frauen je unterschiedlich verteilt sind. Sie haben die Funktion, eine klare Geschlechteridentifikation auch bei Gesprächen im Dunkeln oder am Telefon zu ermöglichen – wichtig für die Reproduktion der Gattung Mensch, die sonst aussterben würde.

Männer lieben es zu saufen, bis sie am Boden kriechen. Frauen wollen schon nach zwei, drei Pikkolöchen nach Hause getragen werden. Neuere Studien zeigen, wieso: Das männliche Gehirn ist, Erbe unserer vierbeinigen Vergangenheit, darauf geeicht, am Ende eines langen Tages die Ontogenese quasi rückwärts nachzuspielen: Rückfall ins Primatenverhalten, Verlust des aufrechten Gangs, Rückkehr ins flüssige Element, Ausspeien der Ursuppe. Das weibliche Hirn ist dagegen völlig anders programmiert: Zwei Glühwein mit Schuß, dann ist unverrückbar Schluß.

Männer reden gerne über Politik, Frauen über Beziehungen. Logisch: Männer sind genetisch dazu vorherbestimmt, die Weltherrschaft an sich zu reißen. Instinktiv wollen sie plündern, marodieren und brandschatzen, natürlich nicht als Selbstzweck, sondern um auf den Trümmern des Alten eine triumphale Willkürherrschaft zu errichten. Frauen ist ein solches Denken fremd. Sie wollen die Botschaft der Liebe in alle Winkel der Erde verbreiten, damit es sich hinterher besser darüber klatschen und tratschen läßt. Solchem Werbezweck dient auch ihr instinktives Verhalten, sich bei jeder Gelegenheit nackt auszuziehen und fotografieren zu lassen.

*

Männer pinkeln am liebsten unter der Dusche oder ins Waschbecken. Frauen erleichtern sich lieber auf dem Klo, das dafür aber viel öfter. Warum? Schon bei unseren Vorfahren in der Steinzeit war es so: Die Männer pinkelten im Regen oder unter Wasserfällen, um das Mammut und den Säbelzahntiger mit der Vorstellung zu erschrecken, sie seien die Götter des fließenden Wassers. Die Frauen zu Hause, die es aber besser wußten, zogen sich mit ihren besten Freundinnen alle paar Stunden kichernd in die Badehöhle zurück, um die ständig wechselnden Ereignisse des Tages (Briefträger, Milchmann, Staubsaugervertreter) Revue passieren zu lassen.

*

Männer spielen gerne zu Musik von »AC/DC« oder »Metallica« Luftgitarrensoli, Frauen wollen mit anderen Frauen zu »I will survive« oder »It's raining men« tanzen, singen und sich dabei aufmunternde Frauenpower-Blicke zuwerfen. Für Männer ist die Welt eine Bühne, auf der sie bewundert werden wollen. Für Frauen ist die Welt eine Tanzfläche, ein Miteinander und Füreinander und Umeinander, und am Schluß wird dann zusammen mit der besten Freundin geheult. Das kommt wahrscheinlich von den beiden

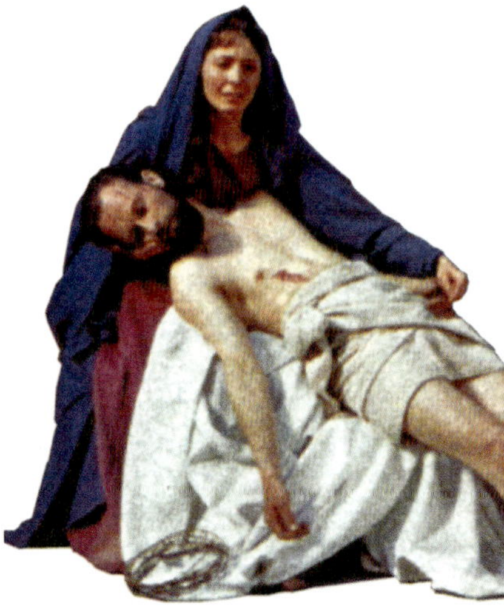

Männer denken zehnmal am Tag an Sex, Frauen nur einmal, aber dann mit viel mehr Orgasmen und Brad Pitt

Hirn-Hemisphären, die uns angeboren sind (eine links, eine rechts); genaueres weiß man aber noch nicht.

*

Männer schwärmen für technische Gerätschaften und können sich stundenlang über »Megabytes«, »LAN-Verbindungen« und »digitale Zertifikate« auslassen. Instinktiv wissen sie, daß sie ein Irrläufer der Evolution sind – und stellen sich daher vorsichtshalber schon einmal auf die Zeit ein, wenn die Maschinen die Erde regieren. **Frauen wehren sich nach Kräften dagegen, den Maschinen auch nur einen kleinen Finger zu reichen,** und weigern sich daher, mehr über ihren Computer zu wissen als: »Ich glaube, der ist von Windows oder so.« Sie wissen instinktiv: Wenn die Maschinen dereinst beginnen, den Küchentisch abzuwischen und Kinder zu kriegen, werden Frauen nicht mehr gebraucht.

*

Männer lassen sich gerne eine mächtige Wampe wachsen, Frauen stehen dagegen mehr auf Waschbrettbauch. Eine Wampe signalisiert Wohlstand und nimmt viel Raum ein – territoriale Überlegenheit ist Männern eben seit Urzeiten sehr wichtig. Die Vorliebe von Frauen für Waschbrettbäuche kommt ebenfalls von früher, als Frauen und nicht Waschmaschinen unsere Wäsche wuschen. Sieht eine Frau einen Waschbrettbauch, denkt sie sofort: Oh, da könnte man ja schön Wäsche drauf sauberrubbeln – den Typ will ich haben! Das geschieht natürlich un- bzw. unterbewußt, sonst würden Frauen nicht immer wieder drauf reinfallen. Ihre Männer sind derweil mit Essen beschäftigt und merken wieder mal gar nichts.

*

Männer lieben Ballerspiele, Splattermovies und blutige Steaks, weil sie im Grunde ihres Herzens Jäger geblieben sind. Blut = gut, so ihre einfache Rechnung, die sie aber ohne den Wirt (Frau) gemacht haben. **Frauen nämlich fliehen vor den Blutorgien ihrer Männer in Firlefanzläden und kaufen bunten Firlefanz,** den sie überall in der Wohnung hinhängen und aufstellen, weil sie im Grunde ihres Herzens immer noch die urzeitliche Höhle mit ihren ungemütlichen und manchmal blutbespritzten Felswänden aufhübschen wollen. Kurz gesagt: Männer schaden sich mit ihrer Besessenheit nach herumspritzendem Blut nur selber.

*

Männer furzen und rülpsen häufig und gern und lieben es, unmäßig unter den Achseln und auch sonstwo zu schwitzen. Frauen benutzen viel Parfüm und stellen überall Duftkerzen auf. Männer wollen den Luftraum kontrollieren, Duftmarken setzen, Territorium abstecken. Frauen haben im Laufe der Evolution gelernt, auf ihre Weise zurückzuschlagen; in letzter Zeit vor allem mit Raumbeduftern der herrlich frischen Duftnoten »Ocean Dream Breeze«, »Oriental Spring Scent« und »Massachusetts Wildflowerbasket Harmony«. Das wiederum bringt die Männer in Rage – und auf die Idee mit den dreckigen Socken!

*

Männer lassen ihre dreckigen Socken überall rumliegen, bringen den Müll nicht raus und tragen vergilbte Feinrippunterhosen. Frauen lesen jede Woche köstliche Glossen in Frauenzeitschriften, in denen typisch männliche Angewohnheiten aufgespießt werden (dreckige Socken rumliegenlassen, Müll nicht rausbringen, vergilbte Feinrippunterhosen tragen) – und lachen sich darüber immer wieder von neuem kaputt! Testreihen haben gezeigt, daß schon weibliche Kleinkinder achtmal häufiger über solche Kolumnen schmunzeln wie Jungen. Dafür verantwortlich sind mal wieder die Mormonen, äh, Quatsch: natürlich die Hormone. □

Frauen fühlen sich doppelt so oft müde und abgespannt wie andere Frauen

Männer können Frauen nicht zuhören, weil sie Gentomaten auf den Ohren haben

Frauen reden, um sich besser zu fühlen; Männer, um Probleme im Mittelfeld zu lösen

Frauen ziehen Männer, die aktiv im Berufsleben stehen, solchen vor, die immer nur rumhängen

TITANIC Völkerverständigung

Weg mit den Vorurteilen!

Der Schweizer

Der Schweizer zählt zur Bauernschaft,
denn all sein Land ist ländlich.
Auch ist sein Kehlkopf fehlerhaft,
das macht ihn unverständlich.

Der Schweizer kröächzt alswie ein Aar,
doch ist nicht bunt noch federn:
Grotesk verkürzt sein Hosenpaar
aus grauen Schweineledern.

Kultur blieb ihm ein fremder Stern.
Sein Geist heißt: Schweizer Franke.
So leben heute rund um Bern
Millionen Geisteskranke.

Der Holländer

Der Holländer ist ein Skandal
nicht nur bezugs Tomaten.
Dem Holländer ist das egal.
Im schlimmsten aller Staaten

zählt Qualität schon lang nicht mehr.
Die Tulpen sind aus Plastik.
Im Wohnmobil fahrn Holländer
zudem nicht grade hastig:

Stehst, Leser, du in einem Stau
und hast vier Stunden »Pause«,
dann zuckelt vorn gewiß 'ne Sau
von Holländer nach Hause!

Der Jamaikaner

Der Jamaikaner hockt herum,
und wenn er hockt, dann trinkt er.
Und wenn er trinkt, dann trinkt er Rum,
und wenn es rummst, dann singt er.

Und wenn er singt, dann braucht er was,
und wenn er's braucht, dann fickt er.
Und wenn er fickt, dann raucht er was,
und wenn er raucht, durchblickt er.

Und wenn er's blickt, geht's langsam aus.
Und wenn es ausgeht, langt's ihm.
Und wenn's ihm langt, kriecht er nach Haus
und pimpert weiter. Dankt's ihm!

Der Chinamann

Vom Chinamann gibt's äußerst viel.
Milliarden derer spucken
tagsüber und mit Stumpf und Stiel
Chineser-Streptokukken.

Des Abends hockt vorm Buddha-Schrein
er fern vom China-Rudel.
Des Nachts fängt er sich Köter ein
und frißt sie, Spitz wie Pudel.

Gleichspitz wie Lumpi ist sein Hut.
Das fördert den Tourismus.
Er findet Daumenschrauben gut
und ergo Maoismus.

Die Texaner

Wenn Texaner mal nicht woxeln,
schänden sie die Negerin,
schießen Nachbarn, reiten Ochseln
oder richten Neger hin.

Wenn Texaner mal nicht richten,
saufen sie und sehen rot,
schießen, schänden, spritzen, sichten:
Wieder ist ein Neger tot.

Wenn Texaner mal nicht töten,
schänden sie die Ochsen krumm,
schießen, saufen, retten Föten
oder legen Neger um.

Der Japse

Einst sah der Japs im Kimono
sich um in seinem Staate,
da war's zu eng für tae kwon do,
für Judo und Karate.

Drum ward der Japse polyglott,
doch will dazu nicht taugen:
Zwei Handbreit zwischen Kopf und Fott,
und schlitzig beide Augen.

So kämpft er sich durch unsre Welt
der Sehenswürdigkeiten
und knipst, was er für Türme hält:
die niedrigen und breiten.

Der Schotte

Der Schotte fühlt sich nur als Mann
in einer Männermeute.
Dort zieht er Transenröcke an
und bläst in Schweinehäute.

Er bläst ohn' Unterlaß hinein,
egal ob Kind, ob Opa.
Er lebt als grundperverses Schwein
im Norden von Europa.

Der Schotte ist nicht gutgestellt:
So arm er ist, so schafft er.
Er schafft und nimmt das kleine Geld
und steckt sich's in den Affter.

Der Ossi

Der Ossi will ein Deutscher sein
und hat kein deutsches Wesen.
Da mag auch er »Heil Hitler« schrein:
Er hat ihn nie gelesen.

Der Ossi ist kein Bildungstyp.
Er mordet aus dem Bauche.
Archaisch Seele, Herz und Rüb'.
Sein Blut und Boden: Jauche.

Er war und ist als Asiat
von Rilke fern, von Spengler.
Doch braucht ein großer deutscher Staat
den Killer wie den Quengler.

Thomas Gsella / Hilke Raddatz

Reiche K
für

Max Kruse
Urmel aus der Tiefkühltruhe
Der Hartz IV-Empfänger Atze Tibatong hat eine Methode erfunden, daß seine Frau Wutz und die Kinder die Schnauze halten. Als das jüngste, Urmel, trotzdem den ganzen Tag plärrt, darf es eine abenteuerliche Reise ins Tiefkühltruhenland machen, wo es nach monatelanger Suche von der Polizei gefunden wird. *Beltz & Schuldenberg, 5,80 EUR*

Tilde Michels
Schuldenkönig
Kalle Wirsch
Der siebenjährige Kalle hat vor vier Wochen ein eigenes Handy bekommen und schon 12 000 Euro Schulden zusammentelefoniert. Als der böse Gerichtsvollzieher Zoppo Trump bei Kalles Eltern klingelt, stürzt Kalle sich vorsorglich aus dem Fenster und verlebt eine sorgenfreie Ewigkeit bei den Erdmännchen auf dem Nordfriedhof.
HoHoHo-Verlag, 2,10 EUR

ost arme Leser

In Deutschland leben immer mehr Kinder unterhalb der Armutsgrenze, viele verwahrlosen – nur gut, daß es für sie die passenden Bücher gibt und die Verlage im Frühjahrsprogramm für genügend Identifikationsmöglichkeiten sorgen!

Janosch
Isch mach disch Krankenhaus, sagte der Bär

Der Tiger spannt dem Bären dessen Freundin Fräulein Gans aus. Das findet der Bär nicht gut und es gibt Zunder. Dann kommt der Hase mit den Stahlkappenschuhen und bringt alle ins Krankenhaus für Tiere, wo sie Dr. Brausefrosch davon überzeugen, daß es auch ohne Krankenversicherung „geht".

Paracelsusverlag, 12,30 EUR (verschreibungspflichtig)

Erich Kästner
Die Konferenz der Biere

Wenn sich das große Pils Alois, das Kölsch Oskar und Leopold, das Hefeweizen, treffen, kommt über kurz oder lang die Sprache darauf, wie sie das trübe Leben der Armutskinder aufhellen können. Sie berufen eine Konferenz ein und beschließen, zusammen mit Schnaps und Alkopop den unterprivilegierten Kleinen eine Freude zu bereiten…

Koma-Verlag, 2,90 EUR

Reiche Kost
für arme Leser

Eric Carlé
Die kleine Raupe Wirdnichtsatt

Das Buch erzählt die Geschichte einer kleinen Raupe, die sich eine Woche lang durch einen Teppich, drei Schichten Tapete, zwei Kopfkissen und vier Regalböden frißt und immer noch großen Hunger hat. Eine Ladung Insektenspray beendet das Schädlingsdasein ein für allemal. *Paral-Verlag, 19.90 EUR*

Michael Ende
Mumu

Die vierzehnjährige Mumu ist die Königin des Straßenstrichs und schafft am Tag 20 graue Herren. Ihr Zuhälter Meister Hura will Zeit sparen und kauft sich eine Uhr, die vorgeht. Bevor Mumu fragen kann, was der Unsinn soll, ist sie schon schwanger und wird von Beppo Straßendealer angefixt. Das läßt ihr Abitur in weite Ferne rücken.

Dr. Müller-Verlag, 50,– EUR

Grimms Märchen

Herr Grimm ist Referent im Familienministerium und erzählt allen Kindern, daß sie, unabhängig von Herkunft und sozialen Hintergrund, alles im Leben erreichen können, wenn sie nur wollen und ordentlich zur Schule gehen. Leider kommt kein Wolf und frißt ihn.

Von-der-Leyen-Verlag, 7,80 EUR

Große Jubiläumsveranstaltung
50, 60 oder 100 Jahre
ALZHEIMER
RÜRUP

Verständlich, wenn existenziell verzweifelte indigene Biologen eine Nanomami-Ju
bis sie groß und stark genug ist, um sich als leibhaftig heilige >Pachamama< schütze
Methangas in die Atmosphäre pusten und den klimatischen Schlamassel eh

u rituell opfern. Sie also mit Wachstumshormonen und Kohlehydraten vollpumpen,
r die Reste Amazoniens zu werfen. Dann aber wird die üppige Vegetarierin Unmengen
h verschärfen. Wie man's macht, ist's verkehrt. Ein verstörendes Dilemma!

Mark-Stefan Tietze

Frau Rittig, das Recht und das Heft

30 Jahre TITANIC – 30 Jahre Satire & Justiz

Gewiß ist TITANIC die «verbotenste Zeitschrift Deutschlands», wie ihr langjähriger Redakteur Christian Y. Schmidt in einem Rechtsgutachten von 1999 festgestellt hat. Dieser Befund wirft allerdings Fragen auf: Wie verboten war und ist TITANIC eigentlich genau? Wer verbietet wo, wann und warum? Was kostet das? Und überhaupt: Was nützt dem treuen Leser eine Zeitschrift, die immerzu verboten ist – kriegt er da noch genug zu lesen?

Zunächst sollte man klären, was «verboten» genau heißt, aber auch hinter den Mythos der stets von Zensur bedrohten Zeitschrift schauen – denn der wird selbstverständlich von interessierter Seite genährt. So schrieb das Sensationsblatt *Stern* 2007, TITANIC zehre unverändert von ebendiesem Mythos, «dank 35 verbotener Ausgaben, 55 Gerichtsverfahren, unzählbarer einstweiliger Verfügungen und Unterlassungserklärungen».

Dieses Ausmaß der Verbotenheit klingt natürlich heldenhaft. Trotzdem seien hier im Dienste der Aufklärung drei Erläuterungen angebracht. Erstens ist von solchen Verboten nie das komplette Heft berührt, stets sind es nur ganz bestimmte Textpassagen oder Abbildungen. Würde sich jemand die Mühe machen, diese Stellen herauszureißen oder zu schwärzen, könnten die betroffenen Exemplare durchaus weiterverbreitet werden.

Zweitens bedeutet «verboten» nicht unbedingt, daß eine Ausgabe, die inkriminierte Aussagen enthält, per Gerichtsbeschluß und in ganzer Auflage aus dem Verkehr gezogen wird. Praktisch immer bleiben die an Abonnenten und Kioske bereits ausgelieferten Exemplare verschont; in vielen Fällen heißt Verbot nur, daß TITANIC außergerichtlich erklärt hat, eine darüber hinausgehende Verbreitung zu unterlassen und die beanstandete Äußerung nicht zu wiederholen.

Da es aber in jedem Fall teuer werden kann, ein wie auch immer verbotenes Heft in Umlauf zu bringen, hat man in den Kellergewölben des Verlags ein strenges Auge auf diese Ausgaben. Zensurexperte Schmidt zählte vor zehn Jahren 21 Hefte, die dort auf dem Index standen, und die aktuelle Liste weist, um Zweifelsfälle ergänzt und um Altlasten bereinigt, insgesamt 27 Ausgaben auf, die nur zu wissenschaftlichen Zwecken versandt werden dürfen.

Insofern stimmt eigentlich alles, und die oben genannten Zahlen sind gar nicht besonders übertrieben. Es bedeutet bloß und drittens: In der vergangenen Dekade sind lediglich sechs Hefte hinzugekommen, TITANIC ist somit ein bißchen weniger verboten als früher. Ist also das Magazin harmloser geworden – oder die Justiz satirefreundlicher? Sind die Witzfiguren des öffentlichen Lebens weniger empfindlich – oder ist die Rechtsabteilung des Hefts inzwischen einfach zu gut?

Es gibt nämlich eine ausgezeichnete Justitiarin, die TITANIC seit 1981 berät, vertritt und aus dem Gröbsten raushaut: die Frankfurter Rechtsanwältin Gabriele Rittig, die im Laufe der Jahre einen immer dichteren Schutzschirm über die Redaktion gespannt hat. Frau Rittig (deren Name nicht ganz zufällig dem einer gewissen Romanfigur ähnelt) macht es potentiellen Angreifern ziemlich schwer. Sie kontrolliert jedes Heft vor Drucklegung penibel auf justitiable Stellen, taxiert das Risiko und weist den Redakteuren Wege, allzu offenkundige Fettnäpfchen zu umgehen.

Sollte sich dennoch jemand mit einem juristischen Anspruch an das Magazin wenden, kriegt er es mit ihr zu tun. Frau Rittig checkt gnadenlos, ob der Anspruch überhaupt berechtigt ist. Wenn sie einem Beschwerdeführer dann bescheidet: «Wir können als Geste der Versöhnung ein Frei-Abonnement der TITANIC anbieten», ist der Fall meist schon erledigt. Uneinsichtigeren Gegnern zeigt sie die Grenzen gern vor Gericht auf. Und sie ist jederzeit bereit, großmütige Vergleiche zu schließen und großzügige Überweisungen an notleidende Satireopfer zu veranlassen, wenn es denn einem höheren Ziel dient: zum Beispiel einem beleidigten Promi die Schönheits-OP zu finanzieren oder dem Heft den Verkauf des hauseigenen Silberbestecks zu ersparen.

Wer verbietet?

Leider gelingt es Frau Rittig nicht immer, sich mit ihrer vorbildlichen Rechtsauffassung durchzusetzen. In der Regel sind es dann Gerichte, die einstweilige Verfügungen erlassen, Unterlassungserklärungen auferlegen, eine Weiterverbreitung untersagen, die Zahlung von Schmerzensgeldern verfügen und Gerichtskosten aufbrummen – allerdings nicht aus Jux und Dollerei, sondern stets auf Antrag von Unternehmen oder Personen, die sich von der Satire getroffen fühlen.

So wollte sich der Autor Gerhard Zwerenz in TITANIC 6/1983 nicht als «Ansammlung von Körpersekreten» bezeichnen lassen, er klagte und bekam eine Entschädigung zugesprochen. Erzbischof Dyba sah sich in einem Fotowitz in TITANIC 12/1991 als Kinderschänder verunglimpft und ließ Chefredakteur Zippert zu einer Geldbuße verurteilen, bevor eine höhere Instanz das Verfahren wegen Geringfügigkeit einstellte. Leuten wie ihnen steht dabei das Persönlichkeitsrecht zur Seite. Es schützt den einzelnen nicht nur vor Beleidigung und Verleumdung, sondern bereits vor unwahren Tatsachenbehauptungen. Wenn der Sänger Thomas Anders also offenkundig keine «Schwuchtel» ist, darf man das auch nicht behaupten wie in TITANIC 2/1986, sondern muß es klipp und klar widerrufen.

Nun ist der Schutz der persönlichen Ehre allerdings abzuwägen gegen das Recht auf freie Meinungsäußerung. Dieses deckt auch stark wertende Texte und Bilder, sofern es dafür einen Anlaß gibt. Ob eine Äußerung aber eine zulässige polemische Zuspitzung oder eine unzulässige persönliche Herabsetzung darstellt, entscheidet leider nicht Frau Rittig, sondern die Justiz. Zum Beispiel so: Bloß weil sich der Publizist Manfred Bissinger nach einem Gastspiel als Senatssprecher einer erstaunlich großzügigen Ruhegeldregelung erfreute, durfte TITANIC ihm im Heft 11/1981 noch lange keinen «strammen Rentenbetrug» nachsagen, sondern mußte diese diffamierende Behauptung zurücknehmen. Und als ein Richter befand, die Sängerin Evelyn Künneke habe zu Recht etwas dagegen, in TITANIC 7/1992 als «Softlife-Nudel» und «kulturindustrielle Sondermülltonne» tituliert zu werden, entschuldigte man sich selbstredend und gönnte ihr von Herzen die Wiedergutmachung – auch wenn Künneke zuvor die Emigrantin Marlene Dietrich des Vaterlandsverrats geziehen hatte.

Wenn es jedoch nicht allein um Polemik geht, sondern um andere satirische Schreib- und Abbildungsweisen, zieht Frau Rittig gern ihre Trumpfkarte: die weitergehende Kunstfreiheit. Hier hat die Justiz stets anerkannt, daß es in der Natur der Satire liegt, zum Zwecke der Kritik mit Übertreibung, Verfremdung und Verzerrung zu operieren. Die Rechtsprechung verlangt dafür aber – einer altertümlichen Kunstauffassung folgend – die formal als fiktional oder karikaturhaft erkennbare Gestaltung oder «Einkleidung» dessen, was sie den Inhalt oder «Aussagekern» der Satire nennt. Bei Witzzeichnungen ist das oft unproblematisch: Der *Focus*-Chefredakteur Helmut Markwort mußte den Nachdruck eines Cartoons in TITANIC 7/1996 hinnehmen, in dem sein bekannter Werbespruch mit den Worten «Ficken, ficken, ficken und nicht mehr an die Leser denken» parodiert wurde – obwohl er dafür nur schlappe 100 000 Mark Schmerzensgeld haben wollte.

Geht man allerdings davon aus, daß Kunstwerke prinzipiell mehrdeutig sind, ist es mindestens dubios, satirische Äußerungen vor Gericht auf eine einzige Kern-Interpretation reduzieren zu wollen. Immerhin können sogar Juristen mitunter erkennen, daß eine Bedeutung, die ein Kläger in eine Äußerung hineinliest, dort gar nicht enthalten ist. So haderte die Schauspielerin Hannelore Hoger mit einem an sie adressierten «Brief an die Leser» in TITANIC 6/2000.

Über ihren Rechtsanwalt forderte sie folgende Gegendarstellung: «Unwahr ist, daß ich über die ‹Stränge› schlage und hierbei ein Hotelzimmer zerdeppert und/oder einen Kellner geohrfeigt und/oder die Minibar leergetrunken habe, ohne zu bezahlen. Richtig ist, daß ich derartiges nie erlebt oder getan habe.«

Nichts dergleichen stand allerdings in dem Text. Der zweifellos hervorragenden Mimin wurde lediglich empfohlen, künftig doch lieber solche starallürenhaften Schandtaten zu begehen, als ihre selbstgemalten, ästhetisch nicht vollends überzeugenden Bilder in Talkshows herzuzeigen. Das Mißverständnis war eigentlich offensichtlich, was das Landgericht Berlin später ebenso sah. Doch um es zu verdoppeln, hatte TITANIC die Gegendarstellung einfach schon abgedruckt – zum Vergnügen der Leser und natürlich ohne Anerkennung einer Rechtspflicht.

Komplizierter wird es freilich, wenn sich die Satire gegen eine eindeutige Lesart sperrt und sich der Kläger aus der Vielzahl der Deutungsmöglichkeiten partout die für ihn ungünstigste herausgreift. Der Jungliterat Benjamin von Stuckrad-Barre setzte einstweilige Verfügungen gegen die TITANIC-Ausgaben 5 und 7/2001 durch, weil er sich dort als Mörder diffamiert sah. Tatsächlich: In zwei erfundenen Anzeigen waren Gefängnislesungen des Schriftstellers angekündigt und mit Fotos der damals medial angesagten Schwerverbrecher S. Jahn und T. McVeigh illustriert worden. Aber gewiß nicht, um den Popautor als Mörder zu schmähen. Sondern eher, um in grotesker Überzeichnung auf die durchaus komische Ähnlichkeit von Stoppelfrisur und Physiognomie der drei jungen Männer hinzuweisen. Oder die öffentliche Omnipräsenz Stuckrad-Barres aufs Korn zu nehmen? Oder seine nachlassende Popularität zu antizipieren?

Eigentlich hätte sich nach dem vorläufigen Verbot durch das Landgericht Berlin ein weiteres Verfahren mit diesen Fragen befassen müssen, hätte der aufgeklärteren Rechtsprechung folgen und auf Drängen Frau Rittigs die mögliche, aber nicht nötige Interpretation «Autor = Mörder» verwerfen müssen. Nachdem TITANIC in Zeitungsanzeigen vor dem Erwerb der Hefte gewarnt hatte (»Finger weg! Verboten!«), verlief die Angelegenheit aber im Sande. Vielleicht auch, weil die Berichterstattung über den Fall Stuckrad-Barre stärker zu schaden drohte als die Satiren selber.

Und warum?

Warum also gehen mehr oder weniger prominente Personen und Unternehmen juristisch gegen TITANIC vor? Christian Y. Schmidt hat 1999 eine Reihe von möglichen Motiven aufgelistet. Neben dem Wunsch nach Richtigstellung und Schutz vor Diffamierung könne man bei den Klägern oft auch «pures Beleidigtsein», «gewisse Rachegelüste» sowie «schlichtes finanzielles Interesse» vermuten – bestimmt richtig, aber schwer nachzuweisen.

So dürfte es eher die handfeste Furcht vor Imageschäden gewesen sein, die in den neunziger Jahren einige Unternehmen dazu bewog, gegen Werbeparodien im Heft zu klagen. Erfolgreich waren damit die Firmen Longines, McDonald's, Apple und Kabel1 – Schmidt faßt zusammen: «Die Schweizer Uhrenhersteller hatten etwas dagegen, daß ausgerechnet Adolf Hitler für ihre Produkte warb (TITANIC 1/1993), die Hamburgerkette meinte, ein in einer fiktiven Pressemitteilung angekündigtes ‹Happy Jew Menu› sei in höchstem Maße geeignet, ihren Geschäftsbetrieb nachhaltig zu schädigen (TITANIC 6/1994), die Computerfirma mochte es nicht dulden, daß in einer Anzeigenparodie ein Siggi ‹Heil› Himmler Apple-Computer lobte (TITANIC 12/1994), und die Kabel1 Fernsehen GmbH wollte nicht, daß in die Glücksrad-Anzeigetafel die ‹Redewendung› ‹Auschwitzlüge› montiert war (TITANIC 1/1999).» Ebenfalls als imageschädigend wurde zuvor die Anzeigenparodie «Ich war eine Dose» mit der Abbildung eines Kruzifixes in TITANIC 12/1986 empfunden. Freilich wehrte sich nicht die für den Gekreuzigten zuständige Kirche, sondern das für die Dosen verantwortliche «Informationszentrum Weißblech e. V.».

Die katholische Kirche indes prozessierte vor allem in früheren Jahren praktisch ständig gegen das Magazin, meist wegen Religionsbeschimpfung und Verunglimpfung des Papstes. Zuletzt stritt die Deutsche Bischofskonferenz gegen den Titel von TITANIC 10/1995, auf dem der Heiland als Klopapierhalter zu sehen war (»Spielt Jesus noch eine Rolle?«) – letztlich erfolglos, wie in den früheren Fällen auch. Schmidt vermutet hinter dem wiederholten Vorgehen deshalb ein ganz anderes Motiv, nämlich die öffentliche «Mobilisierung der eigenen Klientel», die sich nicht damit abfinden will, dass Glauben Privatsache ist und Geschmacklosigkeit kein Fall für die Justiz. Ähnliches mag auch für die Vertreter der Bundeswehr gelten, die regelmäßig die doch längst beantwortete Frage klären lassen wollten, ob man Soldaten sinngemäß oder wörtlich als Mörder bezeichnen darf.

Als in jeder Hinsicht speziell stellte sich aber der Fall des SPD-Vorsitzenden und Ministerpräsidenten Björn Engholm dar. Er hatte 1993 zugeben müssen, von den Hintergründen der Barschel-Affäre, die ihn 1987 ins Amt gebracht hatte, viel früher gewußt zu haben als vor der Öffentlichkeit und unter Eid behauptet – er hatte also gelogen wie weiland Barschel. Folgerichtig sah man auf dem Titel von TITANIC 4/1993 die Fotomontage eines lächelnden Engholm in der Genfer Badewanne. Der Sozialdemokrat erwirkte sofort eine einstweilige Verfügung und klagte sich anschließend gegen die Abbildung (sowie einen Beitrag mit weiteren Montagen im Folgeheft) durch sämtliche Instanzen.

Rechtsexperte Schmidt nimmt an, daß es dem Politiker dabei hauptsächlich um ein Ablenkungsmanöver ging: «Engholm hoffte, indem er sich selbst zum von der Presse gejagten und verfolgten Märtyrer stilisierte, auf einen Mitleidsbonus.» Walter Boehlich vermutete 1995, daß es Engholms Ziel war, «seine verlorene Ehre auf dem Klageweg scheinhaft wiederherzustellen». Dies gelang nur unzureichend: Eine Woche nach der einstweiligen Verfügung mußte Engholm von allen Ämtern zurücktreten. Im September 1994 bestätigte das Oberlandesgericht Hamburg jedoch das Verbot der beiden Hefte wegen «ehrkränkender Mißachtung» der Menschenwürde Engholms, die durch die «Freiheit der künstlerischen Tätigkeit nicht mehr gedeckt» sei, und sprach dem Mann das bis dahin höchste Schmerzensgeld der deutschen Pressegeschichte zu.

Was kostet das?

Verblüffend häufig sind dies 5000 Mark – immer wieder haben Gerichte den Satiregeschädigten diese magische Summe zugebilligt. Evelyn Künneke erhielt sie, ebenfalls Gerhard Zwerenz, weiterhin der Showmaster Hans-Joachim Kulenkampff für ein unter seinem Namen abgedrucktes Schmähgedicht in TITANIC 5/1990 und neben anderen schließlich auch Bundespräsident Johannes Rau, der in TITANIC 1/2001 irrtümlich mit der Modekrankheit BSE in Verbindung gebracht worden war. All diese Fälle kosteten also nicht die Welt, auch wenn in jedem einzelnen zusätzliche Gerichts- und Anwaltskosten anfielen.

Der Kasus Engholm sprengte diese Dimensionen jedoch deutlich: Das Gericht legte die Entschädigungssumme auf jene sagenhaften 40 000 Mark fest, die das endgültige Satiremagazin dann auch restlos begeistert und beinahe anstandslos überwies. Und für die Verfahrenskosten in Höhe von nochmals etwa 100 000 Mark gleichfalls mit Kußhand aufkam, selbst wenn es in der redaktionseigenen Kaffeekasse anschließend etwas eng wurde.

So war es dann durchaus begrüßenswert, daß der Deutsche Fußball-Bund im Jahr 2000, als TITANIC mit anerkannt seriösen Bestechungs-Faxen die WM 2006 ins Land geholt hatte, auf seine angedrohte Schadensersatzklage in Höhe von 600 Millionen Mark verzichtete. Zwar mußte Chefredakteur Sonneborn schriftlich erklären, solche Aktionen künftig zu unterlassen. Das jedoch kostete ihn lediglich ein Lächeln; anderenfalls hätte die Redaktion nämlich nicht nur ihr Silberbesteck, sondern auch ihren Goldhamster verkaufen müssen.

Als besonders bedauerlich stellte sich zuletzt der Fall des TITANIC-Titelbilds 7/2006 dar, der das Magazin zwar kaum Geld, dafür aber die Sympathien Kurt Becks kostete. Auf dem Titel, dessen Zeilen zum Abschuß des Problembären Bruno aufriefen («Knallt die Bestie ab!»), war zufällig der rheinland-pfälzische Ministerpräsident und damalige SPD-Vorsitzende zu sehen – zwar auch eine, wie Chefredakteur Gsella schrieb, «berückend kuschelbärige Naturerscheinung», aber mit der Zeile doch gar nicht gemeint! Selbst wenn man sie auf ihn hätte beziehen wollen, hätte man ob der grotesken Diskrepanz zwischen der Bezeichnung «Bestie» und der liebenswerten, gemütlichen, für den rauhen politischen Alltag Berlins fast schon zu harmlosen Frohnatur doch erst einmal auflachen müssen!

Nicht so Kurt Beck, der in einer Pressekonferenz düster erklärte: «Wenn Sie immer wieder mit

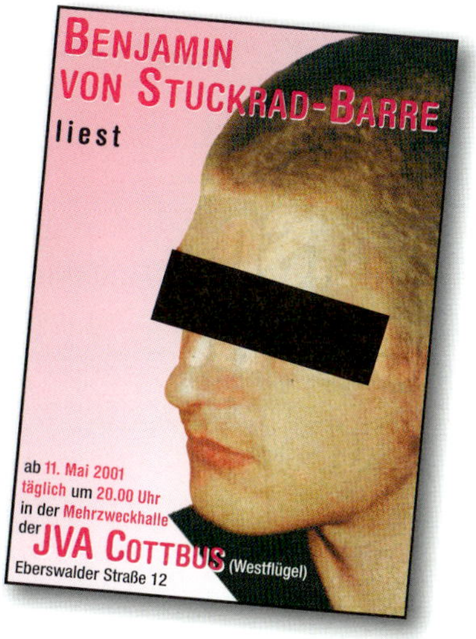

konkreten Morddrohungen im Alltag zu tun haben, dann ist der Humor, der sich dahinter verbergen soll, zumindest mir verborgen geblieben.» Das Gericht sah das leider ganz ähnlich, und so wurde das Heft unter Androhung eines Ordnungsgeldes in Höhe von 250 000 Euro verboten. Und Beck seine treueste publizistische Streitmacht los.

Was nützt es?

Dem schlauen Leser, der das Heft abonniert oder rechtzeitig am Kiosk erstanden hat, nützt so ein Verbot ganz schön viel. Er profitiert vom Reiz des Illegalen, kann in der Clique damit angeben, hat hinterher vielleicht sogar ein gesuchtes Sammlerstück, das er für zigtausend Euro bei eBay verscherbeln kann.

Aber es sind ja – dank Gabi Rittig – nicht alle Ausgaben verboten. Insofern haben die hin und wieder eingehenden Klagen und Verfügungen schon den segensreichen Effekt, daß die Superjustitiarin konstant beschäftigt gehalten wird. Der Leser kann somit sicher sein, stets ein juristisch einwandfrei begutachtetes Exemplar in Händen zu halten, und zwar auf dem neuesten Stand der Rechtsprechung. Und da sich TITANIC, wie Juristen es ausdrücken, an den «satirekundigen Leser» richtet, kann die Satire ihre rechtlichen Grenzen hier auch stärker ausloten als anderswo. Zwar ist es für ihre Wucht und Wirkung nicht immer nur gut, wenn der Kunstvorbehalt signalisiert: Ist ja alles nur Spaß! Beziehungsweise: Kunst! Weshalb Frau Rittig in einem Aufsatz einmal murrte: «Satire darf alles, wenn sie hübsch im Kreise derjenigen bleibt, die besonders gebildet, besonders verdorben oder aus anderen Gründen wirkungsresistent sind.»

Doch läßt sich durchaus eine seltsame Langzeitwirkung der juristischen Fehden beobachten. Viele von denen, die gegen das Heft vorgingen, standen, auch wenn sie kurzfristig Erfolg hatten, hinterher nicht eben besser da. Man mag ihnen nicht unbedingt eine latente Sehnsucht nach Untergang und Verderben unterstellen, bedenke aber folgendes: Die Bundeswehr bekam Auslandseinsätze und Nachwuchsprobleme, über den desaströsen Zustand der katholischen Kirche wollen wir gar nicht räsonieren, die SPD-Granden Engholm, Rau und Beck verloren über kurz oder lang ihre Ämter, und von den meisten Prominenten, die TITANIC verklagten, hat man bald auch nichts mehr gehört.

Weshalb nach wie vor gilt, was der TITANIC-Humorkritiker Hans Mentz schon 1987 damaligen, heutigen und zukünftigen Satirikern riet: «Jammert nicht darüber, daß Thron und Altar weitgehend satireresistent geworden sind. Freut euch lieber über jeden Neuzugang noch empörungsfähiger Personengruppen.«

Sollten Sie also bei Gelegenheit eine gewisse Empörungsfähigkeit in sich verspüren: Frau Rittig wartet bereits sehnsüchtig auf Post von Ihrem Anwalt.

Rattelschneck

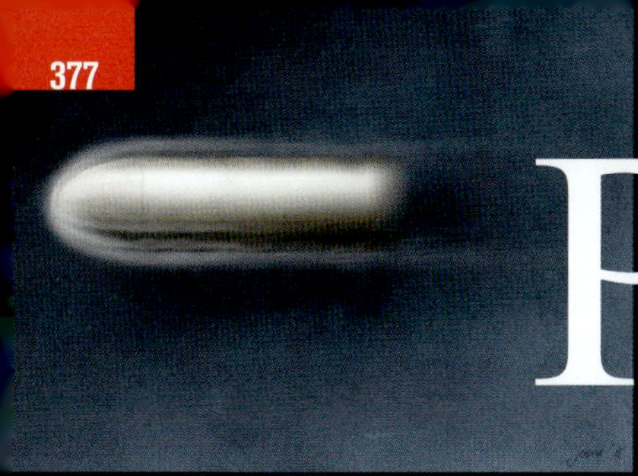

Spermaeimer-Leser, willkommen bei

Projekt.IL

(vormals *Die Klatsche*)

SCHÜLERZEITUNG DER BUD-SPENCER-RESTSCHULE HANAU

Haut voll rein:
Mehmet

Geil: Ayse

Kompromißlos:
Ayses Brüder

Diskutiert alle mit:
Schule – nur was für Schwule?

Vanessa (früher 9b) über ihr schönstes Pausenerlebnis:
„Erst klingelten die Glocken, dann begann schon die Babypause!“

Test:
Was knallt besser?
Crack vs. Walther P 22

So macht Schule Spaß:
Kieferbruchrechnen

Sprüche

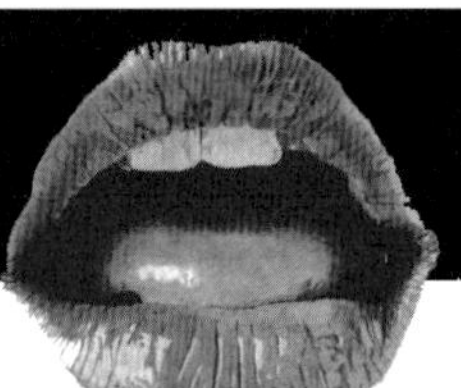

Murat: „Guckstu mein Schwester?!"
Dr. Zwackelmann: „Röchel!"

Herr Lämpel: „Also lautet ein Beschluß, daß der Mensch was lernen muß. Ich sehe hier nur leider keine Menschen."

Herr Hartling: „Der Satz des Pythagoras – Amir?"
Amir: „Äh, äh… $a^2 + b^2 = \ldots$"
Herr Hartling: „Und? Weiter?"
Amir: „Nix weiter. Isch hab in meim ganzen Leben noch keinen vollständigen Satz."

Herr Specht: „Hat mir jemand einen Schwamm mit Salzsäure auf meinen Stuhl gelegt, oder ist mein Arschfurunkel geplatzt? Hoffentlich nicht das Furunkel!"

Achmed: „Verpiß dich, du Mißgeburt!"
Frau Wedekind: „Achmed, wie redest du mit deiner Lehrerin?"
Achmed: „Ich meinte natürlich: Schönen guten Morgen, Frau Wedekind!"

Herr Ponal: „Ich ficke deine Mutter, Wassili!"
Wassili: „Viel Spaß!"
Herr Ponal: „Danke!"

Herr Gabel: „Messer weg, Klassenarbeit!"

Maria: „Herr Wolff! Der Yussuf hat mir mein Geodreieck geklaut, um damit Koks zu hacken!"
Herr Wolff: „Yussuf, du Schlingel! Soll ich dir mal meine Kreditkarte leihen?"
Yussuf: „Nicht nötig. Die hab ich in der großen Pause schon verkauft."
Herr Wolff: „???"
Yussuf: „Ey, wie soll ich mir sonst Koks leisten!!"

Herr Lämpel: „Und bleibt mir in der Pause bloß von meiner Meerschaumpfeife weg – sonst knallt es!"

Frau Malzahn: „Ihr müßt lernen, lernen, lernen!"
Yasemin: „Wozu?"
Frau Malzahn: „Keine Ahnung."

Ivo: „Ich konnte meine Hausaufgaben nicht machen – ich mußte bis tief in die Nacht den arte-Themenabend ‚Bildung und Zukunft' gucken!"

Wolle Meisel, Co-Direx: „Wenn du mich noch einmal mit der Fahrradkette verprügelst, werden wir deinen Klassensprecherposten zur Disposition stellen."

Herr Scholz: „Wem gehört die Machete in meinem Rücken? Ich zähl bis… aaaahhh … ouh…"

„ey korägt sheissey haubsahce mann färschted dehn sin du schwul wixa."
Yusuf, 9a, in einer Erörterung zum Thema „Briefliche Höflichkeitsformen gestern und heute"

Massakriert – notiert

Neue Gewaltvideos fürs Handy. Für euch geguckt von Hassan

***** Das Video, wo dem einen von der 9b der Kopf abgemacht wird, ist wahrscheinlich nicht echt (glaub ich) *** Da, wo die Wild Pumas den Grundschüler plattmachen, ist gemein, weil: scheiß Bildqualität! *** Cool: Ein Dackelhund, der platzt, weil mit Kompressor voll aufgepumpt! Noch cooler: die Oma, die voll abheult! *** Jasmin (100 Kilo) nackt – Horror! *** Voll schwul: Borkeback Moutine. *** Ein Quentchen zu arty: Capote *****

Unser schöner Klassenausflug

Von li. nach re.: Patric, Öslem, Arschloch, Hassan, Rollo

Im Streichelzoo

Eigentlich wollten wir ja in den Schlachthof fahren, weil der Cem gesagt hat, da werden Tiere voll kraß abgemurkst. Da hat der Herr Peters gesagt, geht nicht, ist zuviel Gewalt. Also sind wir in den Zoo gefahren, nämlich nach Frankfurt, wo es auch Löwen gibt und Tiger und wenn wir da sind auch Esel, hat Herr Peters gesagt. Mehmet hat ihm dann gezeigt, wer hier der Esel ist, und dann sind wir mit dem Herrn Grosch gefahren. Am Bahnhof wollte Robby sich erst mal Drogen kaufen, aber der Herr Grosch hat gesagt, Referendare dürfen keine Drogen. Da hat der Robby geschrieen und ist dann abgehauen. In der U-Bahn haben wir alle erst mal voll auf den Boden gespuckt, bis eine alte Oma ausgerutscht und auf den Kopf gefallen ist. Da wollte Herr Grosch ganz schnell aussteigen, obwohl wir noch gar nicht dagewesen sind.

Dann sind wir den Rest zum Zoo gelaufen. Der Rollo hat die Öslem an den Haaren gezogen, da hat die Öslem gesagt, er ist ein blöder Ficker, und der Rollo hat gesagt, sie ist ein Spermaeimer, und der Herr Grosch hat gesagt, niemand ist ein Spermaeimer, und daß jetzt Ruhe sein soll. Da hat der Rollo gesagt, die Öslem ist aber doch ein Spermaeimer, und der Herr Grosch hat gesagt, also gut, von mir aus.

Im Zoo haben wir dann erst einmal eine geraucht, und die Kippen haben wir dann in den Flamingoteich geworfen. Ein Flamingo hat zwei Kippen gegessen, da hat der Patric auch zwei Kippen gegessen, und der Murat, der Superangeber, hat vier Kippen gegessen, und der Herr Grosch hat gesagt, Schluß jetzt, Kippen kann man nicht essen. Da hat der Patric gesagt, wohl kann man Kippen essen, und hat sich eine ganze Schachtel in den Mund gesteckt. Im Nilpferdhaus hat er dann alles ausgekotzt, und das Nilpferd hat es gegessen. Da hat der Patric gesagt, na also, Kippen kann man sogar zweimal essen! Und der Herr Grosch hat gesagt, von mir aus.

Dann haben wir uns die Seehunde angeschaut. Der Herr Grosch hat gesagt, so ein Seehund kann fünf Minuten die Luft anhalten. Da hat der Hassan gesagt, der Rollo kann sogar sechs Minuten die Luft anhalten! Der Herr Grosch hat gesagt,

Arschloch kriegt Futter

das wüßte er aber, der kann ja nicht mal für sechs Minuten die Klappe halten. Wir haben dann dem Rollo den Mund zugehalten, um es zu beweisen, und der Rollo hat ganz böse geguckt und ist blau im Gesicht geworden. Nach zwei Minuten hat der Herr Grosch gesagt, er glaubt es jetzt auch, und die Öslem hat gesagt, sie glaubt es noch nicht. Also haben wir den Rollo

Hassan (der Spast) kuckt sich Fische von unten an

Nikotinessen gefährdet kraß die Gesundheit

noch ein bißchen festgehalten und auch ein bißchen getreten, aber nur aus Spaß und weil der Rollo sich halt auch nicht gewehrt hat. Cool war, wie dann der Krankenwagen voll in den Zoo hineingefahren gekommen

Hassan checkt ein Trampeltier…

…und Patric ist eine fett schwere Sau!

ist, und die Ömsel hat gesagt, haha, der blöde Ficker, und wenn wir noch ein Mal Ömsel statt Öslem schreiben, dann ruft sie ihren Bruder an und wir können mit Rollo mitfahren.

Voll gestelltes Foto, ey

Am lustigsten war es dann, wo wir den Patric zu den Trampeltieren hineingeworfen haben, weil er immer sagt, die Öslem hat so geile Höcker, und da hat er dann geile Höcker gehabt. Die Trampeltiere sind

Praktisch das letzte Bild von Rollo (röchel!)

dann angerannt gekommen und haben den Patric voll angesabbert, und der Patric hat geschrieen und gesagt, daß er uns alle umbringt, und Herr Grosch hat gesagt, von mir aus, ich gehe jetzt in Rente, und das war ein total schöner Tag im Zoo gewesen!

Dina und Rebecca, 9b

„…und dies, liebe Kinder, ist ein Bruchschiefer.“ „Fresse, Opfer!“

Wir sind cool, du bist (voll) schwul!

Ich lese nun aus meinen Tankquittungen.
Ich will auch so eine praktische Sprechblasen-Stütze!
Und ich bin dann überflüssig, ja?
Noten
Gleichzeitig stattfindender Orgelvortrag
Egner

Als Lyrikjuror in Ro

Ein weitgehend wahrer Schadensbericht von Thomas Gsella

»Denn daß in diesem Staat nur das Stumpfsinnige und die Mittellosigkeit und der Dilettantismus geschützt sind und immer wieder gefördert werden und daß in diesem Staat nur in das Stümperhafte und in das Überflüssige alle Mittel gestopft werden, ist klar.«

Thomas Bernhard

Natürlich war es meiner an Dummheit grenzenden und vielmehr ihr komplett sich verdankenden Eitelkeit geschuldet, einer kindischen und extrem peinlichen Eitelkeit, welche sich in meinem Falle mischt mit zuweilen absoluter Gedankenferne und Hirnverdunklung einerseits und verachtenswertester Geldgier andererseits, daß ich die Einladung eines im ostdeutschen Rostock wirksamen und bei Gott fürchterlichst wirksamen sogenannten »Literaturhauses Kuhtor« annahm, wobei mir damals, zum Zeitpunkt der Annahme der Einladung, die gleich doppelte contradictio beziehungsweise condictio in adjecto nicht sofort auffiel, freilich unbedingt sofort hätte auffallen müssen, indem ja sowohl das Wort Kuh als auch und noch entschiedener das Wort Tor das ganze Blödige, Landmännisch-Inzestuöse und elementar Beschränkte dieses gewissermaßen urostdeutschen Literaturhauses und Literaturirrenhauses bereits in gewollt schamloser Weise demonstriert; daß mich damals in meiner damaligen und übrigens noch heutigen finanziellen und steuerlichen Situation allerdings sogar ein »Literaturhaus Eseldummkopf« zur quasi automatischen Annahme der Einladung veranlaßt hätte, muß ich ehrlicherweise ebenso eingestehen wie den in meinen Augen noch viel ekelhafteren Umstand, daß ich über den Titel der mich als Mitjuror ladenden Veranstaltung ja durchaus und pünktlichst informiert worden war: Es ging, im nachhinein dann unerträgliche sechs Stunden lang und begleitet bzw. zum Glück doch halbwegs regelmäßig unterbrochen vom bei derlei provinziellen Kollektivmasturbationen längst obligaten Pausenklavierspieldesaster, jenen abscheulichen Darbietungen zehntelpianistischen Bauerngedudels und Verbrechens am Instrument, die immer peinlich darauf achten, um kein Jota virtuoser und überhaupt geistnäher zu agieren als das namengebende sogenannte Textprogramm – »der/die LyrikmeisterIn Mecklenburg-Vorpommern« galt es also wie gesagt oder besser bis hierher verschwiegen im Rahmen der »8. Rostocker Lyriknacht« mit unter anderem meiner »Hilfe und Fachkompetenz« zu ermitteln, ausgerechnet, wie ich bereits zur Minute der Brieföffnung und -lektüre sehr deutlich empfand, meiner Hilfe und Fachkompetenz, denn weder bin ich ein ausgewiesener Freund und Fürsprecher moderner Lyrik, noch kenne ich mich sonders, ja überhaupt irgend aus auf diesem bis in die Fundamente verderbten und verfaulten Tummelplatz grotesk mißratener Postabiturienten und unglücklichster Junggesellen einerseits und aufstapelnder Gauner, Sinnhuber und verrückt gewordener Ministerialdirektorsgattinnen andererseits, die beide ihre verlehmte Seele in den Vers hinein meißeln und verewigen zu müssen glauben, in eine sogenannte Verskunst und in meinen Augen kolossale Mistschreiberei und letzten Endes sogar Versscheiße –

Adorno
ad surdum

Machen
Wachen
Lachen

Adorno
Ad surdum

Malen
Zahlen
Qualen

Adorno
Um zorno

Aufhören
Anfangen
Gen i tief

Phila
Philo
Viel i

Kunst
Kann
Kochen

Adorno
Fortissimo

A und O
Nach wie vor

Adorno
Adorno*

stock

– auf dem Felde moderner Lyrik also wie gesagt mich als Stümper zu bezeichnen ist die reine Untertreibung, ich wußte und weiß da von definitiv gar nichts und hatte im Gegenteil und wiederum aus monetären Erwägungen wohl zweidrei Sammlungen witziger Reimchen hingeschludert, welche mit moderner Lyrik nicht das geringste gemein haben und allein dem Zweck dienten, die deprimierend teuren Reit-, Ballett- und anderweitigen Hüpfkurse meiner Töchter Rosa und Emilia gegenzufinanzieren, woraufhin mich eine von Hubert Spiegel dominierte und bis hinab zum Feger infiltrierte *F.A.Z.* damals völlig zu Recht als »blassen und extrem nichtssagenden Reimer« abqualifizierte und beruflich vernichtete, weshalb ich ja erst gezwungen bin, Einladungen wie dieser unbedingte Folge zu leisten –

ɔhlingHome

ıtrosen, die sind roh
ıd romantisch sowieso
schlürfen mit niveau
intreau und bordeaux
rm klo dort irgendwo in soho
)
r moses, der ist neu
neurotisch und recht scheu
teuren freudenhaus
n shangheu, voller reu'
uft er die heuer treu seinem boy
)
raten haben mut
ıtation in fleisch und blut
r tut der wut recht gut
ser brut von robin hood
glut ist ein tribut an fast food

– da saß ich nun, einen schrecklichen und entsetzlich unbeheizten Abend lang, etwa vier Meter entfernt von der von einer lokal gehobenen Vorjury ausgesuchten und also zu uns durchgelassenen lyrisch-künstlerischen Crème dieses vor trostloser Dummheit und Kunstferne geradezu platzenden Bundeslandes Mecklenburg-Vorpommern, und bis heute frage ich mich, ob diese mit kaum dreißig Bewerbern konfrontierte Vorjury bloß an einer seltenen Extremform von Wahnsinn litt oder im planerischen Vorhinein dieser skandalösen Veranstaltung denn doch ein wenig Witz oder wenigstens Zerstörungswut bewiesen haben mochte, indem sie uns, der Hauptjury, mit voller Absicht die sechs Unbegabtesten, ja Unwilligsten und also seelisch Abstoßendsten dieses auch sittlich unfaßlich versumpften Küstenstreifens zuschusterte und unterschob im Wissen oder zumindest in der Vermutung, daß die ungleich großzügiger honorierte und also verhaßte Hauptjury vorwiegend aus dem eh stark beneideten Westdeutschland kommen dürfte und übrigens auch tatsächlich kam. Aber natürlich konnte diese Vorjury, diese regionale Spitze eines allumfassenden Eisbergs an Idiotie und Gemeinheit, nicht wissen, was sich auch mir erst im Abendverlauf offenbarte, daß genaugenommen auch sämtliche Hauptjuroren von moderner Lyrik nicht die geringste Kenntnis und, so einer meiner Nebensitzer mehrmals wörtlich, »Kenne« hatten; diese ganze Lyrik- und Lirum-Larum-Löffelstiel-Pest sei, seinem unmaßgeblichen Eindruck zufolge, im wesentlichen überflüssigster Quatsch und vollkommener Superscheißdreck, so wiederum wortwörtlich der unsere sogenannte Jury überhaupt wortführende und tyrannisierende Franz-Xaver Kampfnagel, seines Zeichens Stuttgarter Assistenzprofessor für Straßentiefbau und vergleichendes Ingenieurwesen. Im Wortlaut dann praktisch identisch äußerten die drei übrigen Juroren, namentlich der bayrische Dartlandesmeister Robin Klampowsky, Katharine Friese von der Bremerhavener DKP sowie der in meinen Augen schon vor Lesungs- und Torturbeginn fast tödlich angetrunkene und katastrophal stinkende Dortmunder Rentner Hans Magnus von Wilhelmi, ein ehemalig überzeugter und aber, wie er mir mehrmals versicherte, längst konvertierter Aufseher im Konzentrationslager Buchenwald –

SCHWARZ

HERR SCHWARZ
ARBEITET SCHWARZ

ER WIRFT SCHATTEN
SCHATTENSCHWARZ

MIT LEHM
AN DIE WAND

HARTER LEHM (ALT)
LEHM WEICH

ERST DUNKEL
SPÄTER HELL

DER LEHM
HERR SCHWARZ

ALTER LEHM
JETZT NEUER LEHM

SPÄTER HELL
FRÜHER HELL

JETZT DUNKEL
GLÄTTET DEN LEHM

GLÄTTET SEINEN SCHATTEN
EIN STÜCK WAND

– welcher just erwähnte ehemalige KZ-Aufseher und Schwerstalkoholiker von Wilhelmi dann aber sogar, mitten im Vortrag des letzten und zweifellos erschütterndsten und geistesstumpfesten Kandidaten, die vor ihm auf dem Jurytisch liegenden Manuskriptkopien mit einer hastigen Bewegung zusammenrollte, hernach von seinem Stuhl aufsprang und dem Vortragenden mit praktisch dessen eigenen und fürwahr widerwärtigsten Lyrik-Schandtaten eins runterhaute, was, so augenblicklich der bayrische Landesdartmeister Klampowsky, ohne Zweifel höchste Zeit gewesen sei, da er, Klampowsky, selbigen Dichter sonst »ungespitzt in den Boden gewemst hätte«, so der bayrische Landesdartmeister aufgewühlt. Ob aber, so daraufhin fragend der Professor Kampfnagel, eine entsetzliche Tat, die eine bei weitem entsetzlichere verhindere, nicht eine lobenswertere und sogar im Sinne der Bibel gerechtere Tat darstelle als beispielsweise das Verfassen solcherart moderner Lyrik, interessiere ihn, Kampfnagel, weniger als moralisches Problem denn als somatisches, insofern nämlich er, so der nun ebenfalls stocktrunkene Akademiker, seit zwanzig unerträglichen Minuten extrem pissen müsse, und wenn, so Kampfnagel dann plötzlich sehr laut und gewiß im gesamten Saal vernehmlich, »der Arsch da vorne nicht augenblicklich seine Sachen packt, dann seh ich superschwarz«, so der immer unerträglichere Juryvorsitzende weiter. Urinieren ging indes die in diesem Moment überhaupt erstmalig auffällige Bremerhavener Kommunistin Katharine Friese und kam im folgenden dann einfach gar nicht wieder; das letzte und vermutlich schurkigste Gedicht des Abends entging ihr damit ebenso wie der diese verkommene Gesamtveranstaltung gewissermaßen krönende und endgültig ins Reich des Abscheulichen verbannende Bordellbesuch der Hauptjury; welcher aber vom Rostocker Amt für Kultur und Denkmalpflege nicht nur vollständig übernommen werde, sondern praktisch schon bezahlt sei, so stolz dröhnend und offenbar wahrheitsgemäß der pünklich dazustoßende Vertreter der Sparkasse Rostock, des Hauptsponsors dieses ungeheuerlichen Abends. □

AN DER MAUER
SO WIRD'S GEMACHT

ÜBERGIBT MIR
DIE KELLE

DIE KELLER MIR
IN DIE HAND

DASS ICH NUN WERFE
WERFE DEN LEHM

WERF MEINE SCHATTEN
UND – WEHE!

MEIN SCHATTEN
SCHATTENSCHWARZ

WIE DER SCHATTEN
VON HERRN SCHWARZ

**Die hier zitierten Gedichte wurden von ihren Schöpfern am 17.6.2005 vor mir als Juror wie abgedruckt verlesen im Rahmen der Veranstaltung »Heraus, Meister des Wortes! 8. Rostocker Lyriknacht – Ermittlung und Verkündigung der Lyrikmeister/in Mecklenburg-Vorpommern«. Frei erfunden ist also lediglich alles übrige.*

Die Kuschelkoalition

Foto: Marco-Urban.de/DER SPIEGEL

Uwe Becker

AUF EINEN JOINT MIT MARK-STEFAN TIETZE

Lieber Herr Tietze, nehmen die Deutschen die terroristische Bedrohung ernst genug?
Im Prinzip jein. Auf der einen Seite ist da diese Bedrohung, auf der anderen Seite lebt jeder sein Leben. Das ist so ein bißchen wie im Kino: Erst geht das Licht aus, dann fängt man an zu fummeln, am nächsten Morgen weiß man von nichts mehr. Ich weiß auch nicht, ob das gut ist. Oder wofür. Das ist womöglich so ein Yin&Yang-Ding – das eine ist ohne das andere nicht zu haben. Läuft das Tonband schon mit?
Ja.
Schade, sonst könnten wir ein bißchen Musik hören. Ich habe hier ein Tape von Amon Düül II, eins von Monster Magnet und ein paar sehr relaxte Dubs von Lee ‚Scratch' Perry. Keine Lust? Na, auch egal… Hihi, wie das an meinem Gaumen schmatzt! Mein Mund wird total trocken, ich brauche unbedingt einen Schluck Mango-Lassi.

„MAN SOLL DAS AUCH NICHT IMMER SO… ÄH, WIE WAR NOCH MAL DIE FRAGE?"

Sie haben die amerikanischen Alleingänge im Antiterrorkampf stets verurteilt. Müßten die Europäer jetzt, nach London und Glasgow, nicht den Schulterschluß mit den USA suchen?
Na klar! Oder nee: Quatsch! *War on drugs…* Wenn ich das schon höre: Krieg gegen Drogen. Die wehren sich ja nicht mal, wie feige ist das denn! Die Wahrheit ist doch: Die Amis haben den Arsch ganz weit offen. Die sind einfach total unentspannt. Wenn ich mal unausgeglichen bin, rauch ich mir ein schönes Tütchen. Oder eine Blubber. Oder ein Erdloch. Aber bei denen muß es ja immer gleich Krieg sein.
Den Briten werfen Sie seit Jahren überzogene Sicherheitsvorkehrungen vor. Auch jetzt noch?
Absolut, Mann. Ich komme einfach mit diesen Überwachungskameras nicht klar. Als 18jähriger wollte ich mal mit zwei Kumpels ins Kino. Wir hatten richtig fett einen geknattert und mußten durch einen Stau über die Straße. Wir haben extra die Köpfe hochgehalten und die Augen starr geradeaus gerichtet, damit keiner merkt, wie breit wir sind. Dann hat sich der erste von uns voll auf den Asphalt gelegt! Weil ausgerechnet zwischen den beiden Autos, zwischen denen wir durch wollten, ein Abschleppseil gespannt war.
Ja, und?
Seitdem glaube ich fest an die Existenz der Versteckten Kamera.
Versteckte Kamera? Meinen Sie das metaphorisch? Fürchten Sie den allgegenwärtigen Überwachungsstaat?
Nein, ich meine ganz konkret die Versteckte Kamera, deren kosmische Existenz kein vernünftiger Mensch leugnen kann. Sie wissen doch so gut wie ich: Da draußen sind welche unterwegs, die jeden unserer Schritte aufzeichnen, vor allem, wenn irgend etwas peinlich ist. Platsch! – kommt eine Torte in Ihr Gesicht geflogen, und alle kriegen es hintenrum mit.
Mit Verlaub, das klingt ein bißchen paranoid…
Nein, total paranoid. Aber das heißt ja nicht, daß die es nicht trotzdem versuchen. Seit Jahren empfange ich von denen ja auch geheime Botschaften, wenn ich abends im Wald oder vor dem Fernseher sitze. Am Fernseher ist es eigentlich am stärksten.
Sie glauben ernsthaft an Gehirnwäsche übers Fernsehen?
Ach, ich weiß nicht, ich meine… Man soll das auch nicht immer so… Äh, wie war noch mal die Frage?
Sie glauben ernsthaft an Gehirnwäsche übers Fernsehen?
Ach, ich weiß nicht… Mann, haben Sie vielleicht einen Schokoriegel dabei? Einen Snickers Cruncher womöglich? Der cruncht so schön zwischen den Zähnen, das ist jedes Mal ein galaktisches Spektakel! Mars Delight fand ich anfangs auch gut, aber irgendwie gingen da zu starke Kraftfelder von aus – so wie übrigens in diesem Moment von Ihrem Bandgerät. Schalten Sie das sofort aus! Das ist doch Terror. Aus damit!
Gut, eine letzte Frage: Haben Sie jemals daran gedacht, mit dem Kiffen aufzuhören?
Niemals! Oder na ja, doch. Vielleicht für eine Weile. Jetzt zum Beispiel. Vielleicht lege ich mich erst mal ein Stündchen hin, Sie entschuldigen. Bis dann… Peace, brother… au weia…

Das Gespräch führte
GIOVANNI DI LORENZO

Das geht zu weit!

Die irren Pläne des namhaften Lebensmittel-Discounters an Ihrer Ecke, dessen Namen wir nicht nennen dürfen, sonst sind wir dran!

FIND MADD

In Ihrem Supermarkt ist eine MADDI

Hier kommt MADDIE! Sie ist das bekannteste Gesicht der Welt – wenn nicht des ganzen Universums! Auf ausgewählten Produkten unseres Sortiments befindet sich ihr Portrait. Wer sie findet, darf sie einfach mitnehmen – **und bezahlt nur die Hälfte!**

Angehörige und portugiesische Polizisten sind von der Teilnahme ausgeschlossen; der Einsatz von Suchhunden ist untersagt.

~~2.80~~ 1.40

Maddie-Flasche

Für unsere blinden Kunden! Ohne Bild, aber mit Maddie-Braille-Aufdruck!

Kinderschokolade

1 Cent pro Tafel geht an Interpol – damit Maddies Eltern/marokkanische Mädchenhändler/alle Portugiesen endlich hinter Schloß und 8 Riegel kommen!

~~1.20~~ 0.60

* Sie ist vier Jahre alt, Engländerin und seit über 160 Tagen – nahezu – spurlos verschwunden. Die Presse berichtete (mit Bild). Ihre Eltern waren schon beim Papst deswegen.

Thomas Hintner/Martin Sonneborn

HIER LACHT DER BETRACHTER

Die dicke Berta

Hurzlmeier, Kahl, Rattelschneck

„Greise Stra über den Sta

Nach dem Überfall zweier Rentner auf einen arglosen Gymnasiasten fordern Politiker und Kriminologen „spürbare" Konsequenzen für greise Gewalttäter. Von einem Volksmusikverbot über Rentenkürzung bis hin zu Sterbehilfe reichen die Vorschläge

Ein TITANIC-REPORT von S. GÄRTNER und O. NAGEL

München – Mit dem Rollstuhl fuhren sie ihrem jungen Opfer über die Füße, bespritzten es mit Harn aus dem Urinbeutel und demütigten es mit Haßparolen: „Schneiden Sie sich mal die Haare, junger Mann!" Die gemeine Prügelorgie in der Münchener U-Bahn, bei der zwei Rentner einen jungen Ausländer als „Mustafa" beschimpften und ihn nach seinem Fahrausweis fragten, hat eine Debatte über den Umgang mit gewalttätigen Senioren entfacht.

„Ich hatte sie nur gebeten, ihre Hörgeräte leiser zu stellen", sagt Mustafa P., das Opfer, „und nicht den Eingang zur Rolltreppe zu blockieren. Ein Wunder, daß ich noch lebe!" Nicht nur der junge Einserschüler fragt sich, warum Typen wie Hermann G. (75) und Julius Str. (82) überhaupt frei herumfahren dürfen – trotz eines ellenlangen Vorstrafenregisters. Die Polizeiakte Hermann G.: Er wird mit 41 Delikten in Verbindung gebracht, darunter Volksverhetzung, Urinieren in der Öffentlichkeit, üble Nachrede und Lärmbelästigung in Tateinheit mit schwerem Schunkeln. Von Julius Str. ist bekannt, daß er regelmäßig rechtsradikale Publikationen liest (*Die Welt*, *Bild am Sonntag*) und seiner Tochter die Heirat mit einem Franzosen verboten hat. Sein letzter Prozeß wegen Völkermords verlief wegen Verhandlungsunfähigkeit im Sande.

Ganz Deutschland fragt: Warum bekommt der Staat senile Intensivstationstäter nicht in den Griff? TITANIC fragte Prof. Dr. Derek Scholz von der Universität Hof (71), einen der renommiertesten Altertumsforscher Deutschlands. Er war Vorsitzender des König-Ludwig-Fanclubs und Chef der Drei Stooges. Seine Analyse: „Das Risiko für alte Gewaltstraftäter, gefaßt und erschossen zu werden, ist einfach zu gering. Sie kommen immer wieder mit Fernsehverbot und Diabetes davon – was bei vielen den fatalen Eindruck erweckt, man könne ihnen gar nichts. Alte Straftäter lachen oft über den Staat und seine vermeintlich schlappe Justiz: Wer noch selber Partisanen aufgeknüpft hat, hat natürlich keine Angst vor Hausverbot im Dallmayr-Café." Scholz empfiehlt bei

Diese Bilder schockten Deutschland und lösten eine Diskussion über die Qualität von Überwachungskamerabildern aus. Für die DVD-Edition wird eine digitale Überarbeitung erwartet

täter lachen nt“

der Ahndung von Straftaten den Grundsatz: „Wer nicht hören kann, muß fühlen. Spätestens nach dem dritten Vorfall gehören straffällige Senioren dahin, wo sie keinen Schaden anrichten können: in die Programmkommission des ZDF oder die Ressortleiterkonferenz der *Zeit*.“ Hilft das nicht, müsse auch eine Abschiebung in Betracht gezogen werden: ins Pflegeheim oder Sterbehospiz.

Für Mustafa P. käme das zu spät: Die Mathearbeit, die er nach dem schrecklichen Überfall verhauen hat (2+), kann er nicht wiederholen. „Das waren nicht Doppelherz und Biovital, was die beiden alten Herren so aggressiv gemacht hat, das waren Langeweile und Demenz. Wenn die mir noch mal über den Fuß gefahren wären, könnte ich den Triathlon nächste Woche vergessen!“ □

Satire für Arme (und Beine)

BUSSIBECK der Hampelmann

Wir alle müssen uns mehr bewegen – uns fit machen für die Traumfigur, den Weltmarkt und die große Politik. BussiBeck, der kleine faule Bär mit dem schwach trainierten Herzen, braucht dafür allerdings deine Hilfe!

Zum Ausschnei den und Zusammen- basteln!

Für alle, die Bussibeck gern öfter mal von hinten sehen möchten: Am Ende sollte es so ausschauen.

Und so geht's: Oben und rechts findest du alle notwendigen Teile, um BussiBeck Beine zu machen. Zuerst die Schere ausschneiden. Die brauchst du, um die anderen Teile auszuschneiden. Dann die anderen Teile ausschneiden, zusammenfügen und überlegen, was du wohl falsch gemacht hast.

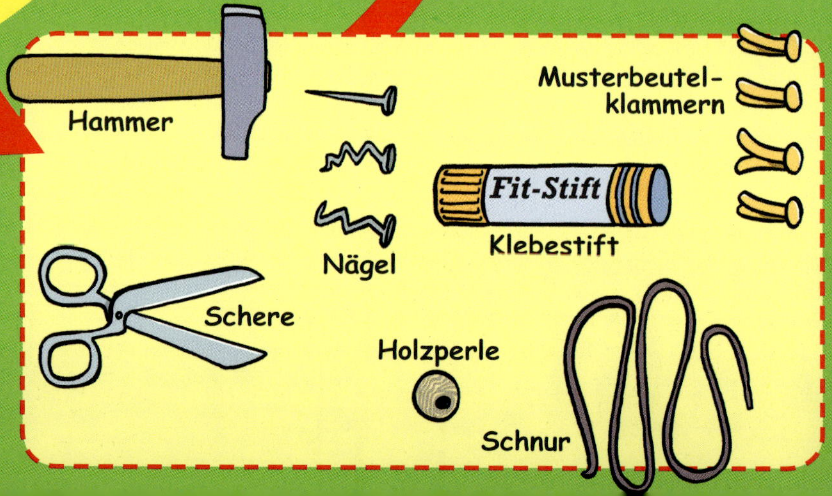

Bist du fertig mit BussiBeck? Dann laß ihn für dich tanzen!
Häng ihn auf!
MIT DEM RÜCKEN ZUR WAND!
ZIEH IHN RUNTER!
MOVE HIS ASS!
Tööt!
Stunden-langes Spiel-vergnügen!
Und bitte: Zieh nicht zu fest, sonst zerreißt's den kleinen Kerl noch.
Rürup/Tietze

Chlodwig Poth SPEZIAL

Chlodwig Poth wurde am 4. April 1930 in Wuppertal geboren und wuchs in Berlin auf. Mit sechzehn erste Zeichnungen in der *Jungen Welt*, mit siebzehn gründet er sein eigenes Satiremagazin *Der Igel*. 1955 Umzug nach Frankfurt, wo er 1962 gemeinsam mit Hans Traxler einer der *Pardon*-Gründer ist. Daneben zahlreiche Cartoonbücher, Illustrationen und Romane, «Mein progressiver Alltag» wurde 1975 zum Bestseller. 1979 Mitbegründer der TITANIC, wo er von 1990 bis zu seinem Tod die Serie «Last Exit Sossenheim» veröffentlichte. Er erhielt zahlreiche Preise und Auszeichnungen. Poth verstarb am 8. Juli 2004 in Frankfurt.

Anne, regelli ekmekleri atsana!*
*Mutta schmeiß Stulle runta

Melancholische Anwandlungen neutralisierte Dr. Boll spielend mit positivem Denken
Wieder wirdes Herbst
Und alles, alles stirbt
Von wegen! Aber ich noch nich

LUST AUF LUXUS
BÄDER & FLIESEN
SUPERBAGNO
mein Lieblingslieferwagen

DAS HANDWERKER HASSBLATT
No dunn wolln wa ma widda
Von Chlodwig Poth

Chlodwig Poth
Karl und Groucho im Himmel
Dahinten, genau in der Richtung liegt die klassenlose Gesellschaft
Steht doch alles im Kapital! Hier! Kann man doch alles nachlesen!
Aber nein! Was tun sie, meine Schüler diese sogenannten Marxisten?
Dort haben sie sie gesucht!
Und da sind sie damit gelandet
Aber mir kreidet man das jetzt an
Echt Scheiße, du!

Kaumdaßeswärmer wird: Da sind sie wieder!

Du bist ein begnadeter Lügner, wenn du nicht so entsetz-lich träge wärst, hätten wir es damit sehr weit bringen können.

Hoppel dachte Dieter Hoppel Hoppel Hoppel Hoppel Hoppel Hoppel Hoppel Hoppel Hoppel

Hammer Versand

www.hammer-versand.de

WOLFGANG BOSBACH, 56, ist stellvertretender Vorsitzender der CDU/CSU-Fraktion.

EIN PFUND GEHACKTES, 4 Stunden, gehört zu Bosbachs schärfsten innerparteilichen Kritikern.

Soll die Gesellschaft Ausländer, kriminelles Gesocks und reuelose Ex-Terroristen durchfüttern oder mit Zwiebeln anbraten?

„Integration ja – aber bitte nicht mit mir!“

Lieber Herr Bosbach, liebes Pfund Gehacktes, haben Sie Ausländer oder Terroristen in Ihrem Bekanntenkreis?
BOSBACH: Nur meine Frau *(lacht)*.
GEHACKTES: *(schweigt)*
Herr Bosbach, im Jahr 2006 forderten Sie ein Verbot von Killerspielen, heute sind Sie selber eins. Ein Widerspruch?
BOSBACH: Nur bedingt, Sie Bolschewist. Wir wissen, daß immer mehr Jugendliche zum Islam übertreten. Gut. Gleichzeitig werden Spiele, die Gewalt gegen konservative Politiker verherrlichen, optisch immer aufwendiger. Zufall? Ich glaube, man sollte hier keine Tabus aufstellen – sonst wirken nämlich Argumente wie die meinen etwas konstruiert.
Gehacktes, im Dezember forderte Herr Bosbach, sich bei der Aufnahme ehemaliger Guantánamo-Gefangener „nicht vorzudrängeln“. Von Ihnen hörte man nichts dazu.
GEHACKTES: *(schweigt)*
BOSBACH: Ich höre dazu schon wieder nichts. Ist Ihr Mikro überhaupt an? Oder mein Hörgerät?
Ja. Herr Bosbach, „Wirtschaftsflüchtlinge sind das AIDS des 21. Jahrhunderts“ – ein ausgedachtes Zitat, das aber genausogut von Ihnen stammen könnte. Reue?
BOSBACH: Nein, nicht mit mir. Aber um Ihre Frage indirekt zu beantworten: AIDS ist heute heilbar. Das andere nicht.
GEHACKTES: Ich sag' mal so: Wer sich die Globalisierung der Kapitalflüsse aufs Panier schreibt, braucht sich nicht zu wundern, wenn das Humankapital nachzieht. Das Fleisch ist schwach.
Wie sieht denn ein typischer Wirtschaftsflüchtling für Sie aus?
BOSBACH: Langes, struppiges Haar, gieriger Blick, Schmutz unter den Fingernägeln, Buckel.
GEHACKTES: Ich mag das Wort „Wirtschaftsflüchtling“ nicht. Ich sage lieber „Pistazien“, „flauschig“ oder „Schubert“. Dazu läßt mir aber mein Beruf wenig Zeit.
Wie lang ist denn Ihr Arbeitstag?
BOSBACH: Meist stehe ich um 5 Uhr auf – meine Kinder sind dann schon längst in der Kinderkrippe, wo es ihnen viel besser gefällt als z.B. auf der zugigen Kellerstiege, wo wir sie immer ihre „Auszeit“ nehmen lassen. Gegen 5:15 Uhr trudle ich im Büro ein, lese erst mal die wichtigsten Schlagzeilen, bringe mich dann mit nervösem Auf-den-Tisch-Trommeln für die Vormittagsdebatte im Bundestag in Schwung. Um 7 Uhr ist mein Arbeitstag schon fast wieder rum, ich gehe Mittagessen…
GEHACKTES: Und was essen Sie da?
BOSBACH: *(unbeirrt)* … anschließend nach Hause, zwölf Stunden lang das Internet aufräumen. Sie glauben gar nicht, wie viele Schmutzseiten es da gibt! Danach poliere ich den Bildschirm, putze meiner Frau die Zähne, und ab geht's ins Bett.
GEHACKTES: *(kritisch)* Ich möchte noch einmal auf das Mittagessen zurückkommen…
BOSBACH: Das sieht Ihnen ähnlich.
GEHACKTES: *(schweigt)*
Gehacktes, wie sieht Ihr Tag aus?
GEHACKTES: Ich lasse ihn auf jeden Fall ruhiger angehen, gammle meist bis Mittag herum, verlasse kaum das Schälchen. Später steht dann gemeinsames Kochen mit der Familie im Vordergrund. Um fit zu bleiben, lasse ich mich drei Mal die Woche umetikettieren.
BOSBACH: Sport ist wichtig, aber auch Süßigkeiten, Fernsehen. Und wir brauchen Bildung, immer wieder Bildung, bis tief in die Nacht hinein. Kaum einer von uns ahnt, wie wenig meine Frau von der Welt weiß.
Welche drei Prominenten würden Sie gerne mit auf eine Insel nehmen?
BOSBACH: Ich kenne leider keine Prominenten.
GEHACKTES: Ich kenne nur zwei. Schlimm?
Mittel. Was schätzen Sie an Ihrer Frau?
BOSBACH: Das Gewicht. Meistens liege ich tonnenweit daneben, wohohoho!
GEHACKTES: Muß ich denn wirklich was zu Wolfgangs Frau sagen? Das ist nicht seriös.
Wahrhaftig! Und Ihre Schwächen?
BOSBACH: Meine Ungeduld, Gereiztheit, ja Jähzorn bis hin zur Blutrünstigkeit und dem völligen Abdriften in bizarre, durch nichts zu bremsende Auslöschungsphantasien: Stichwort Schweinejournalismus…
GEHACKTES: Am meisten hasse ich meine Geduld. Und die Geduld der anderen. □

Leo Fischer / Michael Ziegelwagner

Titanic
EINSATZ IM IRAK
DAS ENDGÜLTIGE KRIEGSSPIEL
Spiel des Jahres
KRITIKERPREIS
START
LANDUNG
Ankunft im Lager, tolles Besäufnis – 1 Toter.
Eine Runde aussetzen.
Gleich bei der ersten Patrouille Sunniten und Schiiten verwechselt – 2 Tote
Gehe ein Feld zurück.
SCHLACHTFELD
Deine Kompanie wird beschossen und muß sich einbuddeln. Im Erdreich findest du einen Doppelgänger Saddams.
Rücke ein Feld vor.
Schon wieder Sunniten und Schiiten verwechselt – 5 Tote.
Gehe ein Feld zurück.
SCHLACHTFELD
Autobombe detoniert vor dem Stützpunkt: Splitter im Gesäß, ab ins Lazarett.
Eine Runde aus»setzen«, aua.
Durch etwas härtere Verhörmethoden an sicherheitsrelevante Information gelangt (Nachtbar evtl. in der Hand von al-Qaida?) – 3 Bier, 10 Tote.
Gehe ein Feld vor.
Truppenunterhaltungstag! Paris Hilton im Fernsehen, dir geht einer ab – alle lachen sich schlapp.
Eine Runde aussetzen.
Mit Zigarette versehentlich Ölquelle in Bran gesteckt – 50 To
Gehe ein Feld zurück.
Brief von zu Hause: Du mußt weinen, die ganze Truppe lacht sic schlapp.
Alle setzen eine Runde aus.
Friedensdemonstration in Washington – 15 Tote.
Alle rücken ein Feld vor.

Tietze, Hintner/Werner

Titanic
SUPERPOSTER

Greser, Hintner, Lenz

Schuluniformen in Sachsen eingeführt

Frühe Vorstellungen vom Wesen der Füße erscheinen uns heute primitiv

DAS IST WAS

Warum wir mit den Füßen gehen

Manche Tiere gehen mit den Pfoten, manche gehen gut mit Knödeln, manche gehen uns sogar auf die Nerven. Der Mensch ist das einzige Tier, das Füße zum Gehen benutzt – ob barfuß oder im Schutzkokon eines Schuhs. Dabei ist das Gehen nichts Selbstverständliches. Täglich sehen wir Menschen, die sich ungelenk oder in der falschen Kleidung fortbewegen. »Geht gar nicht«, sagen wir dann.

Der Mensch – zum Gehen geboren?

Gehen ist einer der wichtigsten Stoffwechselvorgänge und dient unmittelbar der Arterhaltung. Ohne räumliche Annäherung, ohne das Miteinander-Gehen gäbe es keinen Sex und keine Sexualität. Die Menschheit würde aussterben! Nur wenn ein Mann auf eine schöne Frau zugeht, können Anziehungskraft und ein kleines Baby entstehen.

Gehen ist aber auch ein schönes Gefühl. Ohne fremde Hilfe gehen, das bedeutet Freiheit, Selbständigkeit und Loslassenkönnen. Griffe und Haltebolzen werden nicht mehr benötigt. Echtes Gehen ist immer freihändig!

In der Frühzeit des Menschen steckte das Gehen noch in den Kinderschuhen. Da außerhalb der gemütlichen Höhle überall der sichere Tod lauerte, gab es auch gar keinen Anlaß, irgendwohin zu gehen! Außerdem gab es ja noch gar keine Orte,

Seit wann gehen die Menschen zu Fuß?

DAS GEHEN IN DER SPRACHE Unsere Sprache ist stark vom Gehen beeinflußt. Ist jemand still, sagt man, er sei »in sich gegangen« – nur um plötzlich wieder »aus sich herauszugehen«! Bleibt er aber so still und besteht wenig Aussicht, daß er je wieder etwas sagt, so ist er »von uns gegangen«. Das Gehen ist also nicht nur angenehm, sondern kann auch traurig machen. Es kommt immer darauf an, wohin wir gehen.

Viele Kinder und andere Jugendliche begrüßen sich mit »Was geht?« Die meisten werden nicht wissen, daß sie damit ein Wort benutzen, das schon unsere Steinzeitvorfahren kannten! Sie sind sicher überrascht, wenn du ihnen erzählst, daß in den meisten ihrer geliebten Märchen das Gehen eine wichtige Rolle spielt – so geht Aschenbrödel in den Wald, die sieben Zwetschgen zu suchen. Märchen, in denen nicht gegangen wird (Hausmärchen), sind selten und taugen nicht als Beispiel.

zu denen es sich zu gehen lohnte. Die anderen Menschen lebten ja in den gleichen desolaten Verhältnissen wie man selbst. Zum Gehen braucht man immer auch ein Ziel, zu dem es sich zu gehen lohnt!

Boden *Ohne festen Untergrund gibt es keinen festen Schritt*

Coffee to go *macht das Gehen beschwingter*

Viele religiöse Vorstellungen sind mit dem Gehen und mit den Füßen verbunden. Früher hielten die Menschen den Fuß für eine Scheibe, die auf der Oberfläche eines unermeßlichen Wassers (Weltmeer) schwamm, während der Kopf am Firmament aufgehängt war. Die Götter wurden mit Wandelsternen gleichgesetzt, sie hatten das Privileg des Wandelns.

Als allmählich Städte und damit Straßen im Urwald der Jungsteinzeit wuchsen, war das Gehen immer noch keine Selbstverständlichkeit. Wie niedere Arbeiten wurde das Gehen besonderen Sklaven aufgehalst – speziell dafür ausgebildeten Gehburschen (Philopoden). Die Oberschicht, die sich immer gern gehenließ, bewegte sich fast nur auf diesen Dienern fort.

Um zum bequemen Massenfortbewegungsmittel zu reifen, bedurfte das Gehen eines festen Schuhwerks. Das aber wurde erst im Mittelalter entdeckt. Der Alchemist Gregorius Schuhmacher fand bei dem Versuch, aus Gold Porzellan herzustellen, den ersten Schuh. Die Mobilität war geboren! Ein neues Zeitgefühl entstand, das auf den sogenannten Gehminuten basierte. Mit einem Schlag waren Robben, Rollen, Kriechen zu Ladenhütern geworden. Plötzlich konnte man zu Fuß Strecken überwinden, die den Menschen in ihren Ohrensesseln bisher immer lang und mühsam vorgekommen waren.

Auch heute, im Zeitalter des Automobils und der rasend schnellen Düsenflugzeuge, gehen wir mit den Füßen. Meist ohne daß wir uns dessen bewußt sind. Aber selbst die paar Schritte zum Bäcker, über die wir heute gar nicht mehr nachdenken, wären einem Steinzeitmenschen wie ein Weltwunder vorgekommen.

Stock *unterstützt den Gleichgewichtssinn*

Hut *sichert einen Fußmarsch nach oben hin ab*

Orthopäde *hilft dir, wenn du Schmerzen beim Gehen hast*

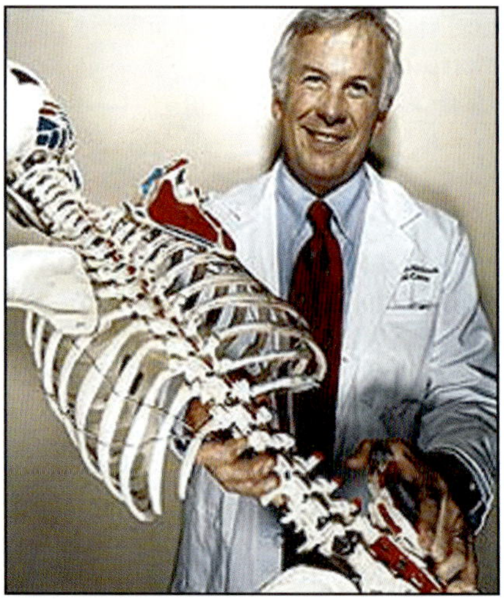

DAS IST WAS

NACHTEILE ANDERER GANGARTEN

Stell dir einmal vor, wir würden andere Körperteile zum Gehen benutzen. Du wirst sehen, daß die Füße am besten dazu geeignet sind!

Auf der Zunge gehen: Eine kräftige Zunge ist in vielen Situationen hilfreich. Doch Straßenstaub und Unrat können in den Rachenraum eindringen und Allergien auslösen

Auf den Lidern gehen: Genau wie die Füße haben auch die Augen Hornhaut. Doch wäre der Mensch ein leichtes Opfer der Naturgewalten, wenn er ständig zu Boden sähe

Auf den Wecker gehen: Auch dieses Gehen ist nicht praktikabel, es ist einseitig und kann einen gemütlichen Kneipenabend schnell kaputtmachen

Unsere Füße – eine Selbstverständlichkeit?

Modernes Gehen, wie wir es kennen (Schritte + Gehhilfen + mit dem Kombi zum Getränkemarkt = Kilometergeld) bedarf eines weit größeren Körperareals als bloß der Füße! Jeder noch so kleine Schritt hat immer auch das komplexeste Gewebe des menschlichen Körpers zum Bündnispartner: das Bein. Jeder der zehn Millionen Beinmuskeln muß erst einmal sein OK geben, bevor auch nur ein einziger Schritt gemacht werden kann. Aber auch das zentralnervöse System des Menschen ist beteiligt: Nicht umsonst spricht man vom Geh-Hirn. Dabei korreliert jeder Fuß mit einer besonderen Hirnhälfte. Der linke Fuß ist für die Ratio, die Geometrie, Astronomie, Musik und Tanz zuständig, wohingegen sich der rechte Fuß aus Emotion, Intuition, Algebra und der Dichtkunst zusammensetzt.

Gehen gibt es nur auf der Erde! Nur das Schwerefeld unseres grauen Planeten erlaubt das Andocken unserer Füße an der Erdoberfläche. Ohne Gravitation würden unsere Füße hilflos im unendlichen All baumeln. Da es nur auf der Erde auch Erdanziehungskraft geben kann, können Menschen auf anderen Himmelskörpern, wie etwa auf dem Monde, lediglich hüpfen, springen oder stehenbleiben. Bewiesen haben das die enttäuschenden Fotos von der Mondlandung.

Der Gang nach Canossa gehört zu den ersten historischen Gehversuchen

In dieser Reihe noch erschienen

0002 – Warum wir in der Nase bohren

0003 – Warum man Geld nicht essen kann

0004 – Warum wir in der Nacht schlafen

0005 – Woher unsere Mahlzeiten kommen

0006 – Warum Kinder so wenig wissen

0007 – Warum wir unsere Tiere füttern

0008 – Warum wir vor Gott Angst haben müssen

0009 – Woher die vielen Bücher kommen

Wird fortgesetzt.

Leo Fischer / Stephan Rürup

Der Internetverkehr wird beschildert!

Nach dem Coup mit dem Stopschild, das vor kinderpornographischen Seiten im Internet warnen soll, hat Familienministerin v. d. Leyen einen ganzen Schilderwald pflanzen lassen – demnächst auf Ihrem Bildschirm!

Halt!
Kinderpornographie!

Vorsicht, kostenpflichtige
Kinderpornographie!

Onlinetherapieangebote
für Pädophile

Vor exzessiver Darstellung
des weiblichen Intimbereichs
wird gewarnt

Vorsicht,
Gerontophilie!

Nekrophile
Inhalte

Wichtiger Chat
im Gange!

Achtung, hier posten
Islamisten!

Illegales
Filesharing

Schwule Partnerbörse

Vorsicht!
Datensammler aktiv!

Keine familien-
freundlichen Inhalte

Vorsicht, lange Ladezeiten
(bis zu 10 Minuten)!

Achtung, nippelfreies
Erotikangebot!

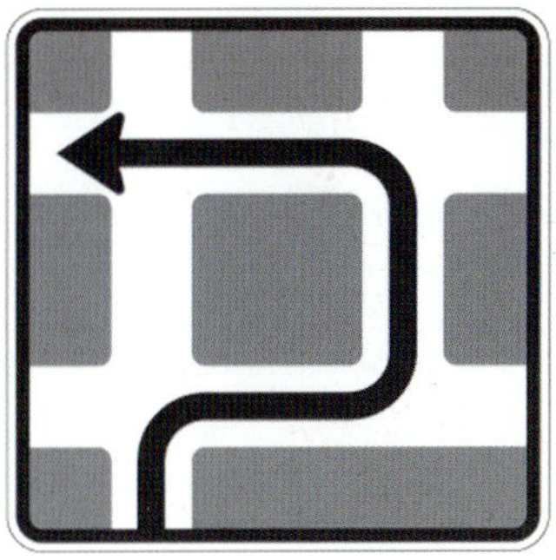

Umständliche
Verlinkungen

Hier bloggt Mathias
Bröckers, Lebensgefahr!

Karl-Theodor
zu Guttenberg-Fotogalerie

Vorsicht,
wütende Trolle!

Beschränktes Ossiforum

Achtung, Forum mit
Suizidabsprachen

Unverständliche Inhalte

Olivia Ehlers, Tim Wolff

SIMON BOROWIAK

Hessen nimmt Abschied von TITANIC

Kaum war damals des Heft gegründet
hatt' auch schon die Idee gezündet:
des Heftschä wurd ein Dauäbrennä,
an alle Kioske der *Rennä,*

es wurd geliebt, zitiert, besproche
un auch väklagt ununuterbroche,
war üwwäall in allä Munde –
und ging am End doch vor die Hunde!

Es wurd millionefach vätriebe,
und nur die Crem hat mitgeschriebe
un mitgezeischnet! Es war Kult!
Dann plötzlich nimmä. Wer war schuld?

Warum wurd alles immä schleschtä?
Erst gingen Gernhardt, Poth un Wäschtä,
Boehlisch un Pfarr – die besten Männä.
Es blieb de Nachwuchs, diese Pennä.

Kaan Biss, kaan Witz, von nix 'ne Ahnung,
voll dorschenannä in de Planung.
*der neue Chef heißt Joschka Fischä**
jetzt geht's bergab, des is ma sischä.

Vorbei is eine tolle Zeit,
voll Häme un voll Heitäkeit.
Ihr Leut'! Isch muß es frei bekenne:

Isch zieh mich jetzt zurück zum Flenne.

** nennt sich aber Leo und denkt, wir würden nix merken*

Inhalt

Inhalt

Ich kenne da ein Lokal, nicht ganz billig, aber die Groß-eltern der Wirtin sind in Auschwitz umgekommen
GRESER & LENZ

Inhalt

Bildnachweise:

Dörte Nielsen: 17; Georg Gottbrath: 34; Britta Frenz: 82, 158, 214, 394; Martin Langer: 173; IMO: 193, 195 (r. o.), 288 (l. o.); Bonn Sequenz: 194 (2. v. o.); dpa/Picture Alliance: 224, 225 (l. o., r. u.), 226 (l. M., r. u.), 227 (l. u., r. o.), 238/239, 242, 243 (alle vier), 249, 264 (links v. o. nach u.), 272 (l. o.), 273 (r. u.), 281, 286, 287 (r. o., r. M.), 288 (l. M. o. l., l. M. o. r., l. M. u. M.), 289 (l. o.), 296, 310/311, 321 (l. o., r. u.), 324, 326/27 (M.), 344/45 (alle fünf), 351 (l. o.), 352 (l. M., l. u.), 353 (l. o.), 370, 386/387, 398, 399 (l. o.), 400/401 (alle außer r. 2. v. u. [Soldat] und M. [Prothese]); Press-Bild-Poss: 276 (l. M., r. o.), 277 (l. u., r. M.), 278 (l. u., r. u.), 279 (l. u., M.), 358; R. Simoneit: 288 (l. M. u. r.); AP: 288/289 (M.); action press: 293; Rainer Unkel: 308; IMAGO: 330, 401 (r. 2. v. u. [Soldat] und M. [Prothese]); Katz + Goldt: 336/337; Marco Urban/Der Spiegel: 384; Tom Hintner: 218, 219, 220, 262, 263, 264, 274, 275, 300, 301, 312, 313, 314, 315, 318, 319, 322, 323, 328, 329, 348, 349, 357, 377, 379, 380, 385, 386, 387, 390, 391, 399, 402, 403; alle anderen Fotos: TITANIC.

Dank:

Der ausdrückliche Dank der Herausgeber geht an alle TITANIC-Redaktionen von 1979 bis 2009. Und natürlich an die Layouter und Gestalter, die der TITANIC ihr unverwechselbares Aussehen verliehen haben: Hanno Rink, Nikolaus Jungwirth, Hans-Werner Saalfeld, Susanne Koch, Gabriele Imhof, Dorothea Behnke, Achim Greser, Heribert Lenz, Hardy Burmeier, Martina Werner und Tom Hintner.

7. Auflage September 2019 ■ Copyright © 2009 by Rowohlt • Berlin Verlag GmbH, Berlin ■ Für sämtliche hier nachgedruckten TITANIC-Beiträge Copyright © TITANIC Verlag, Berlin ■ Alle deutschen Rechte vorbehalten ■ Umschlaggestaltung Hardy Burmeier/any.way, Walter Hellmann ■ Innengestaltung Daniel Sauthoff ■ Satz Proforma u. v. a. m. PostScript (InDesign) ■ Scans Cleeves Reprotechnik, Hamburg ■ Druck und Bindung CPI books GmbH, Leck, Germany ■ ISBN 978 3 87134 747 4

Bundesamt für
Wiederverwertung und
Rohstoffkontrolle

Kalenderjahr 2012

An das
Bundesamt für Wiederverwertung
und Rohstoffkontrolle (BAWRO)
60487 Frankfurt

Antrag auf Gewährung einer Umweltprämie für Neubücher

nach der Richtlinie des Bundesministeriums für Wirtschaft, Kulturindustrie & Recycling zur Förderung des Absatzes von Neubüchern

Der Antrag gilt nur dann als vollständig, wenn alle Antragsfelder ausgefüllt sind und in der Anlage eine Kopie des Kaufvertrages oder der verbindlichen Bestellung einer Neuerscheinung beigefügt ist.

Antragsteller / Antragstellerin

Vorname ______________________ Nachname ______________________

Straße und Hausnummer ______________________ PLZ ________ Ort ______________________

Angaben zum Altbuch

Verlag ______________ Buchtyp / Titel ______________________ ISBN ______________

Bisheriger Standort (z. B. Billy-Regal, hinten links) ______________________

Evtl. Schäden (z.B. Eselsohren, Leberwurstflecken auf S. 112 ff.) ______________________

Angaben zum Neubuch

Datum des Kaufvertrags ______________

Verlag: Rowohlt • Berlin

Buchtyp / Titel: TITANIC – Das Erstbeste aus 30 Jahren
Das endgültige Satirebuch

Ich erkläre, daß

- dieses Neubuch innerhalb einer Frist von sechs Monaten von mir gelesen wird.
- ich ein Altbuch ab dem 21.7.2012 bereits der Altpapierverwertung zugeführt habe bzw. dies innerhalb einer Frist von sechs Monaten nach Erhalt des Bescheids tun werde. Dieses Altbuch ist zum Zeitpunkt der Verwertung mindestens neun Jahre alt, und ich bin zu diesem Zeitpunkt mindestens ein Jahr lang durchgehend im Besitz des Buches. Sofern ich das Altbuch geerbt habe, erkläre ich, daß ich durch Erbschein ausgewiesener rechtmäßiger Erbe des ursprünglichen Buchbesitzers bin und das Altbuch mindestens ein Jahr in dessen Besitz war. Ich bin nicht berechtigt, das Buch der Altpapierverwertung zuzuführen, wenn ich es mir nur von einem Kumpel ausgeliehen und ihm einfach ein Jahr lang nicht zurückgegeben habe.
- ich ebenfalls nicht berechtigt bin, die Neubuchprämie zu kassieren, wenn ich das Neubuch mir als Rezensionsexemplar verschafft oder von meiner Mutter bekommen habe.
- ich über die Verwertung des Altbuches einen Verwertungsnachweis durch den Betreiber einer anerkannten Altpapiersammelstelle ausstellen lassen werde.
- ich mir kein Neubuch der Schadstoffklassen 1–3 anschaffen werde. Darunter fallen u. a. Neubücher des Typs Paolo Coelho, Guido Knopp, Charlotte Roche, Dale Carnegie, Stephenie Meyer oder Martin Walser.
- es sich bei dem Neubuch nicht um ein Telefon-/Spar-/Fahrtenbuch, einen Ikea-Katalog oder einen Opel Kafka handelt. Ein Ford Maddox Ford gilt dagegen als Neubuch.
- ich lesen kann bzw. mit einer Person in einem Haushalt lebe, die über eine gültige Lesegenehmigung oder einen gültigen Büchereiausweis verfügt.

Datum ______________ Unterschrift ______________________

Waechter
Die Rückseite

Ich leb und waiß nit, wie lang,
Ich stirb und waiß nit, wann,
Ich fär und waiß nit, wahin,
Mich wundert, daß ich froelich bin.

grabspruch des Magisters
Martinus von Bieberach
zu Heilbronn. gest. 1498